WIEDERAUFBAU, WELT UND WENDE

Die KfW – eine Bank
mit öffentlichem Auftrag

1948–1998

KfW

WIEDERAUFBAU, WELT UND WENDE

Die KfW – eine Bank mit öffentlichem Auftrag

von Heinrich Harries

Fritz Knapp Verlag
Frankfurt am Main

ISBN 3 7819 0621 3

© 1998 by Dr. Heinrich Harries
Frankfurt am Main

Verlag Fritz Knapp GmbH,
Frankfurt am Main
Gestaltung: Stephan Spengler
Gesamtherstellung: Druckhaus Beltz,
Hemsbach/Bergstraße

Printed in Germany

Vorwort

Im Jahre 1998 feiert die Kreditanstalt für Wiederaufbau – KfW – ihren 50. Geburtstag. Ihre Geschichte spiegelt eindrucksvoll die wirtschaftliche und finanzpolitische Entwicklung der Bundesrepublik Deutschland wider, deren Fundamente zu der Zeit gelegt wurden, in der die KfW ihre Arbeit aufnahm.

Kenntnisreich und in spannenden chronologischen Episoden zeigt das Buch auf, in welcher Weise die KfW der deutschen Wirtschaft in diesem halben Jahrhundert zur Seite stand: Als Finanzier des Wiederaufbaus, als Begleiter der Bundesrepublik bei ihren wirtschaftlichen und politischen Schritten in die Welt und nach der Wende von 1989 als maßgeblicher Förderer der Aufbauarbeit im Osten unseres wiedervereinigten Landes. Der Autor, Dr. Heinrich Harries, langjähriges Vorstandsmitglied der KfW, läßt diese ereignisreiche Zeitspanne von 50 Jahren aus seiner Sicht plastisch aufleben.

Seit diesem für die deutsche Geschichte so entscheidenden Jahr 1989 bin ich Vorsitzender des Verwaltungsrates der KfW. In diesen Jahren habe ich die Arbeit und die Entwicklung der KfW verantwortlich begleitet. Dabei konnte ich erleben, wie schnell und einfallsreich sich die Kreditanstalt mit ihren vielfältigen inländischen Förderaufgaben auf die sich wandelnden Bedürfnisse der deutschen Politik und Wirtschaft einstellt. Im Export – allein schon wegen seiner Arbeitsplatzintensität ein bedeutender Faktor unserer Wirtschaft – bewährt sich die

KfW seit ihren Anfangsjahren als zuverlässiger Finanzierungspartner der deutschen Industrie. In der Finanziellen Zusammenarbeit hat sie über Jahrzehnte eine fachliche Kompetenz erworben, die international respektiert ist, und die auch den im Transformationsprozeß stehenden Staaten in Mittel- und Osteuropa zugute kommt. Ihr hervorragendes Ansehen auf dem Kapitalmarkt ermöglicht ihr die Erfüllung aller dieser umfangreichen Förderaufgaben.

Als Bundesminister der Finanzen wünsche ich der KfW, daß sie als modernes und effizientes Finanzierungsinstitut noch lange und erfolgreich, im Inland und im Ausland, den Interessen unseres Staates und seiner Wirtschaft dienen möge.

Bonn, im Frühjahr 1998

Dr. Theo Waigel
Bundesminister der Finanzen
Vorsitzender des Verwaltungsrates
der Kreditanstalt für Wiederaufbau

Inhaltsübersicht

Inhalt

Erstes Kapitel: **Wiederaufbau und Marshallplan (1948 bis 1960)**

Wiederaufbau und Marshallplan

1948 bis 1960

1. Die Vorgeschichte der Kreditanstalt für Wiederaufbau

Die Kreditanstalt für Wiederaufbau (KfW) wurde am 18. November 1948 geboren, wenige Monate nach der Deutschen Mark und wenige Monate vor der Bundesrepublik Deutschland, dem Staatswesen, dem sie in den folgenden Jahrzehnten wichtige Finanzierungsdienste leisten sollte. Schon diese zeitliche Abfolge zeigt, daß die KfW Teil eines Konzepts für den politischen und wirtschaftlichen Aufbau Westdeutschlands nach dem Zweiten Weltkrieg war.

1.1 Die politische Lage Deutschlands nach dem Zweiten Weltkrieg

Am 8. Mai 1945 endete der Zweite Weltkrieg mit der bedingungslosen Kapitulation des Deutschen Reiches. Die Siegermächte USA, UdSSR, Großbritannien und, nachträglich als solche erklärt, auch Frankreich waren hierauf vorberei-

1

tet. Schon während des Krieges hatten verschiedene interalliierte Konferenzen die Grundlagen des Besatzungsregimes für Deutschland diskutiert. Vor allem der Plan des amerikanischen Finanzministers Morgenthau blieb unvergessen.

Was übrig blieb von Deutschland, wurde am Ende des Krieges in vier Besatzungszonen geteilt. Die oberste Regierungsgewalt besaßen die militärischen Oberbefehlshaber.

Auf der Konferenz von Potsdam, an der im Sommer 1945 die Staats- oder Regierungschefs Harry S. Truman (USA), Josef Stalin (UdSSR) sowie Winston Churchill und sein Nachfolger Clement Attlee (Großbritannien) teilnahmen, wurden von Ende Juli bis Anfang August die Grundsätze der Besetzung Deutschlands festgeschrieben. Als oberste Maxime galt: Trotz Teilung in vier Besatzungszonen, in denen jeweils örtliche Verwaltungen und deutsche Zentralbehörden eingerichtet werden mußten, sollte die politische und wirtschaftliche Einheit Deutschlands gewahrt bleiben. Über die Einhaltung sollte der Alliierte Kontrollrat als oberstes Organ der Siegermächte wachen. Er nahm seinen Sitz in Berlin.

Ziel der alliierten Politik war, Deutschland wirksam daran zu hindern, zukünftig nochmals einen Weltkrieg anzuzetteln. Dies sollte mittels der sogenannten vier D's – Denazifizierung, Demilitarisierung, Demokratisierung und Demontage – gelingen. Vor allem die Demontage nahm in dieser Planung eine Schlüsselstellung ein.

Anders als nach dem Ersten Weltkrieg sollte Deutschland nicht bloß entwaffnet werden. Vielmehr rückte nun die materielle Basis für das beständige militärische Wiedererstarken Deutschlands – seine immer noch großen wirtschaftlichen Potentiale – in das Augenmerk der Alliierten. Es wurde in Potsdam deshalb beschlossen, die großen Konzerne, als Ansammlung auch politischer Macht gegeißelt und später in Nürnberg vor Gericht gestellt, zu zerschlagen. Industrielle Produktionsstätten sollten in erheblichem Maße abgebaut, also demontiert werden und zukünftig nur noch strikt von den Alliierten reglementiert und kontrolliert produzieren dürfen.

Nach Maßgabe eines nicht näher definierten „mittleren Lebensstandards" sollten für jeden einzelnen Wirtschaftszweig und sogar für jedes Unternehmen Produktionsquoten festgelegt werden. Für verschiedene Produkte und Wirtschaftszweige wie Schiffe und Flugzeuge, später wichtige Finanzierungsobjekte der KfW, waren sogar Produktionsverbote vorgesehen. Anlagen oder Maschinen, die dann nicht mehr notwendig waren, sollten demontiert und als Wiedergutmachung (Reparation) den vom Krieg geschädigten Nachbarländern übergeben werden.

Grundlage für das zukünftige Produktionsniveau sollte ein soge-

Das Ende des Zweiten Weltkriegs in Deutschland.

nannter Industrieplan des Alliierten Kontrollrates sein. Über dessen Beratung zerbrach die Zusammenarbeit der Alliierten im wirtschaftlichen Bereich. Die Vorstellung, welche Rolle Deutschland zukünftig wirtschaftlich in Europa spielen sollte, klaffte bei den vier Besatzungsmächten derart weit auseinander, daß keine Verständigung möglich war.

Hauptwidersacher waren die UdSSR und Großbritannien. Die UdSSR wollte möglichst viele Reparationen aus Deutschland, um die immensen Kriegsschäden in der Sowjetunion zu beseitigen. Das hätte einen radikalen Abbau industrieller Potentiale zur Folge gehabt, den die Briten keinesfalls zulassen wollten. Schon 1941 hatte Churchill gefordert, das besiegte Deutschland müsse man „fett, aber impotent" machen.[1] Deutschland sollte möglichst rasch in die Lage versetzt werden, die notwendigen Importe, z.B. von Lebensmitteln, selbst finanzieren zu können. Andernfalls müßten die Besatzungsmächte diese jeweils für ihre Zone bezahlen. Für Großbritannien, das den militärischen Sieg über Deutschland mit dem Abstieg vom größten Kreditgeber der Welt zum größten Schuldner der USA teuer erkauft hatte, waren diese Kosten der Besetzung Deutschlands ein gravierendes Problem, das letztlich auch die Gründung der KfW mitbestimmt hat.

Frankreich, generell an einer Schwächung der wirtschaftlichen Potenz Deutschlands interessiert, verschärfte diese Konfliktstellung im Alliierten Kontrollrat noch durch seine Obstruktionspolitik. Es verweigerte sich allen Absprachen, vor allem dann, wenn es um gesamtdeutsche Lösungen ging. Es erhoffte sich wieder einen Rheinbund, aber es fehlte ihm diesmal ein Napoleon.

Juni 1945, Treffen der militärischen Oberbefehlshaber in Frankfurt; v.l.n.r. Großbritannien: Luftmarshall Tedder und Feldmarshall Montgomery; USA: General Eisenhower; UdSSR: Marshall Schukow sowie der sowjetische Sonderbotschafter Wischinsky.

So scheiterten auch amerikanische und britische Initiativen, das Währungs- und Kreditwesen im gesamtdeutschen Rahmen neu zu ordnen. Im Sommer 1946 hatten die Amerikaner vorgeschlagen, eine Zentralbank zu errichten. Diese „Union Länder Bank" sollte sowohl mit einem „Reconstruction Finance Department" als auch mit einem „Export-Import-Department" ausgestattet werden.[2] Schon 1946 erschien es also den Amerikanern zweckmäßig, die besonders wichtigen Finanzierungsaufgaben des Wiederaufbaus und der Exportförderung, die beide nur wenige Jahre später der neugegründeten KfW übertragen werden sollten, einer ersten zentralen staatlichen Institution anzuvertrauen.

Die Amerikaner hielten sich im Berliner Kontrollrat zunächst aus den Streitereien der Alliierten über das zukünftige deutsche Industriepotential heraus. Sie versuchten, zwischen den streitenden Parteien zu vermitteln. Als die Konflikte im Kontrollrat zunehmend auch mit politisch-ideologischen Positionen besetzt wurden, griffen die USA ein. Die katastrophale wirtschaftliche und soziale Lage in Deutschland zwang zum Handeln. Zum 1. Januar 1947 schlossen sich die amerikanische und die britische Besatzungszone zum Vereinigten Wirtschaftsgebiet, zeitgenössisch kurz „Bizone" genannt, zusammen. Amerikaner und Briten gingen nun die drängendsten Probleme an und versuchten, sie gemeinsam zu lösen.

1.2 Die wirtschaftliche und soziale Lage Deutschlands nach dem Kriege

Die bittere Not und Armut der Nachkriegsjahre von 1945 bis 1948 sind unvergeßlich für alle, die sie als Kind oder Erwachsener erlebt haben, so verschieden die Lebenserfahrungen jedes einzelnen auch gewesen sein mögen. Vertriebene, Ausgebombte, Kriegswaisen, Spätheimkehrer aus Kriegsgefangenschaft oder Internierte, es gibt wenige aus der Generation der heute über Fünfzigjährigen, die völlig verschont blieben von lebensbedrohlichen Nöten und Gefahren und von einer plötzlichen und radikalen Veränderung ihres Lebens. Und es ist gleichzeitig sehr schwer, den Nachgeborenen, deren historisches Gedächtnis und deren Lebenserfahrung nicht über die fünfziger Jahre zurückreichen, zu erklären, welche Nöte zu durchleiden waren, bis am Ende der fünfziger Jahre das Niveau einer allgemeinen Prosperität erreicht war, das nie zuvor in Deutschland existiert hatte, aber heute von vielen Jüngeren als selbstverständlich vorausgesetzt wird.

Das Leben der meisten Deutschen konzentrierte sich auf die Fragen: Wie werde ich satt? Wo kann ich unterkommen? Wie kann ich den Winter im Warmen überstehen? Wie finde ich meine Familie wieder?

Die alliierten Bombenangriffe hatten ein Viertel des Wohnungsbestandes der Vorkriegszeit vernichtet oder schwer beschädigt, in den Großstädten sogar mehr als die Hälfte. Von der Zerstörung waren vor allem die großen Wohnzentren unserer Großstädte betroffen. Hinzu kamen sieben Millionen Flüchtlinge und Heimatvertriebene aus dem Osten Deutschlands und aus osteuropäischen Ländern, deren Rückkehr in die angestammte Heimat für immer ausgeschlossen sein sollte. In wenig versehrten ländlichen Gebieten, in Kleinstädten und Dörfern mit wenig Wohnraum und Arbeitsmöglichkeiten, suchten etwa zehn Millionen Flüchtlinge und Ausgebombte Platz, zwangsweise eingewiesen in die Wohnungen der Einheimischen.

Ein unabsehbarer Menschenstrom zerlumpter Gestalten fuhr auf Güterwagen, auf den Dächern der fensterlosen, überfüllten Personenzüge auf der Suche nach Nahrung, Heizung, Wohnraum oder vor allem nach der eigenen Familie. So lebenswichtig Wohnung und Unterkunft waren, es war der Hunger, der für viele der sogenannten „Normalverbraucher" vor allem in den Großstädten das größte Problem darstellte. Die über Lebensmittelkarten zugeteilten „Kalorien" erlaubten nicht das Überleben, und nicht jeder konnte durch Tausch- oder Schwarzmarktgeschäfte die zusätzlichen Mengen

Trümmerfrauen

beschaffen, die dazu notwendig waren. Einen illegalen Handel mit knappen Gütern hatte es schon während des Krieges gegeben, wenn auch nur eingeschränkt, denn die Strafen der Nazijustiz waren drakonisch.

Nach dem Krieg brachen die Dämme: Deutsche, Alliierte und die als Displaced Persons im Lande verbliebenen Zwangsarbeiter versuchten, ihre Geschäfte zu machen. Der Schwarzmarkt rechnete nicht mehr in Reichsmark, sondern in „Amizigaretten".

Andere griffen in ihrer Notlage zur Selbsthilfe, also zu Diebstahl oder Mundraub. Halbwüchsige Jungen enterten Kohlenzüge, um durch ein paar gestohlene Eimer Kohle für wenige Wintertage den häuslichen Ofen zu versorgen. Besonders schlimm war es im eiskalten Winter 1946/47. Der Kölner Erzbischof Kardinal Frings betonte in seiner Silvesterpredigt im zerstörten Kölner Dom, man könne es niemandem verwehren, sich das Dringendste zur Erhaltung von Leben und Gesundheit selbst zu nehmen. So entstand im Volksmund das Wort „fringsen", auch Nichtkatholiken verstanden diese moralische Legitimation des Mundraubs.

Viele der späteren geschäftspolitischen Prioritäten in den Anfangsjahren der KfW sind nur verständlich, wenn wir diese Notzeit der ersten Nachkriegsjahre bedenken. Die Steigerung der deutschen Steinkohleförderung erscheint uns heute absurd. Wer mehrere Nachkriegswinter durchfroren hatte, freute sich jedoch über wenigstens eine einzige warme Stube im Winter. Der Energieimport über Erdgas und Erdöl, heute selbstverständlich, war seinerzeit eine Utopie. Deutschland verdiente keine Devisen und war total kreditunwürdig. Ausreichende Ernährung, Wohnraum, Heizung und die zumindest notdürftige Wiederherstellung der zerstörten Verkehrsinfrastruktur mußten somit die „grundbedürfnisorientierten" Ziele des

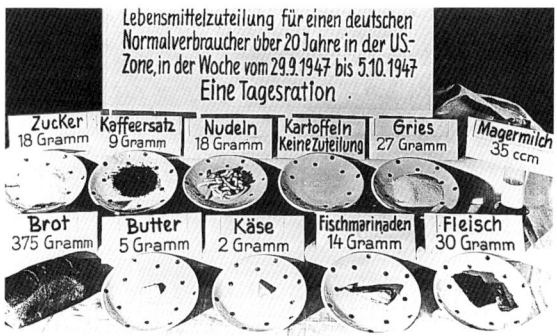

Eher eine Hungerration.

Mit Hamsterern überfüllte Straßenbahn auf dem Weg stadtauswärts.

Wiederaufbaus in Deutschland sein und weitgehend aus den knappen Ressourcen des eigenen Landes realisiert werden.

Viele Aufgaben aus den Nachkriegsjahren in Deutschland sollten der KfW Jahrzehnte später wieder begegnen in ihrer entwicklungspolitischen Zusammenarbeit mit der dritten Welt. Humanitäre Maßnahmen der Hungerhilfe, wie die vom amerikanischen Expräsidenten Hoover angeregte Schulspeisung unterernährter Kinder oder die sogenannten Carepakete, sollen nicht vergessen werden. Eine Lösung dieser Probleme war aber nur durch ein in sich geschlossenes Wiederaufbaukonzept, durch Hilfe zur Selbsthilfe möglich.

"Fringsen"

1.3 Deutschland in den Jahren 1947 und 1948

Die amerikanisch-britische Bizone

Bereits im Jahre 1947 hatten die amerikanischen und britischen Besatzungsmächte eine deutsche Verwaltung für die wirtschaftlichen Angelegenheiten ihrer beiden Besatzungszonen eingerichtet. Als quasi-parlamentarische Institution wurde im Juni 1947 ein Wirtschaftsrat geschaffen, dessen Mitglieder von den Landtagen der „bizonalen" Länder nominiert wurden. Ein Jahr später sollte dieser Wirtschaftsrat das KfW-Gesetz verabschieden. Als exekutive Organe wurden Verwaltungen für Wirtschaft, Finanzen, Ernährung, Verkehr und Post errichtet, die jeweils von einem Direktor geleitet wurden.

Zum Direktor für Finanzen wählte der Wirtschaftsrat in seiner Sitzung vom 24. Juli 1947 *Dr. Otto Schniewind*, der die Wahl jedoch nicht annahm, so daß am 9. August an seiner Stelle Alfred Hartmann gewählt wurde, der als Gründungsmitglied des Verwaltungsrats und von 1949 bis zum Jahre 1959 als Staatssekretär im Bundesfinanzministerium für die KfW gleichfalls eine wichtige Rolle spielen sollte. Sitz dieser Verwaltung wurde Frankfurt am Main; auch hierin können wir eine Vorentscheidung für den künftigen Arbeitsplatz der KfW sehen.

Wie Hartmann und Schniewind kamen die meisten Beamten der bizonalen Verwaltung aus den Berliner Reichsministerien. Es waren durchweg qualifizierte Fachleute, die in einer mehr oder weniger großen Distanz zum Nationalsozialismus gestanden hatten und somit die strengen Entnazifizierungshürden der Amerikaner nehmen konnten.

Für das schwer zerstörte Frankfurt war die Beschaffung von Arbeits- und Wohnräumen ein großes Problem. Vorzugsbehandlungen, die später auf die Bank deutscher Länder und dann auf die KfW erstreckt wurden, waren notwendig. Daher finden wir noch heute in § 11 des KfW-Gesetzes die völlig antiquierte Bestimmung, daß die KfW bei der Unterbringung und Miete von Gebäuden der Bundesbank gleichgestellt wird.

Es wäre jedoch ein Irrtum, in der bizonalen Verwaltung und im Wirtschaftsrat autonome Verfassungsorgane eines entstehenden Staates zu sehen. Die wahre Macht lag bei den Besatzungsmächten und vor allem bei den Militärgouverneuren der Besatzungszonen, von denen insbesondere der Amerikaner Lucius D. Clay einen Ehrenplatz in der Geschichte Deutschlands, aber auch der KfW verdient. Die Militärgouverneure, Clay und sein britischer Kollege Sir Brian Robertson, hatten im Frankfurter IG-Farbenhaus ein Bipartite Control Office (BICO) mit über 900 Mitarbeitern etabliert, eine gigantische und nicht immer qualifizierte Aufsichtsbürokratie mit Weisungsbefugnissen, die mit ihrer Detailwut auch der KfW in den ersten Jahren das Leben schwermachen sollte. Wichtige Bereiche, wie vor allem Währung und Banken, hatten sich die Besatzungsmächte ohnehin selber vorbehalten. Hier durften die deutschen Sachverständigen und Interessenten froh sein, wenn sie hin und wieder angehört wurden.

Deutsche Kritik an der alliierten Politik war nicht erwünscht. Als im Januar 1948 der Direktor für Wirtschaft, Johannes Semler, in einer internen Parteiversammlung der CSU die oft qualitativ minderwertigen amerikanischen Lebensmittellieferungen als Hühnerfutter bezeichnete und die Ausplünderung der

Der spätere Verwaltungsratsvorsitzende der KfW, Dr. Schniewind, als Berater für den Marshallplan im Kreise der Verwaltungsspitze des Vereinigten Wirtschaftsgebietes 1948; v.l.n.r.: Dr. Frohe (Verwaltung für Verkehr), Dr. Erhard (Verwaltung für Wirtschaft), Dr. Pünder (Oberdirektor des Verwaltungsrates), Dr. Schniewind, Hartmann (Verwaltung für Finanzen), Dahrendorf (stellvertretender Vorsitzender des Verwaltungsrates) und Dr. Strauss (stellvertretender Direktor der Verwaltung für Wirtschaft).

deutschen Wirtschaft durch die Engländer anprangerte, wurde er von Clay und seinem britischen Kollegen Robertson gefeuert. Als „Hühnerfutter-Semler" populär geworden, konnte er eine erfolgreiche Wirtschaftsprüferkarriere fortsetzen, auf seinem Stuhl nahm Ludwig Erhard Platz.

Anfang 1948 erhielt die Bizone dann ihre endgültige Struktur. Neben dem Wirtschaftsrat etablierten die Militärgouverneure den Länderrat als zweites Gesetzgebungsorgan. An die Spitze der Verwaltung trat der Oberdirektor Pünder, zuvor Kölner Oberbürgermeister, konziliant und erfahren, aber von erheblich geringerem politischem Gewicht als ein anderer ehemaliger Rathauschef dieser Stadt. Die erste politische Garnitur, vor allem Adenauer und Schumacher, hielt sich damals noch im Hintergrund, so wie wir es auch in Entwicklungsländern, z. B. 1962 in Kenia, während der Vorstufe zur Unabhängigkeit in den letzten Stunden der Kolonialzeit wieder erleben sollten.

Die Neuordnung der Bankenlandschaft und die Währungsreform

Am 5. Juni 1947 hatte der amerikanische Außenminister Marshall in einer Rede an der Harvard-Universität ein wirtschaftliches Aufbauprogramm für Europa – *E*uropean *R*ecovery *P*rogram – verkündet, dessen Anfangsbuchstaben „ERP" wie ein Leitmotiv die gesamte Geschichte der KfW durchziehen werden. Der Wiederaufbau Europas sollte durch Lieferungen von Lebensmitteln, Rohstoffen und Sachgütern in Milliardenhöhe kräftig stimuliert werden („äußerer" Marshallplan). Die Kaufpreiszahlungen für diese Importe sollten als sog. „Gegenwertmittel" für Investitionen eingesetzt werden („innerer" Marshallplan). Schließlich wurde im Rahmen der OEEC die wirtschaftliche Zusammenarbeit in Europa gefördert.

Nachdem eine Einbeziehung der sowjetischen Besatzungszone und der osteuropäischen Staaten am Moskauer Widerstand gescheitert war, legten die Amerikaner großen Wert auf eine Beteiligung der Bizone, aber auch der französischen Besatzungszone. Die Franzosen sahen ein, daß sie gegenüber der Macht des Dollars ihre separatistische Rheinbundpolitik in Deutschland aufgeben mußten und froh sein konnten, das Saarland wirtschaftlich zu annektieren und in einer internationalen Ruhrbehörde vertreten zu sein.

Am 1. 8. 1948 wurde so die Bizone zur Trizone erweitert, doch eine gewisse Sonderrolle der französischen Besatzungszone war noch über längere Zeit auch bei den Tätigkeiten der KfW zu spüren.

Ein Wiederaufbauprogramm, das zudem die deutsche Wirtschaft in die europäische Wirtschaft integrieren sollte, konnte nur nach einer Währungsreform mit einer Neuordnung des gesamten Bankensektors in Angriff genommen werden. Ab Mitte 1947 bestand hierfür somit ein erheblicher Zeitdruck. Zuständig war nicht die bizonale deutsche Verwaltung, sondern die amerikanische und britische Besatzungsmacht, deren Grundauffassungen sich diametral gegenüberstanden.

Die Engländer hatten in ihrer Zone sehr zur Zufriedenheit der deutschen Bankenvertreter zentralistische Lösungen bei der Reichsbank, aber auch bei den Großbanken, toleriert und beibehalten. Dieses entsprach nicht nur ihren eigenen Vorstellungen, die sie aus London mitbrachten, es entsprach auch ihren Interessen als Vorkriegsgläubiger Deutschlands, der sich von einem effizienten Bankensystem eher eine Begleichung rückständiger Verbindlichkeiten erhoffen konnte. Schließlich dachten die Engländer an die gewaltigen Finanzierungslasten des Wiederaufbaus in Deutschland, vor allem im Ruhrgebiet, das Teil ihrer Besatzungszone war. Es wird wohl auch hinzugekommen sein, daß einige ihrer maßgebenden Vertreter wie Charles Gunston, der Leiter des Bankenreferats der britischen Militärregierung, längere Zeit im Vorkriegsdeutschland verbracht hatten, also die deutschen Verhältnisse sehr gut kannten, aber auch zu wichtigen deutschen Kollegen wie Abs und Vocke persönliche Beziehungen aus der Vorkriegszeit wieder aufnahmen.

Die Amerikaner dagegen mit ihrem missionarischen Eifer, der sie oft auch dann bewegt, wenn es wenig angebracht ist, wollten ihr Federal-Reserve-Bank-System mit seiner einzelstaatlichen Bankenstruktur auch den Deutschen bescheren. Die Einführung föderaler Strukturen war für die Amerikaner ein entscheidendes Instrument, um in Deutschland die Macht eines künftigen Zentralstaates einzugrenzen. Im politischen Bereich haben sie damit auch durchaus dauerhaften Erfolg gehabt, denn sie kamen damit deutschen Traditionen und Interessen entgegen. In der Nachkriegszeit gab es nicht nur in Bayern starke separatistische Strömungen. Die bundesstaatliche Struktur im Nachkriegsdeutschland hat hier einen Ausgleich geschaffen, der sich über Jahrzehnte bewährt hat und auch nach der Wiedervereinigung in den neuen Bundesländern erstaunlich schnell von den ehemaligen DDR-Bürgern akzeptiert wurde.

Entschieden anders verlief die Entwicklung im Finanzsektor. Der Fortgang dieser Geschichte ist ein Lehrstück, wie aufgezwungene Strukturreformen unterlaufen und schließlich rückgängig gemacht werden. Wenn heute deutschen „Errungenschaften" in östlichen oder südlichen Partnerländern ähnliches widerfährt, mag ein Blick in unsere eigene Geschichte zu etwas mehr Verständnis führen!

Die Amerikaner hatten zunächst Erfolg mit der Zerschlagung der drei Großbanken. Nachdem sie selber mit dem Militärregierungsgesetz Nr. 57 vom 6. 5. 1947 in ihrer Zone den Anfang gemacht hatten, folgten die Franzosen in ihrer ohnehin partikularistisch organisierten Zone am 1. 10. 1947, die Briten ließen sich Zeit bis zum 1. April 1948. Zu diesem Zeitpunkt hatten sie nämlich den Amerikanern wesentliche Konzessionen abgerungen. Sie erreichten, daß die *Bank deutscher Länder* mit einem eigenen Direktorium errichtet wurde. Sie setzten durch, daß ein bizonaler Haushalt geschaffen wurde, der insbesondere die Subventionen für die Ruhrkohle (also auch damals schon ein wichtiges Thema) auf mehrere Schultern verteilte. Last but not least hatten sie jetzt das amerikanische Einverständnis, eine *Reconstruction Loan Corporation* zu gründen, die dann auch sieben Monate später als *Kreditanstalt für Wiederaufbau* das Licht der Welt erblicken sollte.

Die Taunusanlage 4–6 in Frankfurt: Ein Ort wichtiger finanzpolitischer Entscheidungen. Hier, am späteren Sitz der Bank deutscher Länder und der Bundesbank, tagte die Allied Bank Commission, als das Gründungskonzept der KfW entstand.

Jede der drei Großbanken, Deutsche Bank, Dresdner Bank und Commerzbank, war nun zwar in neun bis elf regionale Nachfolgeinstitute aufgeteilt worden, Eigentümer- und Leitungsstrukturen waren aber so hybrid und wenig dauerhaft angelegt, die Zusammenarbeit im alten Verbund so eng und kaum verhüllt, daß im Jahre 1952 drei Nachfolgebanken, jeweils mit Sitz in Frankfurt, Düsseldorf und Hamburg, gegründet wurden. Fünf Jahre später, nachdem der Widerstand der Amerikaner weitgehend erlahmt war und Deutschland durch die Pariser Verträge vom 23. 10. 1954 die volle Souveränität erhalten hatte, wurden sie zu den heute bestehenden drei Großbanken wiedervereinigt. Es kann hier nicht weiter auf Details eingegangen werden, die Publikationen von Horstmann[3] und Holtfrerich[4] zeigen eindrucksvoll, wie mit politischer und juristischer Raffinesse aufgezwungene Strukturreformen erfolgreich unterlaufen werden können.

Im gleichen Jahr 1957 zentralisierte der Bundesgesetzgeber das Notenbanksystem durch die Gründung der Deutschen Bundesbank als Nachfolgeinstitut der Bank deutscher Länder. Weiter lebt aber vor allem, kräftig und gesund, das dritte und jüngste Kind dieses britisch-amerikanischen Kompromisses, die mittlerweile fünfzigjährige *Reconstruction Loan Corporation*, deren Entstehungsgeschichte wir uns jetzt zuwenden!

1.4 Die Reconstruction Loan Corporation

Väter dieses Kompromisses, der im Juli 1947 erzielt wurde, waren der Brite Sir Eric Coates und der Amerikaner Jack Bennett, die Leiter der Finanzabteilungen der jeweiligen Militärregierungen. Bennett, der von Juni 1946 bis Mai 1949 für die amerikanische Dezentralisierungspolitik kämpfte, galt bei seinen britischen Kollegen wohl nicht zu Unrecht als verbissen und doktrinär. Sir Eric „verkaufte" ihm daher den britischen Wunsch einer Wiederaufbaubank erfolgreich unter Hinweis auf die *Reconstrution Finance Corporation* in Washington, eine 1932 durch Bundesgesetz errichtete bundeseigene Kreditanstalt, die in der Depressionszeit der dreißiger Jahre und im Zweiten Weltkrieg wichtige Finanzierungsaufgaben im staatlichen Interesse erfüllt hatte.[5] Es gab also wirklich in Washington ein erfolgreiches Vorbild für eine zentral organisierte Förderbank, so daß Jack Bennett seine Dezentralisierungsdoktrin in diesem Fall einmal hintanstellen konnte. Was sich zu Hause bewährt hatte, mußte auch für die Deutschen gut sein.

Der Bericht, den Sir Eric Coates über seine Besprechung mit Jack Bennett am 5. Juli 1947 verfaßte, verdient es, im Originalton zitiert zu werden. Es ist nicht nur das erste Dokument, das wir gefunden haben, in dem die spätere KfW erwähnt wird, es ist auch ein Dokument, in dem demonstriert wird, zu welch subtiler Ironie Engländer selbst bei Amtsschreiben fähig sind:

„*Mr. Bennett asked this afternoon whether we had any reaction from H.M.G. (die britische Regierung: H.H.) on the question of Decentralisation of Banking. I did not tell him that we had but I mentioned to him the difficulty which I always felt in connection with our present proposals for the Decentralisation of Banking.*

Sir Eric Coates, Vorsitzender der Finanzabteilung der britischen Militärregierung, der am 5. Juli 1947 als erster die Gründung der KfW anregte.

I explained that it was comparatively easy to set up a joint banking board which would enjoy reserve bank or central bank powers, but that it would not meet my anxiety as to how the Ruhr would be able to get the necessary medium, or even long term finance, that it might obviously need in the early future. The new Joint Banking Board could possibly look after its needs for short term finance, but that did not get far enough in my view. I suggested that, in order to make the picture complete, it would be desirable to establish something in the nature of a loan commission which would have the power, under Bipartite control, to raise longish term loans on behalf of local governments, local bodies or even industry, guaranteed by the Economic Council.

Mr. Bennett, after talking about the beauties of the Federal Reserve Bank system and the efficiency of the Reconstruction Finance Corporation and so on, eventually, after considerable discussion, agreed to consider favourably a proposal to establish such a loan commission at the same time as we decentralise banking and establish a Joint Banking Board. I agreed with him that the loan commission would probably not need to operate immediately, but I said that I would like the mechanism to be established and in working order in case the need for it was suddenly felt.

Mr. Bennett asked me to let him have some rough draft of our proposals for a Joint Banking Board and a Loan Commission, and I promised to do so very early next week. I have no doubt that he will agree the three things together, namely, the decentralisation of banking and the establishment of a joint banking board and a loan commission. If he does I shall feel much happier in my mind over decentralisation of banking, and I suggest that D.M.G. (der britische Deputy Military Governor: H.H.) might tell H.M.G. of this development and say that we will address them further after a few days.

Mr. Bennett indeed seemed quite pleased at the possibility of getting agreement on such a basis."[6]

Aus der *Reconstruction Loan Commission* wurde schon nach wenigen Tagen eine *Corporation for Reconstruction Loan.* Als deutschen Namen verwenden die alliierten Dokumente den Begriff *Gesellschaft für Wiederaufbau-Anleihen,* denn nach den Vorstellungen beider Parteien sollte sich das Institut seine Mittel auf dem deutschen Kapitalmarkt oder aus dem

Konferenz der Militärgouverneure in Frankfurt mit den Chefs der Bipartite Control Group am 15. Oktober 1948; v.l.n.r.: USA: Clarance Adcock (US-Director BICO), der spätere Außenminister John Forster Dulles und General Lucius D. Clay (Militärgouverneur); für Großbritannien: General Sir Brian Robertson (Militärgouverneur) und Sir Gordon McReady (Director BICO).

bizonalen Haushalt beschaffen. Nirgendwo in den alliierten Dokumenten zwischen Juli 1947 und Juli 1948 ist ein Hinweis enthalten, die Gesellschaft solle sich aus den Gegenwertmitteln des Marshallplans oder aus anderen alliierten Mitteln refinanzieren! Erst im Juli 1948, als die deutschen Instanzen, Verwaltung und Wirtschaftsrat, mit der Gesetzgebungsarbeit betraut worden waren, kommt von deutscher Seite sehr nachdrücklich die Forderung, diese Gegenwertmittel zur Refinanzierung der KfW einzusetzen.

Es müssen daher zwei Gründungslegenden der KfW zu Grabe getragen werden:

1. Hermann J. Abs habe als *erster* im September 1947 auf seinem Bentgerhof bei einem Gespräch mit Richard Whitehead, einem Beauftragten von Präsident Truman, und Richard Merton, damals Aufsichtsratsvorsitzender der Metallgesellschaft, das Konzept einer KfW entwickelt.[7] Dieses Konzept bestand damals schon seit zwei Monaten. Deswegen soll nicht ausgeschlossen werden, daß dieses Thema auf dem Bentgerhof zwischen den drei Herren besprochen wurde.[8] Aus

den alliierten Akten lassen sich aber auch keinerlei Hinweise herleiten, daß Ideen von Abs in das KfW-Konzept eingeflossen sind, solange es noch bis Ende Juni 1948 in den Händen der Alliierten lag. Erst nachdem ab Ende Juni 1948 Herbert Martini in der bizonalen Verwaltung für Wirtschaft am Gesetzesentwurf arbeitet, wird die Mitregie von Abs erkennbar.

2. Die KfW sei von Anfang an als Durchleitungsinstitut für die Gegenwertmittel des Marshallplanes konzipiert worden. Dieses war nicht das Konzept der Alliierten in den Jahren 1947 und 1948. Es waren im Jahre 1948 lediglich Wunschvorstellungen der deutschen Seite, die sich erst im Jahre 1950 wirklich realisieren sollten. Seitdem sind allerdings diese Mittel bis zum heutigen Tag eine der wichtigsten Refinanzierungsquellen der KfW.

Man sollte annehmen, daß die weitere Arbeit am Konzept der KfW zügig fortgeführt werden konnte, nachdem Coates und Bennett sich über die Grundsätze verständigt hatten. Doch es sollte noch fast ein Jahr dauern, bis die Besatzungsmächte ihre *„Principles for the Recon-*

struction Loan Corporation" vom 12. Juni 1948 der bizonalen Verwaltung mit der Weisung präsentierten, durch den Wirtschaftsrat ein Gründungsgesetz zu erlassen. Abs ironisiert nicht zu Unrecht diese lange Schwangerschaft der KfW als „Konzeptionszeit eines Elefanten"[9], selbst wenn man bedenkt, daß dieselben alliierten Stellen in diesen Monaten mit der Neuordnung des gesamten deutschen Bankensystems und mit der Vorbereitung der Währungsreform beschäftigt waren. Der Teufel steckte auch hier im Detail. So ergibt sich aus den Akten sowohl der amerikanischen wie der britischen Seite ein monatelanger Kleinkrieg, oft um Bagatellen, für welche die Deutschen später im Gesetz ohnehin eine dritte Lösung durchsetzten. Auch hier spürt man deutlich die häufig gereizte Stimmung zwischen den beiden Alliierten.

In den entscheidenden Fragen allerdings setzten sich die Amerikaner durch: Das Subsidiaritätsprinzip, das Verbot, Niederlassungen zu errichten, die Höchstbeträge für Verbindlichkeiten und Bürgschaften, die nur für den Zinsendienst erlaubte Staatsgarantie für Anleihen der KfW, das waren alles amerikanische Forderungen, die zum Teil auf lange Zeit in das KfW-Gesetz aufgenommen wurden.

Die Engländer waren in allen diesen Fragen erheblich pragmatischer und erregten damit prompt den Argwohn der Amerikaner, sie wollten das gerade beseitigte deutsche Großbankensystem durch die Hintertür wieder einführen. Dabei planten auch die Engländer keineswegs eine Universalbank, sondern gleichfalls ein Institut, das sich auf die Finanzierung des Wiederaufbaus der deutschen Wirtschaft beschränkte.

Am 2. Juni 1948 erteilten die beiden Militärgouverneure Clay und Robertson in der 28. Sitzung des Bipartite Board in Frankfurt den

Gründungsdokumente der KfW

Die angloamerikanischen „principles" und das Übersendungsschreiben an die deutsche Verwaltung mit der Aufforderung zur Umsetzung.

RESTRICTED

12 June 1948   BIB/P(48)76
                                           (1st Revision)

BIPARTITE BOARD

PRINCIPLES FOR THE RECONSTRUCTION LOAN CORPORATION

1. Legislation

The legislation necessary for the establishment of this Corporation shall be enacted by the Bizonal Economic Council.

2. Capital

The Bizonal Economic Administration shall provide capital in a nominal amount (1,000,000 Marks suggested) from funds at its disposal. It shall receive in return for this subscription all of the Corporation's capital stock which shall be registered, fully paid, non-assessable, nontransferable and non-assignable.

3. Board of Directors

(a) The Board of Directors of the Corporation shall consist of representatives, in proper proportion, of government, banking, business, and Laender governments.

4. Borrowing

(a) A limit on borrowing shall be fixed in the Law and any increase of such limitation shall require legislation. Any short-term borrowing, if required, may be limited to a set percentage of this overall limit.

(b) The Corporation may borrow from the Bizonal Budget whenever funds are voted for that purpose and may borrow short-term funds from the Bank Deutscher Laender if necessary.

(c) Whenever possible, any borrowing shall be effected through public or private placements of the Corporation's fixed interest-bearing securities which may be secured by a lien against or pledge of any or all assets. Such securities shall have the status of prime private bonds (lombardfaehig) and shall be legal investments for saving banks (muendelsicher) to the extent that they are secured according to pertinent law, viz.

- 2 -

BIPARTITE CONTROL OFFICE
Joint Secretariat
FRANKFURT

Verwaltungsrat
Eing. 25. VI. 1948

BICO/Sec(48)376

24 June 48

TO: Chairman,
     Bizonal Executive Committee

SUBJECT: ESTABLISHMENT OF CREDIT CORPORATION.

1. The Military Governors have agreed that it would be desirable if a new credit corporation were set up under legislation of the Economic Council and Laenderrat, and have approved certain broad principles which ought to be followed in its establishment.

2. These principles are set forth in Appendix 'A' hereto, and are forwarded to you as a guide.

E. LINDE   U.S. Secretary

R. KELLETT, Col.U.K. Secretary

Copy to:
     President,
     Bizonal Economic Council

     Chairman,
     Bizonal Laenderrat

DISTRIBUTION: A, B, C, D, & E.

„Principles for the Reconstruction Loan Corporation" endlich ihre Zustimmung, die daraufhin in einer Fassung vom 12. Juni 1948 dem Oberdirektor Pünder, dem Präsidenten des Wirtschaftsrates und dem Präsidenten des Länderrates am 24. Juni 1948 übermittelt wurden. Das war vier Tage nach der Währungsreform und am gleichen Tag, an dem die Berliner Blockade begann.

1.5 Das Gesetz über die Kreditanstalt für Wiederaufbau entsteht

Bereits vier Tage nach Übergabe des Dokuments, am 28. Juni 1948, erhebt der zuständige Referent in der Verwaltung für Wirtschaft, Herbert Martini, „erhebliche Bedenken" gegen die Errichtung eines Instituts, dessen Vorstand er später über zwanzig Jahre angehören sollte.[10]

Kernpunkt seiner Bedenken war das Verhältnis der KfW zu den zwar noch existierenden, aber zum Teil noch zerschlagenen Geschäftsbanken. So klingt bereits zu Beginn des Vorspiels das Thema an, das wie ein Leit- oder Leidmotiv die ganze Geschichte der KfW durchziehen soll. Abs und Schniewind, der seit dem 23. März 1948 Berater für den Marshallplan bei Oberdirektor Pünder ist, helfen Martini bei der Arbeit am Gesetzesentwurf[11], der einige recht wesentliche Abweichungen und Ergänzungen von den alliierten Richtlinien enthält.

Das von den Amerikanern verlangte Subsidiaritätsprinzip wird durch den Grundsatz der Bankendurchleitung ergänzt. Die Aufnahme von Depositen, das Kontokorrentgeschäft und der Effektenhandel für fremde Rechnung werden der KfW ausdrücklich verboten. Auch die 50%-Beteiligung der Länder neben der gleichhohen Beteiligung der Bizone ist eine deutsche Neuerung. Nach der Begründung des Gesetzesentwurfs soll „keine Bank im üblichen Sinne", sondern eine „Kapitalleitstelle" gegründet werden, was Abs vierzig Jahre lang immer wieder betonen sollte.

Bei der Mittelbeschaffung erscheint jetzt erstmalig und an erster Stelle die Refinanzierung aus DM-Gegenwertmitteln. Auch hier hatte Martini, wie alle anderen auf der deutschen Seite, schon gleich erkannt, daß die alliierten Vorstellungen einer Refinanzierung aus dem bizonalen Haushalt oder dem deutschen Kapitalmarkt völlig unrealistisch waren.

Organisatorisch wird vorgesehen, daß der Verwaltungsrat eines seiner Mitglieder in den Vorstand abordnen kann (später als lex Abs Nr. 1 bezeichnet) und daß der Vorsitzende des Verwaltungsrates und sein Stellvertreter „auf dem Gebiete des Kreditwesens besonders erfahrene Persönlichkeiten sein müssen". Damit sollte angeblich der allseits unbeliebte Dr. Erich Köhler, Präsident des Wirtschaftsrates (später auch noch der erste Präsident des Deutschen Bundestages), daran gehindert werden, auf einem dieser beiden Stühle Platz zu nehmen. Die Alliierten hatten 8 Verwaltungsratsmitglieder vorgesehen. Der Gesetzesentwurf erhöhte sie auf 14, das verabschiedete Gesetz erhöhte sie weiter auf 20, und heute sind wir bei 27 angelangt!

Der Gesetzesentwurf der Verwaltung wurde am 3. August 1948 dem Wirtschaftsrat zugeleitet. Pünder betonte bei diesem Anlaß nachdrücklich, eine erfolgreiche Arbeit der KfW sei von der Zuweisung der Gegenwertmittel abhängig. Am nächsten Tag verlangte er von den Alliierten zwei Milliarden, die der KfW aus GARIOA-Gegenwerten in den nächsten Jahren überlassen werden müßten.[12]

Erstaunlich ist, daß der Wirtschaftsrat überhaupt das KfW-Gesetz erlassen durfte, da die Militärregierungen sich selber die Zuständigkeit in Bank- und Währungsfragen vorbehalten hatten. So sind die D-Mark und das Zentralbanksystem Kinder des alliierten Gesetzgebers. Das KfW-Gesetz war also der erste Fall, in dem die Deutschen nach dem Kriege ein Gesetz im Bankenbereich erlassen durften, wie Finanzdirektor Hartmann bei der Einbringung des Gesetzes vor dem Wirtschaftsrat betonte.

Bereits im Juli 1947 hatten sich die beiden Alliierten darauf verständigt, lediglich Richtlinien für ein Konzept zu erstellen, die Detailarbeit des Gesetzes aber den bizonalen Gremien zu überlassen. Die KfW kann also für sich in Anspruch nehmen, die erste vom deutschen Gesetzgeber nach dem Kriege geschaffene öffentlich-rechtliche Bank zu sein. Sie ist auch eine der wenigen der vom Wirtschaftsrat errichteten Institutionen, die noch heute, fünfzig Jahre später, existieren. Finanzdirektor Hartmann hatte dieses nicht vorgesehen, als er im August 1948 betonte, daß „wir von vornherein vermeiden möchten, daß sich hier eine Großbank mit einem Riesenapparat niederläßt und den alteingesessenen Bankinstituten den Raum wegnimmt. Die Anstalt soll nur ein kleines und unbürokratisches Gremium werden, mit einem kleinen Vorstand, eine Kapitalleitstelle, welche Mittel aus dem Inland, aus dem Ausland oder aus Gegenwertmitteln so schnell wie möglich weiterleitet." Geplant war in der Tat von einigen Interessenten eine Kapitalleitstelle, die nur alliierte Gegenwertmittel an drei zentrale Banken für die Bereiche Industrie, Landwirtschaft und Wohnungsbau weiterleiten sollte, d.h., die KfW sollte der Industriekreditbank (IKB), der Landwirtschaftlichen Rentenbank und der Bau- und Bodenbank lediglich Globaldarlehen gewähren.

Dieses minimale Konzept einer KfW scheiterte aber bereits im Gesetzgebungsverfahren an Einsprüchen der Alliierten, die nicht eine Durchleitungsbehörde für ausländische Hilfsgelder, sondern eine auf dem inländischen Kapitalmarkt erfolgreiche Anleiheemittentin forderten. Sie drohten ihr Veto an, falls der deutsche Gesetzgeber dieses Recht der KfW einschränken sollte.[13] Keine Einwendungen hatten die Alliierten gegen die fünfzigprozentige Beteiligung der Länder an der KfW. Erstaunlich ist nur, daß nicht schon die förderalistischen Amerikaner auf die Idee gekommen waren.

Die Abgeordneten des Wirtschaftsrats begrüßten einhellig die Errichtung der KfW. Nur die KPD witterte auch hinter diesem Vorhaben finstere Machenschaften der Wall Street und favorisierte eine gesamtdeutsche Staatsbank in Berlin. Natürlich war auch bei den Diskussionen im Wirtschaftsrat das Verhältnis zu den Geschäftsbanken wieder ein wichtiges Thema. Besorgnis zeigten hier eher die Vertreter der bürgerlichen Parteien, weniger die damals noch planwirtschaftlich orientierte SPD, die ersichtlich in der KfW ein nützliches Instrument der Investitionslenkung sah.

Am 31. August 1948 verabschiedete der Wirtschaftsrat das Gesetz in dritter Lesung mit großer Mehrheit. Von den 104 Abgeordneten stimmten nur drei gegen das Gesetz, zwölf enthielten sich der Stimme. So war das Gesetz in knapp vier Wochen zügig vom Wirtschaftsrat behandelt worden. Es lag an den Änderungswünschen des Länderrates, daß dieses Gesetz erst im November 1948 in Kraft treten konnte.

Der Länderrat stimmte dem Gesetz zwar am 10. September im Prinzip zu, er verlangte aber eine Reihe von Änderungen, um seinen Einfluß auf die Geschäftspolitik der KfW zu verstärken, ein Ansinnen, das im Grunde bei einem fünfzigprozentigen Anteilseigner nicht ungewöhnlich ist, hier aber doch die Länderinteressen und -bürokratien unangemessen in das Spiel gebracht hätte. Der Länderrat war nicht begeistert über dieses neue Zentralinstitut, das die Souveränität der Länder über die gerade neu errichteten regionalen Banken wieder einschränken konnte, aber der alliierte Druck, die große Mehrheit im Wirtschaftsrat und der Hunger nach alliierten Gegenwertmitteln ließen eine Ablehnung nicht zu.

Über die Änderungswünsche des Länderrates mußte jetzt wieder der Wirtschaftsrat entscheiden, der sie alle in seiner Sitzung vom 19. Oktober ablehnte. Nun galt es, noch die Genehmigung der Alliierten einzuholen, die sie nach einigen bürokratischen Scharmützeln über deutsche Eigenmächtigkeiten denn auch am 1. November erteilten. Präsident Köhler unterzeichnete das Gesetz am 5. November, am 18. November wurde es im Gesetzblatt der Verwaltung des Vereinigten Wirtschaftsgebietes auf der Seite 123 veröffentlicht. Damit war es in Kraft getreten, und die juristische Person KfW hatte nach einer Schwangerschaft von 16 Monaten das Licht der Welt erblickt.

Aber es dauerte keine 9 Monate, da mußte sich der Wirtschaftsrat im August 1949, also in den letzten Wochen seiner Existenz, noch einmal mit dem KfW-Gesetz beschäftigen, denn so schnell wurde es notwendig, die von den Amerikanern geforderte Verschuldensgrenze von einer auf drei Milliarden zu erhöhen.[14]

Bei Inkrafttreten des Grundgesetzes am 24. Mai 1949 war die KfW eine bundesunmittelbare Körperschaft des öffentlichen Rechts geworden (Artikel 130 des Grundgesetzes), so daß die nächste Änderung des KfW-Gesetzes im Dezember 1951 auf Antrag der Bundesregierung vom ersten Deutschen Bundestag beschlossen wurde.[15] Wieder mußte die leidige

Verschuldensgrenze erhöht werden, dieses Mal auf acht Milliarden, vor allem aber erhielt die KfW eine wichtige neue Aufgabe, die *Exportfinanzierung*, die von Anfang an nicht dem Subsidiaritätsprinzip unterstellt wurde. Schließlich wurden die Bestimmungen des Gesetzes der Verfassungs- und Verwaltungsstruktur der Bundesrepublik angepaßt. Damit war aber auch die erste Gesetzgebungsphase abgeschlossen. Erst die grundlegende Gesetzesrevision vom August 1961 eröffnet dann ein neues Kapitel der KfW-Geschichte.

So erscheint das KfW-Gesetz der fünfziger Jahre als eine nicht immer harmonische Mischung amerikanischer, britischer und deutscher Vorstellungen. Es ist rechtstechnisch betrachtet ein ziemlich schlechtes Gesetz, dennoch konnte sich die KfW damit über zwölf Jahre lang gut entwickeln. Viele seiner Bestimmungen, z. B. über die Besicherung, sind unklar, lange Diskussionen im Hause, im Verwaltungsrat, mit Banken und Ressorts waren die Konsequenz. Aber es wurden am Ende doch meistens praktikable und akzeptable Lösungen gefunden. Man sollte nicht verkennen, daß zentrale Fragen wie die Subsidiarität, das öffentliche Interesse bei Finanzierungen oder das Verhältnis zu den Geschäftsbanken, sich nur unvollkommen durch gesetzliche Begriffe regeln lassen. Entscheidender ist hier eine vertrauensvolle und konstruktive Zusammenarbeit zwischen der Bundesregierung, der KfW und den Geschäftsbanken, die sich den jeweiligen Erfordernissen der Zeit anpaßt. Im Jahre 1990 zum Beispiel hatte der Bundestag Wichtigeres zu tun, als die Aufgaben der KfW in den neuen Ländern zu regeln.

Gesetzblatt

DER VERWALTUNG DES VEREINIGTEN WIRTSCHAFTSGEBIETES

1948	Ausgegeben zu Frankfurt am Main, am 18. November 1948	Nr. 27

INHALT:

VERORDNUNG
zur Durchführung des Gesetzes zur Erhebung einer
Abgabe „Notopfer Berlin".
Vom 8. November 1948.

Auf Grund des § 20 des Gesetzes zur Erhebung einer Abgabe „Notopfer Berlin" vom 8. November 1948 (WiGBl. S. 118) wird — soweit erforderlich, im Einvernehmen mit dem Direktor der Verwaltung für Post- und Fernmelde-

§ 4
Anmeldung
(§ 6 Absatz 1 des Gesetzes)

Hat der Arbeitgeber eine Lohnsteueranmeldung nicht abzugeben, so hat er die einbehaltenen Abgabebeträge in der Weise anzumelden, daß er bei der Abführung der Abgabebeträge nach bestem Wissen und Gewissen versichert, wieviel Abgabe der Arbeitnehmer er für den Erhebungszeitraum einbehalten hat. Die Anmeldung kann auf dem

[Textfortsetzung rechte Spalte, teilweise verdeckt:]

5
rüfung
dnungsmäßigen Einbehaltung der Arbeitnehmer erfolgt im §§ 50 bis 55 der Lohnsteuer-

nitt II
Veranlagten

s Einkommens
des Gesetzes)
Abgabe der Veranlagten sind ens die Einkünfte von Eheweit zusammenzurechnen, als Einkommensteuergesetzes bei des für die Bemessung der iszahlungszeitraumes zusam-

pflichtige auch der Abgabe für die Bemessung der Ab-lte Einkommen um den Ar-en, von dem im Erhebungs-beitnehmer einbehalten wor-s Arbeitslohnes im Zeitpunkt der Veranlagten nicht fest, so der Abgabe der Veranlagten den Arbeitslohn zu kürzen, bezogen worden ist, der Abgabe

der Höhe des Arbeitslohnes, r die Bemessung der Abgabe Einkommen zu kürzen ist,

7
lindestbetrag der Abgabe anlagten

Ziffer 2 des Gesetzes)
eranlagten Personen be-das für die Bemessung der gebend ist (§ 7 Absatz 2 des ordnung), nur Einkünfte aus iederkehrenden Bezügen im Einkommensteuergesetzes ent-ch nach Abzug der Werbungs-

---

anlagten und der Abgabe der Körperschaften sind von den obersten Finanzbehörden der Länder zu erlassen. Diese Vorschriften müssen sicherstellen, daß die Abgabe der Arbeitnehmer, die Abgabe der Veranlagten und die Abgabe der Körperschaften jeweils getrennt nachgewiesen, getrennt gebucht und getrennt und beschleunigt an die Hauptkasse des Vereinigten Wirtschaftsgebietes, Frankfurt am Main, Börsenstraße 2, auf das Konto 10—119 bei der Bank Deutscher Länder überwiesen werden.

§ 19
Erstattung

Die Abgabe der Arbeitnehmer, die Abgabe der Veranlagten und die Abgabe der Körperschaften wird, wenn sie vorschriftsmäßig entrichtet ist, nicht erstattet.

ANORDNUNG
über Tabaksteuer.
Vom 23. Oktober 1948.

Auf Grund des Artikels XIII Absatz 5 des Anhangs zum Gesetz Nr. 64 der Militärregierung, Amerikanisches und Britisches Kontrollgebiet, zur vorläufigen Neuordnung von Steuern vom 22. Juni 1948 (Beilage Nr. 4 zum Gesetz- und Verordnungsblatt des Wirtschaftsrats) in der Fassung des Gesetzes vom 21. Oktober 1948 zur Aenderung des Artikels VII (Tabaksteuer) und des Artikels XIII (Inkrafttreten) des Anhangs zum Gesetz

Nr. 64 (Gesetzblatt der Verwaltung des Vereinigten Wirtschaftsgebietes, Seite 102) wird bestimmt:

Artikel VII (Tabaksteuer) des Anhangs zum Gesetz Nr. 64 in der Fassung des Gesetzes vom 21. Oktober 1948 tritt am 8. November 1948 in Kraft.

Bad Homburg v. d. H., den 23. Oktober 1948.

Der Direktor
der Verwaltung für Finanzen
des Vereinigten Wirtschaftsgebietes
H a r t m a n n

GESETZ
über die Kreditanstalt für Wiederaufbau.
Vom 5. November 1948.

Der Wirtschaftsrat hat das folgende Gesetz beschlossen:

§ 1
Errichtung

(1) Zur Förderung des Wiederaufbaues der Wirtschaft wird unter dem Namen
Kreditanstalt für Wiederaufbau
eine Körperschaft des öffentlichen Rechts mit dem Sitz in Frankfurt am Main errichtet.

(2) Die Anstalt unterhält keine Zweigniederlassungen.

§ 2
Kapital

(1) Das Kapital der Anstalt beträgt eine Million Deutsche Mark.

(2) Es wird je zur Hälfte von der Verwaltung des Vereinigten Wirtschaftsgebietes und von den Ländern aufgebracht. Die Höhe der Länderanteile wird vom Länderrat festgesetzt.

(3) Die Anteile sind voll einzuzahlen. Sie können nur unter den Beteiligten abgetreten und nicht verpfändet werden.

§ 3
Kreditgewährung

(1) Die Anstalt hat die Aufgabe, durch Versorgung aller Zweige der Wirtschaft mittel- und langfristigen Darlehen die Durchführung von Wiederaufbauvorhaben insoweit zu ermöglichen, als andere Kreditinstitute nicht in der Lage sind, die erforderlichen Mittel aufzubringen. Regionale Unterschiede in der Kapitalbildung sind unter Berücksichtigung des Kreditbedarfs der einzelnen Wirtschaftsgebiete auszugleichen. Die Darlehen sind über Kreditinstitute zu gewähren; nur in Ausnahmefällen und mit Zustimmung des Verwaltungsrats (§ 7) können sie auch unmittelbar gegeben werden. Die Gewährung kurzfristiger Darlehen ist nur zulässig, wenn die Bank deutscher Länder ihre Zustimmung erteilt.

(2) Die Darlehen müssen unmittelbar durch dingliche Sicherheiten oder durch Schuldverschreibungen von Kreditinstituten gedeckt sein; von Kreditinstituten ausgegebene Schuldverschreibungen, die nicht nach den Bestimmungen des Hypotheken-Bankgesetzes gedeckt sind, können nur mit Zustimmung des Verwaltungsrats angenommen werden. Stellt der Verwaltungsrat fest, daß es sich um Vorhaben von besonderer Bedeutung für den wirtschaftlichen Wiederaufbau handelt, so kann er auch andere Sicherheiten für ausreichend erklären. Für die Rückzahlung

der Darlehen ist ein bestimmter Tilgungsplan zu vereinbaren.

(3) Im Rahmen ihrer Aufgabe kann die Anstalt nach näherer Bestimmung der Satzung auch Bürgschaften für mittel- und langfristige und im Einvernehmen mit der Bank Deutscher Länder für kurzfristige Darlehen anderer Kreditinstitute übernehmen.

(4) Andere Geschäfte darf die Anstalt nur betreiben, soweit sie mit der Erfüllung ihrer Aufgaben in unmittelbarem Zusammenhang stehen; insbesondere ist ihr die Hereinnahme von Deposten-, das Kontokorrentgeschäft und der Effektenhandel für fremde Rechnung nicht gestattet.

§ 4
Mittelbeschaffung

(1) Zur Erfüllung ihrer Aufgaben soll die Anstalt
1. Schuldverschreibungen auf den Inhaber ausgeben;
2. Darlehen bei der Verwaltung des Vereinigten Wirtschaftsgebietes und im Auslande aufnehmen;
3. Deutsche Markbeträge übernehmen, die anläßlich der Versorgung des Vereinigten Wirtschaftsgebietes mit ausländischen Wirtschaftsgütern anfallen und der Anstalt für ihre Zwecke zur Verfügung gestellt werden;
4. in besonderen Fällen kurzfristige Darlehen bei der Bank Deutscher Länder aufnehmen.

(2) Die Verbindlichkeiten der Anstalt und die von ihr übernommenen Bürgschaften dürfen je eine Milliarde Deutsche Mark nicht übersteigen. Die kurzfristigen Verbindlichkeiten dürfen zehn vom Hundert der mittel- und langfristigen Verbindlichkeiten nicht übersteigen.

(3) Die von der Anstalt ausgegebenen Schuldverschreibungen sind durch Vermögenswerte der Anstalt oder durch andere Sicherheiten zu decken. Der Verwaltungsrat des Vereinigten Wirtschaftsgebietes ist ermächtigt, die Verzinsung der Schuldverschreibungen zu verbürgen. Im Falle der Verbürgung kann von weiteren Sicherheiten abgesehen werden.

(4) Die gemäß Absatz 3 Satz 2 verbürgten, auf inländische Zahlungsmittel lautenden Schuldverschreibungen auf den Inhaber sind zur Anlegung von Mündelgeld geeignet.

§ 5
Organe

(1) Organe der Anstalt sind der Vorstand und der Verwaltungsrat.

(2) Aufgaben und Befugnisse der Organe regelt, soweit das Gesetz nichts bestimmt, die Satzung.

Die Vorschriften der Abschnitte I bis III und des Abschnitts V treten mit der Verkündung in Kraft.

(2) Die Vorschriften des Abschnitts IV treten am 1. Dezember 1948 in Kraft.

Bad Homburg v. d. H., den 8. November 1948.

Der Direktor
der Verwaltung für Finanzen
des Vereinigten Wirtschaftsgebietes
H a r t m a n n

Abschnitt VI
Inkrafttreten
§ 20

[Seitenrandtext rechts oben:]

Das KfW-Gesetz wurde am 18. November 1948 im Gesetzblatt der Verwaltung des Vereinigten Wirtschaftsgebietes verkündet. Seit diesem Tag existiert die KfW.

2. Die KfW beginnt ihre Arbeit

Der Gesetzgeber hatte seine Arbeit getan, jetzt mußte die KfW ihre Arbeit beginnen. Zunächst war der Verwaltungsrat zu bilden. Dieser wiederum bestellte als das eigentliche Organ der Geschäftsführung den Vorstand, der seinerseits so schnell wie möglich die personellen, räumlichen und organisatorischen Maßnahmen für die Aufnahme der Arbeit zu treffen hatte.

Der November 1948 war eine Zeit großer sozialer Unruhe in der späteren Bundesrepublik; die Freigabe der Preise nach der Währungsreform hatte die Lebenshaltungskosten in die Höhe getrieben, die Löhne blieben niedrig, und die Arbeitslosigkeit war hoch. Trotz aller Propaganda um den Marshallplan gingen die Demontagen deutscher Industrieanlagen auch im Westen weiter. Am 12. November 1948, also sechs Tage vor der Geburt der KfW, fand der einzige Generalstreik in der westdeutschen Nachkriegsgeschichte statt. Bestreikt wurde Ludwig Erhard. Zu bewundern sind aus heutiger Sicht nicht nur die Ergebnisse seiner Wirtschaftspolitik, die damals noch nicht abzusehen waren, sondern mehr noch die Tatsache, daß er seine Politik überhaupt gegen die erheblichen Widerstände von vielen Seiten durchsetzen konnte. In dieser Situation drängte es, die KfW und die Finanzierung des Wiederaufbaus schnell in Gang zu setzen. Ohne musikumrahmte Festreden ging man unverzüglich an die Arbeit.

2.1 Der erste Verwaltungsrat der KfW

Nicht weniger als drei Institutionen waren für die Bestellung der Verwaltungsratsmitglieder zuständig: der Verwaltungsrat des Vereinigten Wirtschaftsgebietes, der Länderrat und der Zentralbankrat der Bank deutscher Länder. Die Kandidaten mußten entnazifiziert und sowohl den Alliierten als auch den jeweiligen Verbänden genehm sein.

Der Verwaltungsrat war mehr als ein Aufsichtsrat des deutschen Aktienrechts, denn er konnte dem Vorstand allgemeine und besondere Weisungen erteilen. Angesichts des Kapitalmangels in dieser Zeit hatte der Verwaltungsrat der KfW eine wichtige Schlüsselfunktion beim Wiederaufbau in diesen Nachkriegsjahren. Zudem war und ist er nach seiner Zusammensetzung eine zentrale Schnittstelle zwischen Politik und Wirtschaft, zwischen Industrie, Banken und Gewerkschaften, ein Gremium, das auf Grund seiner hochrangigen Zusammensetzung auch am Rande seiner eigentlichen Aufgaben vielfältige Kontakte ermöglichte und auch noch heute ermöglicht. Es überrascht daher nicht, daß schon der erste Verwaltungsrat eine Reihe von Persönlichkeiten zu seinen Mitgliedern zählt, die in die deutsche Nachkriegsgeschichte eingingen, wie Ludwig Erhard und Erich Nölting, sein damaliger Widersacher von der SPD, der Geheimrat Wilhelm Vocke von der Bank deutscher Länder, oder Hans Böckler, der große alte Mann der deutschen Gewerkschaften. Erhard hat dem Verwaltungsrat von 1948 bis zu seiner Wahl zum Bundeskanzler im Jahre 1963 angehört. Leider hat er nur an wenigen Sitzungen des Verwaltungsrates persönlich teilgenommen.

Zum Vorsitzenden des Verwaltungsrates der KfW bestellte der bizonale Verwaltungsrat am 8. Dezember 1948 *Otto Schniewind*, der damals hauptberuflich Berater für den Marshallplan bei seinem alten Schulfreund, dem Oberdirektor Pünder, war. Aus heutiger Sicht verblaßt wohl ein wenig zu Unrecht die Person von Schniewind gegenüber der überragenden Rolle, die Abs über Jahrzehnte in der KfW ausgefüllt hat.

1887 als Sohn einer rheinischen In-
dustriellenfamilie in Köln geboren,
war er noch von der Zeit vor dem
Ersten Weltkrieg geprägt. Seine berufliche Laufbahn zeigt ein für damalige Beamte ungewöhnliches
Wechseln zwischen Staatsdienst
und Bankgewerbe. Vom Reichs-
schatzamt wechselt er zur Disconto-
gesellschaft, von dort in das preußische Handelsministerium. Er berät
Ende der zwanziger Jahre die persi-
sche Regierung in Teheran und wird
Anfang der dreißiger Jahre Staats-
und Reichskommissar an der Berli-

Die Führungsspitze
der noch jungen KfW:
Hermann J. Abs (vom
Verwaltungsrat in den
Vorstand delegiert) und
Dr. Otto Schniewind
(Vorsitzender des Ver-
waltungsrates), mit der
ersten Vorstandsse-
kretärin des Hauses,
Margret Bartels.

ner Börse und Ministerialdirektor im Reichswirtschaftsministerium. Schacht holte ihn 1937
in das Direktorium der Reichsbank, aus dem
Schniewind jedoch ein Jahr später schon wieder
ausschied, weil er die zweifelhaften Methoden
der Rüstungsfinanzierung nicht billigte. Er wurde Partner in dem arisierten Bankhaus Seiler &
Co, vorm. Aufhäuser. Seine langjährige Be-
kanntschaft mit Goerdeler führte ihn nach dem
20. Juli 1944 in das KZ Sachsenhausen, das er
wohl nur überlebte, weil er in München das neu-
trale Schweden als Honorargeneralkonsul vertrat. Wie sein Stellvertreter Abs war er zweifels-
ohne eine „auf dem Gebiete des Kreditwesens
besonders erfahrene Persönlichkeit", denn von
1952 bis 1961 leitete er, inzwischen Teilhaber
des Bankhauses Neuvians, Reuschel & Co. in
München, auch den Aufsichtsrat der Commerzbank. Als nobler Charakter mit einer damals in
Deutschland noch seltenen Weltläufigkeit hat
er wohl über Jahre mit einer gewissen Gelassen-
heit die Dominanz von Abs ertragen. Schniewind blieb bis zum 31. 12. 1958 Vorsitzender
des Verwaltungsrates der KfW. Am 26. Februar
1970 ist er gestorben.

Die zentrale und dominierende Persönlichkeit
in der KfW sollte jedoch *Hermann J. Abs* werden, der am 8. Dezember 1948 als stellver-

tretender Vorsitzender des Verwaltungsrates
berufen wurde. Von September 1947, dem Gespräch auf dem Bentgerhof[16], bis zu seinem
Tode am 5. Februar 1994 reicht die Verbindung
zwischen Abs und der KfW. Am 8. Mai 1992
nahm er als neunzigjähriger Ehrenvorsitzender
des Verwaltungsrates zum letzten Mal an einer
Sitzung des Kreditbewilligungsausschusses in
unserem Hause teil. Nicht nur die Länge dieser
Zeit – fast ein halbes Jahrhundert –, auch die
überragende Rolle dieses Mannes im Wirt-
schaftsleben Nachkriegsdeutschlands erklärt
diese Sonderstellung in der Geschichte der
KfW.

Es kann nicht Aufgabe dieses Buches sein, die
noch ausstehende Abs-Biographie von wissen-
schaftlichem Rang zu präsentieren. Auch seine
Arbeit in der KfW kann nur skizziert werden,
vor allem, da mir der Zugang zu seinen persönlichen Papieren nicht möglich war. Aber in vielen Darstellungen seines außergewöhnlichen
Lebens wird seiner Tätigkeit in der KfW eine
zentrale Bedeutung zugemessen. Dieses gilt
mit Sicherheit für die Zeit von 1948 bis 1952,
also für die ersten vier Lebensjahre der KfW,
in der Abs als stellvertretender Verwaltungsratsvorsitzender in den Vorstand der KfW delegiert war und sie nach seinem Willen formte.

In seinem langen Berufsleben ist diese Periode nur ein Intermezzo zwischen seinen beiden Vorstandsperioden in der Deutschen Bank von 1938 bis 1945 und von 1952 bis 1967. Es ist jedoch auch die Zeit, in der Abs durch die KfW und durch das Londoner Schuldenabkommen, nicht zuletzt auch durch seinen Einfluß auf die Bundesregierung unter Adenauer, zu nationalen und internationalen Positionen aufstieg, die in der deutschen Wirtschaftsgeschichte einmalig sind.

Wie bei den meisten Wirtschaftsführern, selbst wenn sie politisch wenig belastet waren, führte auch bei Abs das Kriegsende zu einer vorläufigen Beendigung seiner Karriere. In den letzten Kriegstagen von Berlin nach Hamburg ausgewichen, versuchte er dort, die Einheit und Funktionsfähigkeit der Deutschen Bank zu erhalten, von der britischen Besatzungsmacht toleriert, wenn auch von seinem Vorstandsamt formal suspendiert. Erste Ansätze einer pragmatischen britisch-deutschen Zusammenarbeit wurden jedoch von den Amerikanern unterbunden, die Abs als Zeugen, wenn nicht schon als Angeklagten, der Nürnberger Kriegsverbrecherprozesse requirierten, eine dreimonatige Haft, den Verlust seiner 45 Aufsichtsratsmandate und schließlich seine Pensionierung bei der Deutschen Bank mit Jahresbezügen von 24000 Reichsmark veranlaßten.

Es überrascht nicht, daß gerade dieser 45jährige „Frühpensionär" in seinem Refugium auf dem Bentgerhof sich nicht ausschließlich seiner Familie und seiner Landwirtschaft widmete, sondern zielstrebig sein persönliches Comeback und die Zukunft der Deutschen Bank im Auge hatte. Nachdem er im Februar 1948 im Entnazifizierungsverfahren als „Entlasteter" eingestuft worden war, wurde er zwei Monate später zum Präsidenten des Direktoriums der *Bank deutscher Länder* gewählt. Otto

Schniewind sollte dem Zentralbankrat präsidieren. Aber beide Herren stellten Bedingungen, die von den Alliierten abgelehnt wurden, so daß schließlich Bernard und Vocke diese Positionen einnahmen.

Als im Sommer 1948 die Gründung der KfW auf der Tagesordnung stand, eröffnete sich für Abs eine andere attraktive Position: dieses Mal an der Spitze der KfW. Hier konnte er nicht nur seine überragenden Erfahrungen im Kreditgeschäft, sein politisches Durchsetzungsvermögen und seine Führungsqualitäten an einer zentralen Schnittstelle zwischen Politik und Wirtschaft für den gesamten Wiederaufbau Westdeutschlands einsetzen. Er konnte auch verhindern, daß die KfW Positionen der noch zerschlagenen Großbanken einnahm, z. B. im großen Bereich der staatseigenen Wirtschaft die Hausbankenfunktion übernahm, so wie es bis zum Kriegsende die Reichs-Kredit-Gesellschaft AG zum Mißvergnügen der privaten Großbanken getan hatte. Er konnte dafür sorgen, daß die KfW ihre Grenzen einhielt, wo er sie sah. Aber sein Einfluß auf die private Kreditwirtschaft half der KfW auch, ihre Kreditprogramme auf der Aktiv- und ihre Anleihen auf der Passivseite zu verkaufen. Für beides war im Anfang viel Überzeugungsarbeit notwendig.

Abs hat mit einem großen persönlichen Arbeitseinsatz die KfW aufgebaut und geleitet, er hat die entscheidenden politischen Kontakte gepflegt bis zu Bundeskanzler Adenauer und auf der alliierten Seite bis zu Clay und dessen Nachfolger McCloy. Aber gleichzeitig arbeitete er am Zusammenhalt und der Wiedervereinigung der Deutschen Bank, für die vielen Aufsichtsratspositionen, die er jetzt wiedererlangte, und last but not least leitete er vom Sommer 1951 bis zum Frühjahr 1953 die deutsche Delegation bei den Verhandlungen über das Londoner Schuldenabkommen.[17]

Am 1. 4. 1952 schied Abs aus dem Vorstand der KfW aus, um im September 1952 Vorstandssprecher der Süddeutschen Bank zu werden. Dies war eines der drei Regionalinstitute, aus denen im Jahre 1957 wieder die Deutsche Bank erstehen sollte, deren Sprecher Abs bis 1967 blieb, um dann für 10 Jahre auch hier den Aufsichtsratsvorsitz zu übernehmen. Damit hatte er sein Lebensziel erreicht: Die Deutsche Bank war zwölf Jahre nach Kriegsende als größtes Kreditinstitut in Deutschland wiedererstanden, und Abs führte sie über ein Vierteljahrhundert unangefochten mit weltweit steigendem Ansehen.

Bei der KfW blieb Abs stellvertretender Vorsitzender des Verwaltungsrates. Am 1. 1. 1959 übernahm er von Schniewind den Vorsitz dieses Gremiums, den er bis zum Jahre 1973 behielt, als Helmut Schmidt sein Nachfolger wurde. Bis zu seinem Tode war er dann Ehrenvorsitzender des Verwaltungsrates, immer bestrebt, bei sachlichen und personellen Entscheidungen seinen nur langsam schwindenden Einfluß geltend zu machen.

Ein wichtiger und kompetenter Widersacher von Abs im Verwaltungsrat der KfW war über zwanzig Jahre Fritz Butschkau, der Vertreter der Sparkassen und Girozentralen, einer der Gründerväter der heutigen WestLB. An Schlagfertigkeit war ihm Abs überlegen, in der Sache allerdings hat Butschkau oft recht gehabt. Auch Wilhelm Bötzkes, Vorstandsvorsitzender und Gründervater der IKB, war mit der Politik von Abs oft nicht einverstanden. Er hätte lieber den gesamten Industriekredit über die IKB geleitet, doch Abs wollte durch das Hausbankenprinzip auch für die Großbanken die Refinanzierungsquelle KfW offenhalten. Großen Einfluß im Verwaltungsrat besaßen damals die Währungshüter, zunächst der Geheimrat Vocke, dann sein Nachfolger Karl Blessing. In diesen Anfangsjahren bestimmte

1. Verwaltungsrats-Sitzung
der Kreditanstalt für Wiederaufbau am 21.12.1948, 9⁰⁰

A n w e s e n h e i t s l i s t e

Dr. Otto Schniewind, Frankfurt/M., (Vorsitzer)

Bankdirektor Hermann J. Abs, Remagen, (stellv.Vorsitzer)

Dr. Agartz, Köln, Venloer Wall 9

Bankdirektor Dr. Wilhelm Biber, München, Promenadestr. 14

Dr. Böckler, Düsseldorf, Stromstr. 8

Direktor Dr. Wilhelm Bötzkes, Düsseldorf, Prinz Georgstr. 1o2

Generaldirektor Fritz Butschkau, Düsseldorf, Rhein.Provinzialbank, und Girozentrale

Senator Dr. Dudek, Hamburg, Finanzbehörde der Hansestadt Hamburg, Rathaus

Professor Dr. Erhard, Frankfurt/M.-Höchst, Verwaltung für Wirtschaft

Direktor Hartmann, Bad Homburg, Verwaltung für Finanzen

Reichsminister a.D. Dr. h.c. Hermes, Godesberg a.Rh., Uhlandstr. 16

Geheimrat Dr. Hermann Kissler, Goslar, Hoher Weg 5

Staatsrat Prof. Dr. Niklas, Frankfurt/M., Verwaltung für Ernährung, Landwirtschaft und Forsten

Wirtschaftsminister Prof. Dr. Nölting, Düsseldorf, Wirtschaftsministerium des Landes Nordrhein-Westfalen

Dr. Ritscher, München, Landwehrstr. 7-9

Präsident Dr. Singer, München 38, Richildenstr. 61

Handwerkskammerpräsident Karl Schöppler, Wiesbaden, Bahnhofstr. 63

Dr. jur. Ferdinand Schunck, Köln a.Rh., Heumarkt 72, GAG Köln

Generaldirektor Friedrich Sperl, Frankfurt/M., Freiherr v.Stein-Str. 11

Präsident des Direktoriums der Bank Deutscher Länder, Geheimrat Dr. Vocke, Frankfurt/M., Taunus-Anlage 4-5

die Währungspolitik viele Aktivitäten der KfW, die Stabilität der noch jungen D-Mark durfte nicht durch eine überdimensionierte Kreditausweitung gefährdet werden. Rediskontlinien der Bank deutscher Länder ermöglichten Zwischenfinanzierungen beim Wiederaufbau, wenn die amerikanische Bürokratie sich nicht bewegte. Sie waren auch die erste Grundlage für unsere Exportfinanzierung.

Nachdem der Verwaltungsrat am 8. Dezember bestellt worden war, fand kurz vor Weihnachten, am 21. Dezember 1948, dessen erste Sitzung statt, und zwar in der Feuerbachstraße im Frankfurter Westend. Schon zu Beginn dieser ersten Sitzung mußte die KfW um ihre Unabhängigkeit kämpfen. Die Militärregierung wollte zwei Vertreter teilnehmen lassen. Auf Vorschlag von Abs und Schniewind wurde dieses abgelehnt, aber die Bereitschaft zur freundschaftlichen Zusammenarbeit mit den Alliierten betont. Auch sollte Schniewind[18] die Alliierten über den Verlauf der Sitzung unterrichten, was aber nicht mehr möglich war, weil ein anderes Verwaltungsratsmitglied bereits geplaudert hatte. Abs erzählte diese Anekdote gerne, um zu illustrieren, daß Adenauer vor allem deswegen Bonn als Regierungssitz bevorzugt habe, weil er hoffte, dort die geheimen Informationskanäle der Militärregierung besser verstopfen zu können. Es sollte nicht der letzte Versuch der Alliierten bleiben, sich in interne Angelegenheiten der KfW einzumischen!

Es liegt nahe, daß der Verwaltungsrat in dieser Aufbauphase sehr viel häufiger tagen mußte als in späteren Jahren. Zunächst traf man sich sogar monatlich. Neben den besonders schwierigen Problemen der Mittelbeschaffung waren die Strukturierung des Kreditgeschäfts, insbesondere Bankenhaftung und Besicherung, die Ausarbeitung der Satzung sowie die personellen und organisatorischen Maßnahmen vom Verwaltungsrat zu entscheiden. Die Diskussio-

nen im Verwaltungsrat waren lebhafter und kontroverser als in späteren Jahren. Damals überwog die Mitgestaltung gegenüber Berichterstattung und Aufsicht.

Ständig verlagerten sich auch die politischen Gewichte: Das Grundgesetz trat wenige Monate nach Gründung der KfW in Kraft. Der erste Bundestag wurde gewählt, als die KfW gerade 9 Monate alt war. Kurz darauf bildete Adenauer im September 1949 die erste Bundesregierung. Aus den provisorischen Frankfurter Verwaltungsstellen wurden die Bonner Bundesressorts mit heute jahrzehntealten Traditionen. Viele leitende Beamte, die immer noch ihrem alten Dienstsitz Berlin nachtrauerten, mußten jetzt noch einmal, und zwar in das „Bundesdorf" Bonn, umziehen. Sie behielten häufig ihre Aufgaben aus der Frankfurter Zeit, und viele von ihnen sollten noch manche Jahre mit der KfW zusammenarbeiten.

Aber es gab natürlich nach der Bildung der Bundesregierung auch neue Personen und neue Aufgaben. Die neuen Bundesminister wie Finanzminister Fritz Schäffer oder der Vizekanzler Franz Blücher, verantwortlich für das neugeschaffene ERP-Ministerium, traten in den Verwaltungsrat der KfW ein. Die politische Stabilität der Regierung Adenauer in den fünfziger Jahren strahlte auch auf den Verwaltungsrat der KfW aus. Nur wenige Vertreter der Bundesregierung kamen oder gingen, wie etwa Heinrich Lübke, als er 1959 als erster Bundespräsident aus den Reihen unseres Verwaltungsrates sein hohes Amt antrat. In dieser gesamten ersten Epoche der KfW sollte das Wirtschaftsministerium der wichtigste Bonner Partner bleiben.

Fleißig war der Verwaltungsrat auch bei der Bildung von Ausschüssen für die verschiedenen Bereiche des Kreditgeschäfts. Nicht weniger als vier wurden gebildet, mit Sachverständigen angereichert, die nicht dem Verwaltungsrat angehörten, und durchweg dem Vorsitz von Abs unterstellt, obwohl dessen Funktionen im Verwaltungsrat während seiner Delegation in den Vorstand eigentlich ruhen sollten. Diese Arbeitsweise stellte sich jedoch trotz des omnipräsenten Vorsitzenden bald als ineffizient heraus. Für das gesamte Kreditgeschäft hat nur der Kreditbewilligungsausschuß überlebt. Die beiden Ausschüsse für Gesetz und Verwaltung wurden später zum heutigen Rechts- und Verwaltungsausschuß fusioniert.

Das Bundeswirtschaftsministerium wurde nach einigem Geplänkel auch die *Aufsichtsbehörde* der KfW. Zunächst hatten die Alliierten in ihren Richtlinien vom 12. Juni 1948 die Aufsicht und Kontrolle ihrem Bipartite Control Office vorbehalten. Die hier einmal unbotmäßigen Deutschen unterstellten aber die KfW der Aufsicht des Verwaltungsrates des Vereinigten Wirtschaftsgebietes (§ 12 KfW-Gesetz). Obwohl die Alliierten das Gesetz genehmigt hatten, hinderte dieses sie nicht daran, weiterhin Aufsichts- und Kontrollrechte bei der KfW zu beanspruchen. Wie bereits geschildert, wollten sie an Verwaltungsratssitzungen teilnehmen. Als ihnen das verweigert wurde, verlangten sie sehr eingehende Kontrollrechte.[19] Da man bei der Mittelbeschaffung auf sie angewiesen war, bedurfte es mancher Diplomatie, um derartige Einmischungen allmählich zu reduzieren.

Das Änderungsgesetz vom 4. 12. 1951 übertrug die Rechtsaufsicht konsequenterweise auf die Bundesregierung, diese wiederum konnte die Ausübung einem Bundesminister übertragen. Aber welchem? Nicht unerwartet entbrannte sofort ein Kompetenzstreit zwischen den Ministerien für Wirtschaft einerseits und Finanzen andererseits. Obwohl Abs Bundeskanzler Adenauer unverzüglich vorgeschlagen hatte, das auch für Weltbank und IWF zuständige Wirtschaftsministerium mit dieser Aufga-

be zu betrauen, wurde in den Kulissen erbittert weitergefochten. Erst in der Kabinettssitzung vom 19. Februar 1954, also nach zwei Jahren, wurde der Konflikt zugunsten des Wirtschaftsministeriums entschieden.

2.2 Der Vorstand der KfW in den fünfziger Jahren

In seiner ersten Sitzung am 21. Dezember 1948 delegierte der Verwaltungsrat Abs in den Vorstand. Die im Gesetz bis 1951 vorgeschriebene Bestellung eines Vorstandsvorsitzenden unterblieb damit. Als weiteres Vorstandsmitglied wurde am selben Tage Walter Tron bestellt, am 24. Juni 1949 folgte ihm Otto Neubaur. Auch Herbert Martini, der als Mitarbeiter Schniewinds beim Marshallplan an allen Verwaltungsratssitzungen teilgenommen hatte, kam

Dr. Herbert Martini, seit 1950 Mitglied des Vorstands der KfW und ab 1958 auch dessen Sprecher, wurde nach seinem Ausscheiden 1971 stellvertretender Vorsitzender des Verwaltungsrats der KfW bis 1973. Das Bild zeigt ihn 1968.

bald in das Gespräch. Es dauerte aber bis zum Frühjahr 1950, ehe er sein neues Amt antreten konnte. Damit war die gesetzlich vorgeschriebene Höchstzahl von drei Vorstandsmitgliedern zwar überschritten, aber auch ein Grund dafür gefunden, diese Begrenzung bei der nächsten Gesetzesnovellierung abzuschaffen.

Tron kam von der Deutschen Bank und ging bereits 1951 dorthin zurück, wo er seine erfolgreiche Banklaufbahn 1962 als Vorstandsmitglied beendete. Als umgänglicher Vorgesetzter und kompetenter Kreditfachmann ist er noch heute in der KfW in guter Erinnerung.

Otto Neubaur, von 1952 bis 1958 Sprecher des Vorstands, während eines Betriebsfestes.

Interessanter und nachhaltiger ist das Wirken von *Neubaur* in der KfW. Neubaur, 1891 geboren, war Generalstabsoffizier des Ersten Weltkrieges. In den dreißiger Jahren wurde er Vorstandsmitglied der Reichs-Kredit-Gesellschaft AG und des VIAG-Konzerns in Berlin. Die Reichs-Kredit-Gesellschaft[20] hatte sich in den zwanziger und dreißiger Jahren als neue „Großbank" zur Hausbank der staatseigenen Wirtschaftsunternehmen entwickelt, die weitgehend im VIAG-Konzern zusammengefaßt waren. Auch sie selber gehörte und gehört noch heute (allerdings ohne Bankgeschäft) diesem Konzern an. Im Gegensatz zu den privaten Großbanken erlebte die Reichs-Kredit-Gesellschaft nach dem Kriege keine Wiedergeburt. Viele ihrer Mitarbeiter gehörten jedoch zur Gründungs- und langjährigen Führungsmannschaft der KfW, wie der „Ur-KfWler" Fritz Hollender, der erste Verwaltungschef der KfW, oder Dr. Johannes Scheer, der beiden Unternehmen lange Jahre seinen oft temperamentvollen Rechtsrat erteilte.

Neubaur war natürlich in den höheren Ministerialetagen, die von Berlin über Frankfurt nach Bonn umgezogen waren, kein Unbekannter. Besonders hilfreich waren seine guten Beziehungen zu dem langjährigen Staatssekretär im Bundeswirtschaftsministerium, Ludger Westrick, die seit gemeinsamen VIAG-Tagen im Vorkriegsberlin bestanden. Politisch war der „Herr Major", wie er sich als Zögling einer preußischen Kadettenanstalt gerne anreden ließ, wohl eher dem Ancien régime der Kaiserzeit zuzuordnen, dennoch waren auch ihm Haft und Verhör durch die Amerikaner nicht erspart geblieben. Er war ein Mann von Weitsicht und Konzeptionen. So war er der erste, der sich bereits im November 1948 mit dem Thema „KfW und Europa" befaßte.[21] Aber er sah die KfW auch als eine Institution auf Zeit an. Sie sollte eine kleine Organisation bleiben, die nach wenigen Jahren wieder aufgelöst werden könnte. Mitte der fünfziger Jahre hat er sich deshalb darum bemüht, für tüchtige jüngere Mitarbeiter Arbeitsplätze in anderen Banken zu finden.

Als erfahrener Kreditfachmann betreute Neubaur im Vorstand vor allem die großen Direktkredite an die Grundstoffindustrie. Nach Abs war er derjenige, der die KfW in ihren Anfangsjahren am meisten prägte. So war es nur folgerichtig, daß er 1952 nach dem Ausscheiden von Abs aus dem Vorstand inoffiziell die Sprecherfunktion übernahm und sie bis zu seinem Eintritt in den Ruhestand am 30. 6. 1958 behielt. Von Abs übernahm er dann das Amt des stellvertretenden Verwaltungsratsvorsitzenden, das er Ende 1962 an August Rohdewald weitergab. Im hohen Alter von 94 Jahren ist Neubaur 1985 gestorben. Rohdewald stammte wie er aus dem Vorstand der Reichs-Kredit-Gesellschaft, im Vorstand der KfW hat er 1961/62 nur eine kurze Gastrolle gegeben.

Herbert Martini gehörte vom Frühjahr 1950 bis zu seinem Eintritt in den Ruhestand im Februar 1971 dem Vorstand der KfW an. Seit 1958 war er Vorstandssprecher, von 1971 bis 1973 Stellvertreter von Abs im Vorsitz des Verwaltungsrates. Martini war 1948 weitgehend der „Vater" des KfW-Gesetzes. Er nahm, auch bevor er in den Vorstand kam, an allen Verwaltungsratssitzungen, aber auch an vielen wichtigen Verhandlungen über die Marshallplanhilfe teil.

Aus dem „Bedenkenträger" vom Juni 1948 wurde der Mann, der Ende der fünfziger Jahre das Emissionsstanding der KfW erfolgreich und dauerhaft auf dem deutschen Markt etablierte und der, mehr als alle anderen, dazu beitrug, daß die KfW Anfang der sechziger Jahre ihre wichtigen Auslandsaktivitäten erhielt. Martini war 21 Jahre lang im Vorstand der KfW, nur Gerhard Götte hat ihn später mit einer Amtszeit von 23 Jahren übertroffen.

Martini, 1903 in Schlesien geboren, war nach seinem juristischen Studium und mehrjähriger praktischer Tätigkeit 1930 in das preußische Handelsministerium berufen worden, wo er Geld-, Bank- und Börsenfragen bearbeitete. Von dort führte ihn sein Weg in das Reichswirtschaftsministerium und als Staatskommissar an die Berliner Börse. Nach dem Kriege arbeitete er in der bizonalen Verwaltung, unter anderem am Referentenentwurf unseres Gesetzes. Unmittelbar vor seinem Eintritt in den Vorstand war er Stellvertreter Schniewinds als Marshallplanberater. Noch im Alter ein schlanker, eleganter Herr, strahlte er gegenüber seinen Untergebenen (den Begriff „Mitarbei-

Dr. Klaus Dohrn (links), 1954 bis 1960 Vorstandsmitglied, nach einer Sitzung des Verwaltungsrats im Kreise von Hermann J. Abs, Karl Blessing (Bundesbankpräsident) und Karl Schirner (Vertreter Industrie) im August 1957 (v.r.n.l.).

terInnen" hätte er kaum als passend empfunden) eine kalte Distanziertheit aus, während seine Gesprächspartner aus Politik und Wirtschaft seine charmante Höflichkeit und seine Kompetenz lobten. Wir werden ihm in den künftigen Abschnitten dieses Buches noch oft wieder begegnen.

Mit *Klaus Dohrn* trat am 1. August 1954 eine sehr farbige Persönlichkeit in den Vorstand der KfW ein, dem er bis Ende 1960 angehören sollte.[22] Als ein extrovertierter, ideenreicher Mann mit vielfältigen, vor allem kulturellen Interessen, schon vom Elternhause her ein großer Musikliebhaber und -mäzen, aber auch un-

Dr. Walter Tron, Vorstandsmitglied von 1949 bis 1951, mit Dr. Otto Schniewind, von 1948 bis 1958 Vorsitzender des Verwaltungsrates.

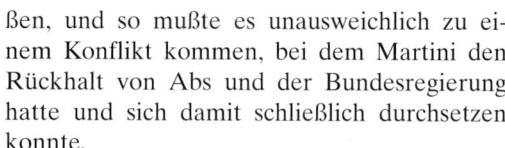

Führungsspitzen der 50er Jahre; v.l.n.r.: Richard Gdynia (Vorstandsmitglied 1951–1956), Hermann J. Abs, Dr. Otto Rieck (seit 1951 KfW-Mitarbeiter, ab 1956 bis 1973 Vorstandsmitglied), Elfriede Kuley und Dr. Herbert Martini.

ßen, und so mußte es unausweichlich zu einem Konflikt kommen, bei dem Martini den Rückhalt von Abs und der Bundesregierung hatte und sich damit schließlich durchsetzen konnte.

Die Politik von Dohrn hätte die KfW vielleicht zu einer vierten Großbank nach dem Vorbild der Reichs-Kredit-Gesellschaft machen können, aber angesichts der politischen Konstellation war dieses völlig unrealistisch. Dohrn wurde Ende 1960 Geschäftsinhaber der Berliner Handels-Gesellschaft. Viele jüngere Mitarbeiter hatte Dohrn mit seiner zupackenden Art begeistern können. Sie bedauerten seinen Fortgang, aber sie haben im Konsens mit den Bundesressorts wenige Jahre später ähnliche Projektfinanzierungen im Interesse der deutschen Wirtschaft realisieren können.

ermüdlich bei der Förderung der Wissenschaften, mit einem großen Freundeskreis, der weit über die Bankwelt hinausreichte, wirkte er zuerst als eine Bereicherung im Vorstand der KfW. Er versuchte mutig, neue Wege vor allem im Auslandsgeschäft zu beschreiten, aber nicht immer blieb ihm der Erfolg treu.

Vor allem beherrschte er die subtile Balance nicht, die es zwischen Bonn und Frankfurt zu wahren gilt. Alleingänge und Faits accomplis sind keine dauerhafte Basis für die unverzichtbare vertrauensvolle Zusammenarbeit zwischen der KfW und den Bundesressorts. Neue Wege können durchaus beschritten werden, mag die Anregung dafür aus Bonn oder Frankfurt kommen, aber stets schätzen beide Seiten das vorherige Gespräch, in dem politische und finanzierungstechnische Erfordernisse zur Deckung gebracht werden. Die Grenzen zwischen Politik und Kreditaktivitäten der KfW sind oft fließend; um so notwendiger ist es, an beiden Ufern des Flusses Navigationszeichen zu setzen, die den Kurs bestimmen, bevor die Fahrt beginnt.

Da Tron von der Deutschen Bank nur auf relativ kurze Zeit ausgeliehen worden war, denn er sollte in Zukunft die wichtige Region Bayern für die Deutsche Bank betreuen, brachte Abs mit *Richard Gdynia* am 1. 2. 1951 einen Ersatzmann aus dem gleichen Hause in die KfW. Auch 1967, als Dr. Wilfried Guth in den Vorstand der Deutschen Bank wechselte, hat Abs einen derartigen Personaltausch eindeutig zum Vorteil der Deutschen Bank praktiziert. Gdynia leitete vor dem Kriege die einzige polnische Filiale der Deutschen Bank in Kattowitz, er hatte also Erfahrungen mit Montankrediten in Oberschlesien. Im Gegensatz zu Tron beendete Gdynia seine berufliche Laufbahn 1956 als erster Vorstandspensionär der KfW.

Dr. Erwin Poprawe, seit 1949 KfW-Mitarbeiter, von 1956 bis 1961 stellvertretendes Mitglied des Vorstandes.

Martini hingegen beherrschte diese Kunst am Ende der fünfziger Jahre noch meisterhaft. Er hatte Pläne, die sich nur im engen Zusammenspiel mit der Bundesregierung realisieren lie-

Im gleichen Jahre bestellte die mit wenig Neugeschäft gesegnete KfW gleich drei neue stellvertretende Vorstandsmitglieder, die Herren *Rieck, Poprawe und von Ilberg. Konrad von Ilberg* wurde als Sohn eines kaiserlichen

Leibarztes 1894 in Berlin geboren, nahm als Leutnant im 2. Garderegiment zu Fuß am Ersten Weltkrieg teil und war dann über 20 Jahre als Direktor in der Commerzbank tätig, unter anderem auch in New York. Er war gewissermaßen der „Urdirektor" der KfW, der als Leiter der Industriekreditabteilung bereits im Dezember 1948 eingestellt worden war. Er kümmerte sich unter Martini auch um das Passivgeschäft und ging Ende 1961 in den Ruhestand.

Der 1912 geborene Schlesier *Erwin Poprawe* war gleichfalls aus dem Bankfach. Er war ein Bundesgenosse von Dohrn, so daß er Ende 1961 die KfW verließ, um Vorstandsmitglied der Frankfurter Bank, des anderen Vorläuferinstitutes der heutigen BHF-Bank, zu werden.

Der einzige dieser drei, der zum ordentlichen Vorstandsmitglied (1961) und als Nachfolger von Martini für die zwei Jahre von 1971 bis 1973 sogar zum Sprecher avancierte, war *Otto Rieck*. Nach seinem Jurastudium hatte der 1912 geborene Rieck bis zu seiner Einberufung im Zweiten Weltkrieg in den Reichsministerien für Wirtschaft und Verkehr und im Auswärtigen Amt gearbeitet. 1948 gehört er wie Martini zum Stab Schniewinds als Berater für den Marshallplan. Nach einem kurzen Zwischenspiel im Verbandswesen trat Rieck Anfang 1951 in die KfW ein und übernahm die Leitung des Direktionssekretariats. Rieck war der versierte Taktiker an der Seite des Strategen Martini. Seine gemütliche, wenig asketische Erscheinung konnte darüber hinwegtäuschen, daß Rieck ein äußerst vorsichtiger, schnell und genau abwägender Mann war, kein Mann geschäftspolitischer Visionen, aber jemand, der für Bonner Bedenken einen sechsten Sinn besaß, jedoch auch meistens Wege wußte, solche Bedenken auszuräumen.

2.3 Ein kleines Team bewegt Milliarden

Nur wenige Frauen und Männer waren es, die am 2. Januar 1949 zusammen mit Abs und Tron die Arbeit für die KfW in der Gutleutstraße 40 in einigen Zimmern begannen, die man wegen der damaligen Raumnot nur mit Schwierigkeiten von der Frankfurter Aufbau AG gemietet hatte. Fritz Hollender, der von Anfang an über 25 Jahre unsere Verwaltung und lange Zeit auch die Personalangelegenheiten geleitet hat, mußte viel Geschick und Überzeugungskraft aufwenden, um Büromaterial, Verpflegung, Büromöbel und alles Notwendige für den Anfang zu besorgen. Herr von Ilberg lieh sich persönlich 5000 DM beim Bankhaus Bass & Herz, damit die ersten Rechnungen bezahlt werden konnten. Noch nicht einmal bei den Lieferanten hatte dieses Institut Kredit, von dem die Alliierten erwarteten, daß es nun bald erhebliche Beträge auf dem Kapitalmarkt aufnehmen könnte. Auch die Anteilseigner ließen sich mit der Einzahlung des Grundkapitals viel Zeit. Am meisten das Land Nordrhein-Westfalen, nicht nur das größte und reichste Bundesland, sondern vor allem das Land, das in den nächsten Jahren am meisten von den Krediten der KfW profitieren sollte.

Zwei ehemalige Reichskreditler: Dr. Johannes Scheer, ab 1949 langjähriger Chef-Syndikus der KfW, mit dem ersten Mitarbeiter der KfW – Fritz Hollender, Verwaltungs- und Personalchef der KfW von 1948 bis 1973, während eines Betriebsfestes.

In den ersten zehn Jahren war die KfW wirklich eine Bank mit nur wenigen Beschäftigten. Der Durchschnitt lag seit 1950 etwa bei 150 Mitarbeitern; er stagnierte über viele Jahre und stieg erst am Ende der fünfziger Jahre recht moderat an, als die KfW für ihr neues Auslandsgeschäft Personal einstellte. Eine recht große Mannschaft kam aus Berlin von der Reichs-Kredit-Gesellschaft, auch viele heimatvertriebene Schlesier finden wir unter den ersten Mitarbeitern. Überwiegend suchte man Bankangestellte mit Erfahrungen im Kreditgeschäft, die zu den damals noch sehr mäßigen Tarifgehältern des Bankgewerbes bezahlt wurden.

Kritisch war die Wohnungsfrage im stark zerstörten Frankfurt. Finanzielle Hilfen der KfW und ein guter Draht Hollenders zu den städtischen Wohnungsunternehmen konnten mancher Familie die erste reguläre Wohnung nach Kriegsende verschaffen. Von der Kinderlandverschickung in den Schulferien bis zur Versorgung mit Nachthemden ging die Fürsorge der KfW. Jeder kannte jeden, und damit herrschte ein fast familiärer Ton, aber unter

Die ersten Geschäfts-räume im Hause der Frankfurter Aufbau AG: Gutleutstraße 40.

der väterlichen Autorität von Abs und dem Vorstand. Dieses war ein Ton des Miteinanders, der in den sechziger Jahren durch das Anwachsen der Mitarbeiterzahl und die kritischere Einstellung der Jüngeren langsam abhanden kam.

Die Arbeitsbelastung war in den ersten beiden Jahren enorm. Eine Flut von Kreditanträgen, oft für wichtige Projekte, aber auch für Eiscafés, Kinos und Cognacimporte, mußte bearbeitet und meist höflich abgelehnt werden. Allein Abs empfing in den ersten vier Monaten 750 Besucher. Oft leitete er unter Zeitdruck geführte Gespräche wie folgt ein: „Was kann ich für Sie tun? Präsident bin ich nicht – Doktor auch nicht. Ich heiße nur Abs wie die Abkürzung von Absender – ich habe nur drei Buchstaben, mehr habe ich leider nicht." Dann ging es zur Sache. Doch nicht nur die Kreditsuchenden wollten betreut sein, vorrangig mußten Programme, Prioritäten und Einzelvorhaben in oft mühevollen Verhandlungen mit der deutschen Verwaltung, mit BICO und der ECA-Mission abgestimmt werden. Für die meisten Mitarbeiter war der Arbeitstag oft erst gegen 10 Uhr abends zu Ende. Die Arbeit am Samstag war ohnehin noch überall üblich und auch in der KfW selbstverständlich.

1951 drohte die Sitzverlegung der KfW nach Bonn. Einen entsprechenden Gesetzesentwurf hatte die Bundesregierung dem Bundestag bereits vorgelegt.[23] Sie wollte damit einen stärkeren Einfluß auf die Geschäftspolitik der KfW ausüben. Andererseits war Frankfurt damals noch nicht als deutsches Finanzzentrum etabliert, erst Mitte der sechziger Jahre sollte sich die Mainmetropole endgültig gegenüber Düsseldorf durchsetzen. Zum Glück gelang es dem Vorstand, diese Sitzverlegung zu verhindern. Nicht nur für die KfW, auch für ihre Beziehungen zu den durchleitenden Geschäftsbanken

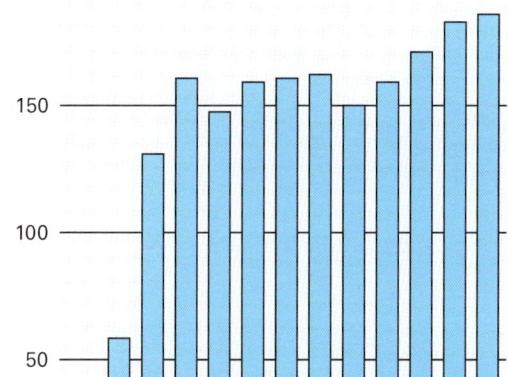

und für die Entwicklung eines zentralen Bank- und Börsenplatzes in Deutschland war die Beibehaltung des Standortes Frankfurt segensreich. Die wachsenden internationalen Aktivitäten der KfW schließlich profitierten von der Anbindung an den größten internationalen Flughafen Deutschlands.

Im November 1952 zog die KfW von den gemieteten Räumen der Gutleutstraße in das repräsentative, in einem alten Park gelegene Gründerzeitpalais in der Lindenstraße 27, das zuvor dem Frankfurter Oberbürgermeister Kolb als Amtssitz gedient hatte, solange der Römer noch nicht wieder aufgebaut war. Das schöne alte Gebäude im idyllischen Westend kaschiert aber auch eine andere, schlimmere Vergangenheit: Von 1937 bis 1945 war es das Gestapohauptquartier von Frankfurt. Manche Frankfurter haben weniger angenehme Erinnerungen an ihren Aufenthalt in diesen Räu-

men als die Mitarbeiter der KfW, die dort von 1952 bis 1968 arbeiteten.[24] Heute beherbergt das Haus die Frankfurter Niederlassung des Bankhauses Löbbecke & Co. Ende der fünfziger Jahre errichtete die KfW noch zwei Erweiterungsbauten auf dem nördlichen Nachbargrundstück, die heute dem Suhrkamp-Verlag gehören.

Der erste Geschäftssitz: Lindenstraße 27 mit den Erweiterungsbauten, die ab 1958 von der KfW errichtet wurden.

Entwicklung der Mitarbeiterzahl von 1948 bis 1960

3. Die schwierigen Jahre des Wiederaufbaus: 1949 bis 1953

Von der Währungsreform bis etwa 1953/54 dauerte die eigentliche Phase des Wiederaufbaus. Viel schneller als von jedermann erwartet, gelang es der neuerrichteten Bundesrepublik trotz aller Zerstörungen, aller Flüchtlingsnot und der vielfältigen Probleme der deutschen Teilung, in etwa fünf Jahren zu einem der führenden Industriestaaten der Welt aufzusteigen. Die Wirtschaft wuchs jährlich um etwa 8%, bei noch langen Arbeitszeiten stiegen die Löhne nur moderat, von zwei Millionen Arbeitslosen im Winter 1950 gelang der Durchbruch zur Vollbeschäftigung. Ein hoher Dollarkurs von 4,20 DM begünstigte den deutschen Export, der sich nach Ausbruch der Koreakrise schnell auf neuen Märkten etablieren konnte. Und die gerade errichtete KfW hat bei diesem Wandel der Bundesrepublik vom hungernden Hilfeempfänger zu einer Wirtschaftsmacht, die bald selber Auslandshilfe gewährte, eine zentrale Rolle gespielt. Im Inland hat sie von 1949 bis 1953 den Wiederaufbau mit den Schwerpunkten Energie und Kohle finanziert. Die KfW war auch die erste Bank, die den Export der deutschen Industrie nach dem Kriege in der langfristigen Finanzierung begleitet hat.

3.1 Die Mittelbeschaffung: das zentrale Problem der ersten Jahre

Bereits in der Gründungsgeschichte der KfW klingt von Anfang an immer wieder die große Frage der Mittelbeschaffung an. Finanzierungsfähige und finanzierungswürdige Wiederaufbauvorhaben gab es in Hülle und Fülle, von der zerstörten Industrie und Infrastruktur bis zum Wohnungsbau und der Landwirtschaft. Ende 1948 errechnete Schniewind nur für die Zeit bis zum 30. 6. 1950 einen Finanzierungsbedarf von 8,3 Mrd. DM.[25] Allerdings waren die Mittel äußerst knapp. Was man auch immer zu mobilisieren hoffte, es konnte niemals ausreichen. Die KfW mußte also jetzt etwas beginnen, was Erhard gerade einige Monate früher im Konsumbereich abgeschafft hatte, sie mußte knappe Ressourcen zuteilen. Aber bevor sie zuteilen konnte, mußte sie sich dieses knappe Gut erst einmal beschaffen.

Anfang Januar 1949, als die KfW ihre Aufgaben anpacken konnte, lag die Währungsreform erst sechs Monate zurück. In dieser kurzen Zeit hatte die neue Währung bereits 14% ihres Wertes verloren. Die Deutschen kauften sich alle erst einmal das Nötigste von all den Dingen, die man so lange entbehrt hatte. Zum Sparen hatte man weder das Geld noch das Vertrauen in die DM. Auch die öffentlichen Haushalte, vor allem das bizonale Budget, waren für die Kreditfinanzierung des Wiederaufbaus nicht gerüstet. Der erste Versuch der KfW, im Herbst 1949, Geld auf dem Kapitalmarkt zu beschaffen, sollte mit einem Debakel enden. Ausländische Kapitalmärkte waren einem deutschen Emittenten damals völlig verschlossen. So blieben im Grunde nur zwei Finanzierungsquellen: die Kreditschöpfung über die Bank deutscher Länder oder die Gegenwertmittel der Besatzungsmächte. Bundesregierung und Zentralbank waren sich jedoch weitgehend darin einig, Rediskontlinien im wesentlichen nur dann zu Vor- und Zwischenfinanzierungen bei Vorhaben des Wiederaufbaus einzusetzen, wenn eine spätere Ablösung aus langfristigen Gegenwertmitteln sichergestellt war.

Eine wirklich massive Kreditschöpfung der Zentralbank selbst für die Finanzierung des Wiederaufbaus hätte das ohnehin schwache Vertrauen in die Stabilität der jungen Währung mit Sicherheit zerstört, denn die große Inflation von 1923 und der Verfall der Reichsmark lagen so lange nicht zurück. Auch rückwirkend betrachtet, war die Entscheidung gegen eine Kreditschöpfung sicher richtig. So blieb nur der Rückgriff auf die Gegenwertmittel der Alliierten, auf die bereits angesammelten GARIOA-Mittel und auf die zu erwartenden Gegenwertmittel aus dem Marshallplan. Damit handelten sich die Deutschen zwar sehr weitgehende Mitbestimmungsrechte der Alliierten ein, die sich in den nächsten Jahren oft als außerordentlich lästig erwiesen, aber das Vertrauen in die Stabilität der Deutschen Mark ist eben eines der höchsten Güter unserer Nation. Die Alliierten ihrerseits bestanden nach wie vor auf eigenen deutschen Beiträgen zur Finanzierung des Wiederaufbaus.

Die beharrlichen deutschen Bemühungen, zunächst die alliierten Gegenwertmittel zu mobilisieren, zeigten aber seit Ende 1948 zunehmend Wirkung, denn sie lagen auch durchaus im Interesse der Alliierten. Kontrolle und Mitsprache blieben erhalten. Noch wichtiger war der publizistische Effekt, man konnte der deutschen Bevölkerung durch die finanzierten Projekte die Wirksamkeit der Auslandshilfe genauso nachhaltig vor Augen führen, wie wir es heute selber bei der Finanziellen Zusammenarbeit praktizieren. In keinem Bereich war der Marshallplan so erfolgreich wie im Bereich der Öffentlichkeitsarbeit und bei einer sich anschließenden Mythenbildung.

In der Anfangszeit der KfW waren alle Mittelbeschaffungen strikt zweckgebunden. Während wir heute nur noch bei öffentlichen Mitteln eine Programm- oder Zweckbindung kennen, unsere Kapitalmarktmittel aber nach eigenem Ermessen im Kreditgeschäft einsetzen, waren damals sogar Einzahlungen auf das Eigenkapital an konkrete Einzelprojekte gebunden. Daher sind gerade in dieser Periode der KfW die Beschaffung und der Einsatz der Mittel in der Darstellung nur schwer voneinander zu trennen.

Die GARIOA-Gegenwerte für das Sofortprogramm von 1949

Bereits während des Gesetzgebungsverfahrens über die Errichtung der KfW im Herbst 1948 hatte die bizonale Verwaltung intensive Gespräche mit dem Bipartite Control Office geführt, um bereits vorhandene Gegenwertmittel für die KfW zu erhalten. Abs zögerte nicht, diese Gespräche sofort nach der Geschäftsaufnahme weiterzuführen, und bereits am 7. Januar 1949 vereinbarte er mit den Alliierten, (auch unser alter Bekannter Sir Eric Coates war beteiligt), die KfW werde so schnell wie möglich ein Sofortprogramm vorlegen, das aus sogenannten GARIOA-Gegenwerten[26] refi-

nanziert werden sollte. Im Gegensatz zu den Marshallplangeldern, die erst ein Jahr später wirklich zur Verfügung standen, waren die GARIOA-Gegenwerte effektiv vorhanden. Sie stammten aus Nahrungsmittel- und Rohstoffimporten vor der Zeit des Marshallplans, die aus Mitteln des amerikanischen Verteidigungshaushalts finanziert worden waren. Bereits am 26. Januar hatte die KfW mit Unterstützung der Verwaltung für Wirtschaft dieses Programm aufgestellt. Die Alliierten genehmigten immerhin 555 Millionen DM, tatsächlich konnten sie aber nur 265 Millionen wirklich auszahlen. Nur wenige Monate nach Geschäftsaufnahme stand die KfW somit vor einer empfindlichen Finanzierungslücke, die nur sehr mühevoll durch Zwischenfinanzierungen und Verschiebungen in das erste Marshallplanprogramm, die ECA-Tranche I, geschlossen werden konnte.

Die Gegenwerte aus dem Marshallplan – Die ERP-Rücklage und die ECA-Tranchen I bis III

Erst im Jahre 1950 bekam die Marshallplanhilfe für die KfW mit Auszahlungen in Höhe von 1665 Millionen DM ein wirkliches Gewicht. Im ersten Jahr ihrer Geschäftstätigkeit, im Jahre 1949, hatte die KfW nur 94 Millionen aus dieser Quelle erhalten. Es ist eine Ironie unserer Geschichte, daß gerade diese allerersten ERP-Mittel der KfW nun über 50 Jahre ununterbrochen zur Verfügung stehen und mittlerweile auf über 700 Millionen angewachsen sind, die als *„Rücklage aus Mitteln des ERP-Sondervermögens"* immer wieder in der Bilanz ihren angestammten Platz finden. Hier nutzte Abs im Sommer und Herbst 1949 die Gunst der Stunde, ein Jahr nach Gründung der KfW deren Eigenkapital mit amerikanischen Mitteln von einer Million auf 94 Millionen DM aufzustocken.

Zwei dringende Finanzierungswünsche der Alliierten halfen dabei: Die Blockade Berlins, die über zehn Monate mit Hilfe der Luftbrücke durchgehalten werden konnte, war im Mai 1949 endlich beendet worden. Stalin hatte erkannt, daß er die westlichen Alliierten nicht ohne das Risiko eines dritten Weltkrieges aus Berlin vertreiben konnte; die westlichen Besatzungsmächte wußten, daß sie Vorkehrungen treffen mußten gegen künftige Erpressungsversuche der Sowjetunion mit Berlin als Faustpfand, die ja auch nicht ausbleiben sollten. Zu diesen Vorkehrungen gehörte auch der Aufbau einer autarken Energieversorgung der westlichen Sektoren Berlins, die bis dahin in das sowjetisch kontrollierte ostdeutsche Verbundnetz eingegliedert waren. Zur Finanzierung des Kraftwerks West der Bewag sollte die KfW 55 Millionen DM bereitstellen. 44 Millionen DM erhielt die KfW als Eigenkapital aus

Arbeitsplätze schaffen! Seit 50 Jahren unsere Aufgabe. Hier ein Plakat aus dem Jahre 1950.

ECA/ERP-Mitteln, den Rest sollte sie aus eigenen Anleihen finanzieren. 45 Jahre später sollte die KfW wiederum der Bewag Finanzierungshilfen gewähren, um nach der Wiedervereinigung Deutschlands und der deutschen Hauptstadt die Energieversorgung Westberlins wieder aus der Insellage in einen überregionalen Verbund einzugliedern!

Weitere 50 Millionen DM erhielt die KfW, um vorrangige Vorhaben im Ruhrkohlenbergbau zu finanzieren. Diese dringenden Finanzierungswünsche verbanden die Alliierten mit der Aufforderung, die KfW möge sich jetzt endlich einmal auf dem deutschen „Kapitalmarkt" Mittel besorgen. Abs konnte General Clay davon überzeugen, daß die KfW für den geforderten Gang auf den Kapitalmarkt dringend zusätzliches Eigenkapital benötigte. So erhielt die KfW mit Zustimmung der inzwischen etablierten Bundesregierung im Oktober 1949 insgesamt 94 Millionen DM aus ECA-Mitteln „ohne Rückzahlungs- und Verzinsungspflicht" zur Bildung eines „Reservefonds".

Der Vorstand der KfW hat auch in künftigen Jahren wiederholt mit guten Gründen eine Zuführung von Eigenmitteln erbeten. Erfolg hatte er bei den Anteilseignern dann, wenn sich Finanzierungs*bedürfnisse* der KfW mit politisch motivierten Finanzierungs*wünschen* der Einzahler deckten.

Im Rückblick ist es erstaunlich, daß der im Sommer 1947 verkündete Marshallplan erst Anfang 1950 wirklich in Kreditprogramme der KfW umgesetzt wurde. Zunächst einmal mußten die Gegenwertmittel durch entsprechende Einfuhren, die aus Marshallplanmitteln finanziert wurden („äußerer Marshallplan"), angesammelt werden. Ende 1948 waren aber nur Waren im Wert von knapp 99 Millionen US$ tatsächlich nach Westdeutschland geliefert worden, das Gegenwertkonto belief sich auf

120 Millionen DM.[27] Erst im Jahre 1949 erreichten die aus dem Marshallplan finanzierten Einfuhren wirklich das geplante Volumen, nachdem zahlreiche bürokratische Hemmnisse endlich beseitigt waren. Im Sommer 1949 hatte sich schon über eine halbe Milliarde DM auf dem Gegenwertkonto angesammelt, aber erst kurz vor Weihnachten flossen die ersten Mittel der ECA-Tranche I von insgesamt 937 Millionen DM an die KfW, so daß der „innere" Marshallplan, also die Investitionsfinanzierung durch die KfW aus diesen Gegenwertmitteln, erst Anfang 1950 mit mindestens einem halben Jahr Verspätung wirklich anlaufen konnte.

Gründe waren auch hier wieder die bürokratischen Hürden, vor allem auf der amerikanischen Seite. Schon das gerade errichtete deutsche Bundesministerium für den Marshallplan hatte es nicht leicht, sich gegenüber den „klassischen" Ressorts Wirtschaft und Finanzen zu etablieren. Schwieriger noch war es, die äußerst knappen Mittel optimal einzusetzen. Jede Branche und jede Region focht hart für ihre Interessen. Anschließend mußte BICO die deutschen Pläne absegnen, und erst dann konnte der lange Marsch durch den Bürokratendschungel der ECA von Frankfurt über Paris nach Washington und wieder zurück angetreten werden.

Die Amerikaner hatten die ECA als gigantischen Behördenapparat mit über 3700 Mitarbeitern aufgebaut. Eine Zentrale in Washington, eine europäische Zentrale in Paris und Vertretungen in allen Empfängerländern beschäftigten sich mit der Erstellung detaillierter Richtlinien und Vorschriften und anschließend mit der korrekten Einhaltung derselben. Das besetzte Deutschland wurde auf die Intensivstation gelegt, d.h., über 300 ECA-Beamte in Frankfurt und später in Bonn betreuten die Deutschen, die mittelfristige Gesamtplanungen, Investitionsplanungen und Begründungen

Der Bau des neuen Kraftwerks wurde von der Bewag während der Blockade Berlins mit Mitteln des Marshallplans begonnen, um die Stromversorgung der Westsektoren der geteilten Stadt zu sichern. Das Photo zeigt den Regierenden Bürgermeister, Ernst Reuter, bei der Besichtigung des Messestandes der Bewag mit dem Modell des Werkes, das später nach ihm benannt wurde.

für jedes zu finanzierende Einzelvorhaben zur Prüfung und Genehmigung in Frankfurt, Paris und Washington vorlegen mußten. Natürlich schaltete sich hier auch wieder BICO ein, das sich inzwischen durch entsprechende ERP-Referate verstärkt hatte. Trotz aller Vorsicht, die damals gegenüber den Besatzungsmächten geboten war, beklagte sich die KfW selbst in ihren Geschäftsberichten mit zunehmender Tendenz über die amerikanische Bevormundung.[28]

Die ECA war auch keineswegs so marktwirtschaftlich orientiert, wie wir es von Amerikanern heutzutage annehmen. Auf beiden Seiten dachte man in den Verwaltungen noch sehr planwirtschaftlich, die Amerikaner hatten ihre Erfahrungen im New Deal Roosevelts, die

Deutschen in den Vierjahresplänen Hitlers erworben. Im Krieg war Planwirtschaft ohnehin unvermeidbar gewesen. Die liberale Politik Erhards wurde daher von der ECA-Bürokratie mit großem Mißtrauen verfolgt. Die hohe Inflationsrate von 14% im zweiten Halbjahr 1948, die man der Wirtschaftspolitik von Erhard anlastete, veranlaßte die ECA, die Gegenwertmittel 1949 erst einmal auf Eis zu legen, um die Konjunktur nicht weiter anzuheizen. Sie bemerkte leider erst zu spät, daß sich im Jahre 1949 die Konjunktur bereits erheblich abgekühlt hatte und daß die Bizone in eine Depression mit dramatisch steigenden Arbeitslosenzahlen geriet. Dann handelte man endlich zügiger.

Nachdem im Dezember 1949 die KfW über 937 Millionen DM aus der ECA-Tranche I erhalten hatte, genehmigte die ECA bereits im Juni 1950 ihre zweite Tranche, aus der der KfW immerhin 1054 Millionen DM zugewiesen wurden. Gleichzeitig brach der Koreakrieg aus, der im Endeffekt der deutschen Wirtschaft noch stärkere Wachstumsimpulse gab als die endlich fließenden Fördermittel. Das Jahr 1950 bescherte der KfW ein Zusagevolumen von 2258 Millionen DM, ein Betrag, der in den folgenden Jahren bei weitem nicht erreicht wurde.

Auch bei der Genehmigung der dritten und letzten ECA-Tranche verzögerten politische Forderungen der Amerikaner die Freigabe der Mittel. Während die Deutschen, wohl auf Druck diverser Lobbies, mehr und mehr einem Gießkannenprinzip bei der „Zuteilung" anheimfielen, verlangten die Amerikaner eine Konzentration auf die Grundstoffindustrie, dieses Mal mit Recht, denn der Korea-Boom hatte schnell zu Engpässen in der Energieversorgung geführt. Die Amerikaner, weiterhin dem Prinzip „Hilfe zur Selbsthilfe" huldigend, forderten aber auch ein Ergänzungsprogramm

von einer Milliarde, das die Deutschen nun endlich einmal aus eigenen Mitteln finanzieren sollten. Nur eine akute Zahlungsbilanzkrise aus Anlaß des Korea-Booms rettete die Deutschen noch einmal vor einem tiefen Griff in die eigenen, mittlerweile schon besser gefüllten Taschen. Im März 1951 genehmigte die ECA dann auch die dritte Tranche, aus der die KfW noch einmal 1200 Millionen DM erhielt, die im wesentlichen bis Ende 1953 ausgezahlt wurden. In knapp drei Jahren hatte die KfW somit aus Mitteln des Marshallplans nicht weniger als *3694 Millionen DM* zur Erstausleihung an die deutsche Wirtschaft erhalten[29], für damalige Verhältnisse ein sehr beachtlicher Betrag, auf dessen Verwendung und Wirkung wir noch zurückkommen werden.

Im August 1953 ordnet dann der Bundesgesetzgeber die Verwaltung des *ERP-Sondervermögens* mit der Aufgabe, Tilgungen und Zinsen der Gegenwerte aus dem Marshallplan revolvierend und dauerhaft für die Förderung der deutschen Wirtschaft einzusetzen. Damit können wir das Thema ECA-Tranchen abschließen. Die Hilfe endet – die Selbsthilfe beginnt! Das wichtigste Instrument dieser Selbsthilfe, das ERP-Sondervermögen, aber wird auf unserer Reise durch die KfW-Geschichte ein dauernder Begleiter bis in die Gegenwart bleiben.

Sonstige DM-Gegenwerte

Die KfW versuchte in diesen knappen Anfangsjahren, jede mögliche Geldquelle anzuzapfen, sofern Laufzeit und Zinssatz einigermaßen akzeptabel waren. Durch Verkauf von Beute- und überflüssigem Militärgut durch die staatseigene Gesellschaft STEG entstanden andere Gegenwerte, die mit einem Gesamtbetrag von 120 Millionen DM vor allem in den Jahren 1951 bis 1954 vom Bund an die KfW ausgeliehen wurden.

Ein wenig rühmliches Nachfolgeprogramm des Marshallplans war ab 1952 das MSA-Investitionsprogramm IV, das vor allem aus Gegenwerten eines US-Eximbank-Darlehens alimentiert wurde. Die ECA-Bürokratie, die nach Ausbruch des Koreakrieges in Mutual Security Agency umbenannt worden war, hatte dadurch noch mehr an Effizienz eingebüßt. 1953 wurde sie reorganisiert und über verschiedene weitere Metamorphosen in unseren heutigen amerikanischen FZ-Partner „US-AID" umgewandelt. Vielleicht erklärt dieses manche Erfahrungen bei Kofinanzierungen in späteren Jahren. Ein sogenanntes Produktivitätsprogramm (!) der MSA dümpelte unglaublich schwerfällig einige Jahre vor sich hin und wurde nur wenig genutzt.

Ein Weltbankdarlehen an die KfW?

Ähnlich wie die KfW war auch die Weltbank als Wiederaufbaubank bei Kriegsende gegründet worden. Noch heute, fünfzig Jahre später, führen beide Institute das Wort „Wiederaufbau" in ihren Firmennamen. In der Tat hat die Weltbank in den unmittelbaren Nachkriegsjahren vor allem den Wiederaufbau in den vom Krieg zerstörten Regionen Europas und Asiens finanziert, erst später hat sie ihre heutige Rolle als Entwicklungsbank für die dritte Welt übernommen. Alle westeuropäischen Mitgliedsländer und in erheblichem Maße auch Japan sind damals Kreditnehmer der Weltbank gewesen, nur die Bundesrepublik Deutschland, seit 1952 Weltbankmitglied, hat nie einen Wiederaufbaukredit der Weltbank erhalten.

Verhandlungen wurden durchaus im Jahre 1953 geführt, nur einig wurde man sich nicht. Weltbankpräsident Black hatte einen Betrag von mageren 20 Millionen Dollar im Angebot, schon das löste in Bonn wenig Begeisterung

aus. Der Kredit sollte auch nur der Finanzierung von Anlageimporten dienen, da die Weltbank keine lokalen Kosten finanzieren wollte. Die deutsche Industrie sah sich eher als Exporteur denn als Importeur von Anlagen, sie war auch nicht bereit, die technischen Kontrollen der Weltbank zu erdulden. Die Erinnerungen an die Ausplünderung von Patenten durch die Amerikaner bei Kriegsende waren noch zu frisch.

Die KfW hätte im Prinzip gerne die Weltbank als ihren ersten Auslandsgläubiger gehabt, nur wollte Erhard den ganzen Kredit an die IKB leiten. Mit Mühe konnte die KfW für sich eine Option auf die Hälfte retten. Aber sowohl die KfW als auch die Bundesregierung als notwendiger Garant stießen sich an vielen Auflagen des Kreditvertrages, insbesondere an der Negativklausel für Sicherheiten und an den weitgehenden Informationsrechten der Weltbank. Im Endeffekt hätten die Deutschen also zu viele Schwierigkeiten für zu wenig Geld erhalten. Daher bedankten sie sich höflich und wurden bei der Weltbank schon nach wenigen Jahren ein immer wichtigerer Geldgeber und Kofinanzier. Die angeblich so anstößigen Auflagen der Weltbank allerdings hat die KfW wenige Jahre später kopiert und mit Zustimmung der Bundesregierung in ihre Kreditverträge mit Entwicklungsländern aufgenommen.

Die ersten KfW-Anleihen: der unvermeidbare Fehlschlag

Im Sommer 1949 konnte sich die KfW dem Druck der Alliierten, die seit zwei Jahren den Schritt auf den Kapitalmarkt gefordert hatten, nicht länger widersetzen. Lucius Clay persönlich wurde massiv, Abs konnte immerhin bei ihm den „Reservefonds" von 94 Millionen DM zur Stärkung des Eigenkapitals als Gegenleistung heraushandeln, im Verhältnis zu den miserablen späteren Anleiheerlösen von 31 Millionen ein hervorragendes Geschäft! Im Verwaltungsrat der KfW gab es kontroverse Diskussionen. Butschkau und Biber, beide Vorstände von Kreditinstituten im Langfristbereich, die gleichfalls auf den Kapitalmarkt drängten, bezweifelten die Aufnahmefähigkeit des Kapitalmarktes und das Emissionsstanding der KfW. Abs, kühl, schlagfertig und zu allem entschlossen, konterte, man könne jemanden, der noch keine Kinder habe, nicht impotent nennen, jeder müsse einmal beginnen. Beginnen sollte hier ein juristischer „Säugling" von zehn Monaten, noch ohne Bilanz und Geschäftsbericht, assistiert von einer Bürgin, der Bundesregierung, die sich gerade in diesen Tagen zum ersten Mal formierte. Und so begann, nachdem Abs sich knapp im Verwaltungsrat durchgesetzt hatte, die KfW am 15. September 1949 mit ihrem ersten Auftritt auf einer Bühne, die weder über Kapital verfügte noch Markt genannt werden konnte.

Wir haben schon in einem früheren Abschnitt erfahren, warum so kurz nach der Währungsreform noch kein Kapital in langfristige Anleihen investiert wurde. Auch einen Markt, der allein durch Angebot und Nachfrage reguliert wurde, sollte es noch auf Jahre hinaus nicht geben. Marktzugang, Volumina, Fristen und Zinssätze blieben noch lange reglementiert, die Oligopole der Emissionskonsortien beschränkten den Wettbewerb beim Absatz. Trotz aller sorgfältigen, professionell perfekten Vorbereitung, für die Abs gesorgt hatte, wurden von der 5½%-Anleihe nur 22 Millionen und von der steuerbefreiten 3½%-Wohnungsbauanleihe sogar nur 8 Millionen verkauft. Ein von Abs organisiertes Garantiekonsortium mußte weitere 28 Millionen übernehmen. Es wurde aber schon im nächsten Jahr von dieser Verpflichtung freigestellt, nachdem trotz bester Kurspflege die KfW sechs Millionen vom Markt wieder zurücknehmen mußte. Man versuchte dann, einige Millionen mit mehrjährigen Sperrverpflichtungen zu plazieren, doch es war nicht zu übersehen, daß der „Markt" damals noch nicht reif war für derartige Emissionen. Ein Erfolg war, daß die Deutschen den Alliierten immerhin nachweisen konnten, daß ihre Skepsis berechtigt war und die Gegenwerte des Marshallplans weiterhin für geraume Zeit die wichtigste Quelle der Wiederaufbaufinanzierung bleiben mußten.

Es sollte neun Jahre dauern, bis die KfW – dann aber mit dauerhaftem Erfolg – sich wieder auf dem Kapitalmarkt zurückmeldete.

3.2 Kredite für den Wiederaufbau: die Zuteilung knapper Mittel

In den frühen Briefen der KfW an ihre ersten Kreditnehmer taucht immer wieder ein Wort auf, das sich damals gerade aus der Umgangssprache verabschiedete, das Wort „*Zuteilung*". Jahrelang waren dem „Normalverbraucher" Nahrung, Kleidung und Hausbrand zugeteilt worden. Jedermann war froh, daß es damit ein Ende hatte. Aber die KfW sprach unbefangen von Kreditzuteilungen an Zechengesellschaften, die sich artig für ihre schmalen Rationen bedankten und dabei auf weitere Zuteilungen aus künftigen Programmtranchen hofften.

„Die Tätigkeit der KfW war nicht gerade am Idealbild einer freien Marktwirtschaft orientiert. Genaugenommen betrieb sie Investitionslenkung."[30] Diese kritische Anmerkung von Abs verdient einige Erwiderungen. Große Bereiche der Wirtschaft, vor allem die Konsumgüterindustrie, konnten ihre Investitionen nach der Währungsreform über die freigegebenen Preise finanzieren. Andere Sektoren wie das Wohnungswesen und die Energieversorgung waren jedoch noch aus politischen Gründen einer Preisbindung unterworfen, die wiederum eine Selbstfinanzierung nicht erlaubte. Niemand konnte aber übersehen, daß gerade in diesen Bereichen ein riesiger Finanzierungsbedarf bestand. Wohnungen und Energie gehörten zu den größten Versorgungsengpässen der schwierigen Nachkriegsjahre. Es gab auch einen einmütigen und grundsätzlichen Konsens zwischen allen Parteien, Verbänden und auch den diversen alliierten Behörden, daß die öffentlichen Wiederaufbaumittel primär in diese Sektoren gelenkt werden müßten, um entscheidende Wachstumshemmnisse zu beseitigen. Um die notwendige Energie produzieren zu können, mußte mehr Kohle an der Ruhr gefördert werden. Dafür fehlten Bergarbeiter, die man nur anheuern konnte, wenn ihnen im stark zerstörten Ruhrgebiet Wohnungen angeboten wurden. So bestätigte sich auch in den Anfangsjahren der Bundesrepublik noch der Grundsatz: Bewirtschaftete Industrien können eben nur durch gleichfalls bewirtschaftete Mittel finanziert werden.

Geplant wurde nicht auf Initiative der KfW und nicht von der KfW. Es war die deutsche Wirtschaftsverwaltung (und später die Bundesregierung), die auf Verlangen der Amerikaner die Gegenwertmittel nur im Rahmen einer gesamtwirtschaftlichen Investitionsplanung vergeben durfte. Damals konnte die Bundesregierung die Gegenwertmittel relativ diskret planerisch einsetzen, ohne daß Erhard sich von seiner liberalen Grundlinie lossagen mußte. Es ist bezeichnend, daß dieser große Kommunikator sich über die KfW und die entsprechenden Aktivitäten seines Ministeriums nie öffentlich

geäußert hat. Selbst die *Einplanung* des einzelnen Kredits, d.h. die Prüfung seiner Förderungswürdigkeit nach den jeweiligen Programmrichtlinien, oblag damals noch den deutschen und alliierten Verwaltungen und nicht der KfW.

Die KfW war also mitnichten eine „Kreditzuteilungsstelle", sondern von Anfang an ein Kreditinstitut, das nach professionellen, bankmäßigen Maßstäben die Kreditwürdigkeit seiner Kreditnehmer prüfte. Schließlich vergab die KfW in den Anfangsjahren etwa die Hälfte des Kreditvolumens ohne Bankendurchleitung direkt an Unternehmen der Grundstoffindustrie, deren Bonität und Ertragskraft damals oft keineswegs gesichert waren.

In anderen Bereichen wie Wohnungsbau, Landwirtschaft oder der verarbeitenden Industrie wurde die im Gesetz grundsätzlich vorgeschriebene *Bankendurchleitung* auch wirklich praktiziert. Aber es gab lange Diskussionen mit den Banken, ehe man sich über die Einzelheiten dieses Verfahrens verständigt hatte. Kritische Fragen wurden viele gestellt: Warum wollte die KfW den Einzelkredit prüfen, Kreditforderung und Sicherheiten sich abtreten lassen, wenn sie gleichzeitig die volle Haftung, die sogenannte Primärhaftung, der Bank verlangte? Wieviel einfacher wäre doch für alle die Arbeit, wenn die KfW der durchleitenden Bank Globaldarlehen mit einem möglichst großzügigen Verwendungszweck gäbe, ohne sich um den Einzelkredit zu kümmern. Oder: Wenn die KfW sich schon so intensiv um den Einzelkredit kümmere, dann möge sie doch bitte auch die Haftung übernehmen.

Im Wohnungsbau und in der Landwirtschaft gab die KfW in der Tat Globaldarlehen gegen Hingabe von Pfandbriefen. Bei der gewerblichen Wirtschaft sträubte sie sich dagegen, sehr zum Leidwesen der IKB, die sich natürlich zugunsten ihrer mittelständischen Klientel möglichst große Marktanteile sichern wollte.[31] Die KfW hat hier von Beginn an das Hausbankenprinzip im Interesse aller Bereiche der Kreditwirtschaft hochgehalten; der kreditsuchende Unternehmer soll bei jedem Kreditinstitut seiner Wahl Kredite aus Mitteln der KfW bekommen können. Dieses Wettbewerbsprinzip hat sich von Anfang an bewährt, aber in diesem Wettbewerb wiederum hat sich auch die IKB bewährt, die seit langem den größten Marktanteil in diesem wichtigen Segment hält.

Mit der zunehmenden Konsolidierung der deutschen Kreditwirtschaft konnte die KfW ihr Durchleitungsverfahren in den Folgejahren schrittweise vereinfachen. Andererseits zeigten einzelne Bankinsolvenzen, vor allem der Fall Herstatt im Jahre 1974, doch die Vorzüge unserer Praxis, da die Kreditverhältnisse mit den Endkreditnehmern durch Einschaltung anderer Banken einfach fortgesetzt werden konnten.

Die Schwerpunkte: Energie, Kohle, Stahl

In ihren Anfangsjahren ist die KfW noch keineswegs die Förderbank für den Mittelstand, wie sie sich heute seit über 25 Jahren präsentiert. In den Aufbaujahren von 1949 bis 1953 gingen über 50% des Kreditvolumens an die Elektrizitätserzeuger, den Steinkohlenbergbau und mit einer gewissen Verzögerung an die Stahlindustrie.

Bereits 1949 hat die KfW auf Veranlassung der Alliierten die Elektrizitätswirtschaft bevorzugt behandelt. Damals waren vor allem Kriegsschäden an bestehenden Kraftwerken zu beheben. Damit waren kurze Zeit nach Beendigung der Berliner Blockade häufig Aufträge an die Berliner Herstellerfirmen verbunden. Eine weitere Versorgungskrise kam Ende 1950.

Zum Weihnachtsfest gingen die Lichter aus, der steigende Stromverbrauch nach Beginn des Korea-Booms führte zu Stromabschaltungen. Strom wurde ganz überwiegend aus Steinkohle erzeugt, Braunkohle und Wasserkraft hatten einen geringeren Anteil. Kernkraft, Erdgas oder Öl waren bei der Stromerzeugung noch unbekannt.

Die unzureichende Förderung von Steinkohle war also ein weiterer Engpaß, den es zu beheben galt. Ursache waren hier weniger die Kriegszerstörungen als der Raubbau an den Lagerstätten, den die Zechen im Kriege betreiben mußten, um möglichst große Mengen mit möglichst kleinem Aufwand zu fördern. Jetzt mußte vor allem unter Tage in rationelle Fördertechnik investiert werden, um die Förderung zu erhöhen. Aber es fehlten auch Bergarbeiter, denen man wiederum Wohnungen anbieten mußte. Die Lage wurde schließlich noch durch erhebliche Lieferverpflichtungen von Steinkohle an das westliche Ausland verschärft, die von den Zechen auf Diktat der Besatzungsmächte sogar noch unter Selbstkostenpreis übernommen werden mußten.

Bei den Unternehmen der Elektrizitätswirtschaft waren die gesellschaftsrechtlichen Verhältnisse stabil und übersichtlich. Kreditnehmer waren im wesentlichen die etablierten, kommunal oder staatlich kontrollierten Regionalversorger wie RWE, PreussenElektra oder die Bayernwerke oder auch größere Stadtwerke, die noch heute, teilweise privatisiert, bestehen. Daher konnte damals schon im Energiesektor der Versuch gemacht werden, den Kapitalmarkt zu mobilisieren. Die Unternehmen emittierten 6½% Obligationen, die von der KfW übernommen wurden, soweit sie nicht am Markt plaziert werden konnten. Auch hier endete der Versuch mit einem Fehlschlag wie bei den eigenen Anleihen der KfW. Nur etwa ein Zehntel der Obligationen konnte verkauft werden!

Sehr viel schwieriger konnte die KfW die Entwicklung der Besitzverhältnisse in der Montanindustrie, also bei Kohle und Stahl, beurteilen, die als Kernstück der deutschen Rüstungsindustrie sofort nach Ende des Krieges der Kuratel der Besatzungsmächte unterstellt wurden, deren Zukunft aber auch nach den Plänen der deutschen Parteien noch keineswegs entschieden war. Nicht nur die linken Parteien und die Gewerkschaften pflegten noch das Feindbild der „Schlotbarone", deren Unternehmen sozialisiert werden müßten. Auch Liberale favorisierten Entflechtungsmaßnahmen, um die übermächtigen alten Kartelle der Vorkriegszeit zu verhindern. Die Alliierten wollten ihre Kontrollen zwar allmählich lockern, aber nicht ganz aufgeben. Am Ende wurde dieser komplizierte Interessenkonflikt durch die Montanunion, die Montanmitbestimmung und durch die Rückgabe an die alten Eigentümer mit einigen Entflechtungsauflagen recht elegant gelöst, nur war das in den Jahren 1949 und 1950 noch nicht abzusehen, als die KfW ihre ersten Kredite an Unternehmen der Montanindustrie geben sollte. Abzusehen war nur, daß die damalige Lage nicht von Dauer sein konnte. Zunächst mußte daher der alliierte Gesetzgeber im Interesse der KfW sicherstellen, daß auch Nachfolgegesellschaften für die Kredite haften müßten.

Noch im Januar 1948 glich die Blockstraße 3 der August-Thyssen-Hütte in Duisburg einem Schrotthaufen. Mitte der 50er Jahre waren die Kriegszerstörungen dem Werksgelände in Duisburg kaum mehr anzusehen.

Hinzu kam, daß die dingliche Besicherung der Bergbaukredite angesichts der Beschlagnahme und der ungeklärten Eigentumssituation überwiegend erst lange nach ihrer Auszahlung wirksam abgeschlossen werden konnte. Im Endeffekt hat die KfW an diesen Krediten nicht einen Pfennig verloren.

Die Geschäftsbanken waren seinerzeit nicht bereit, diese Risiken auf sich zu nehmen und Kredite unter ihrer Haftung durchzuleiten. Bei der Elektrizitätswirtschaft scheuten sie die Größe der Engagements. Die Konsequenz ist, daß die KfW im gesamten Bereich dieser Grundstoffindustrien Stahl, Kohle und Energie seit 1949 bis heute Direktkredite gewährt. Aus volkswirtschaftlichen Zwängen der Nachkriegszeit sind so jahrzehntelange Vertrauensverhältnisse entstanden. Zwischen den Unternehmen, der KfW und den Geschäftsbanken ist es im Laufe der Jahre zu einer vertrauensvollen Zusammenarbeit gekommen, die sich gerade in den jüngsten Stahlkrisen (Saarstahl) wieder bewährt hat.

In den Aufbaujahren 1949 bis 1953 hat die KfW über die Hälfte der Gegenwertmittel an die Grundstoffindustrie gegeben. Mit diesen Mitteln wurden in den Jahren 1949 und 1950 über 40 % der Brutto-Anlageinvestitionen in diesen Wirtschaftszweigen finanziert. Durch diesen konzentrierten Einsatz der Marshallplanmittel konnten die Engpässe in der Energieversorgung und damit Produktionsengpässe in der verarbeitenden Industrie weitgehend beseitigt werden.

Aber eben nur weitgehend, denn 1951 wurde erkennbar, daß die Marshallplanmittel allein nicht ausreichten, um den Kreditbedarf der Grundstoffindustrie zu decken. Abs entwickelte daher den Plan einer *Investitionshilfe der gewerblichen Wirtschaft an die Grundstoffindustrie*. Der Bundesverband der Deutschen Industrie (BDI) erkannte eine Profilierungschance und bot die Aufbringung einer Milliarde an, um der Grundstoffindustrie bei ihren Investitionen zu helfen. Nach monatelangen Diskussionen und Verhandlungen wurde im Januar 1952 das Gesetz über die Investitionshilfe der gewerblichen Wirtschaft erlassen, welches die IKB mit der Verwaltung dieser Milliarde beauftragte. Sehr zum Verdruß der KfW, die sich natürlich nachhaltig um diese Aufgabe beworben hatte, aber Erhard entschied zugunsten des BDI und „dessen" IKB.[32] Bei der Weiterleitung hatte aber dann die KfW wieder einen Vorsprung. Alle bereits anfinanzierten Vorhaben und alle noch beschlagnahmten Unternehmen sollte die KfW finanzieren. Am Ende sind dann von 1,16 Milliarden DM Investitionshilfe nicht weniger als 705 Millionen DM über die KfW an die Grundstoffindustrie geleitet worden.

Ernährung und Landwirtschaft

Mit der Währungsreform endeten die schlimmen Hungerjahre der Nachkriegszeit. Die liberale Wirtschaftspolitik stimulierte nachhaltig die Produktion von Nahrungsmitteln. Einige gute Ernten nach 1949 steigerten die Erträge der Landwirtschaft schon wieder auf das Vorkriegsniveau. Der Restbedarf an Nahrungsmittelimporten konnte zum Nutzen der amerikanischen Landwirtschaft noch für ein paar Jahre aus den Dollarmitteln des äußeren Marshallplans gedeckt werden. Die erste Freßwelle rollte auf die ausgehungerten Normalverbraucher zu.

Aber es war natürlich abzusehen, daß der Marshallplan diese Ernährungslücke nur für wenige Jahre schließen konnte. Zwei Ziele waren somit vordringlich: Die Erträge der deutschen Landwirtschaft mußten weiter gesteigert und die dann noch notwendigen Importe konnten nur noch durch eigene Deviseneinnahmen bezahlt werden. In diesen Zielen waren sich Deutsche und Amerikaner von Anfang an einig. Finanzierungsbedarf hatten die deutschen Landwirte vor allem beim Inventar. Krieg und Nachkriegszeit hatten die Erneuerung des Maschinenparks nicht zugelassen. Auch auf dem Lande mußten noch Kriegsschäden an den Gehöften behoben werden. Die Neuansiedlung heimatvertriebener Landwirte war ein politisch wichtiges und finanziell aufwendiges Programm, das bald von der Vertriebenenbank, dem Vorläufer der Lastenausgleichsbank, heute der Deutschen Ausgleichsbank, übernommen wurde.

Die KfW hat daher von 1949 bis 1953 eine halbe Milliarde an die Landwirtschaft und die Ernährungsindustrie ausgeliehen. Nie wieder sollte die Landwirtschaft einen so hohen prozentualen Anteil (20%) an den Kreditzusagen der KfW erreichen. Die Erneuerung des landwirtschaftlichen Inventars und der Wiederaufbau der Ernährungsindustrie, z. B. Molkereien und Zuckerfabriken, waren die Schwerpunkte der Finanzierung der KfW. So hat sich z. B. die Zahl der Ackerschlepper zwischen 1949 und 1953 auf fast 300000 Stück vervierfacht. Die

In den 50er Jahren finanzierte die KfW die Mechanisierung der Landwirtschaft. Hier der erste in Deutschland produzierte selbstfahrende Mähdrescher.

Rationalisierung und Mechanisierung der Landwirtschaft konnte die nun einsetzende Abwanderung vieler Arbeitskräfte in die aufblühende Industrie kompensieren. Die Landwirte erhielten die Kredite über Globallinien, die von der KfW an die Landwirtschaftliche Rentenbank und die Deutsche Genossenschaftskasse gegeben wurden. Auf diese Weise konnten Zehntausende von oft recht kleinen Einzelkrediten an Landwirte vergeben werden. Die Ernährungsindustrie erhielt ihre Einzelkredite über durchleitende Banken.

Aus der Sicht der Wiederaufbaujahre ist diese Förderung der Landwirtschaft plausibel, aber es wurden z. B. bei der Gewinnung neuer landwirtschaftlicher Nutzflächen auch Ziele verfolgt, die wenige Jahre später mit einem noch größeren Finanzierungsaufwand wieder korrigiert werden mußten.

Wohnungsbau

Die Kriegszerstörungen und der Zustrom von vielen Millionen Heimatvertriebenen und Flüchtlingen hatten im Nachkriegsdeutschland zu einer katastrophalen Wohnungsnot geführt. Mittellose Flüchtlingsfamilien wurden bei noch relativ gut situierten Alteingesessenen zwangseinquartiert. Mehrere Familien, die alles andere als miteinander befreundet waren, mußten sich häufig Küche und Toilette teilen. Soziale Spannungen waren unausweichlich, und gerade in den strukturschwachen Gebieten wie in Schleswig-Holstein oder Bayern bekamen radikale politische Parteien mehr und mehr Zulauf. Zudem fehlten die Wohnungen gerade in den zerstörten industriellen Ballungsräumen, in denen die auf dem platten Land gestrandeten Heimatvertriebenen noch am ehesten auf Arbeitsplätze hoffen konnten.

Der Wohnungsbau war unbestritten somit nicht bloß eine wirtschaftliche, sondern mehr noch eine sozialpolitische Notwendigkeit erster Ordnung. Schon 1949 vergab die KfW aus STEG-Mitteln 34 Millionen DM für den Wohnungsbau. Daß mit diesem Betrag ausgerechnet Wohnungen für die Besatzungsmächte in Wiesbaden finanziert wurden, müssen wir der KfW als eine aufoktroyierte Jugendsünde verzeihen, denn bereits ein Jahr später flossen fast 400 Millionen DM, und dieses Mal wirklich in den deutschen Wohnungsbau. Im selben Jahr wurden 350000 Wohnungen mit einem Kapitalaufwand von 3,6 Milliarden fertiggestellt, die KfW erreichte also 1950 eine Finanzierungsquote beim Wohnungsbau von 12 %. Erst 40 Jahre später konnten im Wohnraummodernisierungsprogramm für die neuen Bundesländer wieder so hohe Anteile erreicht werden.

Bis Ende 1953 hat die KfW insgesamt 623 Millionen DM für den Wohnungsbau zugesagt, damit wurde ein bescheidener Finanzierungsanteil von etwa 1,4 % an den Bruttoanlageinvestitionen der Bauwirtschaft erreicht.[33] Aufgrund ihrer damaligen schwachen Refinanzierungsbasis, die im wesentlichen auf die amerikanischen Gegenwertmittel angewiesen war, konnte die KfW nur im Jahr 1950 einen gewichtigen Beitrag zur Lösung der Wohnungsfrage leisten.

Selbst das hat ihr der amerikanische „Geber" nicht leichtgemacht. Die immer komplizierter ausgestalteten Wohnungsbaurichtlinien der ECA führten dazu, daß etwa ein Drittel der aus Zentralbankmitteln vorfinanzierten Bauvorhaben nicht auf die ECA-Tranche III umgeschuldet werden konnte. Zum Glück konnten die Realkreditinstitute damals schon diese Finanzierungslücke decken. Andererseits hatten es die Amerikaner zwei Jahre nach Gründung der Bundesrepublik noch für notwendig gehalten, ihre deutschen Empfänger mit Modellvorhaben für die Weiterentwicklung des deutschen sozialen Wohnungsbaus zu beglücken. Offensichtlich traute man den Deutschen nicht zu, daß sie kostengünstig und modern bauen könnten. Deshalb plante die ECA denn auch 37 Millionen für dieses Modellvorhaben ein. Nach einem Jahr hatte die KfW davon bei einem attraktiven Zinssatz von 2 % für den Endkreditnehmer lediglich 2,85 Millionen zugesagt und 0,3 Millionen ausgezahlt![34] Je billiger eine Geldquelle ist, desto schwieriger wird es, sie anzuzapfen. Erst Ende 1953 hatte die KfW die 37 Millionen voll untergebracht.

Zwei politisch motivierte Schwerpunkte sind hier zu notieren: der Wohnungsbau für Bergarbeiter, der zuletzt auch noch mit Mitteln der Montanunion gefördert wurde, als die Steinkohle ab 1957 in ihre Dauerkrise geriet, und der Wohnungsbau für „Sowjetzonenflüchtlinge" bis hin zu Wohnheimen für die noch Unverheirateten. Im Osten wurde die „Republikflucht" mit Waffengewalt bekämpft, im Westen wurde sie mit Geld gefördert.

Die Wohnungsnot war eines der schlimmsten Probleme der Nachkriegszeit. Über 600 Mio DM hat die KfW bis Ende 1953 für den Wohnungsbau zugesagt. Es wurden nicht nur komplette Wohngebiete neugebaut sondern auch einzelne Wohnhäuser. Hier ein Beispiel aus dem Ruhrgebiet.

Verarbeitende Industrie und Schiffahrt

Die damals stets so bezeichnete „Sonstige Industrie" erhielt von der KfW bis Ende 1953 insgesamt 1121 Millionen DM, davon allein etwa 700 Millionen aus Gegenwertmitteln. Nur 54 Millionen davon gingen als Globaldarlehen über die IKB an die mittlere und kleine Industrie. Es waren also auch in diesem Bereich der verarbeitenden Industrie die größeren Unternehmen, die von der Wiederaufbaufinanzierung profitierten.

Vorrangig bedacht wurden grundstoffnahe oder auch exportintensive Wirtschaftszweige wie die Chemie- und Zementindustrie einerseits oder der Maschinen- und Anlagenbau und die Elektroindustrie andererseits. Da die RWE mehr Elektrizität produzieren sollte, mußten Siemens und AEG auch Generatoren fertigen können. Wichtig war hier die Förderung von Flüchtlingsbetrieben wie der Schmuckindustrie aus Gablonz im Sudetenland oder von Unternehmen, die – wie Carl Zeiss oder die Glaswerke Schott mit ihrem Jenaer Glas – ganz oder teilweise aus der sowje-

tischen Zone abgewandert waren, vor allem, wenn diese Firmen Innovations-, Export- und Beschäftigungspotential besaßen. Viele selbständige Unternehmer oder hochqualifizierte Fach- und Führungskräfte flohen in diesen Jahren vor dem kommunistischen Regime in der DDR und bauten sich mit Hilfe von KfW-Krediten im Westen neue Existenzen auf. Um sich aus der Abhängigkeit von östlichen Zulieferungen, z.B. bei Textilmaschinen, zu befreien, wurden mit Hilfe der geflohenen Fachkräfte im Westen neue Fertigungen aufgezogen, die bis Kriegsende z.B. nur in Sachsen existiert hatten. Nach der Wiedervereinigung sollte sich dann ab 1990 herausstellen, daß die Altbetriebe im Osten gegenüber den Neugründungen im Westen nicht mehr wettbewerbsfähig waren. Wiederum war die KfW gefordert, um jetzt im Osten Neues zu fördern.

Sehr eindeutig sind aber diese Schwerpunkte bei der Finanzierung der verarbeitenden Industrie von 1949 bis 1953 nicht zu erkennen, so daß weitgehend ein Gießkannenprinzip unterstellt werden muß, das gerade dann praktiziert wird, wenn politischer Druck die politischen Prioritäten verwässert. Für die nicht zu unterschätzende psychologische Wirkung des Marshallplans mag es allerdings ein Vorteil gewesen sein, daß viele Branchen, wenn auch nur in geringem Maße, an dieser Hilfe der Amerikaner partizipieren konnten.

Der Wiederaufbau der vom Krieg zerstörten Verkehrsinfrastruktur ist nur in Teilbereichen über die KfW finanziert worden. Hier fand die KfW in der *Schiffsfinanzierung* schon 1949 ein Geschäftsfeld, auf dem sie sich trotz aller Schwierigkeiten und Veränderungen noch heute betätigt. Insgesamt hat die

Nach der entschädigungslosen Enteignung des Stammwerkes 1948 wurde das Jenaer Glaswerk Schott & Gen. in Mainz weitergeführt. 15 Millionen DM Starthilfe erhielten die heutigen Schott Glaswerke von der KfW als Darlehen aus dem Marshallplan für den Aufbau des neuen Hauptwerkes in Mainz 1951/52. Schon am 10. Mai 1952 wurde mit dem ersten Gruß optischen Glases das neue Schott-Hauptwerk in Mainz feierlich in Betrieb genommen.

KfW bis Ende 1953 den deutschen Reedern 286 Millionen DM zugesagt, also erheblich mehr, als beispielsweise der Maschinenbau erhielt. Innerhalb von drei Jahren konnte die deutsche Frachtschifftonnage wieder verzehnfacht werden. Rund 40% der neuen Schiffe hat die KfW mitfinanziert. Zunächst stand hier die Küsten- und Binnenschiffahrt im Vordergrund. Erst als die alliierten Baubeschränkungen gefallen waren, durften auch größere Linienschiffe wieder gebaut werden. Der Beginn unserer Werfthilfe kann damit schon auf 1949 datiert werden.

Bereits seit ihrem ersten Geschäftsjahr finanzierte die KfW den Bau von Schiffen. Das Bild zeigt den Fischdampfer „Ellerbeck" kurz vor seinem Stapellauf am 29. Juni 1950.

3.3 Zwischenresümee: Was hat der Marshallplan bewirkt?

Die Diskussionen über die Auswirkungen des Marshallplans werden so schnell nicht aufhören. Fest steht, daß er häufig zum Mythos und Allheilmittel hochstilisiert wird. Ob dritte Welt, ob Osten, bei jeder wirtschaftspolitischen Krise oder Umbruchsituation wird der Heilige George C. Marshall um Hilfe angerufen. Dabei wird stets übersehen, daß Ausgangssituation und Rahmenbedingungen sich niemals mit der Lage Westeuropas am Ende des Zweiten Weltkrieges vergleichen lassen. Es wird zudem übersehen, daß der Marshallplan mit Sicherheit allen beteiligten Ländern, auch Westdeutschland und auch den USA, erhebliche Vorteile und Erleichterungen gebracht hat, daß es aber oft sehr schwierig ist, diese Vorteile wirklich zu quantifizieren.

Der Marshallplan hatte vier Aspekte: 1. die Förderung der europäischen und atlantischen wirtschaftlichen Zusammenarbeit über die OEEC und die Europäische Zahlungsunion; 2. der äußere Marshallplan, d.h. die Devisenhilfe für die Europäer bei Einfuhren (vor allem aus den USA); 3. der innere Marshallplan, d.h. die Investitionskredite für den Wiederaufbau aus

den Gegenwerten; 4. der propagandistische Effekt amerikanischer Solidarität, vor allem im besiegten Deutschland. Alle vier Aspekte verdienen es, eingehend untersucht zu werden. Hier müssen wir uns aber auf den dritten Aspekt, die Kredite aus Gegenwertmitteln für den Wiederaufbau in Westdeutschland, beschränken.

Die ECA-Kredite haben nur in wenigen Sektoren und in einem relativ kurzen Zeitraum einen nennenswerten Anteil von über 10% an den Bruttoanlageinvestitionen gehabt. Dieses war bei Kohlenbergbau, Elektrizitätserzeugung und Schiffahrt für den gesamten Zeitraum von 1949 bis 1952 der Fall. Beim Wohnungsbau und in der Landwirtschaft wurde dieser Anteil nur in 1950, dem Schwerpunktjahr der KfW-Kreditzusagen, erreicht, in der Eisen- und Stahlindustrie wurden diese 10% nur in den Jahren 1950 und 1951 erreicht.[35] Aber ohne die KfW-Kredite an die Elektrizitätswirtschaft und ohne den entsprechenden Kraftwerksausbau hätte die westdeutsche Wirtschaft im Jahre 1952 nur 83% des tatsächlich erreichten Bruttoinlandsprodukts erzielen können.[36] Mit Sicherheit hat die Marshallplanhilfe den deutschen Wiederaufbau erheblich beschleunigt, so daß sich die deutsche Industrie nach Ausbruch des Koreakrieges und in den Folgejahren erfolgreich auf dem Weltmarkt etablieren konnte.

Es erscheint mir auch fragwürdig, ob makroökonomische Ansätze für eine Bewertung der Wirkungen des Marshallplans allein ausreichen. Es wird viele einzelne Unternehmen, z. B. bei den aus dem Osten verlagerten Betrieben, gegeben haben, die ohne Kredite einen Neubeginn im Westen nicht geschafft hätten. Hier fehlen noch immer Querschnittsanalysen, die sich den einzelnen Unternehmen zuwenden.

Es bleibt indessen auch die Frage, ob immer zum richtigen Zeitpunkt die finanz- und wirtschaftspolitisch angemessenen Maßnahmen getroffen wurden. Eindeutig hat die ECA-Bürokratie Ende 1949 die Mittel zu spät freigegeben. Eine frühere Lockerung der Preisbindung bei der Energie hätte wohl auch den Energieerzeugern früher die Selbstfinanzierung ermöglicht und den Stromverbrauch der Industrie eingeschränkt.

Das Gießkannenprinzip für Landwirtschaft, Wohnungsbau und vor allem die Sonstige Industrie mag im nachhinein kritisch bewertet werden. Positiv ist aber der Demonstrationseffekt in der Breite. Hiermit konnte wirklich der deutschen Öffentlichkeit vorgeführt werden, daß die amerikanischen Gelder produktiv und vernünftig für viele Vorhaben des Wiederaufbaus in Deutschland eingesetzt wurden.

3.4 Pionierleistungen in der Exportfinanzierung

Die langfristige Exportfinanzierung ist nicht nur eine der wichtigsten und erfolgreichsten Aktivitäten der KfW, sie ist auch eine ihrer ältesten Geschäftsbereiche. Geboren wurde sie auf der Verwaltungsratssitzung vom 13. März 1950. Wenige Wochen früher hatte die Bundesregierung ihr erstes großes Konjunkturprogramm verabschiedet, das *Arbeitsbeschaffungsprogramm,* mit dem sie vor allem die damals hohe Arbeitslosigkeit von über zwei Millionen Menschen bekämpfen wollte. Zusätzlich zu einem Investitionsprogramm für die exportintensive Industrie erhielt die KfW auch die Aufgabe, Ausfuhrgeschäfte mittel- oder langfristig zu finanzieren, da die Geschäftsbanken damals nur bereit waren, sich sehr kurzfristig zu engagieren.

Finanzierungstechnisch liefen diese reinen Lieferantenkredite über Solawechsel der Exporteure, die von deren Außenhandelsbanken giriert und von der KfW diskontiert wurden. Die KfW erhielt von der Bank deutscher Länder eine Rediskontlinie, die bis 1952 auf 600 Millionen aufgestockt wurde. In etwa der gleichen Höhe bewegte sich damals auch der Gesamtrahmen für Hermesdeckungen, die grundsätzlich von der KfW als Sicherheit verlangt wurden. Für heutige Verhältnisse war das Geschäft auch keineswegs langfristig. In der Regel überbrückten die Kredite mit Laufzeiten zwischen 6 und 24 Monaten nur die Fertigungszeiten des deutschen Herstellers. Es waren im Vergleich zu heute auch sehr bescheidene Kreditvolumina, die bereitgestellt werden konnten. Wieder waren es die Mittelknappheit, aber auch die restriktive Haltung der Bank deutscher Länder, die hier bremsten. Die Zentralbank fürchtete eine übermäßige Geldschöpfung. Sie hielt aber auch den Zeitpunkt für einen Kapitalexport noch nicht für gekommen. Die knappen Mittel reichten ja noch nicht einmal für den dringendsten Inlandsbedarf. Vocke und seine Mitarbeiter forderten daher beharrlich, daß die Banken andere Geldquellen für die Exportfinanzierung anzapfen sollten. Auch hier war es wieder die KfW und nicht die Geschäftsbanken, die als erstes Kreditinstitut einige Jahre später langfristige Kapitalmarktmittel für den Export mobilisierte.

Das Jahr 1950 war ein sehr schwieriges Jahr für den deutschen Außenhandel. Nachdem im Sommer die Koreakrise ausgebrochen war, stiegen vor allem die Preise für Rohstoffimporte dramatisch. Im Herbst mußte der Bund bei der Europäischen Zahlungsunion einen Sonderkredit von 120 Millionen Dollar aufnehmen, um überhaupt weiter in der EZU bleiben zu können. Der Export stieg zwar kontinuierlich, aber die deutsche Industrie exportierte nur 10 % ihrer Produktion. Die Liberalisierung der Einfuhr mußte wieder zurückgenommen werden. Nur die Dollarbeträge des Marshallplans konnten den dringenden Bedarf decken. So überrascht es nicht, daß die Exportfinanzierung der KfW von März bis zum Jahresende 1950 nur ein Zusagevolumen von 126 Millionen DM erreichte. Erschwerend kam noch hinzu, daß der Bundestag den Hermesrahmen von 600 Millionen erst im Sommer verabschiedete und daß den Banken die ihnen eingeräumte Marge zu niedrig erschien, so daß sie ihren exportierenden Kunden lieber teure Kontokorrentkredite anboten. Die KfW finanzierte andererseits auch die Ausfuhr von Konsumgütern, wie Silberbestecke für die Schweiz oder sogar Weinlieferungen nach England.

1951 war dann das Jahr der großen Wende im deutschen Außenhandel. Überraschend schloß die Handelsbilanz erstmals mit einem Aktivsaldo ab. Innerhalb eines Jahres hatte sich der Export fast verdoppelt. Der Aufstieg Deutschlands zur führenden Exportnation begann zu einem Zeitpunkt, in dem konkurrierende Länder, durch Rüstungsaufträge für den Koreakrieg ausgelastet, ihre Auslandsmärkte vernachlässigen mußten. Die traditionellen deutschen Absatzmärkte im mittlerweile kommunistischen Osteuropa blieben zwar noch auf Jahrzehnte weitgehend verschlossen, aber in Westeuropa und in Übersee, vor allem in den nun unabhängigen ehemaligen Kolonien, konnte sich der deutsche Export dauerhaft etablieren.

Das Wendejahr 1951 war daher auch für die Exportfinanzierung der KfW entschieden erfolgreicher! Das Zusagevolumen stieg auf fast 700 Millionen DM. Die Laufzeiten der Kredite überstiegen in der Regel zwar immer noch nicht zwei Jahre, aber die volkswirtschaftlich besonders förderungswürdigen Anlagenexporte gewinnen jetzt eindeutig die Oberhand. Zum ersten Mal finanziert die KfW viele bekannte Unternehmen, mit denen jahrzehntelange Geschäftsbeziehungen aufgenommen werden, wie Siemens, Krupp oder Ferrostaal, mit Anlageexporten nach Lateinamerika oder in den Nahen Osten.

Aber leider sollte dieses erfolgreiche zweite Jahr unserer Exportfinanzierung nach dem Willen von Abs auch zunächst das letzte sein, denn die privaten Banken wollten die Exportfinanzierung gerne ohne die KfW als angebliches „Monopolinstitut" des Staates betreiben, obwohl der Bundesgesetzgeber erst im Dezember 1951 die Exportfinanzierung ohne jeden Subsidiaritätsvorbehalt und keineswegs nur als Provisorium in das KfW-Gesetz aufgenommen hatte. Allerdings brauchten die Banken die Unterschrift eines zweiten Kreditinstituts für den Rediskont bei der Bank deutscher Länder. Sie verfolgten daher den Plan, gemeinsam ein „Syndikat"[37] zu bilden, das diese Aufgabe von der KfW übernehmen könnte. 28 Banken unter Ausschluß des Sparkassensektors gründeten Anfang 1952 die Ausfuhrkredit-Aktiengesellschaft (AKA), die sich auf die Exportfinanzierung konzentrieren sollte. Die AKA erhielt von der KfW die Rediskontfazilität bei der Bank deutscher Länder über 600 Millionen DM (Plafond B), vierzehn qualifizierte Mitarbeiter und sukzessive die bestehenden Engagements. Ihre Gesellschafterbanken räumten ihr zusätzlich eine Rediskontfazilität von 269 Millionen DM (Plafond A) ein, um den Forderungen der Bank deutscher Länder nach eigenen Beiträgen entgegenzukommen.

Die KfW selber nahm von diesem Geschäftszweig mit den Worten Abschied: *„Mit der Übertragung der Rückflüsse aus den KW-Krediten würde die Kreditanstalt ihre provisorische Tätigkeit auf dem Gebiet der Exportfinanzierung beendet haben.“*[38] Führte hier eine Vorahnung zur Verwendung des Konjunktivs? Die AKA wurde am 28. März 1952 gegründet. Vier Tage später trat der junge Kreditsachbearbeiter Gerhard Götte seinen Dienst bei der KfW an. Vier Jahrzehnte später, im Jahre 1992, als der Vorstandssprecher Götte in den Ruhestand trat, stand ein Exportkreditvolumen von über 30 Milliarden DM in der KfW-Bilanz.

4. Die „goldenen" fünfziger Jahre und die KfW ab 1954

In der Mitte der fünfziger Jahre waren die Not- und Hungerjahre der Nachkriegszeit endgültig vorbei. Noch waren die Arbeitszeiten lang und die Gehälter niedrig, auch der Bedarf an Wohnungen war keineswegs gedeckt, aber der ehemalige „Normalverbraucher" konnte sich schon einmal einen Campingurlaub mit dem VW-Käfer an der Adria leisten. Die Bundesrepublik wurde zunehmend als Partner akzeptiert. Sie war 1951 Gründungsmitglied der Europäischen Gemeinschaft für Kohle und Stahl (EGKS), 1952 wurde sie Mitglied von Weltbank und Internationalem Währungsfonds (IWF). Nach dem Fehlschlag der Europäischen Verteidigungsgemeinschaft wurde die neugebildete Bundeswehr schnell in die NATO integriert. 1954 wurden „wir" Fußballweltmeister, und ein Jahr später konnte Adenauer die Frei-

lassung der letzten deutschen Kriegsgefangenen in der Sowjetunion erreichen. Nur die Spaltung Deutschlands vertiefte sich weiter. Sowjetische Besatzungstruppen unterdrückten den ostdeutschen Aufstand vom 17. Juni 1953, drei Jahre später auch den Befreiungskampf der Ungarn. Stalin war tot, aber seine Nachfolger hielten mit unverminderter Gewalt sein Imperium zusammen. Der kalte Krieg ging weiter. Berlin wurde nach dem sowjetischen Ultimatum von 1958 wieder in seiner Existenz bedroht. Zunehmend mußten sich beide deutsche Staaten auch in der Außenpolitik und in der Außenwirtschaft an ihm beteiligen.

Im Inneren stabilisierte sich die Bundesregierung unter Adenauer und mit Erhard als Wirtschaftsminister. In den beiden Bundestagswahlen von 1953 und 1957 hatte ihr der Wähler eindeutig sein Vertrauen bekundet. Das lag vor allem an der guten wirtschaftlichen Entwicklung.

Der Jahresbericht 1954 der KfW beginnt mit folgendem Absatz:

„Die wirtschaftliche Entwicklung der Bundesrepublik im Jahre 1954 ist durch Fortschritte auf fast allen Gebieten gekennzeichnet. Eine Steigerung der landwirtschaftlichen Erzeugung um etwa 3% und der industriellen Produktion um 11,6%, die Fertigstellung von mindestens 520000 Wohnungen, ein Anwachsen des Exportes um 3,5 Milliarden DM, die Erhöhung der Gold- und Devisenbestände auf 11,2 Milliarden DM, weitere 5,5 Milliarden DM Spareinlagen, ein Rekordstand der Beschäftigung mit 16,8 Millionen Personen bei niedrigstem Stand der Arbeitslosigkeit seit der Währungsreform – das sind bezeichnende Tatbestände, die das günstige Jahresergebnis widerspiegeln. Es fand seinen Niederschlag in einer Zunahme des Bruttosozialproduktes um etwa 8% auf rund 145 Milliarden DM."

Dieses wirtschaftlich so gute Jahr für die Bundesrepublik war für die KfW das schlechteste Jahr ihrer Geschichte. 1954 betrugen die Kreditzusagen der KfW noch nicht einmal eine halbe Milliarde. Man hatte sich weit entfernt von den 2,1 Milliarden des Jahres 1950, als die Marshallplanmittel so kräftig flossen. Es war unverkennbar: Der Wiederaufbau war im wesentlichen bewältigt, die Gegenwertmittel waren erfolgreich investiert worden, die KfW hatte im Grunde ihre Schuldigkeit getan. Sie mußte entweder neue Aufgaben, aber auch neue Geldquellen finden oder von der Bühne abtreten. Eine Auflösung der KfW ist aber in Bonn auch damals nie ernsthaft erwogen worden. Viele gute Mitarbeiter verließen dennoch die KfW und machten in anderen Banken Karriere, andere nutzten die Zeit, um an der nahe gelegenen Universität zu studieren oder zu promovieren, wiederum andere spielten Skat und warteten auf Arbeit.

Vor allem Martini kommt das Verdienst zu, die KfW in dieser schwierigen Phase nicht nur am Leben erhalten, sondern sie auch erfolgreich im Bankenbereich positioniert zu haben. Durch den Rückgriff auf das ERP-Sondervermögen erschloß er der Bank neue und kontinuierlich verfügbare Geldquellen. Ab 1958 etablierte er die KfW als Emittentin auf dem Kapitalmarkt. Martini vermochte es, sowohl Hermann J. Abs als auch die Bundesregierung davon zu überzeugen, daß die KfW im In- und im Ausland vielfältig und flexibel bei Finanzierungen im öffentlichen Interesse eingesetzt werden konnte.

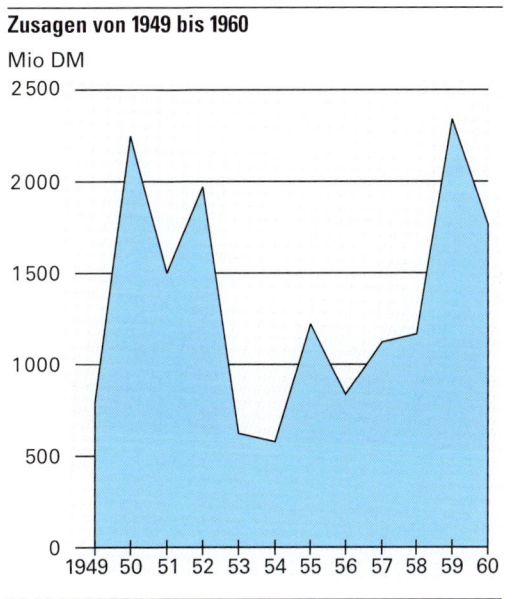

Zusagen von 1949 bis 1960

Mio DM

Auf die Finanzierung des Wiederaufbaus bis 1953 folgte eine Talsohle, die am Ende der fünfziger Jahre durch neue und dauerhafte Aktivitäten im In- und Ausland überwunden wird.

4.1 Revolvierender Einsatz der Gegenwerte: Das deutsche ERP-Sondervermögen entsteht

Ende 1953 hatte die KfW die Gelder aus den drei ECA-Tranchen im wesentlichen ausgeliehen. Neue amerikanische Gegenwerte waren nicht mehr zu erwarten, der Kapitalmarkt war weiterhin unergiebig. Obwohl die erste und besonders kritische Phase des Wiederaufbaus vor dem Abschluß stand, hatte die KfW weiterhin genügend Finanzierungsaufgaben, aber eindeutig zu wenig Mittel. Sie hat es vor allem dem ERP-Sondervermögen zu verdanken, daß sie ab 1954 weiterarbeiten konnte.

Bereits ab 1950 bildeten die Gegenwerte der amerikanischen Wirtschaftshilfe ein Sondervermögen des Bundes, dem auch die Zinsen und Tilgungen der KfW-Kredite zugeführt wurden.[39] Von 1951 bis Ende 1953 hatte die

KfW schon Zins- und Tilgungsrückflüsse im Gesamtbetrag von über 400 Millionen DM mit Zustimmung der Bundesregierung und der ECA revolvierend wieder für Kredite eingesetzt. Seit 1951 verfolgte das Marshallplanministerium bereits den Plan eines besonderen Verwaltungsgesetzes für das ERP-Sondervermögen. Dank der engen Kontakte zwischen diesem Ministerium und der KfW konnte diese frühzeitig ihre Anregungen in die Gesetzesvorbereitungen einbringen. Man war sich von Anfang an einig, daß diese Vermögenswerte dauerhaft erhalten und über die KfW und andere *Hauptleihinstitute* zur Förderung der deutschen Wirtschaft eingesetzt werden sollten. Solange die Frage der Rückzahlung der Marshallplanhilfe offen war, konnten jedoch Verwendung, Organisation und Dauer dieses Sondervermögens nicht abschließend geregelt werden.

Erst das Londoner Schuldenabkommen vom 27. Februar 1953 schaffte Klarheit im Verhältnis zu dem amerikanischen Geldgeber. Von den drei Milliarden US$ brauchte nur knapp eine Milliarde zurückgezahlt werden, zwei Milliarden wurden erlassen. Die eine Milliarde, die nicht erlassen wurde, haben die Deutschen den Amerikanern vorzeitig bis 1966 zurückgezahlt. Nunmehr konnte auch das deutsche Innenverhältnis durch das Gesetz über die Verwaltung des ERP-Sondervermögens vom 31. August 1953 auf eine dauerhafte Basis gestellt werden. Es gab zwar einige Kritiker, die das Gesetz für überflüssig hielten und dem Ministerium unterstellten, es wolle nach Auslaufen des Marshallplans nur seinen Fortbestand sichern, aber schließlich konnten sich, wiederum mit Unterstützung der KfW, die Fürsprecher des Gesetzes durchsetzen. Es konnte trotz der guten Wirtschaftslage nicht übersehen werden, daß die strukturschwachen Regionen und vor allem auch Berlin noch auf längere Zeit gezielt gefördert werden mußten.

Das ERP-Sondervermögen (ERP-SV) wurde zu einem revolvierenden Fonds für langfristige Investitionskredite zur Förderung und zum Wiederaufbau der deutschen Wirtschaft ausgestaltet. Der Verwendungszweck des ERP-SV deckt sich seitdem wörtlich mit dem gesetzlichen Aufgabenbereich der KfW im Inland. Die entscheidende politische Tat war die Bereitschaft des Bundes, die Tilgungen an die Amerikaner aus dem Bundeshaushalt zu leisten und nicht dafür die Gegenwerte zu schmälern. Allerdings hatte Bundesfinanzminister Schäffer im Haushaltjahr 1953 aus Gegenwertmitteln 250 Millionen DM für den Bundeshaushalt abgezweigt, indem er 250 Millionen Bundesanleihe an das Sondervermögen verkaufte. Abs rettete diesen Betrag für die KfW, denn er war bereit, notfalls diese Anleihe bei der Süddeutschen Bank, deren Vorstandssprecher er seit 1952 war, unterzubringen, so daß die KfW diesen Betrag ein Jahr später für ein Arbeitsbeschaffungsprogramm im Ruhrgebiet einsetzen konnte, das Adenauer verlangt hatte.[40]

Die KfW setzte sich im Gesetzgebungsverfahren für folgende Regelungen in ihrem Interesse ein: Künftig war das Sondervermögen in seinem Bestand zu erhalten und nach wirtschaftlichen Grundsätzen zu verwalten (§ 5 Abs. 1 des Gesetzes). Die Verwendungsprüfungen wurden primär der KfW und anderen Hauptleihinstituten übertragen (§ 12 Abs. 2), aus wirtschaftlichen Gründen konnten Stundungen vereinbart werden (§ 6).[41] Der KfW ging es vor allem darum, die Kredite möglichst „bankmäßig" zu vergeben und die Prüfungen des Bundesrechnungshofes nicht auf die durchleitenden Banken und die Endkreditnehmer zu erstrecken, um die Akzeptanz der Förderprogramme nicht zu gefährden.

Diese Regelungen des Gesetzes haben sich jetzt seit Jahrzehnten bewährt. Der Bundesrechnungshof prüft das verwaltende Ministerium und die KfW, diese wiederum prüft über Verwendungsnachweise der Banken und durch Stichproben vor Ort die Verwendung beim Endkreditnehmer. Seltene Fälle geringfügiger Fehlverwendung können durch Sanktionsrechte in den Kreditverträgen wie Zinserhöhung oder Teilrückzahlung reguliert werden.

Die Verwaltung des Sondervermögens wurde dem Bundesminister für wirtschaftliche Zusammenarbeit (BMZ) übertragen. Das damalige BMZ war von 1953 bis 1957 nur eine Umbenennung des Marshallplanministeriums, es war *Empfänger* und nicht wie sein 1961 errichteter „Namensvetter" *Geber* von Auslandshilfe. Aber diese Namensgleichheit illustriert sehr gut, in welch kurzer Zeit sich die Bundesrepublik vom Schuldner zum Gläubiger auf der internationalen Bühne wandelte. Seit 1969 ist der Bundeswirtschaftsminister Verwalter des ERP-Sondervermögens. Heute benötigt man zur Verwaltung dieses inzwischen erheblich angewachsenen Vermögens nicht mehr ein ganzes Ministerium, sondern nur Teile einer Unterabteilung. Über den Einsatz der disponiblen Mittel des ERP-SV entscheidet jährlich der Bundesgesetzgeber im Gesetz über den ERP-Wirtschaftsplan. Insoweit haben wir einen Neben-, aber keineswegs einen Schattenhaushalt.

Für die KfW und die anderen Hauptleihinstitute, die Deutsche Ausgleichsbank und bis 1991 die Berliner Industriebank, besteht somit seit 1954 eine stetige Refinanzierungsquelle, deren Verwendungszweck von Regierung und Parlament den wechselnden politischen Prioritäten (wenn auch manchmal nur mit Verzögerung) angepaßt werden kann. In den Jahren von 1954 bis 1960 hat die KfW aus Mitteln des ERP-SV insgesamt 4,656 Milliarden DM erhalten, damit war das ERP-SV in dieser Zeitspanne die mit Abstand wichtigste Refinanzierungsquelle, aus der weit über die Hälfte der Mittel flossen.

4.2 Die KfW etabliert sich als erste Adresse auf dem deutschen Kapitalmarkt

Schon 1947 hatten es sich die Gründerväter der KfW, der Brite Sir Eric Coates und der Amerikaner Jack Bennett, erträumt, aber erst elf Jahre später, 1958, wurde es Wirklichkeit: Die KfW etablierte sich erfolgreich mit ihren Anleihen auf dem deutschen Kapitalmarkt.

In den Jahren davor hatte die KfW bei den sogenannten Kapitalsammelstellen, d.h. in erster Linie den privaten oder öffentlichen Versicherungen, einige hundert Millionen aufgenommen. Sie bemühte sich von Anfang an um die Erschließung zusätzlicher privater oder auch öffentlicher Geldquellen. Häufig besorgten sich die Kreditnehmer aus der Industrie die Kredite selbst bei den Versicherungen. Die KfW wurde lediglich dazwischengeschaltet, damit diese Kredite deckungsstockfähig wurden. Als echte Kapitalmarktmittel kann man diese Finanzierungen daher nicht ansehen.

Der Kapitalmarkt war bis 1952 noch stark reglementiert. Ein Kapitalverkehrsausschuß, in dem auch die KfW vertreten war, genehmigte die Zinssätze im Einzelfall und durchweg zu niedrig, so daß der Markt mit seinem nach wie vor sehr schwachen Aufkommen nicht über den Preis reguliert werden konnte. Ab 1953 wurde dieser „Preisstopp" auf dem Kapitalmarkt durch einen komplizierten Steuerdirigismus ersetzt, aber der Mittelzufluß erhöhte sich nur sehr langsam. Immerhin wirkte jetzt der Zins endlich als Regulativ für den Markt. Vor allem 1956 und 1957 gab es eine längere Hochzinsphase, die viele interessierte Emittenten, darunter auch die KfW, davor scheuen ließ, so teuer ihr Geld einzukaufen.

Im Jahre 1958 besserte sich die Lage. Die Zinsen für langfristige Anleihen gingen von 8%

auf 6% herunter, das Volumen der abgesetzten Wertpapiere stieg um 60%. Endlich gab es einen funktionsfähigen Kapitalmarkt. Die KfW zögerte nicht mehr und legte mit Erfolg eine 6%-Anleihe von 100 Millionen DM auf.

Noch größerer Beliebtheit erfreuten sich die Kassenobligationen der KfW. Diese erste Finanzinnovation unseres Hauses hatte Martini gemeinsam mit von Ilberg konzipiert. Mit Laufzeiten von drei oder vier Jahren und einer Endfälligkeit füllte dieser neue Wertpapiertyp eine Marktnische zwischen Geldmarkt und Anleihemarkt. Er entsprach gleichzeitig unseren Refinanzierungsnotwendigkeiten bei Investitions- und Exportkrediten. 1958 wurden Kassenobligationen über 80 Millionen verkauft, aber die sehr gute Nachfrage gestattete der KfW, bis Ende 1960 über eine halbe Milliarde dieser „KOs", wie sie bald genannt wurden, abzusetzen. Diese Innovation und noch mehr die sehr sorgfältige und aufwendige Kurspflege unserer Papiere haben in kurzer Zeit den exzellenten Ruf der KfW auf dem Kapitalmarkt begründet. Bis Ende 1960 konnte die KfW fast eine Milliarde auf dem Kapitalmarkt aufnehmen und sich neben dem ERP-SV ein starkes zweites Bein für ihre Mittelbeschaffung zulegen.

4.3 Der Kampf um das Eigenkapital

Am Ende der Aufbauperiode, Anfang 1954, hatte die KfW immer noch ihr minimales Grundkapital von einer Million. Dazu kamen als Eigenkapital die von Abs organisierte ERP-Rücklage, die mittlerweile durch Ertragsbeteiligungen von 94 auf 118 Millionen DM angewachsen war, sowie Rücklagen von 47,5 Millionen, die sich aus den Jahresgewinnen gebildet hatten. Die Bank hatte also dank auskömmlicher Margen und ohne Ausfälle bei ihren Krediten durchaus erfolgreich gearbeitet, aber die Eigenkapitalbasis war bei einer Bilanzsumme von fast fünf Milliarden DM (damals war es die höchste Bilanzsumme eines deutschen Kreditinstituts) recht schwach, vor allem für eine damals geplante Kreditaufnahme bei der Weltbank. Neubaur und Martini versuchten daher schon seit 1952, die Bundesressorts zu einer Aufstockung des Eigenkapitals um 150 Millionen zu bewegen. Sie stießen durchaus auf Verständnis bei den meisten Ressorts in Bonn, aber letztlich scheiterte dieser Plan 1955 nach zahllosen Verhandlungen am Bundesfinanzministerium und an der noch offenen Frage, ob die KfW in Zukunft mehr sein sollte als ein Hauptleihinstitut für das ERP-SV. Erst 1961 sollte Martini die Aufstockung des Grundkapitals gelingen, denn 1961 standen den Finanzierungs*bedürfnissen* der KfW wieder politisch motivierte Finanzierungs*wünsche* des Bundes vor allem bei der Entwicklungshilfe gegenüber.

4.4 Europäer der ersten Stunde: die Montanunion und die KfW

Der Schuman-Plan hat wie wenige andere Initiativen der Nachkriegszeit die politische Landschaft Europas nachhaltig geprägt. Aus einem Konzept, das zunächst den französischen Interessen an einer Kontrolle der deutschen Montanindustrie dienen sollte, entwickelten sich, oft kritisiert, aber doch heute unverzichtbar, die Europäische Wirtschaftsgemeinschaft, der Gemeinsame Markt und schließlich die Europäische Union.

Im Anfang entstand ab 1950 als Keimzelle eines neuen Europa die Europäische Gemeinschaft für Kohle und Stahl (EGKS). Aus heutiger Sicht ist diese politische Priorität der Montanindustrie genauso schwer zu verstehen wie der Vorrang von Kohle und Stahl bei der Wiederaufbaufinanzierung in den Anfangsjahren der KfW. Damals gab es dafür gute Gründe. Die Franzosen hatten mit ihren Marshallplanmitteln ihre Stahlindustrie modernisiert. Sie benötigten deutschen Hüttenkoks nicht nur von der Saar, die hatten sie ohnehin wirtschaftlich annektiert, sondern auch von der Ruhr. Aber auch die anderen westeuropäischen Partner hatten Firmenbeteiligungen und

andere Interessen in Deutschland oder in anderen Nachbarstaaten. Die westeuropäische Montanindustrie war erheblich stärker untereinander verflochten als andere Industrien. Wie in Deutschland so war sie auch in den fünf anderen Partnerländern noch in planwirtschaftliche Strukturen eingebunden; sie befand sich zudem in Frankreich und in Italien weitgehend im Staatseigentum.

Zu den vielfältigen Aufgaben der Montanunion gehört nach Artikel 51 des EGKS-Vertrages auch die Kreditfinanzierung von industriellen Investitionen, von Bergarbeiterwohnungen oder von Ersatzarbeitsplätzen in den Bereichen Kohle und Stahl. Nachdem die Hohe Behörde der EGKS im August 1952 ihre Arbeit begonnen hatte, begann sie umgehend mit der Erschließung der Kapitalmärkte in Europa und den USA. Ziemlich von Anfang an war auch ein ehemaliger Direktor der KfW dabei.

Hans Skribanowitz, seit 1949 in der KfW und zuletzt Leiter der Kreditabteilung für die Grundstoffindustrie, ging 1954 als stellvertretender Direktor der Finanzabteilung zur Hohen Behörde nach Luxemburg. Er beendete seine erfolgreiche Laufbahn in europäischen Diensten 1965 als Generaldirektor „Kredit und Finanzierungen" in der EG-Kommission.

Aber auch die KfW als Institution wurde schon in diesen Anfangsjahren eines neuen Europa einer der wichtigsten Partner der EGKS, nachdem Abs und Martini bereits im September 1951 der Bundesregierung die bankmäßige Betreuung der künftigen EGKS-Kredite durch die KfW angeboten hatten. Um ihre Kredite in der Montanindustrie der sechs Mitgliedsländer zu plazieren und die jeweils nach nationalem Recht zu bestellenden Sicherheiten zu verwalten, schaltete die EGKS in jedem Mitgliedsstaat ein entsprechend qualifiziertes öffentliches Kreditinstitut als ihren „Agenten" ein. Die KfW hatte sich in den Jahren zuvor als Kreditgeber für die Grundstoffindustrie profiliert, so daß sie bereits 1954 in europäische Dienste trat und bis zum heutigen Tage als „Agent" die europäischen Kredite verwaltet, soweit sie an deutsche Unternehmen der Montanindustrie gegeben wurden.

Der EGKS gelang es bereits im Jahre 1954, von der amerikanischen Eximbank einen Kredit über 100 Millionen US$ zu erhalten. Als Sicherheit für diese und folgende Kredite an die EGKS wurden alle Sicherheiten, die sie aus der Weiterleitung der Kredite von der Industrie erhalten hatte, über einen Pfandvertrag (Act of Pledge) in einem Sicherheitenpool vereinigt, den die Bank für Internationalen Zahlungsausgleich (BIZ) in Basel verwaltete. Diese für internationale Bankjuristen außerordentlich reizvolle Konstruktion hat sich wegen ihrer Schwerfälligkeit in der Praxis dann oft als hinderlich erwiesen. Es dauerte etwa 20 Jahre, bis sich die EGKS von dieser „Jugendsünde" befreien konnte.

Die EGKS erreichte bald ein sehr gutes internationales Emissionsstanding. Nicht nur in den Mitgliedsländern, auch in der Schweiz und den

USA hat sie sich in den Folgejahren erhebliche Mittel (bis 1960 bereits im Gegenwert von über einer Milliarde DM) auf den Kapitalmärkten beschaffen können.[42] Sie hat damit auch Pionierdienste für ihre jüngere „Schwester", die Europäische Investitionsbank, geleistet.

In der zweiten Hälfte der fünfziger Jahre wurden diese Mittel vorrangig für Modernisierungsmaßnahmen in der Stahlindustrie, im Steinkohlenbergbau und im Wohnungsbau für Bergarbeiter eingesetzt. Bis 1960 erhielt die deutsche Montanindustrie von der EGKS über 664 Millionen DM[43], das ist mehr als die Hälfte ihres gesamten Kreditvolumens. Der Bergbau wurde auch dann noch gefördert, als 1957/58 durchaus erkennbar war, daß Öl und Kernenergie die immer teurer werdende europäische Steinkohle weitgehend aus dem Markt drängen würden. Die Kredite der EGKS ab 1954 sind somit in ihrem Verwendungszweck eine Fortsetzung der Wiederaufbaukredite der KfW für die Grundstoffindustrie aus den Jahren 1949 bis 1953. Nur die Elektrizitätserzeuger wurden von der EGKS nicht mehr versorgt. Nach der Liberalisierung der Strompreise konnten sie ohnehin sehr schnell zur Selbstfinanzierung übergehen. Die KfW war nicht nur der erste und größte „Agent" der EGKS, sie war auch ihr Bürge für Kredite, die aus Luxemburg an deutsche Unternehmen gewährt wurden. Sie hat darüber hinaus viele Kredite der EGKS durch Anschluß- und Zusatzfinanzierungen aus eigenen Mitteln ergänzt.

1957 wurde durch die „Römischen Verträge" zusammen mit der Europäischen Wirtschaftsgemeinschaft auch die Europäische Investitionsbank (EIB) als zweite Finanzierungsinstitution der Europäischen

Ein Europäer der ersten Stunde: links Hans Skribanowitz, von 1949 bis 1954 Mitarbeiter der KfW ehe er als Direktor zur EGKS ging, und Konrad von Ilberg, noch 1948 als Direktor in die KfW eingetreten, war von 1956 bis 1961 stellvertretendes Mitglied des Vorstandes.

Gemeinschaft gegründet. Abs und andere hatten gegen diese Neugründung vergeblich opponiert[44], sie war ein politisches Wunschkind der Italiener. Die Expertise der KfW war auch hier gefragt. Die Bundesregierung entsandte Martini als einen der deutschen Vertreter in den Verwaltungsrat der EIB. Seitdem ist die KfW stets durch ihren Vorstandssprecher in diesem Gremium präsent gewesen. Zu einer konkreten Kooperation beider Banken im Kreditgeschäft sollte es jedoch erst in den sechziger Jahren kommen.

4.5 Im Dienst der deutschen Einheit: das Saarland und Berlin

Nach dem Kriege hatte Frankreich das *Saarland* militärisch besetzt und wirtschaftlich annektiert. Die Amerikaner und Briten tolerierten diese Annexion, um weitergehende Forderungen der Franzosen abzublocken und deren Zustimmung für ihre übrige Deutschlandpolitik zu sichern, vor allem für die Errichtung der Bundesrepublik unter Einbeziehung der französischen Besatzungszone und für die Verteidigung Berlins. Die Franzosen hatten im Saarland eine separatistische Regierung eingesetzt, die deutsch gesinnten Politiker wurden schikaniert, das Selbstbestimmungsrecht der Saarländer mißachtet. Zwischen Deutschen und Franzosen war daher die Annexion des Saarlandes ein gravierender Streitpunkt, der die von beiden Seiten gewünschte enge Zusammenarbeit, aber auch die Weiterentwicklung der Europäischen Gemeinschaft erheblich behinderte. Schon mit Rücksicht auf die Deutschen in der DDR konnte die Bundesrepublik nicht auf das Selbstbestimmungsrecht der Deutschen im Saarland verzichten.

Nach zähen Verhandlungen einigten sich Adenauer und der französische Regierungschef Mendès-France 1955 auf ein europäisches Autonomiestatut für das Saarland, dem die Saarländer in einer Volksabstimmung zustimmen sollten. Diese Erwartung erfüllten die Saarländer aber gerade nicht, mit 67 % der Stimmen wurde die Autonomie abgelehnt. So wie die Deutschen in der DDR 35 Jahre später bei der Volkskammerwahl vom 18. März 1990, hatten die Saarländer „ungefragt" mit großer Mehrheit für den Beitritt zur Bundesrepublik gestimmt. Ähnlich wie Gorbatschow im Sommer 1990 sahen auch die Franzosen ein, daß diese Entwicklung nicht zu stoppen war, daß man allenfalls einige politische und wirtschaftliche Konzessionen bei den Deutschen herausholen konnte. Vor allem sollte die enge Integration der Montanindustrie in Lothringen und dem Saarland erhalten bleiben, was später durchaus auch im deutschen Interesse lag, z. B. als die Franzosen in der Kohlekrise weiterhin ihre Abnahmeverpflichtungen erfüllen mußten. Am 1. Januar 1957 konnte das Saarland dann formell der Bundesrepublik beitreten.

Vor und nach diesem Datum der *Wiedervereinigung West* entstanden, ebenso wie 1990 bei der *Wiedervereinigung Ost*, zahlreiche Probleme der Anpassung und Überleitung. Ab 1956 leistete die KfW erhebliche Beiträge, um wirtschaftliche und finanzielle Probleme dieser *Wiedervereinigung West* zu lösen. Vieles war damals erheblich einfacher als 35 Jahre später im Osten. Das Saarland hatte keine vierzig Jahre Sozialismus und Planwirtschaft durchlitten, die wirtschaftlichen Strukturen waren durchaus wettbewerbsfähig, wenn auch stark auf die Montanindustrie fixiert. Zwar mußten sich auch die Saarländer auf den bundesdeutschen Markt umorientieren, aber die alten Märkte in Frankreich und in anderen westlichen Nachbarländern waren weiterhin offen und aufnahmefähig. Es brach kein COMECON zusammen, sondern der gemeinsame europäische Markt entstand, und das Saarland lag in dessen Zentrum.

Schon vor der Wiedervereinigung gewährte die KfW im Jahre 1956 aus Mitteln des Bundeshaushalts der neugewählten und deutsch gesinnten Regierung des Saarlandes einen Kredit von 175 Millionen DM, um französische Kredite abzulösen. Nach dem Beitritt bewährte sich dann das ERP-SV mit einem mehrjährigen 360-Millionen-Programm für die Saarwirtschaft, das die KfW betreute. Dieses Programm erleichterte die Umstellung auf den deutschen Markt, es finanzierte aber auch Modernisierungsinvestitionen, vor allem in der Stahlindustrie. Die Franzosen hatten der saarländischen Industrie nach dem Kriege Wiederaufbaukredite aus ihren Gegenwertmitteln des Marshallplans gegeben. Diese Kredite wurden von der KfW übernommen.

Anders als die DDR 1990 blieb das Saarland noch zwei Jahre lang, also bis 1959, im französischen Währungsverbund. Die KfW hat daher Anschlußfinanzierungen für Rediskontlinien des französischen Zentralbanksystems übernommen. Sie hat auch mit einem Kredit von 325 Millionen DM den Umtausch der saarländischen Banknoten mitfinanziert.

Nach Ablauf der Übergangsjahre ist das Saarland selbstverständlich in alle bundesweiten Kreditprogramme der KfW einbezogen worden. Besonders intensiv blieben aber bis in die Gegenwart unsere direkten Kreditbeziehungen zu den Unternehmen der saarländischen Montan- und Energiewirtschaft, oft in enger Kooperation mit den europäischen Finanzierungsinstitutionen, der und der EIB. Das Saarland, das nach dem Beitritt natürlich auch Anteilseigner der KfW wurde, hat von 1959 bis 1982 stets einen Vertreter im Verwaltungsrat der KfW gehabt. Auch dieses unterstreicht die besondere Bedeutung der KfW für dieses Bundesland, dessen Strukturschwächen die KfW zwar nicht beheben, aber in vielem mildern konnte.

Im Gegensatz zum Saarland blieb *Berlin* für die KfW noch auf Jahrzehnte ein Sonderfall. Der besondere politische und rechtliche Status Berlins, aber auch dessen Insellage erforderten Sonderregelungen bei der Finanzierung des Wiederaufbaus und der wirtschaftlichen Entwicklung. Als das KfW-Gesetz 1948 entstand, hatte die Sowjetunion Westberlin blockiert, nur die Luftbrücke konnte die Stadt retten. Am Ende unseres ersten Kapitels der KfW-Geschichte ließen die Sowjetunion und das SED-Regime im August 1961 die Mauer bauen.

Für den Wiederaufbau und die Wirtschaftsförderung in Westberlin gründeten daher im Juni 1949 die IKB und Berliner Unternehmen die Berliner Industriebank AG, an der sich die KfW ab 1961 auf Wunsch der Bundesregierung als Aktionär beteiligte. Dennoch hat die KfW in diesen ersten 10 Jahren auch für Berlin vielfältige Aufgaben erfüllt. Bereits erwähnt wurde unser Kredit von 49 Millionen für den Kraftwerksbau der Bewag im Jahre 1949. Unsere wichtigste Aktivität war es jedoch, Aufträge für die Berliner Wirtschaft und damit die Beschäftigung in Berlin zu fördern. Bereits in den ersten Wiederaufbaukrediten waren Auflagen an die kreditnehmenden Unternehmen enthalten, Aufträge möglichst nach Berlin zu vergeben. Gerade der Wiederaufbau der westdeutschen Kraftwerke konnte in den Berliner Betrieben von Siemens, AEG und anderen Lieferfirmen unmittelbar nach Beendigung der Blockade für viel Beschäftigung sorgen.

Die Exportfinanzierungen der KfW standen von Anfang an auch der Berliner Wirtschaft bevorzugt zur Verfügung. In 1954 beginnend bis 1990 hat die KfW aus Mitteln des ERP-SV ein besonderes Programm *Auftragsfinanzierung Berlin* betreut, aus dem sie Investitionskredite an westdeutsche Unternehmen vergab, sofern diese dafür Lieferungen aus Berlin bezogen. Es waren vor allem Bundespost und Bundesbahn, Energieversorgungsunternehmen, städtische Verkehrsbetriebe und die Binnenschiffahrt, deren Bestellungen an die Westberliner Waggonbaufirmen, an Unternehmen der Fernmeldetechnik des Kraftwerks- und des Maschinenbaus oder an Werften aus diesem zinsgünstigen Kreditprogramm finanziert werden konnten. Insgesamt erreichten diese Kredite bis Ende 1960 ein Volumen von 728 Millionen DM. Zwei Drittel dieser Summe wurden allein 1959 und 1960 nach dem Berlin-Ultimatum der Sowjetunion zugesagt. Da maximal nur 60% der Auftragssumme finanziert werden konnten, sind also mehr als eine Milliarde Aufträge für die Berliner Industrie allein von 1954 bis 1960 durch dieses Programm gefördert worden.

Ab 1960 vergab die KfW an Stelle der Landeszentralbank und aus Mitteln des ERP-SV Liquiditätshilfen an Berliner Geschäftsbanken durch den Ankauf oder die Verpfändung von Ausgleichsforderungen, damit diese den Westberliner Lieferanten von Investitionsgütern zusätzliche Absatzkredite einräumen konnten. Diese zunehmenden Aktivitäten in Berlin führten am 1. 3. 1960 zur Errichtung eines Berliner Büros der KfW am Kurfürstendamm 32, um die Kontakte zu Industrie und Banken zu erleichtern.

4.6 Mittelstand, Umweltschutz und Zonenrandgebiete

In der zweiten Hälfte der fünfziger Jahre wandelte sich die KfW schrittweise von der Wiederaufbaubank für die Grundstoffindustrie zu einer Bank, die vorrangig den *Mittelstand* und die strukturschwachen Gebiete der Bundesrepublik förderte. Gerade die Mittelstandsförderung bereitete in den Anfangsjahren manche Schwierigkeiten, die erst langsam überwunden

werden konnten. Hilfreich war hier das erleichterte Verfahren der Kreditvergabe, welches das ERP-SV ab 1957 konzedierte. Die Bundesregierung und der Bundestag teilten die vorhandenen Mittel nach volkswirtschaftlichen Gesichtspunkten auf die einzelnen Wirtschaftszweige auf, aber die Auswahl der Einzelprojekte überließ Bonn jetzt der KfW, so daß die KfW schneller auf die Kreditwünsche der Wirtschaft eingehen konnte. Dadurch konnten einerseits die Unternehmen zügiger die Finanzierung ihrer Investitionen sichern, andererseits konnte die öffentliche Hand die Konjunktur zeitnah beeinflussen. Gerade bei Maßnahmen der Konjunkturförderung ist es entscheidend, die Finanzierungen möglichst schnell umzusetzen. Hier besonders ist nur die schnelle Hilfe auch eine gute Hilfe – ein Grundsatz, der bis heute gilt.

Die Schwierigkeiten lagen aber nicht nur in Bonn und bei der KfW in Frankfurt. Auch die durchleitenden Banken und die mittelständischen Unternehmen mußten sich an diese Finanzierungen gewöhnen. Langfristige Kredite müssen besonders sorgfältig geprüft und besichert werden. Bei den damals relativ kleinen Kreditbeträgen von durchschnittlich nur 35000 DM empfanden manche Banken die von der KfW vorgegebenen Bankenmargen häufig als unzureichend. Erst langsam setzte sich die Erkenntnis durch, daß die mittelständischen Kreditprogramme der KfW auch für kleine Unternehmen und ihre Hausbanken eine durchaus attraktive Finanzierungsalternative bilden, vor allem, da sie trotz fester Zinssätze jederzeit vorzeitig getilgt werden können. Erst ab 1958 erreichte die KfW ein nennenswertes Zusagevolumen von über 100 Millionen DM jährlich in ihren Mittelstandsprogrammen. Die günstige Kapitalmarktsituation ermunterte damals viele größere Unternehmen zur vorzeitigen Tilgung ihrer Wiederaufbaukredite, so daß zum ersten Mal nach Kriegsende die Kreditnachfrage voll befriedigt werden konnte.

In der zweiten Hälfte der fünfziger Jahre begannen die Bundesregierung und die KfW damit, das ERP-SV gezielt als strukturpolitisches Instrument einzusetzen. Vor allem die sogenannten *Zonenrandgebiete* im Osten der Bundesrepublik und andere Sanierungsregionen wurden bevorzugt gefördert. Zur Strukturpolitik gehörte auch die Finanzierung von Anpassungsinvestitionen, die der zunehmende internationale Wettbewerb vielen Wirtschaftszweigen, z. B. der Textilindustrie, auferlegte. Der wirtschaftliche Aufschwung dieser Jahre erforderte und erlaubte eine Konzentration der Förderung nach volkswirtschaftlichen Prioritäten.

Der *Umweltschutz* war in den fünfziger Jahren als Begriff noch unbekannt. Dennoch kann die KfW für sich in Anspruch nehmen, bereits damals als erstes deutsches Förderinstitut Maßnahmen des Umweltschutzes finanziert zu haben. Ihre Kredite an die Wasserwirtschaft und an die Landwirtschaft dienten zu einem erheblichen Teil der Abwasserbeseitigung und der Gewässerreinhaltung. Bis Ende 1960 hat die KfW für derartige Vorhaben immerhin fast eine halbe Milliarde DM bereitgestellt.

4.7 Die Renaissance der Exportfinanzierung

Totgesagte leben länger! 1952 hatte sich die KfW von ihrer „provisorischen" Exportfinanzierung verabschiedet, von 1953 bis heute gehört sie zu den zentralen Aktivitäten dieses Hauses. Denn rasch wurde der deutschen Exportwirtschaft und der Bundesregierung bewußt, daß die 1952 gegründete AKA und das hinter ihr stehende „Syndikat" nicht jeden Fi-

nanzierungsbedarf decken konnten oder decken wollten. Trotz einer nur dreijährigen Laufzeit unter voller Hermesdeckung wollte die AKA das geringe politische Restrisiko bei jugoslawischen oder türkischen Exportfinanzierungen nicht übernehmen. Gerade an derartigen Geschäften hatte die Bundesregierung aber oft ein großes außenpolitisches Interesse, das sie auch durch eine weitgehende Übernahme der Risiken honorierte. Grundsätzlich wollte die AKA Exportgeschäfte nicht länger als vier Jahre kreditieren. Da aber Banken in anderen Industrieländern längere Fristen einräumten, gerieten deutsche Anlagenexporteure vor allem bei Geschäften in Schwellenländern durch die restriktive Haltung der AKA zwangsläufig ins Hintertreffen gegenüber ihren ausländischen Konkurrenten. Andererseits hatte sich die deutsche Zahlungsbilanz spätestens ab 1958 dank der hohen Exportüberschüsse so sehr verbessert, daß Bundesbank und Bundesregierung einen gezielten deutschen Kapitalexport nicht nur für möglich, sondern ausdrücklich für wünschenswert hielten. Ende 1958 wurden die DM und eine Reihe anderer europäischer Währungen frei konvertibel. Der Streit über eine DM-Aufwertung begann. Das Ausland drängte auf einen verstärkten Kapitalexport aus Deutschland. Der Zeitpunkt war wirklich erreicht, an dem sich die deutsche Wirtschaft auch mit ihrem gesamten Finanzierungsinstrumentarium dem internationalen Wettbewerb stellen mußte und auch stellen konnte.

Martini und Neubaur waren sofort bereit, mit der KfW diese Lücken in der Exportfinanzierung der AKA auszufüllen. Die zu kurzen Laufzeiten der AKA verlängerte die KfW durch Anschlußfinanzierungen. Auch die Risikolage beurteilte sie realistischer. Die Kredite an renommierte deutsche Exporteure, die durch die Abtretung hermesgedeckter Ausfuhrforderungen besichert wurden, waren selbst bei Ausfuhren in problematische Länder praktisch risikolos. Die KfW hat jedenfalls keinerlei Ausfälle gehabt.

Schwieriger war es damals für Martini, die Refinanzierung langfristig zu arrangieren. Der Rediskontplafond der Bank deutscher Länder für die KfW reichte nur für einen Teil dieser Geschäfte. Mit Unterstützung von Bundesminister Erhard und der Exportwirtschaft konnte die KfW aber beträchtliche langfristige Mittel vor allem bei den öffentlichen Versicherungen mobilisieren. Auch das damalige Bundesministerium für wirtschaftliche Zusammenarbeit stellte der KfW ab 1958 aus ERP-Mitteln einen revolvierenden Fonds von 260 Millionen DM für Exportgeschäfte nach Entwicklungsländern zur Verfügung. Schließlich konnt die KfW ab 1958 auch zunehmend Kapitalmarktmittel für die Exportfinanzierung einsetzen. Von Jahr zu Jahr verbesserte sich somit das Volumen und das Instrumentarium unserer Exportfinanzierung.

Technisch schwierig zu lösen ist die Mitteldisposition bei der Exportfinanzierung. Der Exporteur braucht bereits zum Zeitpunkt seines Angebots eine Finanzierungszusage. Gerade im Anlagengeschäft stellt sich oft erst nach Monaten oder gar Jahren heraus, ob und wann welche Mittel benötigt werden. Durch den revolvierenden Fonds und die Einplanung künftiger Rückflüsse konnte die KfW auch dieses Problem im Interesse der deutschen Exportwirtschaft lösen.

Bis zum Ende der fünfziger Jahre beschränkte sich die Exportfinanzierung sowohl bei der KfW wie auch bei der AKA auf sogenannte *Lieferantenkredite*, d.h., die deutschen Kreditgeber gaben ihre Kredite ausschließlich an deutsche Exporteure, die ihrerseits ihren Abnehmern entsprechend lange Zahlungsziele einräumten. Die Exporteure beklagten sich zu-

Einbau eines nach England exportierten Motors der MAN AG Augsburg in das Motorschiff „Velasquez" (ca. 1953).

nehmend, daß die langfristigen Kaufpreisforderungen ihre Bilanzen aufblähten und damit ihre sonstigen Finanzierungsmöglichkeiten unzumutbar einschränkten. Nach ihren Vorstellungen sollten die Banken die Kredite als sogenannte Bestellerkredite oder gebundene Finanzkredite direkt den ausländischen Bestellern gewähren, damit diese dem deutschen Exporteur bereits bei Lieferung der Anlagen den Kaufpreis aus der Kreditvaluta bezahlen konnten. Dieser legitime Wunsch verlangte aber von den Banken den Schritt in das Ausland, den Vertragsschluß mit dem oft noch unbekannten ausländischen Besteller in einem Entwicklungsland. Weiterhin mußte der Bund ein neues Deckungsinstrument bei Hermes für diese Auslandsrisiken der Banken schaffen.

Unter intensiver Mitarbeit der KfW entwickelten die Bundesressorts ab 1959 die Hermesgarantien und -bürgschaften für gebundene Finanzkredite an ausländische Besteller und damit eine wesentlich „elegantere" Variante der Exportfinanzierung mit eher geringeren Risiken für alle Beteiligten.

Es ist erstaunlich, daß jahrelang nur die KfW dieses neue Finanzierungsinstrument nutzte. Bis Mitte der sechziger Jahre sollte sie, von Ausnahmen abgesehen, die einzige Bank in Deutschland bleiben, die durchaus erfolgreich gebundene Finanzkredite an Besteller aus Entwicklungsländern unter der neuen Hermesdeckung zusagte. Die älteren Herren mit Ausnahme von Dohrn, Poprawe und von Ilberg waren anfangs recht mißtrauisch, es hat jüngere Mitarbeiter wie Götte und Forell einige Überzeugungsarbeit gekostet, den Bestellerkredit durchzusetzen. Es war keine erfolglose Arbeit, denn schon im ersten Jahr, 1960, bestanden 58% der insgesamt 265 Millionen DM Exportfinanzierungszusagen aus Bestellerkrediten. Sie alle dienten dem Export von Kraftwerks- und Industrieanlagen nach Ländern wie Pakistan, Mexiko, Chile, Spanien und Griechenland. Bedauerlich war nur, daß Dohrn und von Ilberg der mexikanischen Nacional Financiera einen US-Dollarkredit zusagten, bei dem die KfW, als wenige Monate später die DM um 5% aufgewertet wurde, prompt einen entsprechenden Aufwertungsverlust einstecken mußte.[45] Seitdem hat die KfW stets auf währungskongruente Refinanzierungen Wert gelegt.

Die große Zurückhaltung der Geschäftsbanken gegenüber der langfristigen Exportfinanzierung ist nicht nur aus heutiger Sicht unverständlich. Spätestens seit 1958 war die Kreditversorgung der deutschen Wirtschaft im Inland gesichert. Gewiß hatten die Vorstände der Banken damals noch die rigorosen Enteig-

nungen während zweier Weltkriege vor Augen. Nur, Bund und Exporteure waren bereit, für alle Risiken zu bürgen. Die Refinanzierungsbasis der Banken bestand zwar vorwiegend aus Depositen und nominell kurzfristigen Spareinlagen. Die Fristentransformation war damals noch eine Sünde wider die „goldene Bankenregel", die man dem Finanzmakler Münnemann stirnrunzelnd überließ, bis dieser kläglich scheiterte. Mit etwas mehr Kreativität hätten die Banken aber dieses Problem lösen können, die KfW schaffte es schließlich auch. Die Exportwirtschaft, voran der BDI, bemühte sich jahrelang um Verbesserungen des Systems. Sie fand bei der Bundesregierung, vor allem bei Erhard, durchaus Gehör, aber als einziges Finanzierungsinstitut demonstrierte ausgerechnet die staatliche KfW Kundennähe. So entstanden gute Beziehungen zu den großen Anlageexporteuren, die Martini und alle seine Nachfolger im Vorstand der KfW sorgfältig weiter pflegten und noch heute pflegen. In Bonn konnte die KfW wieder einmal zeigen, daß sie mit professionellem Know-how und politischer Sensibilität schnell und effizient dringende Finanzierungsprobleme lösen kann. Vor allem Erhard war dankbar. Er, der dem Marshallplan und den Förderkrediten eher distanziert gegenüberstand, hatte sich bei der Reform der Exportfinanzierung oft persönlich engagiert.

4.8 Erste Schritte in die dritte Welt

Doch nicht nur in der Exportfinanzierung bewährte sich die KfW als finanzieller „Troubleshooter" des Bundes. Der erste Fall spielte allerdings noch nicht in der dritten Welt, sondern in den USA. Die Amerikaner hatten während des Krieges die Aktienmehrheit der Familie Stinnes an der *Hugo Stinnes Corporation* als Feindeigentum enteignet. Im Frühjahr 1957 wollten sie diese Kriegsbeute versteigern. Alle wesentlichen Beteiligungen dieses Konzerns waren in Deutschland tätig. Kohlenbergbau, Schiffahrt, Handel und viele andere Aktivitäten hatte der Industriemagnat Hugo Stinnes zu Anfang dieses Jahrhunderts in seinem Riesenkonzern vereinigt. Diese Aktivitäten mußten nach seinem Tode 1924 von seinen Söhnen in eine amerikanische Holdinggesellschaft eingebracht werden, um von amerikanischen Banken Kredit erhalten zu können. Die Bundesregierung wollte diese volkswirtschaftlich wichtigen Firmen nicht in unbekannte Hände fallen lassen, und so organisierten Staatssekretär Westrick und Abs ein Bankenkonsortium, um die Aktienmehrheit der Corporation in Washington zu ersteigern. Auf Wunsch der Bundesregierung, die sich diskret im Hintergrund hielt, war die KfW mit über 100 Millionen DM oder 75 % der größte, aber nicht der führende Partner dieses Konsortiums. Die Aktien konnten zu einem akzeptablen Preis erworben werden, da sich andere deutsche Interessenten zurückzogen, nachdem sie – wohl nicht ganz zufällig – von dem Interesse des Bundes erfahren hatten. Als die bundeseigene Veba 1965 privatisiert wurde, erwarb sie gleichzeitig den vom Bankenkonsortium repatriierten Stinnes-Konzern, der noch heute mit seinen vielfältigen Schiffahrts-, Handels- und Dienstleistungsaktivitäten ihrem Verbund angehört.[46]

In die dritte Welt ging die KfW ab 1958. Unsere heutige *Finanzielle Zusammenarbeit* begann damals mit einzelnen, weltweit verstreuten Finanzierungen, denen sich der Bund aus politischen Gründen nicht entziehen wollte und die er daher der KfW zuwies. Indien war hier unser erster Partner bei einer bilateralen und einer multilateralen Umschuldungsaktion. Entgegen vielen Annahmen ist der Bau des indischen Hüttenwerks Rourkela damals kein Projekt der deutschen Entwicklungshilfe, sondern zu Beginn ein kommerzielles Geschäft

deutscher Anlagenexporteure gewesen. Die KfW hat nur durch Ankauf von indischen Solawechseln diesen Exporteuren schneller zu ihrem Geld verholfen, als die Inder temporär nicht mehr zahlen konnten. Kredite zur Bezahlung deutscher Importlieferungen (Warenhilfekredite) erhielten Guinea, der Sudan und Chile, Kredite zur Stabilisierung der Währung die Türkei und Argentinien. Es fehlen noch die projektgebundenen Kredite, die in den Folgejahren die Kapitalhilfe der KfW so entscheidend prägen sollten.

Neben diese politisch motivierten Auslandskredite traten damals schon einige *kommerzielle Projektfinanzierungen*, die der Energie- und Rohstoffversorgung Deutschlands dienten. Es war Dohrn, der mit seinen vielfältigen Verbindungen diese interessanten Geschäfte in die KfW holte.[47] In Luxemburg finanzierte die KfW mit 70 Millionen DM das Speicherkraftwerk Vianden, das seinen Strom an die Muttergesellschaft RWE liefert. Später kam noch ein Wasserkraftwerk im Tiroler Kaunertal hinzu, dessen Strom teilweise vom Bayernwerk bezogen wird. Für den finnischen Metallkonzern Outukumpu Oy beteiligte sich die KfW an der Finanzierung einer Kupfermine in Mittelfinnland.

Spektakulärer war der Kredit von 208 Millionen DM, den die KfW 1960 dem liberianischen Eisenproduzenten Lamco gewährte. Zusammen mit der US-Eximbank und anderen amerikanischen und schwedischen Geldgebern stieg die KfW hier in ihre erste kommerzielle Projektfinanzierung ein, um langfristig Eisenerzlieferungen für die Hochöfen an der Ruhr zu sichern. Aus wirtschaftlicher Sicht war es ein sehr gutes Projekt, das bis zur Erschöpfung der Erzvorräte kurz vor dem liberianischen Bürgerkrieg erfolgreich arbeitete und der KfW den Kredit pünktlich zurückzahlte. Aber mit Bonn bekam Dohrn erhebliche Ärger. Der

Zur Versorgung der deutschen Stahlindustrie mit Erzen wurde ab 1960 in Liberia das Erzbergwerk Lamco erschlossen. Das Transportband reichte bis weit ins Tal hinab.

etwa 150 Beschäftigten in den Anfangsjahren des Wiederaufbaus. Trotz einer Flut von Kreditanträgen, einer Vielzahl bürokratischer Hemmnisse und aller Risiken der Kreditvergabe bei oft unübersichtlichen Verhältnissen und Chancen war die Arbeit bankmäßig und volkswirtschaftlich erfolgreich. Sie war es auch für die KfW selber. Bis Ende 1960 hatte sie aus eigenem Ertrag über 300 Millionen DM Rücklagen gebildet.

Nach den eigentlichen Wiederaufbaujahren mußte die KfW ab 1954 eine neue und dauerhafte Orientierung finden. Die Aufgaben, die sie in der zweiten Hälfte der fünfziger Jahre übernahm, gehören bis zum heutigen Tage zu ihren wesentlichen Aktivitäten. Was 1956 an der Saar begann, wurde ab 1990 an Elbe und Oder fortgesetzt. Die Förderung von Mittelstand und Umweltschutz, die Unterstützung des Strukturwandels und die Sicherung von Arbeitsplätzen im Inland gehören mit erheblich größeren Volumina noch heute zur täglichen Arbeit in Frankfurt und Berlin. Gleiches gilt für die internationalen Aktivitäten in der Export- und Projektfinanzierung und für die Finanzielle Zusammenarbeit. Die KfW profilierte sich bei Sonderaufgaben im nationalen Interesse. 1957 war es die Hugo Stinnes Corporation, die „heimgeholt" wurde, 1994 waren es die Besatzungstruppen in der ehemaligen DDR. Auch für die anfangs so schwierige Mittelbeschaffung wurden die entscheidenden Weichen damals gestellt. Das ERP-Sondervermögen erhielt seine dauerhafte Struktur, auf dem Kapitalmarkt wurde die KfW ein gern gesehener Emittent. Vieles ist in den folgenden Jahren ausgebaut und modifiziert worden, Inhalt und Gewicht mancher Aufgaben haben gewechselt. Dennoch gilt: Das damals gelegte Fundament war solide und zukunftsweisend. Alle, die mitgeholfen haben, es zu legen, haben unseren Dank verdient.

Bund fühlte sich „überfahren", als er nach dem Abschluß der Verhandlungen das politische Risiko übernehmen sollte. Erst zwei Jahre, nachdem Dohrn aus dem Vorstand ausgeschieden war, gab die Bundesregierung nach einigem Hin und Her endlich eine Garantie, die aber nie in Anspruch genommen werden mußte.

5. Die ersten zwölf Jahre im Rückblick

Aus der „Kapitalleitstelle" für die hart erkämpften Gegenwertmittel der Besatzungsmächte ist zwölf Jahre später ein „Mehrzweckinstitut"[48] von Bund und Ländern geworden, das die finanziellen Interessen einer großen Wirtschaftsmacht im In- und Ausland wahrnimmt. Die KfW hat von dieser erstaunlichen Entwicklung profitiert, aber sie hat sie auch durchaus mitgestaltet. Bewundernswert ist die Leistung einer kleinen Mitarbeiterschaft von

Entwicklung der Bilanzsumme von 1949 bis 1960

Mio DM

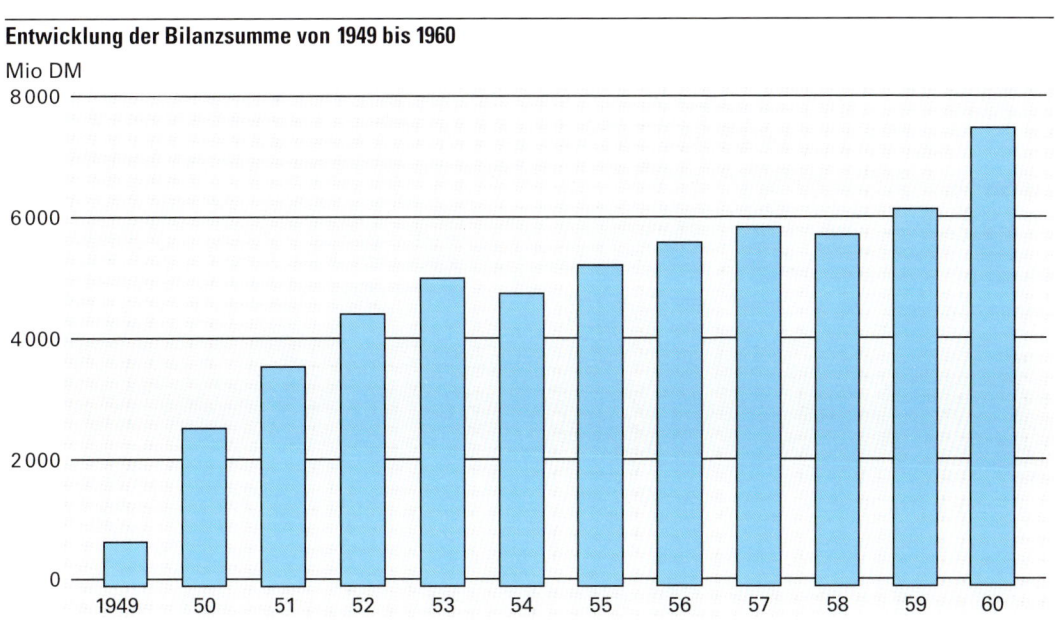

ZWEITES KAPITEL

Der Weg in die Welt: Entwicklungshilfe und Exportfinanzierung

1961 bis 1970

1. Die sechziger Jahre

Die Saat früherer Jahre ging auf. Aus einzelnen internationalen Aufgaben entstanden für die KfW die großen neuen Geschäftsfelder im Ausland: die Kapitalhilfe an Entwicklungsländer und die langfristige Exportfinanzierung durch große liefergebundene Finanzkredite an die ausländischen Abnehmer, vorwiegend in Entwicklungs- oder Schwellenländern. Mehrere Strömungen begünstigten diese Entwicklung. Die erfolgreiche deutsche Exportwirtschaft wollte ihre überseeischen Märkte ausbauen und sichern, sie forderte finanzielle Unterstützung, vor allem im Anlagen- und Schiffsexport. Die Amerikaner bedrängten die nun so reichen Westdeutschen, sich an der Entwicklungshilfe zu beteiligen, um gemeinsam dem Kommunismus in der dritten Welt entgegenzutreten. Die Zeit knapper Devisen war für Deutschland endgültig vorbei. Die Deutsche Mark wurde trotz der Proteste von Abs und BDI im Frühjahr 1961 aufgewertet. Ein Kapitalexport war nicht mehr schädlich für die gesamtwirtschaftliche Entwicklung, er war jetzt notwendig.

Gerade das Jahr 1961 war nicht nur für die KfW und für die Bundesrepublik eine Zeit des Aufbruchs in die Entwicklungshilfe. Es war auch das Jahr, in dem mit John F. Kennedy eine neue Generation das Steuer in Washington übernahm. In Berlin bauten SED und Sowjets die Mauer. Kennedys Versuch, Kuba vom Kommunismus zu befreien, scheiterte in der Schweinebucht. Aber auch Chruschtschow mußte in der Kubakrise von 1962 die sowjetischen Raketen wieder von der Karibikinsel vor der amerikanischen Haustür abziehen. Der dritte Weltkrieg wurde verhindert, der Ost-West-Gegensatz aber politisch und militärisch mehr und mehr in die dritte Welt hineingetragen. Am Ende des Jahrzehnts tobte der Vietnamkrieg. Zunehmend führten beide Supermächte ihre „Stellvertreterkriege" in der dritten Welt.

Bis 1963 regierte in Bonn immer noch der uralte Adenauer. Für drei Jahre folgte ihm Erhard, der so lange erfolgreiche Wirtschaftsminister scheiterte als Kanzler jedoch bald. Ende 1966 bildeten CDU/CSU und SPD die große Koalition unter Kurt Georg Kiesinger mit Willy Brandt als Vizekanzler. Zum ersten Mal war die SPD in der Bundesregierung. Sie blieb auch noch lange an der Macht, nach der Bundestagswahl von 1969 schlossen sich SPD und F.D.P zur sozialliberalen Koalition unter Brandt zusammen. Es gab somit viele personelle Wechsel, die sich auch auf den Verwaltungsrat der KfW auswirkten, aber die Politik dieser vier Bundesregierungen war erstaunlich stetig.

Die APO, die Hippies und die Studentenrevolten von 1968 waren erste Menetekel einer „Kulturrevolution", nachhaltige innenpoliti-

sche Konsequenzen hatten sie erst zu Anfang der siebziger Jahre. Für eine neue Ostpolitik der Bundesregierung gab es nur Planspiele und zaghafte, tastende Versuche, die konsequent praktizierte Abgrenzungspolitik zur „SBZ" unter Walter Ulbricht und zum „Ostblock" wirkte immer wieder in die Arbeit der KfW hinein.

2. Die letzten zehn Jahre der Ära Abs und Martini

2.1 Die Novellierung des KfW-Gesetzes

Im August 1961, als in Berlin gerade die Mauer gebaut wurde, verabschiedete der Bundestag die einzige tiefergreifende Reform, die das KfW-Gesetz in seiner fünfzigjährigen Geschichte erleben sollte.[1] Seit Jahren hatte man in Bonn erkannt, daß ein bilaterales Engagement der Bundesrepublik in der Entwicklungshilfe auch eine „Durchführungsorganisation" erforderte. Bereits im März 1956 beantragte die SPD-Fraktion im Bundestag die „Errichtung einer Körperschaft zur Durchführung von Hilfs- und Förderungsmaßnahmen für wirtschaftlich unterentwickelte Länder".[2] Die Bundesregierung und die Regierungsmehrheit im Unterausschuß des Bundestages für die wirtschaftliche Entwicklung fremder Völker (hinter diesem so ethnologisch klingenden Namen verbirgt sich ein Vorläufer des heutigen Bundestagsausschusses für wirtschaftliche Zusammenarbeit – AWZ) schloß sich jedoch dem Vorschlag von Martini an, die KfW als eine bereits bestehende Institution mit dieser Aufgabe zu betrauen.

Dank einer guten Kooperation zwischen Henckel und Kalkstein von der Rechtsaufsicht im Bundeswirtschaftsministerium sowie Rieck und Burk von der KfW kam man bereits Ende

1958 zu ersten Entwürfen auf der Referentenebene. Endlich konnte die KfW auch eine substantielle Erhöhung ihres Grundkapitals von einer Million auf eine Milliarde DM bei einem Kapitalanteil des Bundes von 80% zur Diskussion stellen. Wieder lag es – wie bereits 1948 – an den Ländern und ihren Interessen, daß die Gesetzgebung ins Stocken geriet. Streitpunkt war die sogenannte *„Rücklage aus Mitteln des ERP-Sondervermögens"*. Der Bund wollte diese 94 Millionen DM gerne zur Erhöhung seines Kapitalanteils haushaltsschonend einsetzen, womit die Länder nicht einverstanden waren. Diese beanspruchten selber die Hälfte dieser Rücklage, deren Ursprungsbetrag die ECA im Jahre 1949 allen Anteilseignern der KfW „geschenkt" habe, so deren Argumentation. Der Bund widersprach dieser „Schenkungstheorie" und verlangte als Rechtsnachfolger der ECA für sein ERP-SV die gesamten Gläubigerrechte an dieser Rücklage. Schon erwog man in Bonn die Alternative, für die Finanzierung der Entwicklungshilfe doch noch eine gesonderte, bundesunmittelbare Körperschaft ohne Beteiligung der Länder zu gründen, was natürlich keineswegs den Interessen der KfW entsprochen hätte, da erreichte man kurz vor Ende der Legislaturperiode nach langwierigen und schwierigen Verhandlungen, nicht ohne Mitwirkung von Abs, doch noch einen Kompromiß zwischen Bund und Ländern. Zur Aufstockung des Grundkapitals entnahmen beide Anteilseigner der gesetzlichen Rücklage jeweils 29,5 Millionen DM. Damit der Anteil des Bundes von 50% auf 80% erhöht werden konnte, wurden 90 Millionen DM Darlehensforderungen des ERP-SV in Grundkapital umgewandelt. So leisteten Bund und Länder ihre „Einzahlungen" von 150 Millionen DM, ohne ihren Haushalten einen Pfennig entnehmen zu müssen. Die restlichen 850 Millionen Mark des Grundkapitals wurden als bloßes Garantiekapital geschaffen, das Bund und Länder erst einzahlen müssen, wenn es

zur Erfüllung der Verbindlichkeiten der KfW erforderlich sein sollte. Eine Situation, die nie eintrat und die bei der derzeitigen Finanzlage der KfW auch für die Zukunft extrem unwahrscheinlich erscheint. Die streitbefangene Rücklage aus Mitteln des ERP-SV blieb unangetastet. Bund und Länder vereinbarten aber ein Schiedsverfahren, welches ihren Streit um die Gläubigerposition schlichten sollte. Die erhitzten Gemüter beruhigten sich allerdings nach einer Weile. Vor allem aus Kostengründen wurde das Schiedsverfahren nie eingeleitet. Die Rücklage aus Mitteln des ERP-SV steht somit, jährlich durch Ertragsbeiträge angereichert, weiterhin der KfW als Eigenkapital zur Verfügung.

Bei dieser Neuordnung der Kapitalverhältnisse erwarben auch das Saarland und Berlin Anteile am Grundkapital der KfW.

Zusätzlich zu der Kapitalerhöhung traf der Bundesgesetzgeber 1961 noch weitere Maßnahmen, um die Eigenkapitalausstattung und das Emissionsstanding der KfW zu verbessern. In § 10 des KfW-Gesetzes wurde jetzt lapidar bestimmt: „Eine Gewinnausschüttung findet nicht statt." Zuvor hatte die KfW zwar auch jährlich Gewinne erzielt, diese aber nach der alten gesetzlichen Regelung gleichfalls vollständig ihren Rücklagen zuführen dürfen. Die DM-Anleihen der KfW werden nun mündelsicher, ihre Bürgschaften und Kreditaufnahmen bei Versicherungen und Hypothekenbanken sind deckungsstockfähig.

1961 setzte der Bund große Hoffnungen auf die KfW. Die Bank sollte über den Kapitalmarkt die Entwicklungshilfe refinanzieren. Die tatsächliche Entwicklung ist später anders verlaufen.

Die Verankerung der neuen Aufgabenbereiche im Ausland war natürlich ein weiterer Schwer-

punkt der Gesetzesreform. Der Bundesgesetzgeber beauftragte die KfW mit der Finanzierung förderungsfähiger Vorhaben im Ausland,
insbesondere im Rahmen der Entwicklungshilfe, aber auch mit der Vergabe von Krediten im
besonderen staatlichen oder wirtschaftlichen
Interesse der Bundesrepublik Deutschland.
Die KfW ist somit die einzige Institution in
Deutschland, die einen *gesetzlichen* Auftrag
für die Entwicklungszusammenarbeit erhalten
hat. Aber die neuen gesetzlichen Aufgaben,
die mit der Reform fixiert wurden, gehen weit
über die Entwicklungshilfe hinaus. Sie umfassen auch kommerzielle „Projektfinanzierungen", vor allem, wenn deutsche Export-, Im-
port- oder Beteiligungsinteressen im Einzelfall
bestehen. Bewußt hat der Gesetzgeber hier an
die vielfältigen Auslandskredite der KfW am
Ende der fünfziger Jahre angeknüpft. Das gleiche gilt für die sogenannten Zuweisungsge-
schäfte im neuen § 2 Absatz 4 des KfW-Gesetzes. Besteht ein staatliches Interesse, so kann
die Bundesregierung der KfW im Einzelfall Finanzierungsaufgaben zuweisen, ohne an die
Beschränkungen des KfW-Gesetzes gebunden
zu sein. Bei der Repatriierung der Hugo Stinnes Corporation, aber auch bei der Übernahme einer Beteiligung durch die KfW an der
Lufthansa im Jahre 1956 hatte es sich gezeigt,
wie nützlich für den Bund ein nahestehendes
Kreditinstitut ist, das politisch wichtige Finanzierungen aller Art bis hin zur Übernahme von
Beteiligungen schnell, diskret und kostengünstig durchführen kann.

Der Bundesgesetzgeber übertrug der KfW
1961 also keineswegs nur die Kapitalhilfe oder
Finanzielle Zusammenarbeit mit den Entwicklungsländern. Er machte die KfW gleichzeitig
zu einem vielseitigen Finanzierungsinstitut im
nationalen Interesse. Die bisherigen Aufgaben
der KfW, die inländische Wirtschaftsförderung
und die Exportfinanzierung, wurden ohne Ein-
schränkungen beibehalten.

2.2 Der Verwaltungsrat unter dem Vorsitzenden Abs

1961 stand Abs auf dem Höhepunkt seiner
Macht. Die Wiedervereinigung der Deutschen
Bank war erfolgreich abgeschlossen, sie war
nun eindeutig die führende Geschäftsbank
Deutschlands mit steigendem internationalem
Ansehen. Abs präsidierte in zahlreichen wichtigen Aufsichtsräten, z.B. bei Daimler-Benz,
RWE, BASF, aber auch bei staatlichen Unternehmen wie der Bundesbahn, der Lufthansa
und natürlich bei der ihm besonders vertrauten
KfW. Er hatte hier das letzte und entscheidende Wort bei allen größeren Krediten, soweit
sie nicht im Rahmen der Kapitalhilfe gewährt
wurden, und bei allen wichtigen Personalent-
scheidungen in der KfW. Seine Macht schwand
erst langsam am Ende der sechziger Jahre, als
in Bonn die sozialliberale Koalition neue und
jüngere Persönlichkeiten in die Führungspositionen der Ministerien brachte, die nun selber
ihren eigenen Einflußbereich erweitern wollten. Immer blieb Abs aber ein Monument der
deutschen Wirtschaftsgeschichte, dem jedermann Respekt zollte.

Neben diesem Vorsitzenden Abs mußten alle
Stellvertreter zwangsläufig blaß aussehen. Mit
Neubaur beginnend, hatte es sich zur Tradition
entwickelt, daß der pensionierte Vorstandssprecher oder ein anderes pensioniertes Vorstandsmitglied der KfW für einige Jahre dieses
Amt übernahm. Auf Neubaur folgte so 1963
Rohdewald, infolge seines plötzlichen Todes
mußte bereits 1965 Walther Gase, Staatssekretär a.D. und Vorstandsmitglied bei der Centralbodenkredit, einspringen, bis Martini 1971 aus
dem Vorstand ausschied und diese Position
übernehmen konnte.

Die Bonner Regierungswechsel unter vier
Bundeskanzlern innerhalb von zehn Jahren
führten natürlich auch zu häufigen Wechseln

bei der Repräsentanz der Bundesminister im Verwaltungsrat der KfW. Zwei Mitglieder, Erhard und Brandt, schieden aus dem Verwaltungsrat aus, nachdem sie das höchste Regierungsamt übernommen hatten. Andere neuernannte Verwaltungsratsmitglieder wie Franz Josef Strauß oder Karl Schiller haben die Wirtschafts- und Finanzpolitik unseres Landes und damit auch viele Aktivitäten der KfW nachhaltig bestimmt. Erst 1969 konnte Erhard Eppler als erster Bundesminister für wirtschaftliche Zusammenarbeit im Verwaltungsrat Platz nehmen, da die notwendige Gesetzesänderung trotz aller Bemühungen des BMZ so lange auf sich warten ließ. Walter Scheel, der Gründer des „neuen" BMZ, wurde erst als Bundesaußenminister der sozialliberalen Koalition am 22. 10. 1969 Mitglied unseres Verwaltungsrates. Er sollte nach Heinrich Lübke das zweite Mitglied unseres Verwaltungsrates werden, das 1974 das hohe Amt des Bundespräsidenten übernahm und aus diesem Anlaß aus dem Verwaltungsrat der KfW ausschied. Die Gesetzesreform von 1961 hatte zwar dem Bundesaußenminister aufgrund der neuen Auslandsaufgaben einen Platz im KfW-Verwaltungsrat eingeräumt, die Errichtung des neuen BMZ wurde aber erst nach Inkrafttreten dieses Gesetzes im Herbst 1961 beschlossen. Insofern war der Minister, der dem BMZ vorstand, vorläufig im Verwaltungsrat nur als Gast eingeladen.

Von den prominenten Bankenvertretern blieb Butschkau noch bis Ende 1969 im Verwaltungsrat. Nachdem die SPD in Bonn Regierungsverantwortung übernommen hatte, nahm der Einfluß von Hesselbach zu, der als Vertreter der Gewerkschaften auch in den beiden wichtigsten Ausschüssen des Verwaltungsrates einen Sitz hatte. Viele Verbandsvorsitzende wie Berg vom BDI, v. Falkenhausen vom Bankenverband oder Dietz vom Groß- und Außenhandel, aber auch der DGB-Vorsitzen-

de Rosenberg hatten eine erheblich längere Amtszeit als ihre späteren Nachfolger.

Trotz dieser personellen Kontinuität bei den Repräsentanten der Wirtschaft nahm die Bedeutung des Verwaltungsrates in den sechziger Jahren eher ab. In diesem Jahrzehnt dominierte die Kapitalhilfe für Entwicklungsländer das KfW-Geschäft. Über die Mittelverwendung entschieden die interministeriellen Ausschüsse der Bundesregierung. Das gleiche galt im Grunde auch für unsere Exportfinanzierung, die damals stets unter Hermesdeckung gewährt wurde.

Viele Bundesminister erschienen nur selten persönlich zu den Sitzungen, obwohl der Verwaltungsrat regelmäßig im Königshof in Bonn tagte. Die Gesetzesnovelle von 1961 hatte ihnen das Recht eingeräumt, sich durch Staatssekretäre oder Abteilungsleiter vertreten zu lassen. Willy Brandt hat als Bundesaußenminister der großen Koalition nie an einer Verwaltungsratssitzung teilgenommen, während der Bundesfinanzminister Strauß häufig erschien und sich auch intensiv an den Debatten beteiligte.

Die Rechtsaufsicht über die KfW lag bis Ende 1972 weiterhin in der Abteilung „Geld und Kredit" des Bundeswirtschaftsministeriums. Leiter dieser Abteilung wurde 1968 im Alter von 39 Jahren Wilhelm Hankel, der zuvor viele Jahre lang die volkswirtschaftliche Abteilung der KfW geleitet hatte.

2.3 Der neue Vorstand für die internationalen Aufgaben

Vom alten Vorstand der fünfziger Jahre blieben nur der Sprecher Martini und sein langjähriger Gefährte Rieck. Abs hatte erkannt, daß die neuen internationalen Aufgaben der KfW einen Zuwachs an internationaler Erfahrung verlangten. Aus Washington wurden Ende 1961 *Wilfried Guth* vom Internationalen Währungsfonds und *Hans Erich Bachem* von der Weltbank in den Vorstand der KfW berufen. Beide waren damals Anfang vierzig. Sie gehörten damit Jahrgängen an, die von Anfang bis Ende des Krieges ihren Wehrdienst hatten leisten müssen. Damit hören auch schon die Ähnlichkeiten auf. Ihre Lebensläufe und Charaktere kann man sich unterschiedlicher kaum vorstellen.

Guth, Sohn eines Hauptgeschäftsführers der Reichsgruppe der deutschen Industrie und Neffe von Erhard, war bei Stalingrad in sowjetische Kriegsgefangenschaft geraten, aus der er erst im Jahre 1949 entlassen wurde. Zügig und erfolgreich absolvierte er ein volkswirtschaftliches Studium, u.a. an der renommierten London School of Economics. Noch vor seiner summa-cum-laude-Promotion über das für die KfW so relevante Thema „Kapitalexport in unterentwickelte Länder" trat er in die volkswirtschaftliche Abteilung der Bank deutscher Länder ein, deren Leitung er schon nach wenigen Jahren übernahm. Als deutscher Exekutivdirektor kam er 1959 zum IWF. Anfang 1962 trat er seinen Dienst als ordentliches Vorstandsmitglied in der KfW an. Neben den

Grundsatzfragen der Kapitalhilfe waren die Volkswirtschaft, die Exportfinanzierung und die Kapitalhilfe für Afrika die Schwerpunkte seiner Arbeit in unserem Hause. Intern im Lenkungsausschuß der Bundesregierung für die Entwicklungshilfe, aber auch in der deutschen und internationalen Öffentlichkeit gewannen seine stets fundierten Ausführungen zu währungs- und entwicklungspolitischen Themen in diesen Jahren zunehmend an Gewicht. Angesichts der damals recht chaotischen Regelung der Zuständigkeiten in der KfW hatte er erheblich mehr Mühe bei der regionalen Koordination unserer Arbeit als seine Nachfolger. Unvergessen sind in unserem Hause die Aussprachen mit ihm über Projektprüfungsberichte. Nur wenige Mitarbeiter besaßen die Gabe, auch nur annähernd so präzise zu denken und zu formulieren, wie der stets beherrschte und höfliche Guth es vermochte, so daß bei diesen Aussprachen viele sein Zimmer mit klopfendem Herzen betraten und mit rotem Kopf wieder verließen.

Nach sechs Jahren bot ihm Abs eine Position im Vorstand der Deutschen Bank an, dessen Sprecher er zusammen mit Christians von 1976 bis 1985 war. Anschließend übernahm er bis 1991 den Aufsichtsratsvorsitz der Deutschen Bank. Heute immer noch mit unverminderter geistiger Spannkraft in vielen Gremien des wirtschaftlichen und kulturellen Lebens aktiv, kann er nicht nur auf ein erfolgreiches Leben als Bankmanager zurückblicken. Nach wie vor gehört er zu der kleinen Gruppe weltweit angesehener Währungspolitiker. Gerne hätte ihm daher Bundeskanzler Schmidt 1977 das Amt des Bundesbankpräsidenten anvertraut.[3]

Der Artilleriehauptmann und Ritterkreuzträger Bachem konnte schon bei Kriegsende aus sowjetischer Gefangenschaft entkommen und noch 1945 im heimatlichen Köln sein betriebswirtschaftliches Studium beginnen. Nach dem

Erich Bachem (Mitarbeiter der KfW von 1949 bis 1953 und Mitglied des Vorstandes von 1961 bis 1974) und Dr. Wilfried Guth (von 1962 bis 1967 Vorstandsmitglied) mit Dr. Klaus Sturm und Dr. Willi Engel, beide langjährige Direktoren im FZ-Bereich.

Examen verschaffte Abs dem jungen Familienvater aus einer befreundeten Familie bereits im April 1949 einen Job bei der KfW. Ein charmanter Draufgänger, unstet, aber ehrgeizig, avancierte er vom volkswirtschaftlichen Hilfsarbeiter zum stellvertretenden Leiter der Prüfungsabteilung. Er ging schon im Sommer 1953 als einer der ersten Deutschen zur Weltbank. Dort war er zuletzt als „division chief" für Südostasien tätig, eine Region, die er später auch in der KfW betreuen sollte.

Vertragsunterzeichnung für ein Projekt zur Wasserversorgung Dakars (1968). Die Teilnehmer auf Seiten der KfW (v.l.n.r.): Dr. Rolf Thießen (Vorstandsmitglied von 1965 bis 1966 und von 1967 bis 1970), Hans-Ulrich Hell (Mitarbeiter im AS), Dr. Bruno Baur (Vorstandsmitglied von 1968 bis 1980), Dr. Ernst-Günter Bleckmann (Mitarbeiter in der Kreditabteilung V) und Paul Schölzel (ab 1952 bis 1978 Mitarbeiter der KfW; er baute das Inlandsgeschäft der KfW mit auf und leitete von 1963 bis 1971 die Kreditabteilung V, ab 1971 das Branchensekretariat. Der „Vater" unserer M-Programme wurde 1975 Generalbevollmächtigter und 1978 Beauftragter des Vorstandes für das inländische Kreditgeschäft).

Darüber hinaus bestimmte er sehr nachhaltig die praktische Arbeit in den Auslandsaktivitäten der KfW. Er vermittelte den noch recht unerfahrenen KfW-Mitarbeitern, wie man Projekte in Entwicklungsländern prüft und betreut. Es ist in erster Linie Bachem zu verdanken, daß die KfW in relativ kurzer Zeit in ihre neue Aufgabe hineinwachsen konnte. Auch bei „kommerziellen" Projektfinanzierungen im Bergbau war er anfangs erfolgreich. Er war dynamisch und ideenreich, hatte durchaus zukunftsweisende Visionen und viele wertvolle internationale Verbindungen. Als wir 1968 die Regierung von Singapur bei dem Aufbau ihrer Development Bank berieten, empfahl er, Singapur primär zu einem Dienstleistungszentrum für Südostasien auszubauen. Die erstaunliche Entwicklung dieses Stadtstaates in den letzten dreißig Jahren sollte ihm recht geben. Aber sein erratischer Charakter führte ihn mehr und mehr zu Fehleinschätzungen und zu einer Überschätzung seiner eigenen Person, aus der zwangsläufig Konflikte mit den Bundesressorts, einflußreichen Wirtschaftskreisen und vor allem den Vorstandskollegen resultierten, so daß er 1973 aus dem Vorstand ausscheiden mußte und trotz einiger Unterstützung von Abs keine neue berufliche Funktion auf Dauer behalten konnte.

Zwei Vorstandsmitglieder, die in den sechziger Jahren aus der Ministeriallaufbahn kamen, haben die Arbeit der KfW weniger prägen können als Guth und Bachem. *Rolf Thiessen,* der Anfang 1965 als stellvertretendes Mitglied in den Vorstand der KfW berufen wurde, war als Verwalter des ERP-SV über viele Jahre eine der wichtigsten und kooperativsten Kontaktpersonen der KfW im Marshallplanministerium gewesen. Es ist vor allem ihm zu verdanken, daß die KfW aus dem ERP-SV Mittel für die Exportfinanzierung und für die Kapitalhilfe erhielt. Nach dem Mauerbau holte ihn Karl Schiller als Senatsdirektor für Wirtschaft und Kredit nach Berlin. 1966 schied er für neun Monate aus dem KfW-Vorstand aus, um unter Dollinger in seinem alten Ressort, inzwischen in Bundesschatzministerium umbenannt, als Staatssekretär zu dienen. Dollinger und Thiessen standen sich aufgrund gemeinsamer Synodalarbeit für die evangelische Kirche auch menschlich sehr nahe.

Nach dem Sturz Erhards, bei dem Dollinger sein Ressort verlor, kehrte Thiessen als ordentliches Mitglied in den Vorstand der KfW zurück. Thiessen, auch in seiner äußeren Erscheinung der Prototyp des höheren deutschen

Ministerialbeamten, setzte sich Ende der sechziger Jahre mit seinen Ressortkontakten sehr für die KfW ein, als deren Selbständigkeit in Bonn zur Diskussion stand. Mit schweren Verletzungen aus dem Krieg heimgekommen, starb er bereits 1970 im Alter von 48 Jahren.

Bruno Baur war von 1968 bis 1980 eine längere Zeit im Vorstand der KfW beschieden. Mit Schniewind verwandt, hatte er seine Berufslaufbahn gleichfalls im Marshallplanministerium begonnen. Nachdem er als Mitglied der deutschen Delegation auf der Londoner Schuldenkonferenz das Vertrauen von Abs erworben hatte, ging er zu dessen engerem Stab in der Deutschen Bank, um Aufsichtsratsmandate von Abs zu betreuen. Nach einigen Vorstandsjahren bei der Saarländischen Kreditbank in Saarbrücken versetzte ihn Abs zur KfW, als Guth in den Vorstand der Deutschen Bank überwechselte.

Am Ende dieses Jahrzehnts wurden zwei Direktoren der KfW, *Alfred Becker* und *Gerhard Götte,* als stellvertretende Mitglieder in den Vorstand berufen. Der promovierte Betriebswirt Becker war als Studienfreund von Bachem bereits 1950 zur KfW gekommen. Mit

jahrelangen Erfahrungen im inländischen und ausländischen Aktivgeschäft unseres Hauses, aber vor allem auch im Passivgeschäft, sollte er als Nachfolger Martinis primär die Refinanzierung auf dem Kapitalmarkt betreuen. Weiterhin lag ihm aber auch die Finanzielle Zusammenarbeit mit den arabischen Ländern sehr am Herzen. Seitdem Becker 1961 auf seiner ersten Prüfungsreise für den Hafen Aqaba in Jordanien enge persönliche Kontakte bis hin zu König Hussein hergestellt hatte, wurde er zu einem engagierten Freund und Kenner der arabischen Welt.

Auch der 1926 in Kassel geborene Götte war bereits 1952 nach einer Banklehre bei der Landeskreditkasse in Kassel in die KfW gekommen. Neben seiner Arbeit in der KfW hatte er sein Studium der Betriebswirtschaft an der Universität Frankfurt absolviert und mit der Promotion über die langfristige Exportfinanzierung abgeschlossen, ein Thema, das seine gesamte vierzigjährige Arbeit für die KfW beherrschen sollte. Auch Götte, der zwischen 1958 und 1969 nicht weniger als sechsmal befördert wurde, hatte vor seiner Berufung in den Vorstand vielfältige andere Erfahrungen in unserem Hause sammeln können. Seit 1962

Zwei Männer der ersten Stunde: rechts Dr. Alfred Becker (seit 1950 Mitarbeiter der KfW, von 1969 bis zu seinem plötzlichen Tod 1980 Mitglied des Vorstandes, im letzten Jahr als Sprecher) mit Fritz Hollender.

Leiter der Kreditabteilung I, betreute er die großen Direktkredite
für die Stahlindustrie, das bankdurchgeleitete Inlandsgeschäft für
die metallverarbeitende und die
Bauindustrie, die ungebundenen
Finanzkredite für die Rohstoffversorgung der deutschen Wirtschaft,
aber auch viele Infrastrukturprojekte der Kapitalhilfe vor allem in
oft schwierigen afrikanischen Ländern. Becker und Götte, beide
künftige Vorstandssprecher, gaben
1969 nur ihr Debüt im Vorstand.
In den späteren Epochen werden
beide wichtigere Funktionen übernehmen.

Dr. Gerhard Götte, von
1952 bis 1992 über vier-
zig Jahre Mitarbeiter
der KfW, davon 23 Jahre
im Vorstand. Als der
Direktor Dr. Götte auch
Kapitalhilfeprojekte be-
treute, empfing er vor
dem Bankgebäude in
der Lindenstraße den
nigerianischen Finanz-
minister Chief Hon.
Festus S. Okotie-Eboh
nebst Botschafter
(ca. 1964).

2.4 „Ein Hauch der großen weiten Welt"

Die ehrwürdigen Räume des ehemaligen Da-
menstifts in der Lindenstraße öffneten sich der
weiten Welt. Neben den vertrauten Kunden
aus dem Ruhrgebiet und anderen deutschen
Ländern kamen nun die neuen Partner vom
Indus und Hindukusch, aus der Sahara oder
von den Anden in die stille Straße im Frankfurter Westend. In wenigen Jahren wandelte
sich die Wiederaufbaubank für die deutsche
Wirtschaft zu einem Finanzierungsinstitut, dessen Projekte kaum einen entlegenen Winkel
dieser Welt ausließen.

Viele, vor allem jüngere Mitarbeiter, stürzten
sich mit großem Engagement in diese neuen
Aufgaben. Die fachlichen Herausforderungen
lockten, aber auch die Reisen in eine so ferne
Welt, die damals bei weitem noch nicht so zu-
gänglich und vom Ferntourismus erschlossen
war wie heute. Es galt, viel zu lernen für
Projektprüfungen, Finanzierungsverhandlun-

gen, Projektüberwachung und alle die anderen
neuen Aufgaben. Aber das Erlernte konnte
unmittelbar in die Praxis umgesetzt und auf
seine Wirkung überprüft werden. Die Entwicklungshilfe mußte erst einmal selber entwickelt
werden, Kreativität und Pragmatismus waren
mehr gefragt als Prinzipientreue und starres
Regelwerk. Viele Neue kamen nach und nach
hinzu, Dolmetscher und Übersetzerinnen, international interessierte und vorgebildete
Volkswirte und Juristen, vor allem aber die Ingenieure und die anderen technischen Sachverständigen für die neuen Projektaufgaben wie
Bewässerung, Straßenbau oder Tropenland-
wirtschaft. Auch die Praxis unserer Exportfinanzierung wurde weltläufiger. Die Bestellerkredite verlangten nun den Kontakt mit dem
ausländischen Abnehmer als Vertragspartner.
Die oft schwierigen Finanzierungsverhandlun-
gen mußten meist gemeinsam mit dem deutschen Exporteur vor Ort mit dessen Kunden
sowie mit dortigen Banken und Regierungs-
stellen geführt werden.

Zwischen 1960 und 1970 wuchs die Zahl der Mitarbeiter in der KfW von 187 auf 524. Zu den bewährten Sachbearbeitern für das inländische Kreditgeschäft kamen meist junge, akademisch ausgebildete Fachkräfte der verschiedensten Disziplinen, die erst in die neuen Aktivitäten eingeführt werden mußten. Hilfreich für diese Aufgabe waren einige wenige „Reimporte" von der Weltbank wie Ernst G. Bröder und Werner Hammel, die neben ihrer operativen Arbeit ihre Erfahrungen aus Washington an die anderen Mitarbeiter weitergeben konnten.

Hinter diesem quantitativen und qualitativen Ausbau blieb die organisatorische Entwicklung der KfW leider zurück. Die Kreditabteilungen waren im Inlandsgeschäft nach Branchen organisiert, und diese Zuständigkeiten wurden ihnen nun zusätzlich in der Entwicklungshilfe übertragen, weil der Vorstand die sektorale Er-

fahrung aus dem Inlandsgeschäft auch im Ausland nutzen wollte. So wurden altgediente Sachbearbeiter für bankdurchgeleitete Inlandskredite ohne Auslandserfahrung und mit rudimentären Sprachkenntnissen nach Afghanistan oder Obervolta geschickt, um dort unter ganz anderen und unvertrauten Rahmenbedingungen Projekte aus ihrem Sektor zu prüfen. Gleichzeitig mußten engagierte und qualifizierte „Entwicklungshelfer" auch Routinekredite für die Inlandsprogramme bearbeiten.

Bereits 1958 hatte der Vorstand für die Grundsatzarbeit im Auslandsgeschäft ein Direktionssekretariat II mit Engel und Mittendorff als Leitern errichtet. Im Laufe der Jahre wurden nicht weniger als vier regional gegliederte Auslandssekretariate geschaffen, von denen Mittendorff mit seinem Auslandssekretariat II in Indien und Pakistan auch die operativen Aufgaben übernahm, ohne Rücksicht auf den jeweils betroffenen Sektor. Für andere Länder arbeiteten mehrere Kreditabteilungen jeweils in ihrem Sektor unabhängig nebeneinander. Manche Kreditabteilungen legten sich auch eigene technische Experten zu. Dieses Autarkiestreben erschwerte zusätzlich die Koordination in der Kapitalhilfearbeit, die zwangsläufig viel zu oft vom Vorstand selbst geleistet werden mußte, soweit nicht Krukenberg mit dem ihm eigenen Nachdruck für Ordnung sorgen konnte, nachdem er 1963 das Auslandssekretariat I mit seiner Zuständigkeit für Grundsatzfragen übernommen hatte. Erst 1968 wurde das Kreditsekretariat II unter Bröders Leitung errichtet, um bei den Projektprüfungen für einheitliche Maßstäbe zu sorgen. Nur in der Exportfinanzierung unter Leitung von Schall und Forell und später in der neuerrichteten Kreditabteilung für ausländische Entwicklungsbanken unter Engel gab es klare Zuständigkeiten.

Obwohl manche diesen Wirrwarr für persönliche Profilierungschancen zu nutzen wußten,

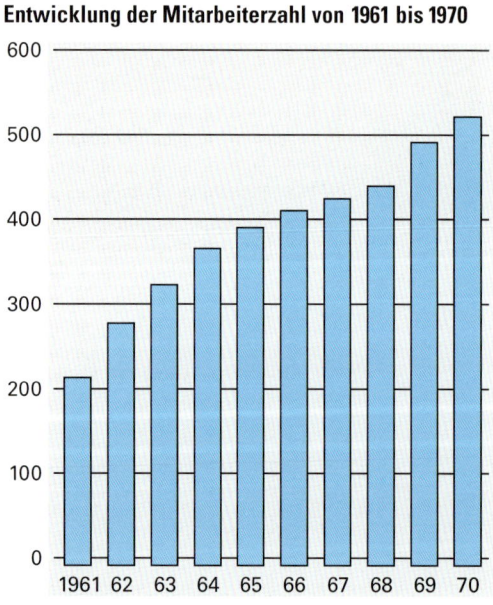

Entwicklung der Mitarbeiterzahl von 1961 bis 1970

gab es nur wenige im Hause, die eine organisatorische Reform nicht für überfällig hielten. Es sollte aber noch bis 1971 dauern, bis sie vor allem von den jüngeren Vorstandsmitgliedern durchgesetzt werden konnte.

Der Personalrat, bis zur Mitte der sechziger Jahre weitgehend ein „Danksagungsgremium" für soziale Wohltaten des Vorstands, artikulierte zunehmend die Unzufriedenheit der jüngeren Mitarbeiter mit der wenig transparenten Personalpolitik des Vorstandes. Die vom Gesetz geforderte konstruktive Zusammenarbeit scheiterte vor allem am autoritären Führungsstil Martinis.

Eine glücklichere Hand hatte der Vorstand in der Raumfrage. 1963 wurde der zweite Erweiterungsbau in der Lindenstraße bezogen, aber damit waren auch alle Erweiterungsmöglichkeiten an diesem Standort ausgereizt. Man brauchte eine große Lösung für das gesamte Haus an einem neuen Standort. Nach einigem Suchen erwarben Martini und Hollender für die KfW 1964 vom VDMA das schöne Grundstück am Rande des Palmengartens, das jetzt seit dreißig Jahren unser Domizil ist. Planung und Bau des großen neuen Gebäudes mit seinen vierzehn Stockwerken und einem atombombensicheren Keller nebst Tresorräumen durch den Frankfurter Architekten Franz C. Throll und seinem Bauleiter Wolfgang Ritter dauerten zwangsläufig einige Jahre. Im November 1968 konnte die KfW das ansehnliche, aber dennoch preiswerte Haus beziehen und alle Mitarbeiter wieder unter einem einzigen und erstmals eigenen Dach vereinigen. Bis dahin hatten für viele Abteilungen Büroräume in mehreren Häusern des Frankfurter Westends

1968 wurde der Neubau der KfW in der Palmengartenstraße 5–9 bezogen. Das Bild zeigt den Eingangsbereich.

Blick in die Eingangshalle des Hauptgebäudes der KfW im Design der 60er Jahre. Entworfen von Wolfgang Ritter.

angemietet werden müssen. Es war ein Glücksfall, daß die Bauzeit gerade in die Rezession von 1966/67 fiel. Die KfW konnte so an den Baukosten sparen und dennoch einen besonderen eigenen Beitrag zur Konjunkturbelebung leisten. Die optimistische Annahme, nun habe man für lange Zeiten vorgesorgt, sollte sich jedoch schon nach wenigen Jahren als falsch erweisen.

3. Die Anfangsjahre der deutschen Entwicklungshilfe

3.1 „The Germans to the front!"

Nachdem der Marshallplan und die NATO Westeuropa und damit auch die Bundesrepublik vor einer kommunistischen Machtübernahme geschützt hatten, verlagerte sich die amerikanisch-sowjetische Rivalität zunehmend in die dritte Welt. Die Amerikaner hatten nicht verhindern können, daß in China 1949 die Kommunisten unter Mao Tse-tung die Macht ergriffen. Nur Südkorea konnte nach harten Kämpfen für das westliche Lager gehalten werden. Die Engländer und Holländer entließen ab 1947 ihre ehemaligen Kolonien in Asien in die Unabhängigkeit. Indonesien, Indien, Pakistan, Ägypten und andere Staaten der dritten Welt wählten als „blockfreie Staaten" alsbald einen neutralistischen Weg, um durch eine Schaukelpolitik zwischen Ost und West ihr weltpolitisches Gewicht und die Entwicklungshilfeleistungen aus dem Norden zu erhöhen.

Auch die Afrikaner folgten ihnen, nachdem die meisten afrikanischen Staaten am Ende der fünfziger Jahre die Unabhängigkeit erlangt hatten. In Lateinamerika destabilisierten sich viele Länder. Die traditionellen Oligarchien wurden häufig durch Militärregierungen oder populistische Caudillos abgelöst. Als Fidel Castro ab 1959 in Kuba seine kommunistische Herrschaft errichtete und militärische Unterstützung aus Moskau erhielt, konnten die Amerikaner nicht mehr übersehen, daß sich selbst vor ihrer eigenen Haustür der sowjetische Einfluß festsetzte.

Wie vor ihnen Truman und Marshall setzten nun auch Eisenhower und nach ihm Kennedy eine massive Wirtschaftshilfe als Instrument ein, um den sowjetischen Einfluß in der dritten Welt einzudämmen. Die Amerikaner ergänzten ihre eigenen bilateralen Anstrengungen wie ihre „Allianz für den Fortschritt" in Lateinamerika durch multilaterale Initiativen. Schon 1956 hatte die Weltbank in der International Finance Corporation (IFC) eine Schwester mit privatwirtschaftlichem Förderauftrag erhalten. Die Entwicklung in Kuba forcierte die Gründung der Interamerikanischen Entwicklungsbank im Jahre 1959. Ein Jahr später wird auf amerikanischen Wunsch die Weltbankgruppe durch die International Development Association (IDA) erweitert. Die USA und ihre Verbündeten refinanzierten die IDA aus Haushaltsmitteln, um besonders günstige Kredite an die ärmsten Entwicklungsländer geben zu können. Aus der OEEC, der ursprünglichen Dachorganisation für den Marshallplan in Europa, wurde 1960 die OECD, die seitdem die Entwicklungshilfe der westlichen Welt koordiniert.

Aber die Amerikaner erwarteten von ihren westlichen Verbündeten auch erhebliche bilaterale Anstrengungen. Dabei nahmen sie in Kauf, daß ihre Alliierten gleichzeitig eigene politische Interessen verfolgten. Frankreich, das unter de Gaulle seine afrikanischen Kolonien widerstrebend in die Unabhängigkeit entlassen mußte, konzentrierte seine Wirtschaftshilfe, flankiert durch Sicherheits- und Kulturpolitik, auf die „chasse gardée" seiner ehemaligen Kolonien. Auch Großbritannien agierte primär in seinem Commonwealth.

Die Bundesrepublik Deutschland hatte andere politische Interessen. In ihrer Außenpolitik gegenüber der dritten Welt dominierte die sogenannte „Hallsteindoktrin". Westdeutsche Wirtschaftshilfe sollte die diplomatische Anerkennung der SBZ, der „Sowjetischen Besatzungszone", wie die DDR in den amtlichen Bonner Dokumenten immer noch benannt wurde, durch die zahlreichen neuen Entwicklungsländer verhindern. Gleichrangig waren aber auch die wirtschaftspolitischen Interessen. In den nun unabhängigen Entwicklungsländern eröffneten sich neue Märkte für die leistungsfähige deutsche Industrie. Die Entwicklungsländer wollten die einseitigen Bindungen an die ehemaligen Kolonialmächte lösen und suchten zusätzliche neue Partner unter den Industrieländern. Als solcher war die wirtschaftlich starke, aber politisch schwache und daher leicht erpreßbare Bundesrepublik durchaus gerne gesehen. Es war daher auch konsequent, daß innerhalb der Bundesregierung das Auswärtige Amt und das Bundeswirtschaftsministerium die Federführung für die Entwicklungshilfe übernahmen.

Die entwicklungspolitische Diskussion in der Bundesrepublik hatte Mitte der fünfziger Jahre begonnen. So entwickelte der Bundesminister für wirtschaftliche Zusammenarbeit mit diskreter Assistenz der KfW bereits im Frühjahr 1956 ein Konzept für eine deutsche Entwicklungspolitik.[4] Auswärtiges Amt und Wirtschaftsministerium dachten aber nicht daran, dieses wichtige Gebiet dem ehemaligen Marshallplanministerium anzuvertrauen, das ersichtlich neue Aufgaben suchte. Es wurde ein Jahr später in Bundesministerium für wirtschaftlichen Besitz des Bundes umbenannt und auf die Teilfinanzierung der geplanten Entwicklungshilfe beschränkt.

Das Konzept des damaligen BMZ geriet durch Indiskretion an die Öffentlichkeit und wurde dort zerredet, aber die Diskussion kam dadurch erst richtig in Gang. In Politik und Wirtschaft war man sich bald einig, daß ein privatwirtschaftlicher Ansatz gefunden werden müsse. Vor allem Erhard, der bereits zum Marshallplan Distanz gehalten hatte, lehnte die von den USA propagierte staatliche Hilfe unverhohlen ab. Die sichtbaren Erfolge unserer sozialen Marktwirtschaft müßten durch die deutsche Privatwirtschaft in die Entwicklungsländer „exportiert" werden. Nicht nur die Exporte, auch Projekte der langfristigen Rohstoffversorgung und die Direktinvestitionen der deutschen Industrie in Entwicklungsländern sollten gefördert werden. Hierbei ging es auch um die Bereitstellung öffentlicher Mittel, mehr aber noch um den staatlichen Risikoschutz für die deutsche Wirtschaft. Aktiv wurde vor allem Abs, der sich in den Jahren zuvor intensiv um die Regelung der deutschen Auslandsschulden, aber auch oft vergeblich um die Rückgabe der im Krieg enteigneten deutschen Vermögenswerte bemüht hatte. Er gründete 1956 mit Unterstützung von Erhard und BDI-Präsident Fritz Berg die *Gesellschaft zur Förderung des Schutzes von Auslandsinvestitionen*, die zusammen mit der Bundesregierung das Konzept der bilateralen Investitionsschutzabkommen und der Kapitalanlagedeckungen entwickelte. Auch die KfW konnte sich bald an diesen Aktivitäten beteiligen. Von 1960 bis heute finanziert sie Auslandsniederlassungen und -beteiligungen deutscher Unternehmen in Entwicklungsländern. Dieses Programm hat nie die großen Volumina erreichen können, die man sich wohl im Anfang erhoffte. Dieses älteste kontinuierliche Auslandsprogramm der KfW für den Mittelstand hat dennoch vielen kleineren und mittleren deutschen Firmen in Industrie und Handel geholfen, Absatzmärkte, Fertigungen oder Rohstoffquellen in Entwicklungsländern zu erschließen.

Vervollständigt wurde das Garantieinstrumentarium des Bundes für den Kapitalexport in Entwicklungsländer durch die Deckungen für gebundene und ungebundene Finanzkredite, die in den Folgejahren in erster Linie von der KfW genutzt wurden, obwohl sie der gesamten deutschen Kreditwirtschaft zur Verfügung standen. Die Bundesdeckung für gebundene Finanzkredite, d.h., die an deutsche Lieferungen gebundenen Bestellerkredite, ist bereits im

Zusammenhang mit unserer Exportfinanzierung (Seite 46) vorgestellt worden, die Bundesdeckung für ungebundene, also nicht an deutsche Lieferungen gebundene Finanzkredite war ursprünglich für privat finanzierte Entwicklungshilfeprojekte konzipiert worden. In der Praxis wurde sie später vorwiegend für Projekte eingesetzt, die der deutschen Rohstoffversorgung dienten und von der KfW finanziert wurden. Auch in diesem Bereich mußte wie bei der Exportfinanzierung die staatliche KfW wieder die Rolle des Vorreiters übernehmen. Die private Wirtschaft beschränkte ihr Engagement weitgehend auf die politisch stabilen Schwellenländer mit erkennbarem Wachtumspotential. Weitere Fördermaßnahmen des Bundes wie das Entwicklungshilfe-Steuergesetz von 1963 oder vor allem die Gründung der bundeseigenen Deutschen Gesellschaft für wirtschaftliche Zusammenarbeit (Entwicklungsgesellschaft) mbH (DEG), die Kapitalbeteiligungen an Unternehmen in Entwicklungsländern übernehmen sollte, änderten wenig an der Tatsache, daß der ausschließlich privatwirtschaftliche Ansatz einer Entwicklungshilfe nur zu begrenzten Resultaten führte.

Der Umfang der deutschen Entwicklungshilfe aus öffentlichen Mitteln war am Ende der fünfziger Jahre noch überaus bescheiden. Ab 1957 hatte der Bundestag aus Haushaltsmitteln dem Auswärtigen Amt jährlich nur 50 bis 70 Millionen DM für technische Hilfe bereitgestellt. Seit 1960 verlangten die Amerikaner ein größeres „burden sharing" der Deutschen. Der Druck aus Washington verstärkte sich erheblich, nachdem Kennedy Anfang 1961 Präsident der USA geworden war. Er schickte schon im März 1961 seinen stellvertretenden Außenminister George Ball nach Bonn, der einen deutschen Entwicklungshilfebeitrag von drei bis vier Milliarden DM verlangte. Auch die Regierungen wichtiger Entwicklungsländer wie In-

dien und Pakistan forderten mehr Geld von den Deutschen. Schließlich empfahl selbst die Bundesbank der Bundesregierung, die chronischen Überschüsse der deutschen Leistungsbilanz durch organisierte Kapitalexporte vorwiegend in Entwicklungsländer zu kompensieren.[5]

3.2 Wie schon 1949: Wieder bereitet die Mittelbeschaffung Schwierigkeiten

Bereits Anfang 1960 wurde der Bundesregierung klar, daß sie allein zur Finanzierung der Entwicklungshilfe in Zukunft ein jährliches Volumen von mindestens einer Milliarde DM würde aufbringen müssen. Hinzu kam: Es gab weder ein Konzept für die Mittelbeschaffung noch ein Konzept für die Mittelverwendung. Unvorbereitet und von den Amerikanern gestoßen, stolperte also die Bundesregierung in ihre neue internationale Aufgabe. Eine verzweifelte und langwierige Suche nach Geldquellen begann. ERP-SV, KfW, Privatisierungserlöse des Bundes, Beiträge der Bundesländer, selbst die bei der Bundesbank unterhaltenen Mindestreserven gerieten in das Blickfeld der Geldsucher, da der Bundestag damals Haushaltsmittel in dieser Größenordnung noch nicht bewilligen wollte. Wieder kam Abs die rettende Idee. Ähnlich wie 1951 bei der Investitionshilfe der gewerblichen Wirtschaft an die Grundstoffindustrie, mobilisierte er auch im November 1960 zusammen mit dem Bankier Pferdmenges und drei weiteren Kollegen aus dem KfW-Verwaltungsrat, nämlich dem BDI-Präsidenten Berg, dem AEG-Chef Boden und dem Voith-Chef Rupf[6] (beide an der Spitze exportorientierter Konzerne) eine Anleihe der deutschen Wirtschaft für die Entwicklungshilfe, die dem Bund zu sehr günstigen Konditionen über eine Milliarde Mark einbrachte, die der Bund an die KfW weiterleitete. Damit war zwar keine Dauerlösung gefunden, aber immerhin konnte die KfW ihre

Arbeit in der Entwicklungshilfe beginnen. Solange die Gelder noch nicht für Entwicklungsprojekte eingesetzt werden konnten, legte sie die KfW in Treasury Bills des amerikanischen Schatzamtes an, um möglichst schnell die Leistungsbilanzüberschüsse zu reduzieren.

Die Initiatoren verfolgten mit ihrer *Entwicklungsanleihe* offiziell drei Ziele: Man wollte das Überschußproblem der Zahlungsbilanz mildern (Petitum der Bundesbank), man wollte der Bundesregierung helfen, die amerikanischen Forderungen nach substantieller Entwicklungshilfe zu erfüllen, und man wollte den inländischen Investitionsboom dämpfen. In Wirklichkeit wollten die Wirtschaftsverbände mit der Entwicklungsanleihe ihre Macht demonstrieren und verhindern, daß die Bundesregierung die DM gegenüber dem Dollar aufwertete. Und natürlich hoffte die exportorientierte Industrie nicht zu Unrecht, daß ein erheblicher Teil der Anleihe über die eigenen Auftragsbücher wieder an die Geldgeber zurückfließen würde. Als die Bundesregierung im März 1961 die DM doch um 5% aufwertete, war der Protest groß. Erhard bestritt, entsprechende Zusagen gemacht zu haben, ließ sich aber schließlich dazu überreden, einige Konditionen der Anleihe zugunsten der Gläubiger aus der Wirtschaft zu ändern.

Eine weitere halbe Milliarde Mark beschaffte der Bund 1961/62 bei den Ländern, die als Anteilseigner bei dieser neuen Aufgabe der KfW Flagge zeigen sollten. Auch dieses war keine Dauerlösung, denn schon bald wurde dadurch das Interesse der Länder geweckt, neben den beteiligten Bundesressorts auch noch in der Entwicklungshilfe mitzusprechen.

Das ERP-SV, mittlerweile vom Bundesschatzminister verwaltet, hatte wichtige Förderaufgaben im Inland sowie in der Exportfinanzierung übernommen, die politisch nicht abgebrochen

werden konnten und deshalb viele Mittel langfristig banden. Immerhin hat es bis Ende 1965 eine Milliarde Mark für die Entwicklungshilfe abzweigen können.

Große Erwartungen setzte die Bundesregierung in die KfW, deren Emissionsstanding sie mit der Gesetzesreform von 1961 gerade zu dem Zweck gestärkt hatte, damit sie auf dem Kapitalmarkt Mittel für ihre Entwicklungshilfe beschaffen konnte. Der Vorstand der KfW wollte jedoch die Kapitalmarktmittel primär in der inländischen Wirtschaftsförderung und in der expandierenden Exportfinanzierung einsetzen. Er befürchtete, daß die KfW das Vertrauen ihrer Gläubiger verlieren könnte, wenn deren Gelder an Entwicklungsländer weitergeleitet würden.

Es war auch offensichtlich, daß man mit den relativ hohen Zinsen und kurzen Laufzeiten des Kapitalmarktes selbst rentable Projekte in der Entwicklungshilfe nicht finanzieren konnte. Immer wieder wiesen Martini und Guth die Bundesregierung darauf hin, daß letztlich die Entwicklungshilfe zu angemessenen Konditionen nur aus Haushaltsmitteln finanziert werden könne. Die Kapitalhilfe sei eine staatliche Aufgabe, die entsprechend im Haushalt verankert sein müsse. Es gäbe keine Finanzierungskunststücke, die den Bund von dieser Aufgabe entlasten könnten, lautete ihre Argumentation. Da die KfW sich aber dem Drängen des Bundes nicht völlig widersetzen wollte, refinanzierte sie bis Ende 1965 Kapitalhilfekredite in Höhe von etwa einer halben Milliarde Mark aus eigenen Mitteln. Durch entsprechende Bindungsermächtigungen zu Lasten künftiger Haushaltsjahre war die Ablösung des KfW-Beitrages aber sichergestellt.

So konnte der Bund dann doch nicht vermeiden, die künftigen Ausgaben aus den erteilten Kapitalhilfezusagen durch Bindungsermächtigungen abzudecken und ab 1963 jährlich steigende Baransätze für die Kapitalhilfe in seinen Haushalt aufzunehmen. Immerhin hat es mehr als vier Jahre gedauert, bis diese Auseinandersetzungen über die Refinanzierung der Kapitalhilfe durch den Abschluß des *Generalvertrages* zwischen Bund und KfW im Jahre 1966 beendet werden konnte.

3.3 Die KfW übernimmt die Kapitalhilfe

Dank der guten Kontakte von Martini und Rieck zu Bonn gab es nie eine ernsthafte Diskussion über die Frage, ob die KfW diese Aufgabe überhaupt übernehmen sollte. Auch Abs hat die Weiterentwicklung der KfW zur „Entwicklungsbank" nachhaltig unterstützt. Er sah die politischen Zwänge des Bundes, aber auch die politischen Risiken, die er den Geschäftsbanken nicht zumuten wollte. Ein staatliches Institut, dessen Verwaltungsrat er vorsaß, war aus seiner Sicht die optimale Lösung, sehr hilfreich auch bei seinen eigenen Kontakten mit größeren Entwicklungsländern. So ließ er sich 1969 und 1970 bei seinen Besuchen in Indonesien und Indien von Bachem begleiten.

Nur die Deutsche Revisions- und Treuhand AG (Treuarbeit) versuchte, sich neben der KfW als Mandatar des Bundes in die Projektprüfung und Kreditüberwachung einzuschalten.[7] Martini handelte mit Adler, dem Vorstandsvorsitzenden der Treuarbeit, einen Kompromiß aus, der der Treuarbeit vor allem Aufgaben der Verwendungsprüfung der Kapitalhilfe überließ. Diese Regelung überzeugte anschließend die Ressorts, daß die Verantwortung für die Projektprüfung und Kreditabwicklung allein bei der KfW liegen müsse. Diese Aufgabenteilung hat noch heute Bestand.

Wie qualifiziert war die KfW nun wirklich für ihre neue Aufgabe in der Kapitalhilfe? Gewiß hatte sie eine zehnjährige Erfahrung mit Wiederaufbaukrediten. Sie hatte sich in vielen industriellen Bereichen, vor allem bei den Direktkrediten für Energie, Kohle und Stahl, gute Branchenkenntnisse erworben. Sie hatte auch mutig am Ende der fünfziger Jahre einige Auslandsprojekte angepackt. Nur von dem Erfahrungsschatz in der Entwicklungszusammenarbeit, den sie heute vorzuweisen hat, war sie noch sehr weit entfernt. Schnell stellte sich heraus, daß die politischen, wirtschaftlichen und technischen Rahmenbedingungen in den Entwicklungsländern sehr verschieden von dem waren, was sie zu Hause kennengelernt hatte. Das Textilprojekt Gulbahar im fernen Afghanistan erforderte eine sehr viel intensivere Prüfung und Überwachung als ein Kredit an ein schwäbisches Textilunternehmen, dessen technische und wirtschaftliche Kompetenz man einfach unterstellen konnte. Allen Mitarbeitern war bewußt, daß man viel und schnell hinzulernen mußte. Vieles schaute man bei der Weltbank ab. Sie hatte damals die größten Erfahrungen in diesem Bereich, und sowohl in Bonn wie in den Entwicklungsländern überzeugte in der Regel unser Argument: *Die Weltbank macht es auch so!*

Ausreichend für eine erfolgreiche Kapitalhilfe war dieses Abschauen allein noch nicht. Nicht nur Formen und Prozeduren, auch die Inhalte mußten beherrscht werden. Vor allem im technischen Bereich galt es, interne oder externe Sachverständige zu finden, die neben ihrer fachlichen Kompetenz möglichst auch praktische Erfahrungen aus Entwicklungsländern mitbringen sollten. Anfang der sechziger Jahre gab es nur wenige Deutsche mit derartigen Erfahrungen. Die Auslandspraxis, die heute in allen großen Unternehmen selbstverständlich ist, war damals noch selten, es war erst wenige Jahre her, daß Deutschland auf die weltweiten

Märkte zurückgekehrt war. So mußte häufig die fehlende Erfahrung durch Kreativität und jugendliche Unbekümmertheit ergänzt werden. Im Ergebnis ist die KfW damit nicht schlecht gefahren. Für alle in Deutschland war damals die Zusammenarbeit mit Entwicklungsländern ein völliges Neuland. Durch ihre Inlandserfahrungen hatte die KfW jedenfalls im Vergleich zu anderen Institutionen die besseren Startbedingungen, die sie auch genutzt hat.

3.4　Der politische Rahmen der Kapitalhilfe

Neu waren für die KfW nicht nur ihre eigenen Aufgaben in der Entwicklungszusammenarbeit, neu waren für sie auch die außenpolitischen Bedingungen, unter denen sie in diesem Bereich plötzlich arbeiten mußte. Die KfW verstand und versteht sich in erster Linie als Bank, die ihre Finanzierungsaufgaben mit einem möglichst hohen professionellen Niveau *bankmäßig* erfüllen will, auch und gerade, wenn diese Aufgaben öffentlichen Interessen dienen. Die ihr anvertrauten Mittel müssen mit *bankmäßiger Sorgfalt* eingesetzt werden. Das gilt nicht nur für die öffentlichen Mittel, die der deutsche Steuerzahler aufbringt, sondern auch für die Gelder, die ihr der Kapitalmarkt anvertraut hat. Im Inlandsgeschäft und auch in der Exportfinanzierung war es relativ leicht, dieses Prinzip durchzuhalten, ohne daß der öffentliche Förderauftrag vernachlässigt wurde.

In der Kapitalhilfe mußte sich die KfW drei völlig neuen außenpolitischen Herausforderungen stellen, die mit ihren bankmäßigen Grundsätzen kollidierten:

Erstens mußten aus politischen Gründen Kredite auch an Kreditnehmer gegeben werden,

die bankmäßig betrachtet durchaus nicht kreditwürdig waren. Es erwies sich schnell als sachgemäß, daß der Bund voll das Kreditrisiko für die Kapitalhilfe übernahm.

Zweitens wurde hin und wieder aus politischen Gründen die Finanzierung von solchen Projekten gewünscht, die wirtschaftlich oder technisch von der KfW nicht befürwortet werden konnten. Hier waren der Sachverstand und die Standfestigkeit der KfW besonders gefordert, vor allem, wenn massive Interessen deutscher Lieferfirmen tangiert wurden oder wenn in den Anfangsjahren hohe Herren aus Bonn bei Besuchen in Entwicklungsländern großzügig Zusagen machten, ohne mit den Problemen recht vertraut zu sein. Bald entwickelten Ressorts und KfW Methoden, um möglichst frühzeitig, noch vor politischen Zusagen, die Spreu vom Weizen zu trennen. Dieses gelang nicht immer, letztlich mußte dann die Bundesregierung entscheiden, ob sie ein Projekt trotz eines ablehnenden Votums der KfW aus politischen Gründen dennoch finanzieren wollte. Eine Entscheidung, die ihr oft schwerfiel, denn kritische Instanzen wie der Bundestag, der Bundesrechnungshof oder die Öffentlichkeit konnten Rechenschaft fordern. Neben Sachverstand und Standfestigkeit mußte die KfW also auch das richtige Fingerspitzengefühl entwickeln, um derartige Konflikte möglichst auszuräumen.

Drittens wollte die Bundesregierung in der Kapitalhilfe stets auch wichtige außenpolitische Ziele durchsetzen. Im Vordergrund standen damals die „Hallsteindoktrin" und der völkerrechtliche Vertretungsanspruch des Bundes für Berlin. Es gab eingehende Diskussionen vor allem mit dem Auswärtigen Amt, ob und unter welchen Voraussetzungen eine Anerkennung der „SBZ" oder andere politisch unfreundliche Handlungen eines Entwicklungslandes auch zu einem Abbruch bestehender Kreditbeziehungen der KfW führen sollten. Das war eine Sanktion, die von der KfW als wenig bankmäßig angesehen wurde. Zum Glück blieb diese Diskussion weitgehend intern und theoretisch. Als die Bundesrepublik im Mai 1965 die diplomatischen Beziehungen zu Israel aufnahm, brachen die meisten arabischen Staaten ihrerseits ihre Beziehungen zur Bundesrepublik ab. Der ägyptische Staatspräsident Nasser lud sogar den „Zonenvogt" Walter Ulbricht zu einem Staatsbesuch an den Nil ein. Dennoch entschied man in Bonn, die laufenden Projekte zu Ende zu finanzieren. Allerdings sollten neue Zusagen verweigert werden. Dadurch konnte sich die Bundesregierung den Vorwurf mangelnder Vertragstreue ersparen und die spätere Wiederaufnahme der diplomatischen Beziehungen erleichtern.

Die Arbeitsbeziehungen der KfW zu ihren arabischen Projektträgern bestanden nach dem Abbruch der diplomatischen Beziehungen weiter. Selten haben die Mitarbeiter der KfW ein solches Ausmaß arabischer Gastfreundschaft und Kooperationsbereitschaft erfahren wie in diesen Jahren bei ihren Besuchen in Algier oder Amman. Unverhohlen bedauerten die Araber den politischen Bruch mit Bonn, denn schon bald erkannten sie, daß die „Freunde" im Osten weniger leistungsfähig waren als der alte westdeutsche Partner. Neue Projekte wurden in diskreter Abstimmung mit den Regierungen vorbereitet. So konnte auch die KfW einen Beitrag dazu leisten, daß nach einigen Jahren die diplomatischen Beziehungen und damit die normale Entwicklungszusammenarbeit mit neuen Zusagen zügig wieder aufgenommen wurden.

Noch diskreter waren in den Jahren davor die Kreditbeziehungen zu Israel. *Israel* wird als Kreditnehmer der KfW zum ersten Mal im Jahresbericht für 1966 erwähnt, ein Jahr, nachdem die diplomatischen Beziehungen aufgenommen worden waren. Nur sehr wenige eingeweihte Mitarbeiter der KfW wußten, daß die KfW im Rahmen der geheimen *Aktion Geschäftsfreund* bereits seit 1961 jährlich Kredite an Israel gegeben hatte. Bei ihrem ersten historischen Treffen am 14. März 1960 im Hotel Waldorf Astoria in New York hatte der israelische Ministerpräsident David Ben Gurion von Bundeskanzler Adenauer für den Zeitraum von 10 bis 20 Jahren eine jährliche Kredithilfe von 40 bis 50 Millionen US$ erbeten. Zwischen Deutschen und Israelis blieb es immer strittig, ob Adenauer darauf mit einer festen Zusage oder nur mit einer wohlwollenden Absichtserklärung erwidert hat.[8] Dennoch hielt es die Bundesregierung für politisch opportun, Israel insgeheim ab Ende 1961 Kredite für Entwicklungsvorhaben zu gewähren, die technisch über die KfW an die Industrial Development Bank of Israel flossen. Die KfW hatte aber keine direkten Kontakte zu ihrem israelischen Vertragspartner, die Verhandlungen liefen über die Israel-Mission in Köln. Bis 1965 erhielt Israel etwa 630 Millionen DM.[9] Nach Aufnahme der diplomatischen Beziehungen wollten die Israelis die „Aktion Geschäftsfreund" neben der nunmehr zugesagten Kapitalhilfe fortsetzen, aber letzlich wurde Israel ab 1966 in die normalen Kapitalhilfeaktivitäten der KfW einbezogen. Die Geschäftsfreunde in Jerusalem und Tel Aviv konnten jetzt von der KfW besucht werden. Viele von ihnen hatten ihre berufliche Laufbahn in ihrer alten deutschen Heimat begonnen, nur die verbrecherische Politik Hitlers hatte sie nach Palästina vertrieben.

Geschäftsfreunde hat die KfW im Laufe der Jahrzehnte viele gewonnen, die *Aktion Geschäftsfreund* blieb ein Ausnahmefall, der erst erwähnt wird, nachdem das Auswärtige Amt durch die Publikation seiner eigenen Akten die Geheimhaltung aufgehoben hat.[10]

3.5 Von Elson bis Eppler – Die KfW und die Bundesressorts

Nachdem sich Auswärtiges Amt, Wirtschaftsministerium und Finanzministerium über die Zuständigkeiten in der Entwicklungshilfe verständigt hatten, wurde im November 1960 der „Interministerielle Ausschuß für Entwicklungspolitik" gebildet, der auf Abteilungsleiterebene die Kapitalhilfe und die technische Hilfe koordinieren und lenken sollte. In diesem sogenannten „*Lenkungsausschuß*" war die KfW von Anfang an durch Vorstandsmitglieder, vor allem Guth und Bachem, mit beratender Stimme vertreten. Guth meldete sich gerne nach allen anderen zu Wort, und häufig schloß der Vorsitzende die Debatte mit den Worten: „Machen wir es also, wie Herr Guth es vorschlägt!"

Der Lenkungsausschuß seinerseits etablierte unter sich im Januar 1961 neben einem Referentenausschuß für Technische Hilfe den *Referentenausschuß für Kapitalhilfe* – IRA-KH –, der unter der Leitung des Bundeswirtschaftsministeriums zum eigentlichen Ansprechpartner der KfW in der Kapitalhilfe wurde. Nach seinem langjährigen souveränen Vorsitzenden wurde dieses Gremium bald nur noch Elson-Ausschuß genannt.

In beiden Ausschüssen waren von Anfang an die drei Ressorts Wirtschaft, Finanzen und auswärtige Angelegenheiten vertreten. Bei Bedarf wurden auch andere Ressorts wie Verkehr oder Landwirtschaft sowie die Bundesbank hinzugezogen. Das BMZ wurde nach seiner Errichtung im Herbst 1961 in alle Ausschüsse aufgenommen. Es erhielt aber nur im Lenkungsausschuß den Vorsitz. Argwöhnisch achteten AA und BMWi darauf, daß ihre Kompetenzen nicht geschmälert wurden und das BMZ auf seine damals nur koordinierende Aufgabe beschränkt blieb.

In Wirklichkeit wurde die Entwicklungspolitik natürlich nicht im BMZ, sondern in den Ausschüssen koordiniert. Zwar trafen vor allem in der Anfangszeit die Ressortinteressen oft hart aufeinander. Das Auswärtige Amt witterte überall die Anerkennung der „SBZ" und politischen Ärger bei jedem Nein zu Forderungen der Entwicklungsländer. Das Finanzministerium auf dem anderen Außenflügel agierte wie ein besorgter Anleger, der seine wertvollen Mittel fragwürdigen Kreditnehmern anvertrauen soll. BMWi und KfW spielten eher im Mittelfeld und versuchten, wirtschaftlich sinnvolle Vorhaben durchzusetzen, ohne daß deutsche Exportinteressen stets den Ausschlag gaben. Das BMZ wollte gerne als Libero spielen, saß aber meistens auf der Reservebank.

Für die Mitarbeiter der KfW waren die Ausschußsitzungen in Bonn ein guter Bewährungstest. Mit zunehmenden Erfahrungen gewannen die Diskussionen in den Ausschüssen an Niveau, auch die gegensätzlichen Ressortinteressen schliffen sich ab. Man mußte sich schon gut auf vielerlei Zusatzfragen vorbereiten, um sein Projekt im Ausschuß durchzubringen. Mit Sicherheit haben die Ausschußdebatten die Qualität unserer Arbeit schnell gesteigert. Krukenberg, Chef des Auslandssekretariats I, und seine „Mannen" sorgten gewissermaßen als Trainer für die richtige Taktik und eine einheitliche *bankmäßige* Linie der Kreditabteilungen der KfW, die je nach Sektor ihre Projekte vor dem Ausschuß vertreten mußten. Sehr auf die Unabhängigkeit der Bank bedacht, galt es andererseits, unnötige Konflikte mit den „Bonnern" zu vermeiden, die letztlich die Entscheidungen trafen.

In der Sache arbeiteten KfW und die Ressorts sehr pragmatisch. Zwar bemühte man sich seit November 1960, *Vergabegrundsätze für die bilaterale Kapitalhilfe* zu entwickeln, aber diese

Arbeit kam eigentlich nie aus dem Entwurfsstadium heraus. Es war mehr ein „learning by doing", wesentliche Leitlinien wurden aus Washington importiert. Oft standen auch mehr die Formen als die Inhalte zur Diskussion. So wurden Fragen der Vertragsgestaltung sehr eingehend erörtert, obwohl abzusehen war, daß die praktische Relevanz gering sein würde. Es sollte noch bis 1971 dauern, ehe die Bundesregierung unter Brandt und auf Initiative von Eppler das erste entwicklungspolitische Konzept beschloß.

Im Dezember 1972 konnte Bundesminister Eppler endlich durchsetzen, daß auch die Kompetenz für die Kapitalhilfe auf sein BMZ übertragen wurde. Alsbald löste er die Ausschüsse auf, sehr zum Bedauern vieler KfW-Mitarbeiter, die in den Ausschußsitzungen trotz mancher kritischer Frage eine Würdigung ihrer Arbeit gesehen hatten.

Einen Meilenstein in den Beziehungen zwischen Bund und KfW bildet der *Generalvertrag zur Durchführung der bilateralen Kapitalhilfe an Entwicklungsländer* vom 4. Juli 1966. Seit 1962 hatten Ressorts und KfW über diesen Vertrag verhandelt, erst nach vier Jahren wurde man sich einig. Es war der lange Streit über die Refinanzierung der Kapitalhilfe, über den bereits berichtet wurde, der in erster Linie den Abschluß des Vertrages hinausgezögert hatte. Hinzu kamen die wohl unvermeidlichen Kompetenzstreitigkeiten unter den Ministerien vor allem mit dem „newcomer" BMZ. Immer wieder mußte der Vorstand mit Unterstützung von Abs die sehr weitgehenden Finanzierungswünsche der Bundesressorts ablehnen, denn Volumina, Laufzeiten und Zinssätze der Kapitalhilfe eigneten sich nicht für Refinanzierungen auf dem Kapitalmarkt. Allenfalls Überbrückungs- und Zwischenfinanzierungen könne die KfW aus Marktmitteln übernehmen, waren ihre Argumente.

Zusätzlich erwartete der Bund von der KfW auch erhebliche Anstrengungen in der Exportfinanzierung, der Werften- und Berlinhilfe sowie der Mittelstandsförderung, also in Bereichen, die sich erheblich besser für marktnahe Konditionen eigneten. Mehr als eine halbe Milliarde DM jährlich könne die KfW nicht auf dem Kapitalmarkt beschaffen, ohne ihr Emissionsstanding zu gefährden, warnte die Bank. Endlich sahen die Ressorts ein, daß die inländische Wirtschaftsförderung auch aus politischen Gründen – immer wieder standen schließlich Wahlen vor der Tür – nicht auf dem Altar der Entwicklungshilfe geopfert werden konnte.

Im Endeffekt stritt am sich also keineswegs nur über die Mittelbeschaffung für die Entwicklungshilfe. Es ging auch um die sehr grundsätzliche Frage, ob sich die KfW zu einer reinen Entwicklungshilfebank entwickeln oder ob sie als „Mehrzweckinstitut" weiterhin ihre wichtigen Aufgaben in der inländischen Wirtschaftsförderung wahrnehmen und ausbauen sollte. Nicht nur das Eigeninteresse der KfW sprach für diese zweite Alternative. In vielen Wirtschaftszweigen und in vielen wirtschaftlich benachteiligten Regionen der Bundesrepublik konnte sie Bundesgenossen gewinnen. Die Entwicklung der KfW in den künftigen Jahrzehnten hat sehr nachdrücklich gezeigt, daß die harte Haltung des damaligen Vorstandes durchaus im öffentlichen Interesse war.

Die politische Zuständigkeit und Verantwortung des Bundes für Umfang und Art der Kapitalhilfe, für die Auswahl der Länder und der zu finanzierenden Vorhaben standen nie zur Diskussion. Aber nach dem Generalvertrag übernimmt der Bund global die Refinanzierung und das Kreditrisiko der Kapitalhilfe. Die KfW ihrerseits mußte ihr eigenständiges Profil als Kreditinstitut bewahren. Sie kann selbständig entscheiden, ob sie ein Darlehen für eigene Rechnung oder für Rechnung des Bundes gewährt. Die ihr übertragenen Aufgaben, vor allem die Projektprüfung und -überwachung, übernahm sie nach *kaufmännischer Sorgfaltspflicht* in eigener Verantwortung. Die Vergütung der KfW für ihre Aktivitäten in der Kapitalhilfe wurde banküblich als Marge vereinbart. Dadurch wurde ein Zwang zu effizienter Arbeit begründet. Nie hat die KfW einen Kostenvergleich mit anderen Entwicklungshilfeinstitutionen scheuen müssen. Eine präzise Rechnungslegung sowie Prüfungs- und Auskunftsrechte der Bundesressorts und des Bundesrechnungshofes sind beim Einsatz öffentlicher Mittel selbstverständlich. Ähnlich wie beim ERP-SV werden die Prüfungen jedoch in der Regel von der Treuarbeit als einer sachverständigen Wirtschaftsprüfergesellschaft vorgenommen, die im Einvernehmen mit der Bundesregierung bestellt wurde.

Diese Aufgabenverteilung zwischen Bund und KfW gilt im wesentlichen noch heute. Die so mühsam ausgehandelten Refinanzierungsvereinbarungen mit Zwischenfinanzierungen und Verfügungsmasse aber wurden schon nach wenigen Jahren haushaltsrechtlich beanstandet und damit obsolet. Seitdem hängt die Kapitalhilfe oder Finanzielle Zusammenarbeit am rigiden Jährlichkeitsprinzip des Bundeshaushalts, wodurch die gerade bei Auslandsprojekten notwendige Flexibilität in der Mitteldisposition unzumutbar eingeschränkt wird.

3.6 Die Kapitalhilfe der KfW in den sechziger Jahren

Von diesen politischen Rahmenbedingungen abgesehen, konnte und mußte die KfW ihre Arbeit *bankmäßig* verrichten. Diese Verpflichtung zur *kaufmännischen Sorgfaltspflicht* wurde auch in den 1966 zwischen Bund und KfW abgeschlossenen Generalvertrag über die Kapitalhilfe aufgenommen, der noch heute gilt.

Aus diesen bankmäßigen Erwägungen hat die KfW schon sehr frühzeitig – nicht zuletzt auch aufgrund ihrer eigenen Erfahrungen beim Wiederaufbau Deutschlands in den fünfziger Jahren – das Prinzip *„Hilfe zur Selbsthilfe"* propagiert. Vor allem Guth forderte, die Kapitalhilfe auf Länder zu konzentrieren, die in ihrer Wirtschafts- und Finanzpolitik bis hin zur Ausbildung und Erziehung eigene nachhaltige Anstrengungen unternehmen und somit Chancen für eine eigenständige Entwicklung zeigen. In Südkorea und in anderen fernöstlichen Ländern, aber auch in jetzigen europäischen Partnerländern wie Spanien und Portugal ist diese positive Entwicklung auch nach einigen Jahren eingetreten, seit langem sind sie aus dem Kreis der Kapitalhilfeempfänger ausgeschieden.

Aber die damalige politische Lage forderte andere Prioritäten und Schwerpunkte. Indien, die Türkei, Pakistan und Ägypten bekamen über 50% der deutschen Hilfe. Daneben herrschte ein „Gießkannenprinzip", das jeden der neuen afrikanischen Kleinstaaten bedachte, um die Anerkennung der „SBZ" zu verhindern. Erst nach dem Ende des Ost-West-Konflikts konnte die Bundesregierung striktere Anforderungen stellen.

Die Projekthilfe

Bankmäßig war für die KfW vor allem die *Projekthilfe*, weil sie eine in sich geschlossene betriebswirtschaftliche, volkswirtschaftliche und technische Beurteilung eines konkreten, abgrenzbaren Vorhabens erlaubte. Die sechziger Jahre waren die Epoche der großen Infrastrukturprojekte mit den Schwerpunkten Verkehr, Energieversorgung und Bewässerung, die Impulse für das Wirtschaftswachstum in den Entwicklungsländern auslösen sollten. Die KfW beschäftigte sich mit großen spektakulären Dammprojekten wie dem Kebandamm in der Türkei, dem Euphratdamm in Syrien oder Tarbela in Pakistan, die zum Teil gar nicht unter der Federführung der deutschen Kapitalhilfe durchgeführt wurden. Sozioökonomische Aspekte wie Beschäftigung und Einkommensverteilung, Umweltrelevanz und soziale Akzeptanz wurden bei der Projektprüfung allenfalls am Rande berücksichtigt. Damit folgte die KfW dem damaligen Stand der entwicklungspolitischen Diskussion und der entwicklungspolitischen Praxis, die vor allem von der Weltbank geprägt wurde.

Die Projekthilfe ermöglichte der KfW auch eine eingehendere Kontrolle der Durchführung und Mittelverwendung als andere Instrumente der Kapitalhilfe. Schließlich demonstrierte nach damaliger Ansicht ein fertiggestelltes und erfolgreiches größeres Projekt in besonders eindrucksvoller Weise die deutsche Hilfeleistung für ein Entwicklungsland, vor allem, wenn dieses Projekt auch von deutschen Firmen errichtet worden war.

Bei dem größten Kapitalhilfeprojekt der sechziger Jahre, dem indischen *Stahlwerk Rourkela*,

Die Hochöfen des Stahlwerkes im indischen Rourkela. Aus einem schlecht koordinierten Exportgeschäft der 50er Jahre wurde mit großem finanziellen und technischen Einsatz von Entwicklungshilfe in den 60er Jahren ein erfolgreiches Hüttenwerk geschaffen.

ging es jedoch eher darum, ein bestehendes Stahlwerk made in Germany wirtschaftlich und technisch funktionsfähig zu machen. Ende der fünfziger Jahre hatte die staatliche indische Gesellschaft Hindustan Steel von 36 deutschen Exporteuren mit 3000 Unterlieferanten ein komplettes Stahlwerk bezogen, ohne die Einzelleistungen hinreichend zu koordinieren. Die Inder befolgten auch nicht die deutschen Empfehlungen, für die Anlaufzeit Betriebs- und Wartungspersonal zu engagieren. Schließlich konnten die Inder auch nicht bar zahlen, wozu sie sich ursprünglich verpflichtet hatten, so daß ab 1958 die KfW mit Hilfe des Bundes und anderer Banken einspringen mußte, um die indischen Zahlungsverpflichtungen zu prolongieren (s. Seite 61). Ende der fünfziger Jahre notgedrungen zu einer deutschen Exportfinanzierung geworden, ohne daß jedoch die technischen und organisatorischen Probleme gelöst werden konnten, wurde Rourkela in den sechziger Jahren mit Mitteln deutscher Kapitalhilfe und durch jahrelange, sehr intensive Arbeit der KfW zu einem leistungsfähigen Hüttenwerk weiterentwickelt. Mit deutschen Krediten von über einer Milliarde DM wurde also keineswegs ein „weißer Elefant" finanziert, sondern der weiße Elefant der Inder wurde mit einem erheblichen deutschen Personal- und Kapitaleinsatz zu einem tüchtigen Arbeitstier umerzogen.

Typischer ist als Beispiel für die Projekthilfe der sechziger Jahre der *Bau des Hafens Lomé* in Togo. Im Gegensatz zu seinen Nachbarländern Ghana und Dahomey, dem heutigen Benin, besaß diese ehemalige deutsche Kolonie keinen eigenen Tiefwasserhafen. Nach Erlangung der Unabhängigkeit bat Staatspräsident Olympio 1960 die Bundesregierung um Hilfe. War das Projekt eines Tiefhafens nun als überdimensioniertes Prestigeprojekt eines kleinen Landes anzusehen, oder würde es sich als wirtschaftlich sinnvoll erweisen können? Auch technische Probleme waren abzusehen, da die flache, ungeschützte Küste in diesem Teil Westafrikas keinen natürlichen Standort bietet und Vorkehrungen gegen den starken Sandtrieb getroffen werden mußten.

Das Bremer Ingenieurbüro Lackner-Kranz-Barth (LKB) wurde daher mit einer Vorstudie beauftragt, die noch durch ein gewässerkundliches Gutachten der TH Hannover ergänzt wurde. Nachdem diese technischen Untersuchungen ergeben hatten, daß dieses Projekt durchführbar schien, beauftragte die Bundesregierung Anfang 1962 die KfW mit der Projektprüfung. Unter Leitung von Ruprecht Hopfen wurde die Prüfung im Oktober 1962 abgeschlossen und gleichfalls der Bau eines Hafens mit einer Hauptmole von über 1 km Länge und einer Pierplatte mit Liegeplätzen für vier Schiffe auch als wirtschaftlich sinnvoll empfohlen. Der Lenkungsausschuß der Bundesregierung billigte diesen Vorschlag der KfW, und im Juli 1963 wurden das Regierungsabkommen und der liefergebundene Darlehensvertrag der KfW über 53 Millionen DM abgeschlossen.

Die Ingenieurfirma LKB wurde nach ihrer Vorstudie auch mit der Planung, Angebotsauswertung und Bauüberwachung beauftragt. Nach einer Ausschreibung der Tiefbauarbeiten in der Bundesrepublik erhielt eine Arbeitsgemeinschaft der Firmen Grün & Bilfinger, Strabag und Züblin den Zuschlag, die im Sommer 1966 mit den Bauarbeiten begann. Die Bau- und Lieferfirmen erhielten ihre Vergütung nach einer Bestätigung des beratenden Ingenieurs über den Baufortschritt direkt von der KfW überwiesen. Bereits im Januar 1967

konnte das erste Schiff Baumaterial an der Pierplatte ausladen. Nach knapp zweijähriger Bauzeit wurde der Hafen im April 1968 von Staatspräsident Eyadema und Bundesminister Wischnewski eingeweiht.

Aber ein Projekt dieser Bedeutung entfaltet während seiner Durchführung eine gewisse Eigendynamik. Die Hafenmole mußte verlängert und durch eine Erosionssicherungsbuhne ergänzt werden, um Versandung und Erosion besser zu unterbinden. Ein schweres Eisenbahnunglück bei den Steintransporten drohte, das Projekt zurückzuwerfen, eine Bohrinsel ging im Sturm unter. Auch ein Hafenschlepper, Hafenausrüstung und ein erheblicher Teil der Infrastruktur wurden zusätzlich von der KfW finanziert. Die technische Hilfe stellte auf Jahre einen deutschen Hafendirektor und Hafenkapitän zur Verfügung, togoisches Personal wurde ausgebildet. Zusammen mit einem deutschen Experten beteiligte sich die KfW intensiv am Aufbau und der Organisation des Hafens, der nach kaufmännischen Regeln geführt werden sollte und auch erfolgreich geführt wurde. Insgesamt wurde bis Ende 1970 bei Ge-

Ein erfolgreiches Projekt der Kapitalhilfe ist der Bau des Hafens Lomé in Togo in den 60er Jahren.

samtkosten von 96 Millionen DM deutsche Kapitalhilfe in Höhe von 77 Millionen DM für den Hafen Lomé gewährt.

In den ersten neun Betriebsjahren konnte der Hafen Umschlagssteigerungen von jährlich 26% erzielen, womit er die vorsichtige Prognose der KfW bei weitem übertraf. An Effizienz und Wirtschaftlichkeit konnte der Hafenbetrieb internationalen Vergleichen standhalten. Noch entscheidender war der volkswirtschaftliche Nutzen für Togo, aber auch für die Binnenländer Burkina Faso und Niger: Exporte und Importe wurden verbilligt, elf Industriebetriebe etablierten sich schon in den ersten drei Jahren in der Nachbarschaft des Hafens. Es ist daher nicht erstaunlich, daß die Regierung Togos schon sehr bald einen weiteren Ausbau dieses Hafens wünschte, der mit deutschen und europäischen Mitteln von 1974 bis 1976 realisiert wurde. Bis zum heutigen Tage ist dieser Hafen mit Umschlagsmengen von über 2 Millionen Tonnen im Jahre 1996 einer der besten an der afrikanischen Westküste. Er ist nur eines von vielen Beispielen für den nachhaltigen Nutzen großer Infrastrukturprojekte, die von der KfW in den sechziger Jahren finanziert wurden.

Dieses Beispiel illustriert die Arbeitsweise der KfW und die Aufgabenteilung zwischen KfW und Bundesregierung. Die Auswahl des Empfängerlandes ist eine politische Entscheidung der Bundesregierung. Frankreich hatte als Mandatsmacht den Bau eines Hafens in Lomé abgelehnt und den Hafen Coutonou im benachbarten Dahomey gebaut. Das unabhängig gewordene Togo, in dem sich aus der Kolonialzeit des deutschen Kaiserreiches viel Goodwill erhalten hatte, wandte sich an die Bundesrepublik, die zu dieser Zeit in den ehemaligen deutschen Kolonien Brückenköpfe für eine aussichtsreiche Afrikapolitik sah. Man wollte aber kein unwirtschaftliches Pre-

stigeobjekt finanzieren, hier war die technische und wirtschaftliche Prüfung der KfW unerläßlich, die sich ihrerseits teilweise auf die Expertise externer Sachverständiger stützte, ohne deswegen aus ihrer Gesamtverantwortung entlassen zu werden. Nach einer positiven Projektprüfung durch die KfW lag jedoch die Finanzierungsentscheidung wieder bei der Bundesregierung.

Die Bindung an deutsche Lieferungen war in diesem Fall ein ausdrücklicher Wunsch Togos, das einen „deutschen" Hafen wünschte. Grundsätzlich favorisierten die KfW und die Bundesregierung damals die lieferungebundene Kapitalhilfe. Internationaler Wettbewerb dient den Interessen des Entwicklungslandes, und die Erfahrungen zeigten bald, daß auch bei fehlender Lieferbindung der deutsche Anteil an der bilateralen deutschen Hilfe insgesamt weit über 80% erreichte. Die nationale Ausschreibung sorgte aber bei einem Projekt dieser Größenordnung für hinreichenden Wettbewerb.

Die Projektüberwachung wird grundsätzlich einem sorgfältig ausgesuchten, qualifizierten und unabhängigen Ingenieurbüro aus Deutschland anvertraut. Die KfW kann nicht ständig vor Ort präsent sein. Die Ingenieurbüros sind zwar Auftragnehmer des ausländischen Projektträgers, aber auch der „verlängerte Arm" der KfW. Ihre Aufgaben und Arbeitsweisen sind mit der KfW abgestimmt. So etablierte sich eine vertrauensvolle Zusammenarbeit zwischen privaten deutschen Ingenieurfirmen, die untereinander vor allem in einem Qualitätswettbewerb stehen, und der KfW, die sich darauf beschränken kann, die Überwacher zu überwachen, ohne selber mit der Privatwirtschaft zu konkurrieren. Diese Zusammenarbeit ermöglicht der KfW nicht nur, Fehlentwicklungen und Pannen bei der Durchführung der Projekte rechtzeitig zu erkennen und zu beheben. Sie sichert auch den bestimmungsgemäßen Einsatz deutscher Steuergelder, denn die Bau- oder Lieferfirmen erhalten erst dann ihr Entgelt direkt von der KfW überwiesen, wenn der beratende Ingenieur der KfW bescheinigt, daß die Firmen ihre vertragliche Leistung erbracht haben.

Die Abfassung von Berichten mag vielen Außenstehenden als eine Hauptaufgabe der KfW erscheinen, aber diese vielfältigen Berichte, von der Vorabstellungnahme bis zur Schlußprüfung, sind nur Ausfluß einer sehr viel intensiveren Beschäftigung mit dem Projekt. Schon bei der Vorauswahl der Projekte gilt es, künftige Probleme möglichst präzise zu erkennen und auszuschließen. Daher hatte die KfW bei dem Hafen Lomé das gewässerkundliche Gutachten der TH Hannover angefordert und von Anfang an die technische Hilfe für Aufbau und Betrieb der Hafenverwaltung vorgesehen. Viele Abstimmungen und Gespräche sind notwendig, um kompetente Sachverständige auszuwählen und ihre Aufgaben zu bestimmen. Selbst bei der Abfassung des Hafengesetzes hat die KfW der Regierung von Togo juristische Hilfe gewährt. Dabei darf nicht übersehen werden, daß letztlich das Entwicklungsland und seine Projektträgerorganisation Herr des Projektes ist und bleibt. Jede einzelne Maßnahme, welche die KfW anregt, muß daher von dem Entwicklungsland aus eigener Überzeugung mitgetragen werden. Von den Mitarbeitern der KfW werden hoher Sachverstand, Durchsetzungsvermögen und Objektivität gefordert, aber auch Einfühlungsvermögen und Diplomatie bei der Überzeugungsarbeit mit Partnern, die oft subjektive Interessen verfolgen oder noch wenig Sachkunde haben. Bei Projektpannen wie dem Eisenbahnunglück muß die KfW überwachen, daß möglichst schnell und kostengünstig Abhilfe geschaffen wird. Dies sind Aufgaben, die bei den schwierigen Verhältnissen vieler Entwicklungsländer

erheblich größere Anforderungen stellen als im wohlorganisierten Deutschland. Vor allem die technischen Sachverständigen der KfW haben hier eine erfolgreiche Arbeit geleistet, die von Außenstehenden oft unzureichend gewürdigt wird.

Kredite an Entwicklungsbanken

In der KfW war vor es allem Willi Engel, der in den sechziger Jahren mit der von ihm geleiteten Kreditabteilung VII Kredite an Entwicklungsbanken propagierte. Es lag nahe, daß die KfW ihre eigene Erfolgsstory der fünfziger Jahre auch als ein Exportmodell für Entwicklungsländer ansah. Hier ließ sich am besten das von Ludwig Erhard befürwortete privat- und marktwirtschaftliche Entwicklungshilfekonzept der Bundesregierung umsetzen, das über kleine und mittlere Unternehmen die Industrialisierung in den Entwicklungsländern vorantreiben wollte. Ähnlich wie im inländischen Kreditgeschäft konnte und wollte die KfW diese Unternehmen nicht direkt mit Krediten versorgen. Die Vielzahl kleinerer Kreditrisiken in fernen Ländern ließ sich von Frankfurt aus nicht überwachen. Die Aufgaben, welche die Hausbanken im Inlandsgeschäft so erfolgreich übernommen hatten, wurden im Auslandsgeschäft den lokalen Entwicklungsbanken anvertraut, die durch Kreditlinien der KfW ihre einheimische Klientel bei Investitionen unterstützten. So konnten deutsche Mittel mit Refinanzierungen aus anderen Quellen, vor allem der Weltbank, kombiniert werden. Nicht zuletzt erwarteten KfW und Weltbank, ähnlich wie Sir Eric Coates und Jack Bennett 1947 bei der Gründung der KfW, daß die Entwicklungsbanken sich auch auf den einheimischen Kapitalmärkten erfolgreich etablieren und entscheidende Beiträge zur Entwicklung des Finanzsektors in ihrem Lande leisten könnten.

Die Resultate unserer Entwicklungsbanken-förderung waren recht unterschiedlich. Der Erfolg jeder Bank, auch der staatlichen Entwicklungs- und Förderbanken, hängt entscheidend von der professionellen Qualität ihres Managements und von der Unabhängigkeit und Objektivität ihrer Kreditentscheidungen ab. Massive politische Einmischung oder Vetternwirtschaft führen schnell ins Desaster. Eine Bank kann aber auch nur so gut sein wie ihr volkswirtschaftliches Umfeld. Die Hinwendung vieler Entwicklungsländer zu sozialistischen oder planwirtschaftlichen Methoden hat viele erfolgversprechende Ansätze zerstört. Es überrascht daher nicht, daß die Kapitalhilfe an Entwicklungsbanken vor allem in den fortgeschritteneren und marktwirtschaftlich orientierten Entwicklungsländern erfolgreich war.

Warenhilfe und Umschuldungskredite

Wenig *bankmäßig,* aber leider politisch notwendig, waren aus Sicht der KfW Kredite für die sogenannte Warenhilfe und Umschuldungskredite, die in der zweiten Hälfte der sechziger Jahre etwa 40 % der jährlichen Kapitalhilfe erreichten.

Wie zuvor der „äußere" Marshallplan, finanzierte die deutsche Warenhilfe die Einfuhr „notwendiger Güter des zivilen Bedarfs" für die Entwicklungsländer. Im Gegensatz zu Deutschland bezogen die Entwicklungsländer allerdings keine Nahrungsmittel und Rohstoffe, sondern deutsche Industrieerzeugnisse, von Ersatzteilen und Maschinen bis hin zu Arznei- und Pflanzenschutzmitteln. Die KfW kontrollierte lediglich anhand der Verschiffungsdokumente, daß diese Waren tatsächlich verschifft und keinerlei militärische Lieferungen untergeschoben wurden. Im Gegensatz zum Marshallplan fehlte jedoch der „innere Marshallplan". Es wurden also keine Gegenwertfonds

in Landeswährung gebildet, die zur Finanzierung von Entwicklungsprojekten eingesetzt werden konnten. Die Kaufpreiszahlungen in Landeswährung vereinnahmte vielmehr der jeweilige Staatshaushalt. Per Saldo kombinierte man also eine Budgetfinanzierung im ausländischen Interesse mit einer Exportfinanzierung im deutschen Interesse. Bei der Auszahlung war man auch nicht an einen Projektfortschritt gebunden. Diese Mittel konnten also sehr schnell abfließen, was zeitweise sogar vom Bundesfinanzministerium gewünscht wurde. Es sollte noch viele Jahre dauern, bis die KfW mit ihren Bestrebungen Erfolg hatte, Warenhilfe möglichst nur für besonders förderungswürdige Programme oder Sektoren, wie z. B. das Gesundheitswesen, einzusetzen.

Umschuldungen waren in den sechziger Jahren noch Ausnahmen, die aber doch erkennen ließen, daß wirtschaftliche Rückschläge bei hochverschuldeten Ländern wie der Türkei sehr schnell zu einer zumindest zeitweiligen Zahlungsunfähigkeit führten. In den beiden folgenden Jahrzehnten sollte dieses Problem erheblich brisanter werden.

Mischfinanzierungen und Kofinanzierungen

Die Begrenzung der besonders zinsgünstigen Kapitalhilfemittel legte es nahe, bei größeren Projekten, die von deutschen Firmen gebaut und geliefert wurden, auch Exportfinanzierungen zur Aufstockung der Kapitalhilfe einzusetzen. Seit 1964 folgte die Bundesrepublik hier der Praxis anderer Industrieländer, obwohl man die Nachteile eines internationalen Konditionenwettlaufs durchaus erkannte und zu fairen Abstimmungen unter den Kreditgebern bereit war.

Da die Kreditnehmer durchweg eine Finanzierung aus einer Hand wünschten, so daß auf der deutschen Seite die KfW allein als Kreditgeber auftrat, beklagten die Geschäftsbanken alsbald die „Monopolstellung" der KfW.

Bei dem größten Mischfinanzierungsprojekt der sechziger Jahre, dem Hüttenwerk der Unión de Siderúrgicas Asturianas S.A. *(Uninsa)* in Spanien, konnte die KfW jedoch zeigen, daß Geschäftsbanken und AKA durchaus in Modelle der Mischfinanzierung eingeschaltet werden konnten. Die integrierte Stahlhütte kostete insgesamt weit über eine Milliarde DM. Aufträge von über 200 Millionen DM hatten die Spanier dem Krupp-Konzern erteilt, der sich 1966/67 in erheblichen finanziellen Schwierigkeiten befand, die nur mit staatlicher Hilfe überwunden werden konnten. Eine unkonventionelle, aber möglichst bankmäßige Finanzierung des spanischen Großauftrags war Teil dieser Hilfe. Da auch noch viele andere deutsche Exporteure von den Spaniern Aufträge erhielten, arrangierte die KfW einen Gesamtkredit von 450 Millionen DM mit 55 Millionen DM Kapitalhilfe und einem Bestellerkredit der KfW von 225 Millionen DM. Den Rest stellten ein Geschäftsbankenkonsortium unter Führung der Deutschen Bank und die AKA aus Mitteln der A- und B-Plafonds zur Verfügung. Das mit viel Phantasie und Verhandlungsgeschick realisierte Finanzierungsmodell für Uninsa mit feingesponnenen Vor-, Zwischen- und Ablösungsfinanzierungen nebst Sicherheiten-, Provisions- und Zinsausgleich war das Meisterwerk Göttes vor seiner Berufung in den Vorstand.

Auch Bröder bewährte sich bei einem schwierigen Projekt. Die KfW finanzierte 1969 das argentinische Kernkraftwerk Atucha I durch einen Mischfinanzierungskredit von 175 Millionen DM. Zum ersten Mal gelang damit der Export deutscher Nukleartechnik, in die man damals große Hoffnungen setzte. Das Kernkraftwerk erfüllte tatsächlich die gehegten Er-

In den 60er Jahren zählte Spanien noch zu den Entwicklungsländern. Im Rahmen der Mischfinanzierung war der Bau des spanischen Stahlwerkes UNINSA ab 1967 mit einem Kreditvolumen von 450 Mio DM das größte Projekt.

Der Bau des argentinischen Kernkraftwerkes Atucha I wurde seit 1969 mit einer Mischfinanzierung in Höhe von 175 Mio DM der KfW realisiert.

wartungen. Es arbeitete stets störungsfrei und wurde ab 1980 durch ein zweites Kernkraftwerk ergänzt, das gleichfalls von Siemens geliefert und von der KfW – dieses Mal allerdings ohne Kapitalhilfe – finanziert wurde.

Schon unter den ersten Projektkrediten der Kapitalhilfe gab es einige Fälle, in denen die KfW Seite an Seite mit anderen Kreditgebern, vor allem der Weltbank, arbeitete. In den Anfangsjahren, so 1961 bei dem Roseires-Staudamm im Sudan, beschränkte sich die KfW auf die bloße Mitfinanzierung. Die Projektprüfung und Projektüberwachung überließ sie der Weltbank. Aber recht bald begann die KfW bei diesen Kofinanzierungen mehr eigenes Profil zu zeigen, schließlich sollte auch im Empfängerland der bilaterale deutsche Finanzierungsbeitrag nicht übersehen werden. Ein weiterer Anfänger in der Entwicklungshilfe war auch die Europäische Investitionsbank (EIB), die damals noch in Brüssel residierte. Bei den ersten Kofinanzierungsprojekten mit der EIB – Textilprojekten in Westafrika und dem Keban-Damm in der Türkei – leitete Bröder für die KfW die Verhandlungen mit der EIB. Es waren seine ersten Kontakte mit einem Institut, dessen Präsident er 20 Jahre später werden sollte.

4. Die Exportfinanzierung der sechziger Jahre: vom Lieferantenkredit zum exporteurfreundlichen Bestellerkredit

Von 1961 bis 1970 stieg das jährliche Zusagevolumen der Exportfinanzierung von 160 Millionen auf über eine Milliarde DM, die KfW konnte sich also erfolgreich und dauerhaft in diesem interessanten Markt etablieren. Die Finanzierung der deutschen Exporteure über den Lieferantenkredit trat ab 1960 allmählich in den Hintergrund. Sie wurde schließlich ganz eingestellt und völlig durch Bestellerkredite an die ausländischen Abnehmer ersetzt.

In den sechziger Jahren war die KfW wie auch die Geschäftsbanken nach wie vor bestrebt, eigene Kreditrisiken zu vermeiden. Kredite gewährte sie ihren ausländischen Kunden nur, wenn der Bund bereit war, über Hermes die politischen und wirtschaftlichen Risiken zu decken. Den sogenannten Selbstbehalt, die vom Bund nicht gedeckte Quote von meistens 20 %, wälzte die KfW auf den Exporteur ab. Sie gab auch alle ihre Kredite in Deutscher Mark, der Sündenfall aus dem Jahre 1960 wiederholte sich nicht. Erst die Abkehr vom Bretton-Woods-System der festen Wechselkurse im Jahre 1971 mit den darauf folgenden Aufwertungen der DM machte es unausweichlich, Exportkredite auch in ausländischen Währungen, vor allem in US$, anzubieten.

Die Geschäfte wurden der KfW stets von den Exporteuren angedient. Es war ein relativ kleiner Kreis von etwa zwei Dutzend Firmen, aber es waren auch schon damals die international renommierten großen Unternehmen des Anlagenbaus und -exports wie Siemens, Krupp, Ferrostaal, Uhde, Fritz Werner, AEG oder Voith,

Im Sudan finanzierte die KfW gemeinsam mit der Weltbank seit 1961 den Bau des Staudamms Roseires. Das Bild wurde von Paul Schölzel bei einer Projektprüfung in der Bauphase aufgenommen.

die Kraftwerke oder Industrieanlagen wie Zement-, Papier- oder Düngemittelfabriken in Schwellenländer oder größere Entwicklungsländer wie Mexiko, Chile, Südkorea, die Philippinen, Pakistan, Spanien oder Griechenland exportieren wollten. Der „Ostblock" und China spielten zu dieser Zeit als Kreditnehmer noch keine Rolle. Am Ende der sechziger Jahre kam Brasilien hinzu, ein Land, das bis zur internationalen Schuldenkrise von 1982 ein wichtiger Partner unserer Exportfinanzierung werden sollte.

Wollten die Exporteure Aufträge im internationalen Wettbewerb gewinnen, so mußten sie auch eine günstige Finanzierung mit anbieten. Sie erhielten daher bereits vor Abgabe ihres Angebots von der KfW bindende, aber zeitlich befristete Kreditofferten zu festen Zinssätzen (Reservierungen), die an eine entsprechende Zusage für eine Hermesdeckung gekoppelt waren. Da diese Reservierungen sehr frühzeitig gegeben werden mußten, kamen viele Geschäfte nicht zustande. Die ausländische oder auch die deutsche Konkurrenz machte das Rennen. Manche Projekte wurden auch im Empfängerland aufgegeben. Die Kreditabteilung II, die in der KfW die Exportfinanzierung betreute, mußte also stets mehr Fälle bearbeiten, als sie am Ende auch definitiv zusagen konnte. Zudem stellten die verbindlichen Reservierungen erhebliche Anforderungen an die Mitteldisposition der KfW, die vor allem mit Hilfe der Exportfonds des ERP-SV erfüllt werden konnten.

Notwendig war auch eine enge Zusammenarbeit mit Hermes, d.h. den Referaten von BMWi und BMF, die bei den Entscheidungen im Interministeriellen Ausschuß für die Ausfuhrdeckungen des Bundes (IMA) den Ausschlag gaben, sowie mit den Mandataren des Bundes, der Hermeskreditversicherung und der Treuarbeit in Hamburg, die der Bund mit

der Vorbereitung und Abwicklung seiner Entscheidungen beauftragt hatte. Im IMA fiel die grundlegende Entscheidung, denn nur, wenn der Bund das Kreditrisiko übernahm, war die KfW bereit, den Kredit zu gewähren.

Der IMA entschied im Rahmen internationaler Absprachen zwischen den staatlichen Ausfuhrkreditversicherungen auch über die Kreditlaufzeiten. Der Leiter der Kreditabteilung II, zunächst Herbert Schall, später Friedrich Forell, vertrat die KfW mit beratender Stimme im IMA. Dieses „Hermeskränzchen" war ein exklusiver Klub, dessen qualifizierte und erfahrene Mitglieder nur selten wechselten. Wichtig war ein gegenseitiges Vertrauensverhältnis, das auch durch gelegentliche gesellschaftliche Veranstaltungen wie die Hermes-Weihnachtsfeiern vertieft wurde. So hat dieser Ausschuß in großer Diskretion und ohne viel Kritik der Öffentlichkeit wichtige und schwierige Entscheidungen für die deutsche Außenwirtschaft treffen können, obwohl oft dringende Firmenwünsche mit den politischen und fiskalischen Interessen des Bundes in Einklang gebracht werden mußten.

Mit großer Diskretion betrieb die Kreditabteilung II auch in der KfW die Exportfinanzierung. In den Jahresberichten der KfW aus den sechziger Jahren wird von der wirklichen Arbeit recht wenig erwähnt. Abgesehen vom Vorstand wurde nur möglichst wenigen Mitarbeitern anderer Bereiche, z.B. nach einiger Bewährung dem Auslandsjuristen Harries, Einblick in die Exportfinanzierung gewährt. So hat sich die Exportfinanzierung im Hause bis heute den Ruf einer gewissen Exklusivität erhalten können.

Diskretion war sicher notwendig im Interesse unserer Klientel, der Exporteure, die sich im internationalen Wettbewerb behaupten mußten. Die KfW hatte auch schnell einen Vorsprung an Know-how und persönlichen Verbindungen erworben, den es zu behaupten und auszubauen galt. Allerdings wäre es oft im Interesse des gesamten Hauses nützlicher gewesen, gewisse Erfahrungen, z. B. Länderkenntnisse, eingehender mit anderen Abteilungen auszutauschen. Der gelegentliche Vorwurf, die KfW benutze die Kapitalhilfe als „Türöffner" für ihre Exportfinanzierung, mag für Außenstehende naheliegend sein. Er kann aber von einem Insider nicht bestätigt werden.

Die Exportfinanzierung der KfW war von zwei Bedingungen abhängig. Erstens galt: Die KfW konnte ihren Kredit nur zusagen, wenn zunächst der Exporteur seinen Auftrag hereingeholt hatte. Hier galt es also, den Exporteur im Bereich der Finanzierung nach Möglichkeit zu unterstützen. Oft begab man sich gemeinsam zu dessen Kunden, um die Vertragsverhandlungen zu führen. Schon im Flugzeug traf man häufig die Kollegen aus den Verkaufs- und Finanzabteilungen der Exportunternehmen, die man bereits aus früheren gemeinsamen Geschäften gut kannte. Am Ankunftsflughafen warteten dann die lokalen Repräsentanten des Exporteurs, die ihre eingeflogenen Gäste anschließend beim abendlichen Drink auf die Schwierigkeiten und Besonderheiten der folgenden Verhandlungen vorbereiteten. Derartige Einführungen waren nützlich, denn zwischen Chile und Korea mußten sich die KfW-Mitarbeiter auf sehr verschiedene Mentalitäten und Verhandlungsstile einstellen können. Der Umgangston der Finanzwelt war noch nicht so amerikanisiert wie heute.

Die zweite Bedingung war bei den Vertragsverhandlungen zu beachten: Das Geschäft mußte „hermeskonform" abgeschlossen werden. Eine gewisse Flexibilität war zwar möglich, um dem Kreditnehmer entgegenzukommen. Nur die „Hermesregularien" mußten strikt eingehalten werden, ein schwieriges Aus-

legungskunststück, das mitunter nur der Kredit- und der Rechtsabteilung gemeinsam gelingen konnte. Damit soll „Hermes" keineswegs eine übermäßige Bürokratisierung vorgeworfen werden. Im Gegenteil: Bei Kofinanzierungen mit den ausländischen Exportkreditversicherungen stellten wir immer wieder fest, daß unser deutsches System schneller und effizienter war als die Konkurrenten aus Washington, Tokio, London oder Paris.

Die Beurteilung von Kreditrisiken trat bei der Exportfinanzierung in diesem Zeitraum noch in den Hintergrund. „Hermes" bürgte ja, und „Hermes" wiederum war bestrebt, möglichst nur staatliche Risiken zu verbürgen. Zumindest als Garant mußte daher im Regelfall der ausländische Staat oder eine Staatsbank eintreten. So übernahm der Bund weitgehend nur Länderrisiken, die er, manchmal mit Hilfe der KfW, selber beurteilen konnte. Etwas eingehender mußte sich die KfW schon die Bonität des Exporteurs ansehen, bevor dieser die Garantie für den Selbstbehalt übernahm. Die Schwierigkeiten der AEG im Jahre 1972 und temporäre Probleme beim Krupp-Konzern im Jahre 1967 zeigten, daß hier durchaus Risiken bestanden, die allerdings bei der KfW nicht zu Verlusten führten.

Bei aller Diskretion gab es doch spektakuläre Fälle. Das Kernkraftwerk Atucha I in Argentinien und die komplexe Finanzierung des Stahlwerks der Uninsa in Nordspanien sind bereits im Kapitel über die Mischfinanzierungen erwähnt worden. Manchmal bemühte sich auch die Weltbank, die Finanzierung großer Industrieprojekte unter Mithilfe nationaler Exportfinanzierungen zu komplettieren, z. B. bei dem Hüttenwerk Lázaro Cárdenas in Mexiko.

Erregte politische Diskussionen wurden im Sommer 1970 in Deutschland über die Finanzierung des Wasserkraftwerks Cabora Bassa in der damaligen portugiesischen „Überseeprovinz" Mosambik geführt. Auch die neuentstandene APO marschierte am 2. Juli 1970 mit Daniel Cohn-Bendit an der Spitze lautstark, aber wenig sachkundig demonstrierend über die Bockenheimer Landstraße am Bankgebäude der KfW vorbei. Die KfW hatte im Februar 1970 der Portugiesischen Republik einen Kredit über 285 Millionen DM gewährt, aus denen Lieferungen und Leistungen von Siemens, Voith, BBC, Hochtief und der AEG für dieses Kraftwerk am Sambesi bezahlt wurden. Bereits im Oktober 1967 hatte die Bundesregierung diesen Firmen grundsätzlich ihre Bürgschaft zugesagt. Die Firmen hatten daraufhin schon im September 1969 bindende Verträge mit der portugiesischen Regierung abgeschlossen. Der Protest kam also eindeutig zu spät, die Bundesregierung stand zu ihrer Zusage.

Das Wasserkraftwerk Cabora Bassa in Mosambik versorgt vor allem Südafrika mit Strom. Durch die in den 60er Jahren neuentwickelte Hochspannungs-Gleichstrom-Übertragung könnten rd. 2000 MW in den 1400 km entfernt liegenden Großraum Johannesburg übertragen werden. Das Bild zeigt die im Bau befindlichen Krafthauskaverne des Wasserkraftwerkes, 1975 eines der größten unterirdischen Hohlbauten.

Die grundsätzliche Frage jedoch blieb. Eine öffentliche Diskussion über Fälle wie Cabora Bassa ist verständlich und in einer Demokratie legitim. Diese Diskussion muß allerdings sachkundig und, wie gezeigt, rechtzeitig geführt werden. Ausfuhrdeckungen des Bundes und Exportfinanzierungen der KfW dienen unstreitig der Förderung der deutschen Wirtschaft. Der Vorstand der KfW hat dieses jahrzehntelang immer wieder öffentlich betont. Trotzdem gilt nicht der Grundsatz: „Right or wrong, our industry!" Andere, vor allem außenpolitische, Erwägungen sind in Einzelfällen zu berücksichtigen. Derartige Entscheidungen sind eindeutig politische Entscheidungen, für die nach unserer Verfassung ebenso eindeutig die Bun-

desregierung, in letzter Instanz das Kabinett, zuständig und politisch verantwortlich ist. Die KfW hat für derartige Entscheidungen kein politisches Mandat. Sie hat daher als bundesunmittelbare Anstalt des öffentlichen Rechts diese Entscheidungen der Bundesregierung zu respektieren. Nicht nur bei Cabora Bassa, auch bei späteren Krediten z. B. nach Südafrika oder China hat sie sich entsprechend verhalten.

Cabora Bassa wurde also mit Hilfe deutscher Kredite gebaut und 1977 in Betrieb genommen. Inzwischen hatte Mosambik 1975 unter der Herrschaft der Frelimo seine Unabhängigkeit erlangt. Im darauf folgenden Bürgerkrieg wurden die Übertragungsleitungen nach Südafrika zerstört, das Kraftwerk selber aber nicht angetastet. Offensichtlich hatten afrikanische Rebellen im Busch mehr Verständnis für den Nutzen dieses Großprojekts als deutsche Denker in ihren Studier- oder Redaktionsstuben. Heute, unter völlig veränderten politischen Umständen, ist Cabora Bassa ein wichtiger Eckpfeiler der wirtschaftlichen Zusammenarbeit im südlichen Afrika. Den deutschen Kredit mußte die ehemalige Kolonialmacht Portugal zurückzahlen, so wie auch wir Deutschen nach dem Kriege die Lasten und Verpflichtungen einer politisch überwundenen Vergangenheit nicht abschütteln konnten.

5. Projektfinanzierungen für die deutsche Rohstoffversorgung

Schon am Ende der fünfziger Jahre hatte die KfW im Ausland Projekte finanziert, die Deutschland mit Rohstoffen oder Energie versorgten (s. Seite 61 f.). Diese Aktivitäten hat sie in den sechziger Jahren fortgeführt. Abgesichert durch Bundesgarantien für sogenannte ungebundene, d.h. nicht an deutsche Exporte geknüpfte Finanzkredite, beteiligte sich die KfW zu stets marktüblichen Konditionen an der Finanzierung großer neuer Bergbauprojekte, sofern deren Produkte langfristig von deutschen Unternehmen abgenommen wur-

den. Soweit die deutsche Industrie überhaupt Bergbauinteressen im Ausland besessen hatte, waren diese im Kriege enteignet worden. Bald zeigte sich, daß die deutsche Industrie ohne langfristige verläßliche Bezugsquellen für wichtige Rohstoffe gegenüber der ausländischen Konkurrenz benachteiligt war.

Eine echte Projektfinanzierung über 108 Millionen DM ohne Rückgriff auf den Hauptaktionär, die britische Rio Tinto Zinc, kontrahierte die KfW 1963 mit der Palabora Mining Company, die damals begann, am Rande des Krügerparks im südafrikanischen Transvaal ein großes Kupfervorkommen abzubauen. Ein Viertel ihrer Blisterkupferproduktion lieferte die Gesellschaft über Jahrzehnte an die größte deutsche Kupferhütte, die Norddeutsche Affinerie in Hamburg. Trotz einiger Opposition des SPD-Bundestagsabgeordneten Wischnewski übernahm die Bundesregierung eine Garantie für diesen Kredit, der zu marktüblichen Sätzen gewährt, aber leider von dem sehr erfolgreichen Kreditnehmer auch vorzeitig zurückgezahlt wurde.

Weniger glücklich verlief die dreißigjährige Geschichte der *Bong Mining Company* in Liberia, die gleichfalls 1963 ihren ersten Kredit über 70 Millionen DM von der KfW erhielt. Dieses Eisenerzprojekt ist seit dem Kriege mit einem Volumen von über einer Milliarde DM die größte Direktinvestition der deutschen Industrie in einem echten Entwicklungsland gewesen, wenn man von Schwellenländern wie Brasilien oder Mexiko absieht. Die Stahlunternehmen an der Ruhr, heute alle auf Thyssen-Krupp-Stahl fusioniert, wollten sich zusammen mit der italienischen Finsider als Juniorpartner eine eigene Rohstoffbasis verschaffen. Die eigenen inländischen Eisenerzvorkommen wurden unwirtschaftlich, und die Ruhrhütten wollten sich nicht völlig in die Hände marktbeherrschender ausländischer Erzlieferanten begeben.

Ortstermin für das Kupferprojekt Palabora in Südafrika am 24. Januar 1963. An dieser Projektbesichtigung nahmen u.a. teil (v.r.n.l.): für die KfW: Wolfgang Siegel, Dr. Götte und Erich Bachem; für die Projektträger Herr von Bülow, Lord Byers (Direktor von RTZ), Brigadier Rowlandson und Herr Walter Gleich (Vorstand der Norddeutschen Affinerie).

Von dem damals politisch stabilen Liberia erwarben sie 1958 eine Konzession für den Abbau des Erzvorkommens Bong Range, einer Lagerstätte mit über 600 Millionen Tonnen Erz, das allerdings nicht besonders reichhaltig war und ziemlich kostspielig aufbereitet werden mußte. Aber immerhin hatte man endlich etwas Eigenes. Die KfW war durchaus daran interessiert, ihre langjährigen Geschäftsfreunde bei inländischen Direktkrediten nun auch ins Ausland zu begleiten.

Dieses Projekt erfüllte immerhin nicht weniger als vier Förderziele unseres Hauses. Neben der Sicherung der Erzimporte diente es auch dem Export, denn die deutschen Aktionäre bezogen viele Anlagen für das Projekt aus Deutschland. Dafür gewährte die KfW 1964 einen zusätzlichen Bestellerkredit von 80 Millionen DM. Die KfW förderte endlich einmal eine besonders große Auslandsinvestition in einem Entwicklungsland, nachdem ihr Auslandsniederlassungsprogramm seit Jahren nur mäßige Volumina erreicht hatte, und sie förderte damit auch die wirtschaftliche Entwicklung Liberias, das Steuer-, Dividenden- und Deviseneinnahmen, qualifizierte Arbeitsplätze und andere Sozialleistungen von der Projektgesellschaft erhielt. Während heute viele Entwicklungstheoretiker den Bergbau in Entwicklungsländern primär als Umweltzerstörer betrachten, war man damals, zu Erhards Zeiten, den wirtschaftlichen Realitäten noch näher.

Bis 1978 war die Bong Mining Company auch durchaus wirtschaftlich erfolgreich. Die Aktionäre errichteten 1971 und 1977 zwei Pelletanlagen und weitere Anlagen für den Ausbau der Produktion. Wieder half die KfW ab 1969 mit zusätzlichen gebundenen und ungebundenen Finanzkrediten von insgesamt 55 Millionen US$ und 40 Millionen DM. Kaum hatte man diese großen Investitionen mit einer erheblichen Neuverschuldung abgeschlossen, trat un-

erwartet eine dramatische Wende ein, die die Bong Mining Company bis zu ihrem Ende in die Verlustzone brachte. Die zweite Ölkrise im Jahre 1978 trieb bei dem recht energieintensiven Betrieb die Produktionskosten in die Höhe, gleichzeitig fielen die Erzpreise wegen der rückläufigen Stahlkonjunktur in den Keller. Alle Bemühungen um Kostensenkungen konnten nicht verhindern, daß die Aktionäre der Bong Mining Company laufend Verluste übernehmen mußten. Die KfW half mit Stundungen, denn man hoffte auf steigende Erzpreise als Wende.

Aber dann verdüsterte sich zusätzlich der politische Horizont in Liberia. Der Hauptfeldwebel Samuel K. Doe stürmte am 12. April 1980 mit 17 Unteroffizieren den Präsidentenpalast in Monrovia, erschoß den Staatspräsidenten Tolbert sowie öffentlich am Strand dessen sämtliche Minister. Es dauerte nicht lange, bis dieses Terrorregime in erhebliche finanzielle Schwierigkeiten geriet und versuchte, mit Hilfe dubioser ausländischer Handlanger und unter Verletzung des Konzessionsvertrages weitere Mittel aus der Bong Mining Company herauszupressen.

Im Mai 1990 brachte der liberianische Bürgerkrieg das Ende. Rebellentruppen des Warlords Taylor besetzten die Bong. Die Bundesluftwaffe evakuierte die Europäer und ihre Familien. Am schlimmsten war das Schicksal der vielen tausend Liberianer, die von dem Projekt gelebt hatten. Mit voller Härte traf sie der Bürgerkrieg, in dessen Verlauf gerade auf der Bong die Fronten wechselten. Die Soldateska diverser Warlords zerstörte und plünderte, was noch übrig war. Heute ist das einst so stolze Milliardenprojekt ein nutzloser Schrotthaufen, über den wieder der Urwald wuchert.

Bohrlöcher für die Sprengung im Erzkörper der Bong Mining Company in Liberia werden vorbereitet.

Auch die Bundesregierung mußte anerkennen, daß hier ein politischer Schadensfall eingetreten war, und ihre Garantie honorieren. Etwa 70 Millionen DM hat diese Katastrophe den deutschen Steuerzahler gekostet. Noch größer war mit über 300 Millionen Dollar der Verlust für die deutschen Stahlkonzerne, die unter anderen aus ihren Garantien auch die restlichen KfW-Kredite mit ablösen mußten.

Erheblich positiver entwickelten sich drei andere Projekte der Rohstoffversorgung, die von der KfW am Ende der sechziger Jahre mitfinanziert wurden. Für die Entwicklung des Bauxitprojekts Boké in der Republik Guinea hatten sich sechs große amerikanische und europäische Aluminiumkonzerne engagiert, darunter auch die zum bundes- und KfW-eigenen[11] VIAG-Konzern gehörenden Vereinigten Aluminium Werke AG, der größte deutsche Aluminiumerzeuger. Die Weltbank und die US-AID finanzierten aus Entwicklungshilfemitteln die staatseigene Infrastruktur. Die privatwirtschaftlichen Bergbauanlagen der Compagnie de Bauxite de Guinée wurden mit kommerziellen Krediten vor allem der amerikanischen Eximbank gebaut. Die KfW beteiligte sich 1970 mit 10 Millionen ungebundenen und 30 Millionen liefergebundenen Mitteln. Die Republik Guinea driftete damals unter der Herrschaft Sekou Tourés immer mehr in kommunistisches Fahrwasser und damit ins wirtschaftliche Chaos. Dennoch konnten die „kapitalistischen Aluminiummultis" als einzige Devisenbringer des Landes ihre Bauxitförderung bis heute erfolgreich betreiben. Solange kein Krieg oder Bürgerkrieg ausbricht, sind Großprojekte erheblich weniger von den Rahmenbedingungen im Investitionsland abhängig als kleinere Unternehmen, die für den Inlandsmarkt produzieren.

Auch das französisch-deutsch-italienische Uranprojekt der Somair in der Republik Niger konnte trotz fallender Uranpreise dank der Stützung durch die französische Atomenergiekommission erfolgreich abgewickelt werden. Die KfW hatte sich 1970 mit Darlehen von 17,3 Millionen DM engagiert, um der Urangesellschaft, einer Tochter der Metallgesellschaft, langfristig den Bezug von Uranoxyd zu ermöglichen.

Mit 178 Millionen DM beteiligte sich die KfW schließlich 1969 zusammen mit amerikanischen und japanischen Banken am Aufbau des Ertsbergprojektes, eines großes Kupfervorkommens in Irian Jaya, dem indonesischen Westteil der Insel Neuguinea. In einer der unzugänglichsten Regionen der Welt gelegen, stellte dieses Projekt besonders hohe Anforderungen an die Infrastruktur. Zudem war es die erste große ausländische Privatinvestition nach der Machtübernahme Präsident Suhartos, der die wenig erfolgreiche Wirtschaftspolitik seines Vorgängers Sukarno damit in privatwirtschaftliche Bahnen lenkte. Wieder war es die Norddeutsche Affinerie in Hamburg, die sich aus dieser Quelle mit Kupferkonzentrat versorgten konnte.

Während die Versorgung Deutschlands mit mineralischen Rohstoffen durch kommerzielle Projektfinanzierungen der KfW gefördert wurde, unterstützte die Bundesregierung ab 1965 die Explorationstätigkeit deutscher Ölgesellschaften durch bedingte Zuschüsse, die als Kredit nur zurückgezahlt werden mußten, wenn die konkreten Bohrungen auch auf abbauwürdige Vorkommen stießen. Die Abhängigkeit der deutschen Gesellschaften von den Lieferungen der großen internationalen Ölkonzerne sollte durch die weltweite Erschließung eigener Quellen reduziert werden. Die KfW übernahm bei diesem Förderprogramm kein eigenes Kreditrisiko, aber sie verwaltete die Mittel als Treuhänder des Bundes. Von 1964 bis 1969 hat die KfW Bundesmittel von

230 Millionen DM zugesagt, weniger als die Hälfte mußte den Ölgesellschaften erlassen werden.

6. Die KfW im Inland

In keiner Periode ihrer Geschichte hat die Förderung inländischer Investitionen für die KfW eine so geringe Rolle gespielt wie in den sechziger Jahren. Immer höher wurde der Auslandsanteil am jährlichen Zusagevolumen der KfW. 1970 wurden nur noch 23 % der Mittel für inländische Vorhaben eingesetzt, ein aus heutiger Sicht unglaublich niedriger Prozentsatz. Die zentrale Aufgabe der Anfangsjahre drohte, zu einem vernachlässigten Stiefkind der KfW zu werden, ehe sich die KfW ab 1971 wieder auf ihren ursprünglichen und fortbestehenden Förderauftrag besann.

6.1 Sektorale und regionale Strukturförderung

Die Entwicklung vom Ende der fünfziger Jahre setzte sich fort. Bereiche wie die Landwirtschaft, der Wohnungsbau oder die Energieversorgung traten in ihrer Bedeutung für das Inlandsgeschäft der KfW zurück. Sie fanden andere Quellen der Finanzierung. Die KfW widmete sich jetzt stärker dem Industriekredit an mittlere, nicht emissionsfähige Unternehmen, aber auch der Förderung von Handwerk und Handel. Daneben traten mit gleichrangiger Bedeutung die politisch zugewiesenen Aufgaben der Regionalförderung in den Zonenrandgebieten, in Berlin und anderen strukturschwachen Regionen der Bundesrepublik.

Der volkswirtschaftliche Brain Trust der KfW, der unter Leitung von Guth, Hankel und später Gutowski stand, erarbeitete im Einklang mit der wissenschaftlichen Diskussion dieser Jahre einen theoretischen Unterbau. Man war bemüht, vor allem Konjunktur- und Strukturpolitik voneinander zu differenzieren, um die KfW als Instrument einer langfristig anzulegenden Strukturpolitik, nicht aber einer mit kurzfristigen Maßnahmen arbeitenden Konjunkturpolitik zu profilieren. Zudem wollte man sich wohl auch von dem konjunkturpolitischen Aktionismus eines Karl Schiller etwas abschotten. Aber die Politik unterliegt manchmal der Versuchung, ordnungspolitische Regeln zu verletzen, so gut fundiert sie auch sein mögen. Diese Erfahrung hat die KfW nicht nur in der Entwicklungshilfe, sondern auch in der inländischen Wirtschaftsförderung immer wieder machen müssen. Sobald die Konjunktur in Deutschland Schwächen zeigte, rief die Politik nach Kreditprogrammen der KfW, von den gutgemeinten, aber stets marginalen Hochwasserprogrammen nach Flutkatastrophen bis hin zu großen Sonderprogrammen, welche insbesondere die Baukonjunktur nachhaltig stimulieren sollten.

Rücksichtslos zerschneidet die Grenze das deutsche Land. Hier riegelt die Mauer an der Werra die thüringische Gemeinde Vacha, Kreis Bad Salzungen, von der hessischen Gemeinde Philippsthal ab. Die Grenze verläuft über die Brücke.

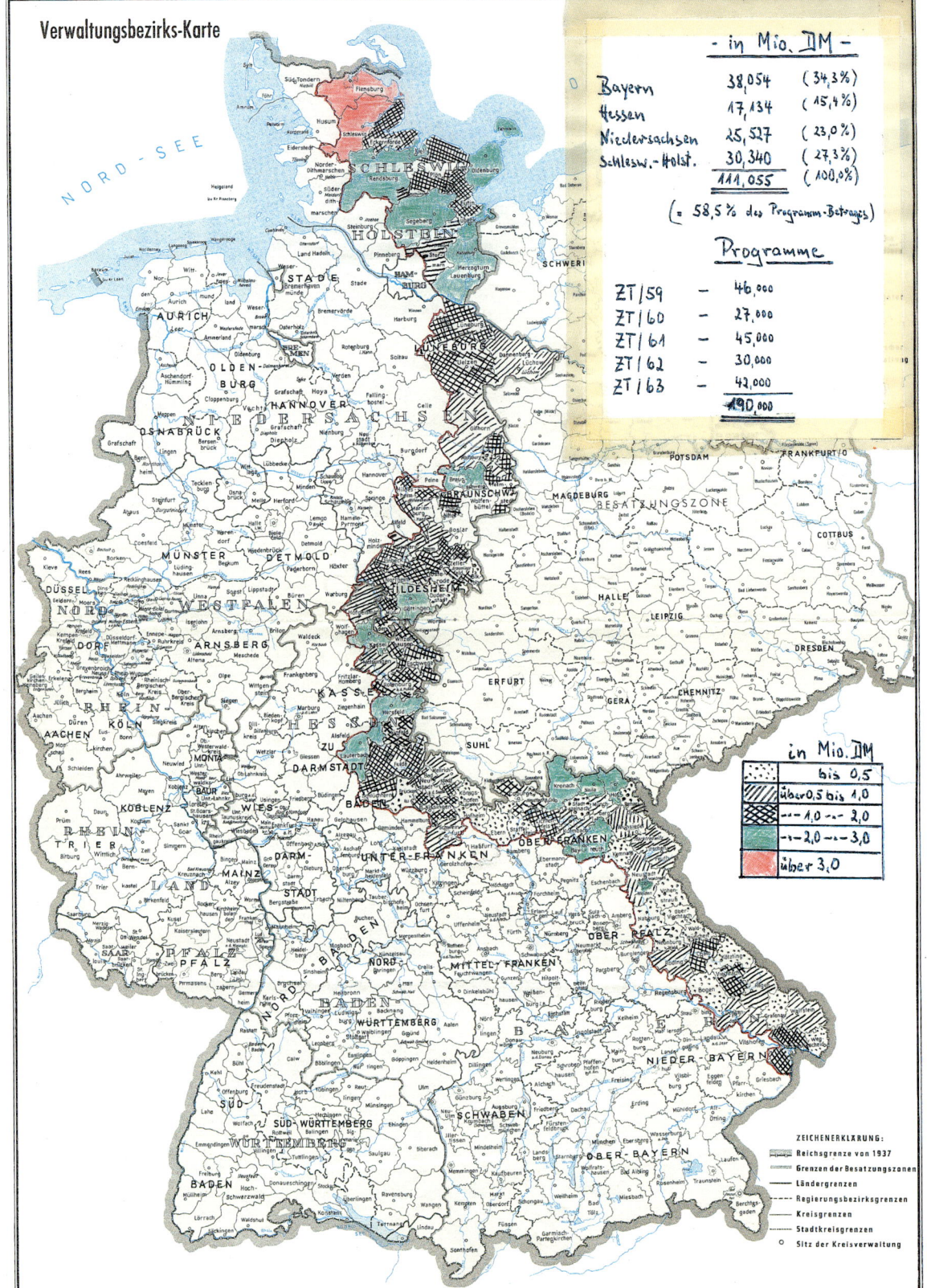

Die Förderung des Mittelstandes im Zonenrandgebiet war die wichtigste Aufgabe unserer Strukturförderung. Die Karte zeigt, welche Regionen im Rahmen des KfW-Programmes ZT/59 bis 63 – Mittelstand – in welcher Höhe gefördert wurden.

Verwaltungsbezirks-Karte

NORD-SEE

BESATZUNGSZONE

- in Mio. DM -

Bayern	38,054	(34,3 %)
Hessen	17,134	(15,4 %)
Niedersachsen	25,527	(23,0 %)
Schlesw.-Holst.	30,340	(27,3 %)
	111,055	(100,0 %)

(= 58,5 % des Programm-Betrages)

Programme

ZT/59	–	46.000
ZT/60	–	27.000
ZT/61	–	45.000
ZT/62	–	30.000
ZT/63	–	42.000
		190.000

in Mio. DM

bis 0,5
über 0,5 bis 1,0
- „ - 1,0 - „ - 2,0
- „ - 2,0 - „ - 3,0
über 3,0

ZEICHENERKLÄRUNG:
Reichsgrenze von 1937
Grenzen der Besatzungszonen
Ländergrenzen
Regierungsbezirksgrenzen
Kreisgrenzen
Stadtkreisgrenzen
○ Sitz der Kreisverwaltung

Die KfW hat sich derartigen Wünschen nicht versagt, vor allem, wenn sie mit Mitteln aus Bonn verbunden waren. So hat sie ab 1967 im Rahmen des zweiten Konjunkturprogramms der Bundesregierung Darlehen im Gesamtbetrag von 500 Millionen DM für kommunale Maßnahmen des Umweltschutzes kassenmäßig durchgeleitet. Die KfW war aber immer bestrebt, im Rahmen des politisch Machbaren die ihr übertragenen Konjunkturprogramme auch für die Minderung regionaler oder sektoraler Strukturschwächen einzusetzen.

Die Hinwendung der KfW zur Strukturpolitik wurde in ihrem Jahresbericht für 1970 angekündigt. Bis zu diesem Zeitpunkt stammte jedoch der überwiegende Teil der Mittel für ihre Strukturprogramme aus dem ERP-SV. Der Vorstand war damals sehr zurückhaltend, die mühsam und ab 1966 auch recht teuer beschafften Kapitalmarktmittel zur Ergänzung von ERP-Programmen einzusetzen. Offenbar hielt er die Anlage der Kapitalmarktmittel in Export- und Rohstoffkredite für lukrativer. Die Bundesregierung kritisierte diese wenig kooperative Haltung. Deshalb war ein verstärktes Engagement der KfW in inländische Förderprogramme überfällig, das dann ab 1971 auch endlich realisiert wurde.

6.2 Montanindustrie und Energie

Die Grundstoffindustrie war schon seit Jahren nicht mehr ein Schwerpunkt für Direktkredite der KfW, aber ganz vergessen hatte man die alten Freunde nicht. Vor allem beim Einsatz der europäischen Fördermittel aus den Fonds der EGKS war die deutsche Industrie weiterhin der Spitzenreiter. Mit Krediten und Bürgschaften über 1,33 Milliarden DM erhielt Deutschland auch in den sechziger Jahren über 50% der Mittel, die von der EGKS bereitgestellt

wurden. Damit blieb die KfW gleichfalls weiterhin der wichtigste Agent der EGKS im europäischen Montankredit.

Im Vordergrund standen jetzt die Modernisierung und Rationalisierung bei Eisen und Stahl. Der Steinkohlenbergbau wurde hingegen kaum noch bedacht. Um die sozialen Probleme im Bergbau abzumildern, gewährte die EGKS zunehmend Umstellungsdarlehen für Unternehmen, die freigestellte Bergleute einstellten.

Häufig übernahm die KfW Anschlußfinanzierungen für mittelfristige Kredite aus Luxemburg. Sie war aber durchaus nicht ausschließlich als Hilfstruppe der EGKS aktiv. Auch aus eigenen Mitteln wurden den Stahlunternehmen an der Saar und der Ruhr vor allem am Ende der sechziger Jahre große Direktkredite gewährt. Die betriebswirtschaftliche und technische Expertise, die sich die KfW seit 1950 in der Montanindustrie erworben hatte, wurde nicht nur bei den großen ausländischen Stahlprojekten wie dem indischen Rourkela, der spanischen Uninsa oder neuen Stahlwerken in Brasilien und Mexiko intensiv für die Projektfinanzierungen genutzt. 1969 erstattete die KfW auf Wunsch der Bundesregierung ein ausführliches Gutachten über die Fusion der norddeutschen Stahlunternehmen. Die von der KfW vorgeschlagene Gründung einer „Nordstahl AG" scheiterte an kurzsichtigen Eigeninteressen beteiligter Firmen. Erst fast zwanzig Jahre später fusionierten Preussag und Salzgitter, aber der dritte Partner, die Bremer Klöckner-Werke, ging in Konkurs.

Im krisengeschüttelten Steinkohlenbergbau waren damals unsere Kreditaktivitäten erheblich geringer, aber auch hier stellte die KfW auf Wunsch der Industrie ihre Expertise zur Verfügung. Der 1963 gegründete Rationalisierungsverband des Steinkohlenbergbaus wählte

Martini zum Vorsitzenden seines Kreditausschusses, seitdem hat diese Funktion immer ein Vorstandsmitglied der KfW übernommen. Im Juli 1969 wurde nach langen zähen Verhandlungen endlich die Ruhrkohle AG gegründet. Diese Verhandlungen hätten wohl noch länger gedauert, wenn nicht die KfW auf Bitte des Bundes mit einem Kredit an die Ruhrkohle von über 400 Millionen DM in die Bresche gesprungen wäre, um den Erwerb von Bergbaubeteiligungen zu erleichtern.

Auch der Energiesektor hatte in den sechziger Jahren wenig Kreditwünsche an die KfW. Erwähnenswert sind jedoch zwei Darlehen aus dem Jahre 1965 für den Bau der beiden Kernkraftwerke Gundremmingen und Lingen. Seinerzeit waren sich alle politischen Lager einig, daß diese neue Technologie öffentlich gefördert werden müsse.

6.3   Das eingemauerte Berlin

Nach dem Bau der Mauer im August 1961 war die wirtschaftliche Unterstützung Berlins notwendiger denn je. Die Berliner Industriebank, an der die KfW 1961 eine Beteiligung erworben hatte, vergab weiterhin die Investitionskredite aus Mitteln des Bundes und vor allem des ERP-SV. Die KfW führte die Auftragsfinanzierung weiter, deren jährliche Volumina der Auftragslage in Berlin angepaßt wurden.

Ab 1964 übernahm die KfW im Namen und für Rechnung des ERP-SV Bürgschaften für den Bau von Geschäftshäusern in Berlin. Vielen Geldgebern waren nach dem Mauerbau Bürgschaften Berliner Banken politisch zu riskant, man verlangte ein Engagement aus Bonn, ehe man in Berlin zum Spaten griff. Bei einigen spektakulären Baupleiten in den folgenden Jahren blieben der KfW eigene Verluste erspart, nicht aber viel Arbeit bei der Sa-

nierung und Abwicklung von Fällen wie dem Kudamm-Eck oder dem Steglitzer Kreisel, die damals nicht nur in Berlin für Schlagzeilen sorgten. Immerhin konnte die KfW mit Geschick und Zähigkeit manche Million wieder den öffentlichen Kassen zuführen.

7.   Kapitalmarkt und Kurspflege

Eine halbe Milliarde jährlich könne die KfW maximal auf dem Kapitalmarkt aufnehmen, hatte der Vorstand wiederholt gegenüber der Bundesregierung erklärt, als man sich über die Refinanzierung der Kapitalhilfe stritt (s. Seite 74ff.). Diese Zahl war nicht zu tiefgestapelt, bis 1966 waren es jährlich etwa 600 Millionen, die Martini und Becker in Form von Inhaberschuldverschreibungen und Kommunalobligationen auf dem Kapitalmarkt beschafften. Dabei betrieb die KfW eine so exzellente Kurspflege, daß sie eine Ausnahmestellung auf dem Kapitalmarkt erreichte. Sie hielt den Kurs stets auf dem Niveau, zu dem die Anleihe ausgegeben worden war. Diese einmalige Garantie gegen Kursverluste machte die mündelsichere KfW-Anleihe schnell zu einem „Witwen- und Waisenpapier", das Anlageberater gerne einer besonders auf Sicherheit bedachten Kundschaft empfahlen.

Aber der Zugang zum Kapitalmarkt wurde immer noch durch einen „Runden Tisch" gesteuert. Die KfW mußte Rücksicht auf den Bund und andere große öffentliche und private Emittenten nehmen, die gleichfalls auf dem noch national beschränkten Markt ihren Bedarf decken wollten. So war sie bestrebt, auch andere Geldquellen anzuzapfen. Für größere Export- oder Rohstoffkredite wurden teilweise spezielle Refinanzierungen arrangiert. Der interessierte Exporteur oder Rohstoffkäufer mußte gewissermaßen einen Teil der Refinanzierung von seinen Hausbanken, Realkreditinstituten oder Versicherungen mitbringen. Zu den börsennotierten Wertpapieren traten zusätzlich Schuldscheindarlehen und ab 1965 Namensschuldverschreibungen, mit denen sich die KfW gleichfalls direkt bei Versicherungen und Realkreditinstituten Mittel beschaffte.

Ab 1965 führte die allgemeine wirtschaftliche Rezession in Deutschland zu einem nachhaltigen Zinsanstieg auf dem Kapitalmarkt. Seit 1958 hatte die KfW für ihre Anleihen durchweg nur 6% Zinsen zahlen müssen. Jetzt stieg die Emissionsrendite für längerfristige Papiere bis August 1966 auf 8,6% an. Die jahrelang betriebene Kurspflege wurde teurer und teurer, immer mehr Anleger gaben ihre KfW-Papiere zum Ausgabekurs zurück. 1965 hoffte der Vorstand noch auf eine Zinswende. Als aber auch 1966 die Zinsen weiterhin stiegen und die KfW sich netto nur noch magere 36 Millionen DM beschaffen konnte, mußte sie vor dem Markt kapitulieren. Eine neue Anleihe wurde Ende 1966 zu 7% mit einem Emissionskurs von 96% begeben. Gleichzeitig wurden die Sätze für alle bisherigen Anleihen auf 7% heraufgesetzt. Ab 1967 betreibt die KfW die gleiche Kurspflege wie andere sorgfältige Emittenten: Man interveniert, um übermäßig hohe Kursausschläge zu vermeiden, aber man versucht nicht länger, gegen einen übermächtigen Zinstrend anzuschwimmen.

Die Zinsanhebung bei den Altanleihen war ein teurer Preis für die Aufgabe der früheren Noblesse in der Kurspflege. Die Erfahrung der kommenden Jahre zeigte, daß die KfW ihren exzellenten Ruf auf dem Kapitalmarkt verteidigen konnte. Es war also eine zwar recht späte, langfristig aber richtige Entscheidung des damaligen Vorstands. Nach diesem Schock beschränkte sich die KfW einige Jahre auf die Ausgabe vierjähriger Kassenobligationen. Erst

1970 war sie bereit, für langfristiges Geld 7 1/2 bis 8 1/2% zu zahlen.

Die beiden Hauptquellen der Refinanzierung flossen bis 1970 in Bonn. Ende 1970 schuldete die KfW dem Bund 6,5 Milliarden DM, allein dem ERP-SV 5,5 Milliarden. Aus eigener Kraft hatte sich die KfW trotz aller Schwierigkeiten immerhin 4,9 Milliarden DM besorgt.

8. Rückblick

Der Einstieg in die neuen Auslandsaktivitäten war in den sechziger Jahren geglückt. Die Kapitalhilfe dieser Jahre ist später oft zu Unrecht kritisiert worden. Sie war – entsprechend den

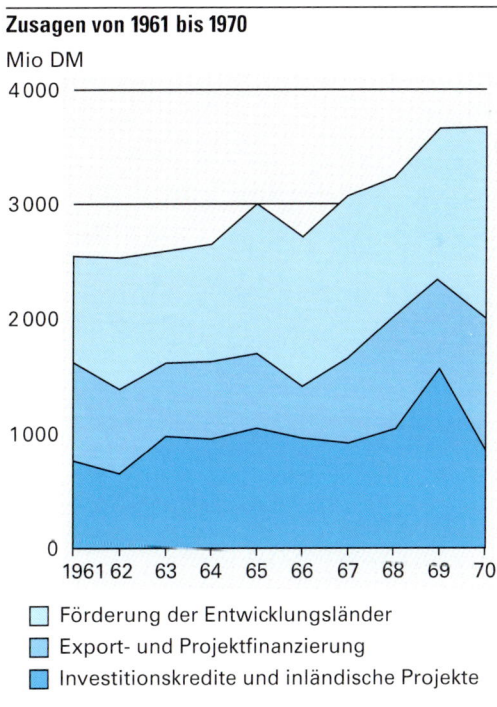

Zusagen von 1961 bis 1970

Mio DM

☐ Förderung der Entwicklungsländer
☐ Export- und Projektfinanzierung
☐ Investitionskredite und inländische Projekte

politischen Vorgaben dieser Zeit – weniger „armutsorientiert", aber doch für die Entwicklungsländer volkswirtschaftlich nützlich.

In den Jahrzehnten nach 1970 hat die KfW ihre Organisation und ihre Arbeitsmethoden in der Finanziellen Zusammenarbeit schrittweise verbessert, schlechter wurden leider die politischen und wirtschaftlichen Rahmenbedingungen in vielen ärmeren Entwicklungsländern. Von diesen neuen Herausforderungen an die KfW wird in den folgenden Kapiteln ausführlich die Rede sein.

In der Exportfinanzierung und bei den Rohstoffkrediten konnte sich die KfW als Dienstleister für die deutsche Industrie in den sechziger Jahren auf Dauer etablieren. Sie hielt hier bis weit in die siebziger Jahre hinein einen Erfahrungsvorsprung, der im Rahmen von Konsortialkrediten häufig von den deutschen Geschäftsbanken genutzt wurde.

Weiterhin bewährte sich die KfW als *Mehrzweckinstitut* bei Finanzierungen im öffentlichen Interesse. Von Stand-by-Krediten an ausländische Zentralbanken bis hin zur Betreuung von EGKS-Krediten oder ERP-Bürgschaften reicht die vielfältige Palette der Sondergeschäfte, bei denen die KfW ihre wachsenden Erfahrungen und teilweise auch ihre wachsende Finanzkraft einsetzen konnte.

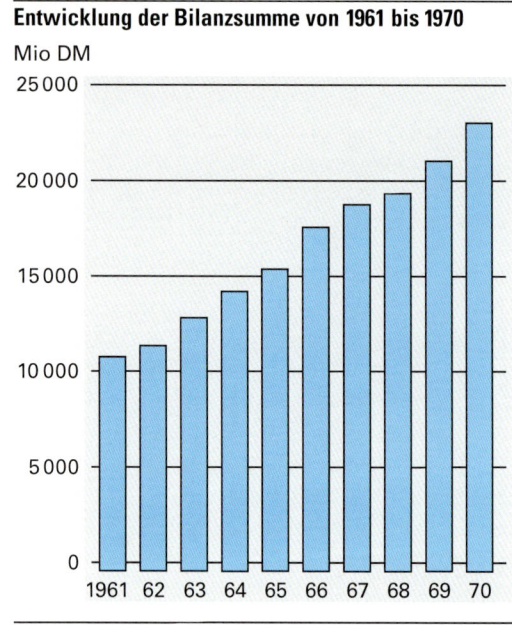

Entwicklung der Bilanzsumme von 1961 bis 1970
Mio DM

Zu sehr aber hat die KfW in diesen sechziger Jahren ihren Blick ins Ausland gerichtet. Eine Rückbesinnung auf ihren Förderauftrag im Inland, der die fünfziger Jahre so sehr geprägt hatte, war 1970 überfällig. Vor allem breit angelegte Kreditprogramme für die kleinen und mittleren Unternehmen in Deutschland wurden zunehmend von der Bundesregierung und vom Parlament gefordert.

DRITTES KAPITEL

Neuorientierung und Ausbau

1971 bis 1989

1. Die letzten zwei Jahrzehnte der Bonner Republik

Mit der sozialliberalen Bundesregierung unter Willy Brandt tritt die Bundesrepublik ab 1969 in ihre zweite Phase. Die Amtszeit der Gründerväter wie Adenauer, Erhard oder Heuss ist nun endgültig vorüber. Auch in der KfW tritt der „Gründervater" Abs als Verwaltungsratsvorsitzender ab. Mit Helmut Schmidt folgt ihm eine Persönlichkeit der Zeitgeschichte, deren Bedeutung gleichfalls weit über die KfW hinausreicht.

Um 1970 ergreift aber nicht nur eine neue Generation in neuen Gruppierungen das Ruder, es verändern sich auch – und oft sehr radikal – die Inhalte der Politik. Die neue Ostpolitik der sozialliberalen Koalition akzeptiert widerstrebend, daß die deutsche Nation auf eine nicht absehbare Zeit in zwei Staaten leben muß. Die Bundesrepublik normalisiert ihr Verhältnis zu den kommunistischen Staaten Osteuropas, die wie die DDR noch alle von der Sowjetunion mit Breschnew an der Spitze dominiert werden. Auf die Arbeit der KfW sollte diese neue Außenpolitik erstaunlich wenige Auswirkungen haben. An dem von Franz Josef Strauß 1983 initiierten und vom Bund garantierten Kredit an die DDR in Höhe von einer Milliarde DM war die KfW nicht beteiligt. Auch bei den großen Krediten der Geschäftsbanken an die Sowjetunion zu Anfang der achtziger Jahre war sie nicht gefragt. Ende 1989, bei der großen Wende, lag ihr eigenes Obligo gegenüber den osteuropäischen Staatshandelsländern unter einer halben Milliarde DM.

Wichtiger für die KfW war der allgemeine Wertewandel und die Formulierung neuer Inhalte für die bundesdeutsche Innen- und Entwicklungspolitik. Eine unruhige Zeit begann. Während die außerparlamentarische Opposition auf der Straße nach der Revolution schrie, wurden einige ihrer Ziele in den Parlamenten und Regierungen tatsächlich durch Reformen realisiert. Junge Leute aus der 68er-Bewegung begannen ihren langen Marsch durch die Institutionen. Eine fanatische Minderheit bedrohte Staat und Gesellschaft mit brutaler Gewalt, die auch vor Meuchelmord nicht zurückschreckte. Viele ihrer Mordopfer wie Ponto, Schleyer und Karry, später Herrhausen und Rohwedder, standen der KfW und ihrer Arbeit nahe. Auch die KfW mußte sich betroffen und bedroht fühlen. Im Sommer 1988 wurde auf Richard Brantner, ihren Vorstandssprecher für die Finanzielle Zusammenarbeit, ein Anschlag verübt, der glücklicherweise fehlschlug.

Auf den charismatischen Kanzler Brandt folgte im Mai 1974 der tatkräftige und in vielen Staatsämtern erfahrene Schmidt, der acht Jahre lang das Staatsschiff durch unruhige Gewässer führte. Als er mit seiner Realpolitik von Teilen seiner Partei im Stich gelassen wurde, zerbrach 1982 nach dreizehn Jahren die sozialliberale Koalition, und es begann die lange Regierungszeit Helmut Kohls, die 1990 mit der Wiedervereinigung Deutschlands in ein neues Kapitel der deutschen Geschichte und damit auch in ein neues Kapitel der KfW-Geschichte führt.

2. Generationenwechsel und Neuorganisation in der KfW

Für die KfW blieben Zeitenwende und Wertewandel der Bundesrepublik am Anfang der siebziger Jahre nicht folgenlos. Es waren weniger neue Aufgaben, die hinzu kamen, vor allem Inhalt und Umfang der herkömmlichen Aktivitäten änderten sich erheblich. Auf die Ära Martini folgte mit einigen Übergangsphasen die Ära Götte. Sie begann mit einer Neuorganisation und personalpolitischen Reformen, die längst überfällig waren.

2.1 Von Hermann J. Abs zu Helmut Schmidt: Der Bundesfinanzminister präsidiert den Verwaltungsrat

Als die sozialliberale Bundesregierung Ende 1969 ihr Amt antrat, bot Abs ihr seinen Rücktritt als Verwaltungsratsvorsitzender der KfW an. Karl Schiller bat ihn jedoch, bis Ende 1973, d.h. bis zum Ablauf seiner Mandatszeit, weiter den Vorsitz zu führen. Damit war die Frage seiner Nachfolge für einige Jahre vertagt, was natürlich nicht verhinderte, daß hinter den Bonner Kulissen heftige Positionskämpfe entbrannten.

Gefochten wurde nun um die Position des stellvertretenden Verwaltungsratsvorsitzenden. Abs wollte, daß sein Vertrauensmann Martini auf diesem Sessel Platz nahm, sobald dieser Ende 1970 im Alter von 67 Jahren als Vorstandssprecher in den Ruhestand trat.

Der ehemalige KfW-Chefvolkswirt Hankel, mittlerweile als Abteilungsleiter „Geld und Kredit" im BMWi auch für die Rechtsaufsicht über die KfW zuständig, war strikt dagegen. Er war nicht als ein Freund Martinis von Frankfurt nach Bonn gegangen. Neben persönliche Animositäten traten auch sachliche Gegensätze. Die recht selbstherrliche Art von Abs und Martini ärgerte die junge Führungsmannschaft in den Bonner Ministerien. Vor allem kritisierte sie, daß die KfW die Mittelstandsförderung vernachlässige. Sie wollte den Einfluß der Bundesregierung auf die Geschäftspolitik stärken und die Stellung von Abs schwächen. Hankel brachte daher die Kandidaturen von Klaus Dohrn, ehemals KfW-Vorstandsmitglied und jetzt Geschäftsinhaber der BHF-Bank, sowie von Ludwig Poullain, Vorstandsvorsitzender der Westdeutschen Landesbank, für das Amt der Stellvertreter ins Gespräch, um damit auch die Weichen für die spätere Abs-Nachfolge zu stellen. Dieses Mal konnte sich jedoch Abs bei Schiller durchsetzen, und der Vorstandspensionär Martini wurde von der Bundesregierung am 1. 4. 1971 zum stellvertretenden Vorsitzenden des Verwaltungsrats bestellt.

Nur kurze Zeit hat Martini dieses Amt ausüben können. Als Abs nach Ablauf seiner letzten Amtszeit zum 31. 12. 1973 ausschied, mußte auch Martini gehen. Was war in der Zwischenzeit geschehen? Der wortgewaltige Schiller, seit Mai 1971 „Superminister" für Wirtschaft und Finanzen, scheiterte im Juli 1972 an seinen primadonnenhaften Allüren. Sein Nachfolger in diesem mächtigen Doppelressort wurde der bisherige Verteidigungsminister Helmut Schmidt. Nach der Bundestags-

Bundeskanzler Helmut Schmidt, von 1974 bis 1975 Vorsitzender des Verwaltungsrats der KfW, am 21. August 1974 auf dem Weg zur Sitzung mit dem Leiter seines Kanzlerbüros, Dr. Klaus Dieter Leister, sowie Dr. Müller und Dr. Erich Petry, langjähriger Direktor der KfW.

wahl vom 19. November 1972, die ein großer Erfolg für die sozialliberale Koalition war, wurden die Ressorts für Wirtschaft und Finanzen wieder geteilt. Helmut Schmidt blieb als Bundesfinanzminister, er nahm jedoch die wichtige Abteilung „Geld und Kredit" mit in sein Finanzministerium. Eine Konsequenz dieser Maßnahme war, daß auch die Rechtsaufsicht für die KfW auf das BMF überging. Hankel hatte mittlerweile das BMWi verlassen, um als Vorstandsvorsitzender der Hessischen Landesbank eine kurze und wenig erfolgreiche Banklaufbahn zu ergreifen. Sie war aber immerhin lange genug, um mit Bonner Unterstützung den Versuch zu unternehmen, als Vertreter der Landesbanken im Verwaltungsrat der KfW Platz zu nehmen. Der bayerische Landesbankchef Jacob sollte seinen Platz räumen. Er ließ sich jedoch nicht aus dem Verwaltungsrat vertreiben, sein Verband stand geschlossen hinter ihm.

Aber der Konflikt zwischen den Bundesressorts und der KfW verschärfte sich eher. An die Stelle Hankels, der als Außenseiter kaum

Freunde in der Ministerialbürokratie hatte, trat der junge Staatssekretär Karl-Otto Pöhl, der einen mächtigen Minister und hochqualifizierte Mitarbeiter hinter sich wußte. Zwar hatte die KfW mittlerweile den einzigen wirklich konkreten Kritikpunkt ausgeräumt, indem sie ab 1971 massiv in die Mittelstandsförderung einstieg, dennoch hielt Bonn daran fest, seinen Einfluß in Frankfurt erheblich verstärken zu wollen. Im Sommer 1973 wurde im BMF eine Gesetzesnovelle ausgearbeitet, die den Vorstand und den Verwaltungsrat unter Kuratel der Ministerialbürokratie stellen sollte. Bei der KfW sollte ein sogenannter Hauptausschuß errichtet werden, der die Finanzierungsaufgaben und damit alle wesentlichen Inhalte der Geschäftspolitik zu bestimmen gehabt hätte. Sieben Bundesministerien, vier Ländervertreter und nur je ein Repräsentant der Wirtschaft und der Gewerkschaften sollten diesen Hauptausschuß bilden. Die Bundesminister durften, sie mußten aber nicht Mitglieder dieses Hauptausschusses sein. In der Praxis wäre es darauf hinausgelaufen, daß die höhere und mittlere Bonner Ministerialbürokratie das gesamte Geschäft der KfW kontrolliert hätte. Mit Unmut reagierten darauf die hochrangigen Vertreter aus der Wirtschaft im Verwaltungsrat. Sie wollten nicht einem Gremium angehören, das zu einem einflußlosen Beirat degradiert worden wäre. Reichlich inkonsequent sah der Gesetzesentwurf auch noch einen Vorstandsvorsitzenden vor, für den man einen renommierten Banker zu gewinnen hoffte. Nach dem hätte man wahrscheinlich lange suchen müssen, wie auch nach Ersatz für viele erfahrene KfW-Mitarbeiter, die bei einer Realisierung der Res-

Der Verwaltungsratvorsitzende Bundesfinanzminister Hans Matthöfer überreichte Marianne Heinich, der Vorsitzenden der Personalvertretung, anläßlich ihrer Pensionierung am 30. April 1982 das Bundesverdienstkreuz.

sortpläne außerhalb der KfW ihre Berufslaufbahn fortgesetzt hätten.

Die Reformpläne der neuen Mannschaft im BMF gingen jedoch noch weiter: Der gesamte Komplex der bundeseigenen Banken sollte neu geordnet werden. Vor allem die Lastenausgleichsbank und die Deutsche Siedlungs- und Landesrentenbank sollten mit der KfW fusioniert werden. Damit war ein Konflikt in der Regierungskoalition vorprogrammiert, denn die Lastenausgleichsbank ressortierte unter dem Bundesinnenminister Genscher, die Deutsche Siedlungs- und Landesrentenbank unter dem Bundeslandwirtschaftsminister Ertl, beide von der F.D.P. Auch der dritte beteiligte Minister von der F.D.P., Bundeswirtschaftsminister Friderichs, fand an dem Machtzuwachs des BMF wenig Gefallen. Hinzu kam ein erheblicher Zeitdruck, denn bis zum Ausscheiden von Abs und Martini Ende 1973 konnte der Gesetzesentwurf niemals durch das Parlament gebracht werden. So traf es sich gut, daß der Vorstand der KfW auf Initiative von Götte am 2. Juli 1973 Hermann Müller zu seinem Sprecher gewählt hatte. Müller war nicht nur Finanzminister in Stuttgart gewesen, er war vor allem immer noch stellvertretender Parteivorsitzender der F.D.P. Der stellvertretende F.D.P.-Vorsitzende Müller vereinbarte mit dem stellvertretenden SPD-Vorsitzenden Schmidt eine politische Lösung: Helmut Schmidt wurde Vorsitzender, Hans Friderichs stellvertretender Vorsitzender des Verwaltungsrates, Müller blieb Vorstandssprecher, und die Gesetzesnovelle samt Hauptausschuß und KfW-Vorstandsvorsitzenden wurde zu den Akten gelegt.

Bedenkenträger in der Presse und im BMF wiesen darauf hin, der Verwaltungsratsvorsitzende der KfW und sein Stellvertreter müßten nach dem KfW-Gesetz auf dem Gebiete des Kreditwesens besonders erfahrene Persönlichkeiten sein. Der selbstbewußte Minister Schmidt entschied, er sei als zuständiger Ressortchef für Geld und Kredit ipso facto eine auf dem Gebiet des Kreditwesens besonders erfahrene Persönlichkeit, eine Auffassung, die auch von allen seinen Nachfolgern gerne übernommen wurde.

So erschien der Bundesfinanzminister Schmidt am 6. November 1973 zum ersten Mal auf einer Verwaltungsratssitzung der KfW, um Abs, Martini und den bereits pensionierten Vorstandssprecher Rieck zu verabschieden und gleichzeitig anzukündigen, er selbst werde ab 1. Januar 1974 den Vorsitz in diesem Gremium übernehmen. Als Bundesfinanzminister hat Schmidt nur eine einzige Verwaltungsratssitzung am 2. April 1974 geleitet, in der Abs zu dessen Ehrenvorsitzenden gekürt wurde. Wenige Wochen später, am 16. Mai 1974, wählte ihn der Deutsche Bundestag zum Bundeskanzler. Er blieb aber auch als Bundeskanzler Vorsitzender des Verwaltungsrates der KfW, denn die Bundesregierung hatte ihn ad personam bestellt. Als Bundeskanzler hat Helmut Schmidt noch zwei weitere Verwaltungsratssitzungen der KfW am 24. Oktober 1974 und am 13. Mai 1975 geleitet, sie gehören zu den bestbesuchten in der fünfzigjährigen KfW-Geschichte.

Am 17. November 1987 wurden die Arkaden im Westend feierlich eingeweiht. Bundesfinanzminister Dr. Gerhard Stoltenberg, von 1982 bis 1989 Vorsitzender des Verwaltungsrates der KfW, Dr. Götte und Hansjürgen Baekow, langjähriger Bereichsleiter des VS und Generalbevollmächtigter der KfW, betrachten das Modell.

Der Verwaltungsratsvorsitz bei der KfW ließ sich jedoch nicht auf Dauer mit den weitreichenden Verpflichtungen eines Regierungschefs vereinbaren. Bundesfinanzminister Hans Apel übernahm deshalb am 14. Mai 1975 dieses Amt von seinem Kanzler, der jedoch die weitere Entwicklung der KfW im Auge behielt und insbesondere 1981 die Erhöhung ihres Eigenkapitals veranlaßte. Damit hat sich nunmehr die über zwanzigjährige Tradition herausgebildet, daß alle Bundesregierungen den jeweiligen Finanzminister zum Vorsitzenden und den Wirtschaftsminister zum stellvertretenden Vorsitzenden des Verwaltungsrates bestimmen.

Auch in den beiden wichtigsten Ausschüssen, dem Rechts- und Verwaltungsausschuß sowie dem Kreditbewilligungsausschuß, hat die Bundesregierung seit 1971 ihre Präsenz verstärkt. Heute hat sie in diesen Gremien das Gewicht, das einem Anteilseigner von achtzig Prozent angemessen ist. Der Verwaltungsrat blieb aber ein Gremium, in dem der hochrangige und manchmal durchaus kritische Dialog zwischen der Politik, den Banken und anderen wichtigen

Sein letzter großer Auftritt in der KfW: Hermann J. Abs, der 87jährige Ehrenvorsitzende des Verwaltungsrates, war der Festredner zum 40. Geburtstag der KfW, der am 11. November 1988 gefeiert wurde. Das Bild zeigt ihn mit Wolfgang Brück, Oberbürgermeister der Stadt Frankfurt am Main, dem Verwaltungsratsvorsitzenden Dr. Stoltenberg und Dr. Götte.

Bereichen unseres Wirtschaftslebens über die Geschäftspolitik der KfW fortgesetzt werden konnte. Der Kompromiß zwischen Helmut Schmidt und Hermann Müller hat zu einer ausgewogenen Balance geführt, die sich jetzt ein Vierteljahrhundert lang bewährt hat.

2.2 Von Martini über Müller zu Götte: Von den Schwierigkeiten des Übergangs zur Kontinuität im Vorstand

Die Jahre zwischen 1970 und 1973 führten nicht nur im Verwaltungsrat, sondern auch im Vorstand der KfW zu einer kritischen Übergangsphase. Die sozialliberale Bundesregierung wollte nicht nur grundsätzlich ihren Einfluß auf die KfW verstärken, sie versuchte auch, personelle Probleme über die KfW zu lösen. Als der hochangesehene Karl Klasen, Vorstandssprecher der Deutschen Bank und SPD-Mitglied, Bundesbankpräsident werden sollte, beanspruchte die F.D.P. für sich eine Führungsposition in der KfW. Nur hatte sie niemanden, der sich nach seinen Qualifikationen mit Kla-

sen vergleichen ließ. Ihr erster Kandidat war Heinz Starke, der 1962 im vierten Kabinett Adenauer einige Monate lang als Finanzminister amtiert hatte und der 1969 die Koalition seiner Partei mit der SPD ablehnte. Walter Scheel bot ihm daher an, einen Vorstandssessel bei der KfW gegen sein Bundestagsmandat einzutauschen, aber Starke wechselte mitsamt Bundestagsmandat zur CSU.

Mehr Erfolg hatte die F.D.P. mit *Hermann Müller*, der per 1. September 1970 zum Vorstandsmitglied der KfW bestellt wurde. Müller, ein schwäbisch-liberales Urgestein, hatte keinerlei Bankerfahrungen. Er entwickelte auch in seinen neun Jahren bei der KfW wenig Interesse für das Kreditgeschäft. Seine politischen Talente und Beziehungen, verbunden mit seiner starken, integrierenden Persönlichkeit ließen ihn dennoch zu einem Glücksfall für die KfW werden. Der 1913 geborene Müller wurde nach Jurastudium und Kriegsdienst 1949 Landrat in Schwäbisch-Hall. Von 1960 bis 1966 war er Finanzminister von Baden-Württemberg. Der bodenständige Kommunal- und Landespolitiker machte auch in seiner Partei Karriere. Bei seinem Eintritt in die KfW war er unter Walter Scheel stellvertretender Bundesvorsitzender und Landesvorsitzender von Baden-Württemberg. Nach dem Verlust seines Ministeramtes wurde Müller in Stuttgart Landtagsvizepräsident mit wenig Aussichten, dort wieder ein Regierungsamt zu erhalten, so daß die F.D.P. via Bundesregierung etwas für ihn tun wollte.

Müllers Stunde in der KfW kam im Sommer 1973, als der Interimssprecher Rieck anderthalb Jahre nach seinem Mentor Martini in den Ruhestand ging. Bachem, mittlerweile der Dienstälteste im Vorstand und sowohl im Inlands- wie im Auslandsgeschäft erfahren, wollte jetzt Vorstandssprecher der KfW werden. Seine Vorstandskollegen allerdings sorgten sich zunehmend über sein immer sprunghafter werdendes Auftreten. Es kam zu einem unheilbaren Bruch im Vorstand. Bachem wurde beurlaubt und nach Ablauf seines Vertrages von Schmidt entlassen. Aus Sicht der anderen Vorstandsmitglieder war gerade Bachem wenig geeignet, den nun schon dreijährigen Konflikt mit Bonn beizulegen. Götte, ein Jahr zuvor endlich ordentliches Vorstandsmitglied geworden, überzeugte seine Kollegen, in dieser Situation Müller zum Sprecher zu wählen. Der Politiker Müller erfüllte die in ihn gesetzten Erwartungen. Mit dem Politiker Helmut Schmidt kam er schnell zu dem bereits erwähnten Kompromiß, der die Spannungen zwischen den Bundesressorts und der KfW beseitigte (s. Seite 107f.).

In seinen restlichen Vorstandsjahren herrschte Müller in präsidial-väterlicher Distanz und hütete den Frieden in Bonn und im Hause. In der KfW stand ihm als mütterlicher Widerpart die Personalratsvorsitzende Marianne Heinich gegenüber. An Leibesumfang und kommunalpolitischer Erfahrung einander ähnlich, entwickelten sie zueinander ein Vertrauensverhältnis, das manche personalpolitische Spannung durch großzügige Sozialleistungen entkrampfen konnte. Die eigentlichen Führungsfunktionen in der Geschäftspolitik übernahmen Götte, Bröder und Becker für ihre jeweiligen Bereiche.

Es war vor allem Götte, der alsbald wie ein Majordomus aus Merowingertagen das Heft in die Hand nahm. Nachdem er seine Vorstellungen über die Neuorganisation des Hauses im Jahre 1971 mit einer Trennung der inländischen Wirtschaftsförderung von der Kapitalhilfe durchgesetzt hatte, übernahm er die Zuständigkeiten für die Exportfinanzierung, die Neuorientierung der Inlandsprogramme und das neu strukturierte Personalressort. Damit kontrollierte er in der KfW die gesamte Personalpolitik und die beiden großen Kreditbereiche, die in den kommenden Jahrzehnten die besten Entwicklungschancen hatten.

Ernst-Günther Bröder übernahm ab dem 1. Januar 1975 die Vorstandszuständigkeit für die Grundsatzfragen der Finanziellen Zusammenarbeit (FZ), wie die Kapitalhilfe jetzt genannt wurde. 1927 in Köln geboren, hat er in Freiburg sein wirtschaftswissenschaftliches Studium mit der Promotion abgeschlossen. Nach einigen Jahren in der Direktionsabteilung des Chemiekonzerns Bayer, wo er für Projektanalysen und Wirtschaftlichkeitsrechnungen verantwortlich war, bearbeitete er von 1961 bis 1964 in der Weltbank Industrie- und Wasserversorgungsprojekte. Ab 1964 in der KfW, betreute er vor allem Elektrizitätsprojekte in der Kapitalhilfe, bis er 1968 mit dem Aufbau und der Leitung des Kreditsekretariats II beauftragt wurde. Mit einem kleinen hochqualifizierten Team entwickelte er dort Methoden für die Projektprüfungen und Evaluierungen in der Kapitalhilfe. Nach der Neuorganisation übernahm er 1971 die Länderhauptabteilung III, die Süd- und Ostasien betreute. Wohl niemand hat die Kapitalhilfeaktivitäten der KfW so nachhaltig geprägt wie Bröder vor und während seiner Vorstandstätigkeit. Von Au-

Am 7. Juli 1975 besuchte Bundespräsident Walter Scheel (4.v.r.) gemeinsam mit Bundesminister Dr. Egon Bahr, BMZ (2.v.r.), die KfW. Das Bild zeigt sie gemeinsam mit den Vorstandsmitgliedern Dr. Becker, Dr. Götte, Dr. Müller und Dr. Ernst-Günther Bröder sowie Marianne Heinich, der langjährigen Vorsitzenden der Personalvertretung der KfW.

gust 1984 bis März 1993 war Bröder Präsident der Europäischen Investitionsbank. 1994 ging er wieder nach Washington zurück, um die neu eingerichtete Beschwerdekommission der Weltbank für zwei Jahre zu leiten.

Gleichfalls zum 1. Januar 1975 wurde *Erich Dreher* auf Wunsch von Helmut Schmidt zum Vorstandsmitglied der KfW bestellt. Im Gegensatz zum liberalen Müller war der 1931 in Nürnberg geborene SPD-Mann Dreher ein erfahrener Banker, der nach verschiedenen Stationen in der Bayerischen Vereinsbank bis zum Generalbevollmächtigten der Simonbank in Düsseldorf avanciert war. Zu seinem Pech hatten die „Alt-KfWler" Götte, Bröder und Becker bereits vorher die wichtigsten Vorstandsbereiche untereinander aufgeteilt, so daß Dreher schon Anfang 1978 enttäuscht in den Vorstand der Hessischen Landesbank überwechselte.

Ihm folgte das SPD-Mitglied *Hermann Lingnau* als Vorstandsmitglied von 1979 bis 1987. Der ehemalige deutsche Meister im Kugelstoßen hatte nach dem Wahlsieg der CDU unter Walter Wallmann in Frankfurt sein Amt als Kämmerer dieser Stadt im Juni 1978 verloren. Es waren die Bankiers Hesselbach und vor allem Abs, die den Verwaltungsratsvorsitzenden Matthöfer bedrängten, Lingnau im Vorstand der KfW unterzubringen. Matthöfer mußte als Frankfurter Bundestagsabgeordneter der SPD zudem Rücksicht auf die lokale Parteibasis nehmen. Trotz erheblicher Widerstände von Vorstand und Personalrat der KfW konnte sich der Ehrenvorsitzende Abs mit seiner Empfehlung durchsetzen. Wieder hatte er einen Vertrauensmann im Vorstand, gleichzeitig hatte er der großen Regierungspartei einen Gefallen getan, der ihn selber nichts kostete. Bei dem großen Bauvorhaben der KfW auf beiden Sei-

Treffen der Führungsspitze der KfW im Jahre 1979. Das Bild zeigt: die Hauptabteilungsleiter (v.l.) Dr. Klaus Sturm (LII), Klaus Hennig (BI), Dr. Gerhard Feix (BIII), Dr. Günther Faust (HAT), Rudolf Klein (AS), Dr. Heinrich Harries (RS), Friedrich Forell (BII), Dr. Gert Vogt (BS), Klaus Burk (VS), die Vorstandsmitglieder Hermann Lingnau, Dr. Bruno Baur, Dr. Hermann Müller, Dr. Götte, Dr. Bröder sowie Dr. Richard Brantner (RW).

ten der Bockenheimer Landstraße konnte Lingnau Anfang der achtziger Jahre unter großem kulinarischem Aufwand seine kommunalpolitischen Beziehungen hilfreich einsetzen. 1987 trennte man sich im gegenseitigen Einvernehmen.

1980 begann auch im KfW-Vorstand ein neues Jahrzehnt. Die Vorstandsmitglieder Müller und Baur traten in den Ruhestand. Der später ermordete hessische Wirtschaftsminister Heinz Herbert Karry von der F.D.P. hatte Interesse, Müllers Nachfolge anzutreten, aber seine Partei wollte ihn in Wiesbaden nicht entbehren. So wählte der Vorstand den kooperativen und geselligen Becker zu seinem Sprecher, der aber schon im August 1980, wenige Monate nach seinem 60. Geburtstag, einen tödlichen Herzinfarkt erlitt. Jetzt kam Götte nicht mehr umhin, auch nach außen die Führungsrolle zu übernehmen, die er im Inneren schon seit fast zehn Jahren ausgeübt hatte. Er wurde Sprecher für die allgemeinen Belange der Bank und für den Branchenbereich (Inlandskredite, Exportfinanzierung und Rohstoffkredite). Neben ihn trat Bröder als Sprecher für den Länderbereich, also für die Finanzielle Zusammenarbeit. Diese Aufteilung entsprach mehr den Berufserfahrungen und Neigungen der beiden Sprecher als den Gesamtinteressen des Hauses. Die Trennung der Sprecherfunktion vergrößerte noch die Kluft zwischen dem Branchen- und dem Länderbereich, die sich nach der Neuorganisation im Jahre 1971 aufgetan hatte. Götte, zu Anfang kein Freund öffentlicher Auftritte, gewann zunehmend Geschick und Gefallen daran, die Bank auch nach außen im In- und Ausland zu repräsentieren.

Nachdem sich Karrys Aspirationen zerschlagen hatten, wurden 1980 mit Brantner und Burk zwei neue Vorstandsmitglieder aus dem Hause als Nachfolger von Müller und Baur berufen. Der 1921 geborene *Klaus Burk* hatte

nach amerikanischer Kriegsgefangenschaft in seiner Heimatstadt Hamburg seine juristische Ausbildung abgeschlossen. Seit 1952 arbeitete er im Direktionssekretariat der KfW. Als Nachfolger von Rieck hatte er 1958 dessen Leitung übernommen und wie dieser leise, aber nachdrücklich die Interessen des Hauses vor allem in Bonn vertreten. Zusammen mit Paul Schölzel wurde er 1975 zum Generalbevollmächtigten der KfW bestellt. Im Vorstand übernahm er die Zuständigkeiten von Baur für die Grundstoffindustrie, die FZ mit Subsahara-Afrika und die Rechtsabteilung.

Richard Brantner kam 1968 in die KfW, um das Rechnungswesen zu modernisieren und das EDV-System aufzubauen. Der 1929 geborene Württemberger hatte in Mainz und Frankfurt Wirtschaftswissenschaften studiert und ab 1954 bei der Treuarbeit als Prüfer und Prüfungsleiter vor allem im Bankenbereich gearbeitet. Als Hüter der Zahlen etablierte Brantner in seiner Vorstandstätigkeit ein effizientes Controlling in der KfW, dessen Prognosen und Risikoanalysen sich schnell bewährten. In den geschäftlich expansiven achtziger und neunziger Jahren konnte dadurch die Bilanz- und Ertragsentwicklung der Bank erfolgreich auf Kurs gehalten werden. Als Bröder 1984 aus dem Vorstand der KfW ausschied, um Präsident der EIB zu werden, übernahm Brantner zusätzlich die Sprecherfunktion für den Bereich der Finanziellen Zusammenarbeit.

Aber dieses für den Vorstand so ereignisreiche Jahr 1980 war damit noch nicht zu Ende. Nach der Bundestagswahl vom Oktober, die Helmut Schmidt die Fortsetzung der sozialliberalen Koalition ermöglichte, verkündeten Presse und Fernsehen, sein langjähriger Kanzleramtschef *Manfred Schüler* werde die Leitung der KfW übernehmen. Schüler stand 1980 auf dem Höhepunkt einer steilen und äußerst erfolgreichen Beamtenkarriere. Der am 7. März

Klaus Burk, seit 1952 Mitarbeiter der KfW und von 1980 bis 1986 Vorstandsmitglied.

1932 geborene Bauernsohn aus einem jetzt polnischen Teil der Niederlausitz mußte sich als Heimatvertriebener hocharbeiten. Nach einer Verwaltungsausbildung studierte er im Abendstudium Wirtschaftswissenschaften, wurde Assistent bei dem Finanzwissenschaftler Günter Schmölders in Köln, bei dem er auch promovierte. Er war wissenschaftlicher Mitarbeiter beim Deutschen Städtetag, Vorstandsassistent bei der Hoesch AG in Dortmund und Stadtkämmerer in Gelsenkirchen. Alex Möller, der führende Finanzpolitiker der SPD, ernannte Schüler 1969, als er das Finanzministerium übernommen hatte, zum Leiter der Grundsatzabteilung im BMF. Er empfahl ihn an Helmut Schmidt weiter, der ihn schon 1972 zum Staatssekretär im BMF beförderte. Als Helmut Schmidt 1974 Bundeskanzler wurde, folgte ihm Schüler als beamteter Staatssekretär und Chef des Bundeskanzleramtes. Es ist nicht Aufgabe dieses Buches, die sechseinhalbjährige Tätigkeit Schülers im Kanzleramt zu würdigen, es seien aber zwei kompetente Zeitzeugen zitiert. „*Manfred Schüler ist der beste Chef des Bundeskanzleramtes seit Hans Globke*", urteilte 1980 Roman Herzog, damals CDU-Innenminister in Baden-Württemberg. Und Helmut Schmidt schrieb: „*Wenn ich davon absehe, daß ich die Amtsführung durch Globke zur Zeit Adenauers nicht beurteilen kann, so hat ansonsten kein Amtsvorgänger Schülers – und bisher auch keiner seiner Nachfolger – das Kanzleramt leiser, wirksamer und fehlerloser geführt. Auch die Kollegen, die dem Koalitionspartner F.D.P. angehörten, und die Kollegen aus der CDU/CSU-Opposition haben Schüler stets hohe Anerkennung entgegengebracht.*"[1]

Die Betriebsfeste der KfW werden auch von den Vorstandsmitgliedern mitgefeiert. Auf dem Fahrrad Erich Dreher, von 1975 bis 1978 Vorstandsmitglied, mit Dr. Götte während des Betriebsfestes bei Schotten im Vogelsberg, 16. September 1977.

Sein so erfolgreiches Wirken im Kanzleramt war aber auch mit einer extremen Arbeits- und Gesundheitsbelastung verbunden gewesen, so daß Helmut Schmidt ihn einsichtig, aber schweren Herzens zur KfW gehen ließ. Seine Erfahrungen in der hohen Politik sind bis heute für die KfW von großem Nutzen. Dieses gilt nicht nur für seine politisch sensiblen Zuständigkeiten für Osteuropa, auch allgemeine geschäftspolitische Diskussionen in der KfW bereichert er durch klare und präzise Analysen aus höherer Bonner Warte. Der Staatssekretär a.D. nahm aber auch bald eine sehr bankmäßige Aufgabe in die Hand. Er reorganisierte das Passivgeschäft, was längst überfällig war, und er erschloß für die KfW neue internationale und ausländische Märkte, um ihren wachsenden Kapitalbedarf in DM und ausländischen Währungen zu decken.

Zwei weitere Vorstandsmitglieder kamen schon in der Ära des Bundesfinanzministers Stoltenberg wiederum aus dem Haus. Der jetzige Vorstandssprecher *Gert Vogt*, am 29. Februar 1932 in Frankfurt geboren, aber in Franken aufgewachsen, wurde in den Vorstand berufen, als Bröder 1984 zur EIB nach Luxemburg ging. Auf eine Banklehre bei der Deutschen Bank folgten das betriebswirtschaftliche Studium und die Promotion in Nürnberg und Innsbruck. Nach einigen Jahren als Prüfer bei der Deutschen Treuhandgesellschaft kam er 1965 in die KfW, wo er unter Paul Schölzel sowohl Inlands- wie Kapitalhilfekredite bearbeitete. Als Schölzel nach der Neuorganisation in dem von ihm geleiteten Branchensekretariat neue Konzepte für das inländische Fördergeschäft entwickelte, folgte ihm Vogt als rechte Hand und Abteilungsleiter des Kreditsekretariats. 1978 wurde Vogt Hauptabteilungsleiter dieser Grundsatzabteilung. Im Vorstand übernahm er neben seinem angestammten inländischen Fördergeschäft auch die Kapitalhilfe für Ostasien. Er baute die Abteilung für landgestützte Verkehrsinfrastruktur auf. Als Vorstandssprecher erhielt er schließlich die Zuständigkeiten für das Vorstandssekretariat und das Rechnungswesen nebst Controlling.

Heinrich Harries ist Schleswig-Holsteiner wie der damalige Verwaltungsratsvorsitzende Stoltenberg. Das war aber 1986 nicht der Grund für seine Berufung in den Vorstand. Nach der Pensionierung von Burk wollte man dort wieder einen Juristen haben. In diesem Metier hatte Harries zuvor fast ein Vierteljahrhundert lang in der KfW gearbeitet. Im September 1961 war er in die KfW gekommen, weil ihn die neuen internationalen Aufgaben der KfW reizten und weil Rieck und Martini für eben diese Aufgaben einen international versierten Juristen suchten. Die waren damals noch Mangelware. Harries konnte eine Promotion in Paris, eine theoretische Ausbildung am Max-Planck-Institut für ausländisches und internationales Privatrecht in Hamburg und etwas Praxis im Auslandsgeschäft der Deutschen Bank vorweisen, so daß man nolens volens und mutig dem gerade Dreißigjährigen die Rechtsberatung für Kapitalhilfe, Exportfinanzierung und Rohstoffkredite anvertraute. 1974 wurde er Chefsyndikus der KfW und übernahm die Leitung der neuerrichteten Hauptabteilung „Recht, Sicherheiten und Auszahlungen". Im Vorstand erbte er die Zuständigkeiten von Burk: Grundstoffindustrie und Rohstoffkredite, FZ für Subsahara-Afrika und Recht. Ab 1994 betreute er in seinen letzten beiden Vorstandsjahren zudem das Auftragsgeschäft der neuen Niederlassung Berlin.

2.3 Neuorganisation und Wachstum

1971 begann auch in der internen KfW-Geschichte ein neues Kapitel: Der Branchenbereich für die inländische Wirtschaftsförderung

Am 28. September 1973 eröffnete die KfW als erstes Institut am Bankplatz Frankfurt einen Betriebskindergarten.

und die Kapitalhilfe oder Finanzielle Zusammenarbeit wurden organisatorisch voneinander getrennt. Drei große Kreditabteilungen, nach Branchen und Aufgaben strukturiert, betreuten jetzt die vielfältigen Inlandskredite und die Auslandsaktivitäten für den deutschen Export sowie für die Rohstoffversorgung der deutschen Wirtschaft. Regional arbeiteten dagegen die drei Länderhauptabteilungen bis hin zu ihren Unterabteilungen in der Finanziellen Zusammenarbeit. Auch Koordination und Grundsatzarbeit wurden jeweils getrennt durch ein Branchen- bzw. Auslandssekretariat übernommen.

Das im Inlandsgeschäft erprobte Branchenprinzip hatte sich in der Kapitalhilfe nicht bewährt. Es erschwerte die Kontakte mit den Partnern in den Entwicklungsländern, mit den regional organisierten Bundesressorts, vor allem im BMZ, schließlich auch die Koordination im Hause selber. Inländische Branchenkenntnisse waren in Entwicklungsländern weit weniger wichtig, als man anfangs angenommen hatte. Sie verloren noch mehr an Wert, als sich die FZ zunehmend von den Industrieprojekten der sozialen Infrastruktur zuwandte. Andere und neue Sektorkenntnisse wurden jetzt in der FZ verlangt, die zum größten Teil aber nicht vollständig von der gleichfalls neuorganisierten Hauptabteilung Technik abgedeckt wur-

Entwicklung der Mitarbeiterzahl von 1971 bis 1989

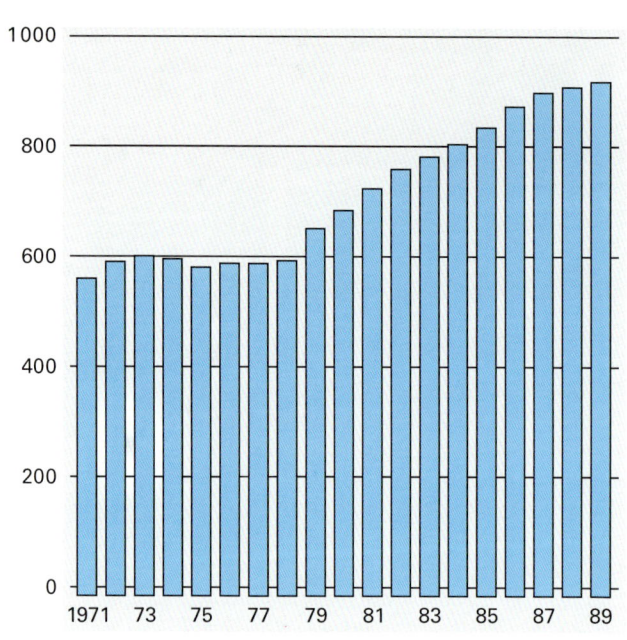

Zusagen von 1971 bis 1989

Mio DM

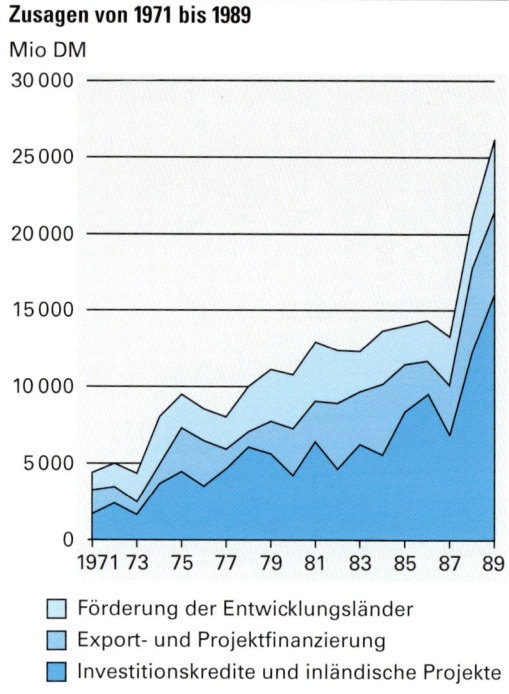

☐ Förderung der Entwicklungsländer
☐ Export- und Projektfinanzierung
☐ Investitionskredite und inländische Projekte

den. Nach und nach profilierten sich auch in den Länderabteilungen Spezialisten für die besonders wichtigen Sektoren. Die Berufsprofile der Mitarbeiter im Hause drifteten ebenfalls auseinander. Viele junge Frauen und Männer kamen als engagierte Entwicklungshelfer mit entsprechenden Vorkenntnissen zur KfW, andere wiederum wollten sich im inländischen Kreditgeschäft oder in der Exportfinanzierung bewähren.

Blieb die KfW noch das *eine Haus*, als das sie sich vor 1971 empfunden hatte? Es gab lange Diskussionen zu diesem Thema, je nach Standort und Laufbahn im Hause kann man verschiedener Ansicht sein. Immerhin kann nicht übersehen werden, daß viele Frauen und Männer in der KfW, von den Küchenfrauen über

Rechnungswesen und Rechtsabteilung bis zum Vorstand, für beide Bereiche arbeiten. „Job rotation" und andere personalpolitische Maßnahmen, nicht zuletzt auch die neuen Herausforderungen der neunziger Jahre, haben den Zusammenhalt wieder gestärkt.

Die KfW änderte sich auch, weil sie in diesen achtzehn Jahren beträchtlich wuchs. Die Bilanzsumme stieg von 25 Milliarden im Jahre 1971 auf 119 Milliarden im Jahre 1989, das jährliche Zusagevolumen im gleichen Zeitraum von 4,4 Milliarden auf 27 Milliarden. Die FZ verdoppelte ihr Volumen, noch mehr stieg die Arbeitsbelastung durch die kleineren, aber anspruchsvolleren Projekte der neuen Entwicklungspolitik. Die Exportfinanzierung verfünffachte ihr Volumen, auch hier wurden im-

Entwicklung der Bilanzsumme von 1971 bis 1989

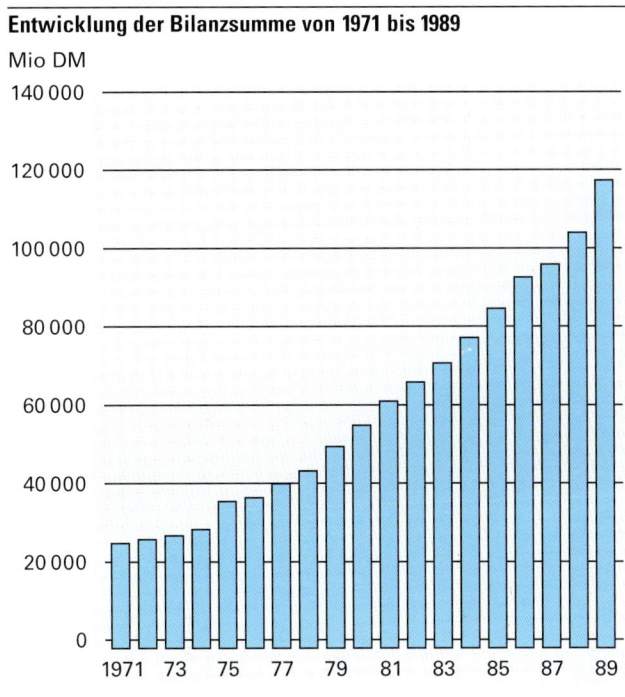

Mio DM

derung und Weiterbildung wurden eingeführt oder ausgebaut. Immer nachdrücklicher nahm auch der Personalrat seine Mitbestimmungsrechte wahr. Je größer die KfW wurde, desto weniger konnte sie sich dem Anspruchsdenken entziehen, das der Zeitgeist nach 1968 hervorgebracht hatte.

Die wachsende Zahl der Mitarbeiter führte zwangsläufig zu Raumnot und Bauplänen, aber der Platz im Frankfurter Westend war enger geworden. Die linken Studenten der nahegelegenen Universität und die gutbürgerliche Aktionsgemeinschaft Westend demonstrierten vehement gegen neue Bürobauten. Pläne der KfW, das benachbarte Gelände der Deutschen Bibliothek vom Bund zu erwerben, scheiterten 1981 am Einspruch des Frankfurter Kulturdezernenten Hilmar Hoffmann, der mit dem Slogan „Bücher gegen Banken" eine emotionsgeladene Öffentlichkeit auf seine Seite brachte. Auch unser Nachbar Ignatz Bubis mußte erfahren, wie sehr sich die Stimmung seit den sechziger Jahren gewandelt hatte.[2] Seine Häuserkäufe und deren genehmigter Abriß an der Ecke Schumannstraße-Bockenheimer Landstraße führten Anfang der siebziger Jahre zu illegalen Hausbesetzungen, legalen Zwangsräumungen und zu einer blutigen Straßenschlacht vor den Gebäuden der KfW, bei der 50 Beteiligte auf beiden Seiten verletzt wurden. Selbst in der deutschen Literaturgeschichte hinterließ dieser Häuserkampf Spuren durch das wenig geniale Theaterstück „Der Müll, die Stadt und der Tod" des sonst so genialen Rainer Werner Fassbinder. Jahrelang konnte Bubis den 28geschossigen Büroturm nicht bauen, den ihm die Stadt genehmigt

mer kompliziertere Finanzierungsstrukturen und erheblich mehr Risikomanagement verlangt. Die inländische Wirtschaftsförderung schließlich stieg sogar zwischen 1971 und 1989 um das Achtfache. Dieser Zuwachs an Aufgaben konnte nicht allein durch Rationalisierungsmaßnahmen, in erster Linie in der EDV, aufgefangen werden. Die Zahl der Mitarbeiter erhöhte sich deshalb in den 18 Jahren von 550 auf 920. Vor allem für die operativen Aufgaben benötigte die KfW vorwiegend hochqualifizierte Mitarbeiter im außertariflichen Bereich.

Es war daher auch eine neue Personalpolitik notwendig, die Konrad Busse umsetzte, nachdem ihn Götte 1971 als neuen Personalchef von der Weltbank geholt hatte. Personalbeurteilungen, Traineeausbildung, Nachwuchsför-

hatte. Auch die KfW hatte an seinem Hochhaus kein Interesse, da es unwirtschaftlich war. Für erheblich wirtschaftlicher hielt die KfW eine Blockrandbebauung mit sieben Geschossen auf beiden Seiten der Bockenheimer Landstraße. Für die Städtebauer im Frankfurter Römer hatte diese Idee den Charme, daß der einst genehmigte, jetzt verteufelte Büroturm nicht gebaut würde und daß der wenig ansehnliche Eingang zum Frankfurter Westend durch einheitliche und architektonisch akzeptable Bauten neugestaltet werden könnte. So wurde man sich schließlich im Jahre 1982 einig: Der KfW wurden auf beiden Seiten der Straße ihre sieben Bürogeschosse genehmigt, Bubis konnte sein Grundstück an die KfW verkaufen, und die Stadt Frankfurt erhielt die „Arkaden im Westend", die dazu beitragen, daß die Bockenheimer Landstraße heute eine der schönsten Straßen der Stadt ist.

Die Nordarkade der KfW an der Bockenheimer Landstraße. Erbaut 1984 bis 1987.

Zum ersten Mal in ihrer Geschichte betrieb die KfW bei diesem Neubau eine intensive Öffentlichkeitsarbeit, um die politischen Stürme zu vermeiden, in die Bubis seinerzeit unversehens geraten war. In der Tat gab es nur wenige kritische Stimmen. Die lokalen Politiker, die Presse und die zuvor so militante Aktionsgemeinschaft Westend begrüßten das Vorhaben. Dazu trug sehr wesentlich das architektonische Konzept der Neubauten bei, für das Heinz Scheid vom Frankfurter Architekturbüro ABB (Hanig, Scheid, Schmid) verantwortlich zeichnete. Im Juni 1984 begannen die Arbeiten für das größte Frankfurter Bauvorhaben in der KfW-Geschichte. Wie bei dem Bau des Haupthauses in den Jahren 1966/67 konnte die KfW wiederum von einer schwachen Baukonjunktur profitieren und gleichzeitig zusätzlich zu ihren Förderprogrammen einen eigenen Beitrag zu deren Belebung leisten. Im September 1987 wurden beide Bauten, die Nordarkade und die Südarkade, von den Mitarbeitern der KfW bezogen. Endlich hatten alle wieder ihren Arbeitsplatz an einem einzigen Standort, aber auch jetzt sollte der Glaube, für lange Zeit alle Raumprobleme gelöst zu haben, sich schon nach einigen Jahren als trügerisch erweisen. Die deutsche Einheit bescherte der KfW neue Aufgaben und neue Raumnöte.

3. Neue Wege der inländischen Wirtschaftsförderung

Die Kanzlerjahre Helmut Schmidts waren von wirtschaftlichen Turbulenzen begleitet. Zwischen 1971 und 1973 brach das internationale Währungssystem von Bretton Woods mit seinen festen Wechselkursen zusammen. Die Folge war eine drastische Höherbewertung der Deutschen Mark. Es stiegen die Inflationsraten, vor allem in den USA, welche die Folgen des kostspieligen Vietnamkrieges zu verkraften hatten. Die ölproduzierenden Länder, im OPEC-Kartell zusammengeschlossen, vervierfachten zwischen 1972 und 1974 ihre Ölpreise, andere Energiepreise folgten. Auf diese erste Ölkrise folgte zwischen 1978 und 1980 eine zweite, in der sich die Öl- und Energiepreise nochmals in etwa verdreifachten. Gleichzeitig stiegen auf den internationalen Kapitalmärkten die Zinsen auf weit über 10%. Hochverschuldete Schwellenländer wie Mexiko und Brasilien wurden zahlungsunfähig. Die internationale Schuldenkrise ab 1982 hatte für die Auslandsaktivitäten der KfW weitreichende Konsequenzen, obwohl ihr nennenswerte Verluste erspart blieben.

Für die KfW wurde der *Strukturwandel* der deutschen Wirtschaft, den diese weltwirtschaftlichen Veränderungen erzwangen, zu einer zentralen Aufgabe in der inländischen Wirtschaftsförderung. Was die KfW in den sechziger Jahren konzipiert und in kleinerem Umfang begonnen hatte, mußte jetzt mit sehr viel mehr Nachdruck und mit erheblich größeren Kreditvolumina fortgesetzt werden. Energieeinsparungen, besserer Umweltschutz und Innovationen sind nur einige wichtige Bereiche, in denen die KfW helfen konnte, die internationale Wettbewerbsfähigkeit des *Standorts Deutschland* zu erhalten. Zwischen 1982 und 1992 verschaffte eine verbesserte Konjunktur der Bundesrepublik eine gewisse Atempause, ehe der zunehmende internationale Wettbewerb und die erheblichen Kosten der deutschen Einheit uns heute wieder vor ähnliche Probleme stellen. Bei den Förderkrediten verlangt der Strukturwandel große und permanente Programme, welche die KfW mit ihren M-Programmen und dem ERP-Regionalprogramm der deutschen Wirtschaft anbieten konnte. Doch auch in der Konjunkturpolitik wurde die KfW gefordert. In den schwierigen Hochzinsjahren von 1974 und 1981 versuchte sie, die Folgen konjunktu-

reller Einbrüche durch zeitweilige „Sonderprogramme" zu mildern.

Eine bedrohliche Gewitterwolke für die inländische Wirtschaftsförderung der KfW zog Ende 1987 am Bonner Horizont auf. Ein Referentenentwurf des BMF zur Steuerreform wollte die gesamten Zinseinnahmen aus dem inländischen Kreditgeschäft mit einer Quellensteuer von 10% belasten, ohne daß die von der Körperschaftsteuer befreite KfW eine Möglichkeit gehabt hätte, diese Steuer anzurechnen. Jährliche Ertragseinbußen in dreistelliger Millionenhöhe und zusätzliche Zinssubventionen in Milliardenhöhe bei den vom Bund gestützten Förderprogrammen wären die kostspieligen Folgen dieses wenig durchdachten Vorschlags gewesen. Aufs höchste beunruhigt, traf sich der Vorstand am Sonntag des 10. Januar 1988 zu einer Sondersitzung, um bei dem Bundesfinanzminister und Verwaltungsratsvorsitzenden Stoltenberg zu intervenieren. Gemeinsam mit dem BMWi als Verwalter des ERP-SV und anderen Förderinstituten, die in gleicher Weise betroffen waren, gelang es, die Bundesregierung zu einer Korrektur ihrer Absichten zu bewegen.

3.1 Marktmittel für den Mittelstand: Die KfW entwickelt ihr M-Programm

Mit dem Ausbau der inländischen Wirtschaftsförderung beginnt 1971 ein neues Kapitel der KfW-Geschichte. Die KfW reagierte damit nicht nur auf die dringenden Wünsche der Bundesressorts. Sie erkannte auch endlich ihr eigenes Interesse. Die politischen und budgetären Restriktionen der Kapitalhilfe wurden immer deutlicher erkennbar. Wollte sie das *Mehrzweckinstitut* bleiben, das sie 1961 geworden war, dann mußte die KfW sich wieder auf ihren ursprünglichen Schwerpunkt, die inländische Wirtschaftsförderung, besinnen, die schließlich auch im politischen Kräftefeld von Bundesregierung und Parlament einen höheren Stellenwert besaß als die Entwicklungshilfe.

1971 hatte man die Gründerväter Sir Eric Coates und Jack Bennett in der KfW längst vergessen. Aber deren Gründungskonzept aus dem Jahre 1947, mit langfristigen Kapitalmarktmitteln und nicht mit öffentlichen Geldern Investitionen zu finanzieren, wurde jetzt mit Nachdruck realisiert. Bislang hatte die KfW vorwiegend ERP-Programme im Bedarfsfall durch eigene Kapitalmarktmittel aufgestockt. Jetzt ging sie dazu über, ein eigenes permanentes Kreditprogramm zu eröffnen, das ausschließlich aus Kapitalmarktmitteln refinanziert war. Es war vor allem der Generalbevollmächtigte Paul Schölzel, der mit Energie, Einfallsreichtum und der wohlwollenden Unterstützung von Götte die neuen Inlandsaktivitäten vorantrieb.

Der Schlesier Schölzel war bereits 1950 als Fachmann für Wohnungsbaufinanzierungen zur KfW gekommen. 1962 hatte er die Leitung der Kreditabteilung V mit ihren Zuständigkeiten für Landwirtschaft und Wohnungsbau übernommen, wodurch er auch für viele große Kapitalhilfeprojekte, vor allem die sehr komplexen Bewässerungsvorhaben, verantwortlich wurde. Aber sein besonderes Engagement galt dem neuen Inlandsgeschäft, das er ab 1971 aufbaute und bis zu seiner Pensionierung im Jahre 1982 mit unbestrittener Autorität leitete. Viele Führungskräfte der KfW sind durch seine anspruchsvolle Schule gegangen, in erster Linie Gert Vogt, der einige Jahre seine rechte Hand war und später, bis zur Berufung in den Vorstand, sein Nachfolger wurde.

Mit diesem neuen M-Programm wollte die KfW die Nachteile der kleinen und mittleren Unternehmen bei langfristigen Investitionsfinanzierungen ausgleichen. Im Gegensatz zu den Großunternehmen fehlt den kleineren Unternehmen der direkte Zugang zum Kapitalmarkt und die Verhandlungsstärke eines großen Kreditnachfragers. Das große Spektrum internationaler Finanzdienstleistungen ist ihnen weitgehend verschlossen. Die KfW bot nun durch ihr neues M-Programm auch diesen kleineren Unternehmen langfristige Investitionskredite an, deren Kosten möglichst weitgehend den Finanzierungskosten der Großunternehmen entsprachen. Es sollte bewußt kein neues Subventionsinstrument, sondern ein marktnaher Nachteilsausgleich geschaffen werden. Daraus folgt, daß die KfW ihre Zinssätze im M-Programm häufiger und schneller den jeweiligen Marktbewegungen anpassen muß, als es das ERP-SV bei öffentlichen Kreditprogrammen praktiziert. Marktgerechte Zinserhöhungen der KfW sind hin und wieder von Mittelstandspolitikern kritisiert worden, seit einigen Jahren hat man allerdings eingesehen, daß diese kein Politikum sind und sein dürfen. Schließlich diente dieser Zinssatz auch der Europäischen Union als Orientierungsmarke für marktgerechte Zinsen auf dem deutschen Kapitalmarkt. Nur Finanzierungsangebote mit noch günstigeren Zinssätzen als die Endkreditnehmersätze im M-Programm galten in Brüssel als Beihilfe.

Ebenso wie mit den ERP-Programmen suchte die KfW bei ihrem M-Programm nicht nur die Zusammenarbeit mit den mittelständischen Unternehmen, sondern auch mit der Bankwirtschaft. Subsidiarität und Bankdurchleitung sind stets gewahrt, denn nur, wenn eine Bank oder Sparkasse bereit ist, die Haftung für den Kredit zu übernehmen und dessen Refinanzierung bei der KfW zu beanspruchen, erhält der mittelständische Endkreditnehmer die zinsgünstigen KfW-Mittel. Dieser kann die durchleitende Bank auswählen und die im M-Programm geltenden Konditionen als Anhaltspunkt für die

Der Zinsverlauf im KfW-Mittelstandsprogramm in Relation zur Umlaufsrendite von Bundesanleihen

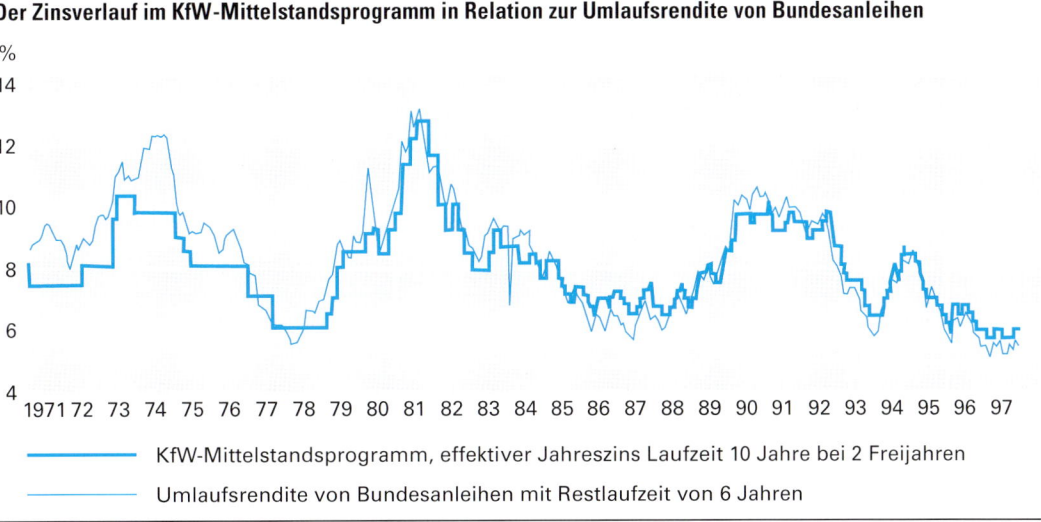

KfW-Mittelstandsprogramm, effektiver Jahreszins Laufzeit 10 Jahre bei 2 Freijahren

Umlaufsrendite von Bundesanleihen mit Restlaufzeit von 6 Jahren

Der Zinsverlauf im KfW-Mittelstandsprogramm in Relation zur Umlaufrendite von Bundesanleihen zeigt, wie sich die KfW ab Beginn der achtziger Jahre zunehmend um Marktnähe ihrer Mittelstandsförderung bemühte.

Beurteilung anderer Finanzierungsangebote nutzen. Die KfW hält sich also aus dem Bankenwettbewerb heraus, sie stimuliert ihn aber gleichzeitig auch, denn die Banken werden dazu angehalten, für die Investitionen ihrer mittelständischen Kundschaft bedarfsgerechte Finanzierungsmodelle anzubieten. Trotz ihrer Marktnähe können die festverzinslichen M-Kredite jederzeit ohne zusätzliche Kosten zurückgezahlt werden. Nach den Hochzinsphasen von 1973/74, 1980/81 und 1990/93 ist die KfW daher von außerplanmäßigen Rückflüssen hochverzinslicher Mittel nicht verschont worden. Sie hat aber die damit verbundenen Ertragseinbußen als Teil ihres öffentlichen Förderauftrags hingenommen.

Das M-Programm begann im Jahre 1971 mit einem jährlichen Zusagevolumen von 500 Millionen DM, 1989 war es auf 6 Milliarden DM angewachsen. Dieser Anstieg beweist nicht nur die zunehmende Akzeptanz des Programms bei den mittelständischen Unternehmen und den Banken, er zeigt auch das wachsende Emissionsstanding der KfW, die immer größere Mittel zinsgünstig auf den Kapitalmärkten beschaffen

konnte. Daher konnte die KfW auch großzügiger verfahren und ihren Finanzierungsanteil und die Kreditobergrenzen nach und nach erhöhen. Die KfW bemühte sich stets um Marktnähe. Antragsverfahren, Kreditabwicklung und Besicherung wurden zunehmend vereinfacht und rationalisiert. In der Kürze ihrer Bearbeitungszeiten (im Regelfall eine Woche) sieht die KfW einen wesentlichen Maßstab für ihre Leistungsfähigkeit. Seit der Hochzinsperiode von 1980 bietet die KfW Kreditoptionen an: Das Unternehmen erhält von ihr eine verbindliche Kreditzusage, der Zinssatz wird aber erst bei Abruf der Mittel festgelegt. Dadurch kann der Investor die Zinsfestschreibung auf einen ihm günstig erscheinenden Zeitpunkt verschieben, vor allem, wenn er eine Senkung der Marktzinsen erwartet.

Beim Verwendungszweck ihrer M-Kredite war die KfW gleichfalls bestrebt, die sich wandelnden Unternehmensinteressen zu berücksichtigen. Die zusammenrückenden Märkte, vor allem in Europa, und der intensiver werdende Standortwettbewerb zwingen auch mittelständische Unternehmen zu Investitionen im Ausland. Seit 1979 können sie bei ihren Auslandsinvestitionen von KfW-Krediten mit festen oder variablen Zinsen in deutscher oder ausländischer Währung begleitet werden.

Investitionen für den Umweltschutz hatte die KfW schon seit ihren Gründungsjahren gefördert. Den mittelständischen Unternehmen werden für derartige Maßnahmen im Programm M-Umwelt seit Mitte der achtziger Jahre Zinskonditionen angeboten, die sogar noch unterhalb der Kosten für normale Mittelstandskredite der KfW liegen.

Die so wichtige Innovationsförderung mittelständischer Unternehmen griff die KfW erstmals 1983 als neue Förderaufgabe auf. Die besonderen Risiken der Innovationsfinanzierung (die Unsicherheit von technischem Erfolg und Marktakzeptanz, das zeitliche Auseinanderfallen von Kosten und Erträgen) erschweren es vor allem dem Mittelstand, externe Kapitalgeber für Innovationen zu finden. Die KfW war daher bereit, den durchleitenden Kreditinstituten bei derartigen Vorhaben einen erheblichen Teil des Kreditrisikos abzunehmen.

Die KfW hat seit den siebziger Jahren die Ergebnisse der Mittelstandsförderung und die Finanzierungsprobleme kleiner und mittlerer Unternehmen intensiv analysiert und ihr Förderinstrumentarium entsprechend angepaßt. Sie konnte damit wesentliche Beiträge zur Weiterentwicklung der Mittelstandspolitik in der Bundesrepublik leisten. Im Zentrum ihrer Argumentation stand immer wieder die „Sprunginvestition" mittelständischer Unternehmen. Mittelständler investieren in Rationalisierungs- und Wachstumsphasen oft sehr viel höhere Beträge pro Beschäftigten als Großunternehmen. Dafür benötigen sie eine verläßliche und günstige langfristige Finanzierung, um die Hürden zu überwinden, die den großen Unternehmen nicht im Wege stehen.

3.2 Die ERP-Programme von 1971 bis 1989

Mit ihrem neuen M-Programm konnte die KfW die überstrapazierte ERP-Förderung ganz wesentlich entlasten. Diese Hilfe war dringend, denn bis 1971 konnten die ERP-Programme nur in einem sogenannten Windhundverfahren durchgeführt werden. Die Budgetansätze des ERP-SV waren so schnell ausgenutzt, daß sie oft schon nach einigen Wochen wieder geschlossen werden mußten.

Leider wurde die jetzt mögliche Kontinuität bei der Kreditversorgung des Mittelstandes schon 1972 wieder jäh unterbrochen, weil KfW und ERP die konjunkturpolitischen Dämpfer von Bundesbank und Bundesregierung unterstützen mußten. Die ERP-Förderung wurde ausgesetzt, das noch kaum eingespielte M-Programm der KfW wurde abrupt wieder heruntergefahren. Seit 1972 gibt es dann zum Glück keine weiteren Unterbrechungen mehr, wenn wir von kleineren Verspannungen absehen, die sich hin und wieder zum Jahresende ergeben können. Die ERP-Förderung steht nun stetig und verläßlich der mittelständischen Wirtschaft zur Verfügung.

Es ist vor allem das auch vom Volumen her beachtliche *Regionalprogramm,* das über Jahrzehnte das Rückgrat bildete für die Förderung der kleinen Unternehmen in den strukturschwachen Regionen der damaligen Bundesrepublik. Mehr und mehr gewann der Umweltschutz auch bei den ERP-Programmen an Bedeutung, ohne daß hier wirklich Neuland betreten wurde, denn bereits seit über zwanzig Jahren hatte man die Reinhaltung von Wasser und Luft finanziell gefördert.

Um dem auch vor dreißig Jahren schon beklagten Mangel an Eigenkapital in kleineren und mittleren Unternehmen abzuhelfen, führten BMWi und KfW bereits 1971 das *ERP-Beteili-*

gungsprogramm ein. Mit sehr niedrigen Zinssätzen refinanzierte die KfW Beteiligungsgesellschaften in den einzelnen Bundesländern. Die Beteiligungsgesellschaften ihrerseits gaben diese Mittel temporär als Eigenkapital an die mittelständischen Unternehmen weiter, ohne die unternehmerische Selbständigkeit ihrer Inhaber anzutasten. Dabei wurden sie häufig durch Bürgschaften von Beteiligungsgarantiegemeinschaften abgesichert. Vor allem die landeseigenen Förderinstitute in Bayern und Baden-Württemberg setzten dieses Instrument einer Bund-Länder-Kooperation besonders erfolgreich ein.

Die Untersuchungen und Analysen der KfW haben gleichfalls bei den ERP-Programmen dazu beigetragen, daß die Förderung besser auf die wirklichen Bedürfnisse der Unternehmen eingestellt werden konnte. Manche Programmidee, vielleicht gut gemeint, aber nicht tragfähig, konnte von Anfang an ausgesondert werden. Andere Programme waren einen Versuch wert, als man sie einrichtete. So glaubte man, als man das ERP-Umstellungsprogramm konzipierte, man müsse Unternehmen helfen, die durch den weltwirtschaftlichen Strukturwandel unter Umstellungsdruck geraten waren. Als die KfW dann das Programm evaluierte, und zwar an Hand der vielen Daten, die sie mittlerweile bei den Krediten gesammelt hatte, zeigte es sich, daß die konkreten Anpassungsprozesse im Unternehmen ganz anders verliefen, als man zunächst aufgrund gesamtwirtschaftlicher Beobachtungen angenommen hatte. Andere Programme konnten beendet werden, weil sich die Unternehmen inzwischen von selbst in die richtige Richtung bewegten. Heute ist die EDV-Nutzung dank der rasanten technischen Entwick-

lung so selbstverständlich geworden, daß ein ERP-Datenverarbeitungsprogramm der siebziger Jahre nur noch Schmunzeln erregt. Im politischen Umfeld unseres demokratischen Staatswesens ist es leichter, ein Förderprogramm zu fordern und einzurichten, als es wegen relativer Nutzlosigkeit zu beenden. Daran vermögen auch die gewiß berechtigten Klagen über den Förderwirrwarr in deutschen und europäischen Landen leider recht wenig zu ändern.

Dennoch, vor allem die großen und kontinuierlichen ERP-Programme wie das Regionalprogramm blieben ein wichtiges Instrument der deutschen Strukturpolitik, weil sie wirklich einen spürbaren Beitrag zur Gesamtfinanzierung der Unternehmen leisten konnten. Der starke Anstieg ihrer eigenen M-Programme führte zwischen 1971 und 1989 aber dazu, daß in der gesamten inländischen Wirtschaftsförderung der KfW der Anteil des ERP-SV von 32% auf 15% sank, obwohl sich im gleichen Zeitraum das Volumen der über die KfW ausgereichten ERP-Mittel fast verdoppelte.

In den 70er und 80er Jahren organisierte das Branchensekretariat regelmäßige Informationsreisen zu Unternehmen im Zonenrandgebiet. Hier der Besuch einer Wirtschaftsdelegation unter Leitung des Bundestagsabgeordneten Lorenz Niegel bei einem Druck- und Verlagshaus in Herzberg/Harz im September 1984. Von der KfW nahmen teil: Peter von Lindeiner (2.v.r.), Dr. Vogt und Utta Ott (5. und 6. v.l.).

Umweltschutz im Mittelstand: Mit der von der KfW finanzierten Vier-Farben-Offsetdruckmaschine werden bei der Offsetdruckerei H.J. Ockel KG in Kriftel/Taunus nicht nur Abwasser, Energie und Material gespart sondern es wird auch ein Beitrag zum Lärmschutz geleistet.

3.3 Konjunkturpolitische Sonderprogramme

Vor allem in den wirtschaftlich schwierigen siebziger Jahren erwartete die Bundesregierung die Mithilfe der KfW bei ihren Maßnahmen zur Konjunkturbelebung. Die Bank wickelte Programme ab, die voll aus Bundeshaushaltsmitteln refinanziert wurden. Sie erweiterte aber auch das Volumen ihrer eigenen M-Programme zu Lasten ihres eigenen Ertrags. In der Zinshausse von 1981 unterließ die KfW aus wirtschaftspolitischen Rücksichten Zinserhöhungen, die der Markt an und für sich verlangte. Die Folge war das schlechteste ordentliche Jahresergebnis ihrer Geschichte.

Im Laufe der Jahre teilten sich Bund und KfW zunehmend die Refinanzierungsaufgaben bei diesen konjunkturpolitischen Sonderprogrammen. Die KfW beschaffte die Gelder auf dem Kapitalmarkt, der Bund stellte aus Haushaltsmitteln Zinssubventionen in der politisch gewünschten Höhe bereit. Durch den Einsatz relativ geringer Haushaltsmittel konnten so trotzdem große Kreditvolumina bereitgestellt werden. Die Bundesbank und ihr Präsident Schlesinger haben diese Praxis mit geldpolitischen Argumenten und mit dem Vorwurf eines

angeblichen „Schattenhaushalts" damals kritisiert, aus Sicht der KfW zu Unrecht, denn die Zinssubventionen werden schließlich im Bundeshaushalt ausgewiesen, während sich aus der Geldbeschaffung auf dem Kapitalmarkt keine Verpflichtungen oder Belastungen des Bundes ergeben.

Das KfW-Sonderprogramm 1981/82 war das erste große Programm, bei dem diese Arbeitsteilung zwischen Bund und KfW praktiziert wurde. In der Hochzinsphase der zweiten Ölkrise, als auch die M-Programme der KfW mit über 12% ihren historischen Höchststand erreichten, hatten Helmut Schmidt und der französische Staatspräsident Valéry Giscard d'Estaing im Frühjahr 1981 ein gemeinsames Konjunkturprogramm über 5 Milliarden ECU vereinbart. Der deutsche Anteil errechnete sich auf ein Kreditvolumen von 6,3 Milliarden DM, das die KfW im Ausland, vor allem in den arabischen Ölländern, beschaffen und mit einer Zinsverbilligung von 2% aus Bundeshaushaltsmitteln ausleihen sollte. Mit diesem Kreditprogramm wollte die Bundesregierung vor allem Vorhaben zur Energieeinsparung und Ölsubstitution, zur Entwicklung neuer Energietechnologien, zur Rohstoff- und Materialeinsparung sowie Produkt- und Prozeßinnovationen fördern. Mit einem für damalige KfW-Verhältnisse großen Publizitätsaufwand wurde dieses Programm im Mai 1981 von der Bundesregierung und der KfW aus der Taufe gehoben. In den ersten Monaten war die Nachfrage auch sehr rege. Bis Ende 1981 wurden immerhin 8700 Kredite in Höhe von 5,4 Milliarden beantragt. Daraus ergab sich prompt eine sehr intensive öffentliche Diskussion über den sogenannten Mitnahmeeffekt. Kritiker hielten dieses Konjunkturprogramm für überflüssig, denn die finanzierten Investitionen hätten die Unternehmen ihrer Meinung nach auch ohne billige Kredite, nur eben etwas teurer, durchgeführt. Für die KfW war hier ein zentraler Punkt ihrer gesamten Förderphilosophie angesprochen. In einer eingehenden Evaluierung führte sie den Nachweis, daß dieses Programm die richtigen Ziele verfolgte und auch tatsächlich erreichte. Über den Mitnahmeeffekt ließe sich immer spekulieren, wichtiger sei es, was die KfW immer wieder betonte, daß vor allem kleine und mittlere Unternehmen von existenzgefährdenden Finanzierungsrisiken bewahrt blieben.

Dieses monatelang gefeierte Konjunkturprogramm starb dann im Sommer 1982 einen stillen Tod, aber nicht wegen seiner Erfolglosigkeit, sondern weil dieses Instrument in einer grundlegend veränderten Situation nicht mehr gebraucht wurde. Auf dem Kapitalmarkt sanken die Zinsen recht kräftig, der Bund paßte seine Zinsverbilligung diesem Trend zu Recht nicht an, so daß die Konditionen des Sonderprogramms Anfang 1982 jede Attraktion verloren. Zum Schluß wurden von den geplanten 6,3 Milliarden nur 3,6 Milliarden zugesagt, viele Unternehmen verzichteten auf die bereits zugesagten Kredite, andere zahlten sie vorzeitig zurück. Der Kapitalmarkt übernahm wieder seine normale Finanzierungsaufgabe, und der Bund konnte seine stets so knappen Haushaltsmittel sparen.

Auf das Ende dieses Sonderprogramms folgte wenig später das Ende der Regierung Schmidt. Die neue Regierungskoalition unter Helmut Kohl konnte das Staatsschiff in wirtschaftspolitisch ruhigere Gewässer führen, aber auf Konjunkturprogramme unter Mitwirkung der KfW verzichtete sie trotzdem nicht. Durch die „Gemeinschaftsinitiative für Arbeitsplätze, Wachstum und Stabilität" wurden 1983 die ERP-Programme der KfW um 800 Millionen DM aufgestockt. Zwei Jahre später mußte wiederum die lahmende Baukonjunktur angekurbelt werden. Die KfW baute damals nicht nur selber ihre Nord- und Südarkade auf beiden Seiten der Bockenheimer Landstraße, sie stockte auch ih-

re Ansätze für Eigenprogramme in den Jahren 1985 und 1986 um insgesamt 4,5 Milliarden auf.

Kurz vor der Wiedervereinigung eröffnete die KfW 1988 und 1989 mit Zinszuschüssen des Bundes zwei weitere Programme, erstmals mit sehr langen Kreditlaufzeiten von 20 oder 25 Jahren. Einen derartigen Konjunkturimpuls hatten die übrigen G7-Länder von Deutschland gefordert. Für das KfW-Gemeindeprogramm stellte die Bank in den Jahren 1988 bis 1990 einen Rahmen von 15 Milliarden DM zur Verfügung, den die westdeutschen Kommunen überwiegend zur Finanzierung von Umweltschutzmaßnahmen nutzten. Vor allem die Institute des langfristigen Kredits bedauerten, daß die KfW diese Kredite ohne Bankdurchleitung direkt an die Kommunen gab. Die KfW folgte damit nur einer dringenden und überzeugenden Empfehlung des Bundesrechnungshofes, der die Bankdurchleitung bei zinssubventionierten Kommunalkrediten wiederholt als eine unnötige Belastung der öffentlichen Haushalte kritisiert hat.

Zur Schaffung von Mietwohnungen in bereits bestehenden Gebäuden wurde im Herbst 1989 ein um drei Prozentpunkte verbilligtes Wohnungsbauprogramm von 1,5 Milliarden DM aufgelegt. Ziele und Größenordnungen dieser beiden zuletzt erwähnten Programme weisen schon auf die Aufgaben hin, die die KfW kurz darauf in den neuen Bundesländern übernehmen sollte.

3.4 Direktkredite für die Grundstoffindustrie

Mitte der siebziger Jahre kamen alte Kunden aus den Anfangsjahren wieder zur KfW zurück. Es waren die Elektrizitätserzeuger, die fünfzehn Jahre zuvor der wichtigste Kundenkreis bei den Wiederaufbaukrediten gewesen waren. In der Zwischenzeit hatten sie sich weitgehend aus ihrem eigenen „cash flow" oder über den Kapitalmarkt finanzieren können.

Jetzt aber planten sie mit ihren Kernkraftwerken Sprunginvestitionen, die langfristige Mittel in Milliardenhöhe erforderten. Seit Mitte der fünfziger Jahre hatten Bund, Länder und die 1957 gegründete EURATOM keine andere neue Technologie so nachhaltig gefördert wie die zivile Nukleartechnik. Zwei Kernkraftwerke in Gundremmingen und Lingen hatte die KfW bereits im Jahre 1965 mitfinanziert.

Nun war die technische Entwicklung so weit fortgeschritten, daß die Kernkraft im großen Umfang ihren Beitrag zur Energieversorgung leisten konnte. Die Krise der Steinkohle und die Ölpreishausse von 1972/74 forcierten diese Entwicklung nicht nur in Deutschland, sondern in allen Industrieländern und in vielen Schwellenländern, z. B. in Brasilien und Argentinien, wo die Exportfinanzierung der KfW gefragt war. Damals bestand ein Konsens zwischen allen politischen Parteien in Deutschland, diese neue Energiequelle so weitgehend wie möglich zu nutzen. Die aus der APO hervorgegangene Antiatomkraftbewegung war eine radikale Minderheit, die zwar vor Gewalttätigkeiten nicht zurückschreckte, die aber im parlamentarischen Raum erst an Gewicht gewann, als die Grünen sich als vierte politische Kraft langsam durchsetzen konnten. Die SPD, damals in Bonn in der Regierungsverantwortung und noch nicht auf Koalitionen mit den Grünen angewiesen, trug seinerzeit den Ausbau der Kernkraft mit, woran viele ihrer Anhänger heute ungern erinnert werden.

Im Gegensatz zur Wiederaufbauphase um 1950 übernahm die KfW Mitte der siebziger Jahre nur eine subsidiäre Rolle bei der Mitfinanzierung der Kernkraftwerke, denn der mittlerweile leistungsfähige Kapitalmarkt und die erstklassige Bonität der großen Stromkonzerne

ließen die Mobilisierung der notwendigen Milliardenbeträge zu kommerziellen Bedingungen durchaus zu. Jedoch, die Kernkraftwerksbetreiber brauchten für ihre Projekte besonders langfristige Kredite, die sie im wesentlichen von Hypothekenbanken und Versicherungen erhalten konnten, sofern diese Geldgeber durch deckungsstockfähige Bürgschaften abgesichert wurden. Bürgschaften der KfW, aber auch der EIB, sind deckungsstockfähig, die KfW setzte somit vor allem ihren Avalkredit zu durchaus kommerziellen Bedingungen ein.

In Höhe von acht Milliarden DM erteilte sie zwischen 1975 und 1984 Bürgschaftszusagen. Nur eine Milliarde DM sagte die KfW als Barkredit zu. In der sehr anspruchsvollen Finanzierungstechnik mit einer Vielzahl von Vertragspartnern wurde von der Kreditabteilung B I unter Leitung von Klaus Hennig Neuland beschritten, vor allem das Immobilienleasing wurde erstmals bei Großprojekten wie den Blöcken B und C in Gundremmingen eingesetzt. Auch bei den Kernkraftwerken Grohnde, Lingen und Mülheim-Kärlich praktizierten Banken und Betreiber komplizierte Methoden der Objektfinanzierung, denn die großen Stromkonzerne wollten zwar alle wirtschaftlichen, technischen und politischen Risiken für den Bau und Betrieb der Kernkraftwerke übernehmen, jedoch einen Ausweis von Zahlungsverpflichtungen in ihren Bilanzen vermeiden. Immerhin waren die sorgfältig ausgearbeiteten Vertragswerke so „wasserdicht", daß die KfW und die anderen beteiligten Banken auch bei einer Investitionsruine wie dem Kernkraftwerk Mülheim-Kärlich keinerlei Ausfälle hatten.

Von großem Nutzen waren für die KfW die Erfahrungen aus diesen Objektfinanzierungen, als sie sich nach 1990 bei ähnlichen, aber konventionellen Projekten in den neuen Bundesländern engagierte.

Nicht nur die politisch heute so umstrittenen Kernkraftwerke, auch andere Projekte der Energieversorgung hat die KfW durch derartige Objektfinanzierungen begleitet. Sie beteiligte sich an der Finanzierung einer Erdgas-Pipeline der Ruhrgas AG von Emden nach Duisburg, eines Hydro-Crackers der VEBA Öl und der Petroleos de Venezuela in Gelsenkirchen, zunehmend aber auch an der Finanzierung von Umweltprojekten wie dem Ausbau des Fernwärmeverbundes an der Saar und von neugebauten Rauchgasentschwefelungsanlagen für bereits bestehende Kohlekraftwerke.

In der zweiten Hälfte der achtziger Jahre kam die Nachfrage nach Energiekrediten zum Erliegen. Die vielfältigen Maßnahmen des Energiesparens – viele davon wiederum von der KfW gefördert – ließen den Energieverbrauch stagnieren. Die Investitionen, die vor allem im Umweltschutz noch getätigt wurden, konnten von den ertragsstarken Stromkonzernen mühelos selbst finanziert werden.

Die deutsche Stahlindustrie blieb auch zwischen 1971 und 1989 ein manchmal problematischer Direktkunde der KfW. Das heftige Auf und Ab der Stahlkonjunktur führte zu einer zeitlich schwankenden Kreditnachfrage, aber der in diesem Sektor besonders kostspielige Rationalisierungsdruck, oft verbunden mit schärferen staatlichen Umweltschutzauflagen, machte Kreditaufnahmen unverzichtbar. Allein im Jahre 1983 gab die KfW an Stahlunternehmen Kredite von über 500 Millionen DM. Weit über die Hälfte dieses Betrages wurde für die neue Zentralkokerei an der Saar verwendet. Neu hinzu kam 1983 aber auch die Maxhütte in der Oberpfalz mit einem Kredit von 35 Millionen.

Vier Jahre später, am Gründonnerstag des Jahres 1987, meldete die Maxhütte Konkurs an, und nur wenige Tage später wurden die Vor-

Das „Gersteinwerk" in Werne-Stockum bei Hamm, ein auf Erdgas und Kohle basierendes Kraftwerk der Vereinigten Elektrizitätswerke Westfalen AG.

stände der Kreditgeber in die Münchner Staatskanzlei zu Franz Josef Strauß gebeten, der diesen bayerischen Stahlstandort unbedingt erhalten wollte. Unter intensiver Mitwirkung der KfW erarbeitete die bayerische Staatsregierung ein Sanierungskonzept, das auch die Banken mittragen konnten. Wieder bewährte sich das betriebswirtschaftliche und technische Know-how, das die KfW durch ihre großen Direktkredite in diesem Sektor erworben hatte. Zwei Jahre später, Franz Josef Strauß war mittlerweile verstorben, wurde eine Auffanggesellschaft gegründet, an der sich neben dem Freistaat Bayern auch fünf deutsche Stahlkonzerne beteiligten. Unter Führung der KfW wurde ein Bankenkonsortium errichtet, um dringend notwendige Investitionen für den Neubeginn der Maxhütte zu finanzieren. Aber schon während der nächsten Stahlkrise verließen die meisten Stahlkonzerne im Jahre 1993 die Neue Maxhütte, die seitdem einer unsicheren Zukunft entgegensieht.

Die gute Zusammenarbeit zwischen der EGKS und der KfW bewährte sich auch in diesem Zeitraum von 1971 bis 1989, vor allem, nachdem der ehemalige KfW-Mitarbeiter Ottokar Hahn in der ersten Hälfte der achtziger Jahre als Direktor für Investitionen und Darlehen in Luxemburg amtierte. Die deutsche Montanin-

Gleich drei Finanzierungsprojekte der KfW im Blick: die Zentralkokerei Saar (ein Gemeinschaftsunternehmen der Saarbergwerke und der saarländischen Stahlerzeuger Dillinger Hütte und Saarstahl), dahinter die Hochofenanlage der ROGESA (dem Gemeinschaftsunternehmen von Dillinger Hütte und Saarstahl) und im Hintergrund die Anlagen der Dillinger Hütte, einem jahrzehntelangen Kunden der KfW.

dustrie blieb mit Abstand der wichtigste Kreditnehmer der EGKS. Von 1954 bis Ende 1989 hat die EGKS fast 10 Milliarden DM, das waren über 30% ihres gesamten Kreditvolumens, als Darlehen nach Deutschland gegeben und vor allem im Bereich Stahl und Eisen viele wichtige Modernisierungs- und Rationalisierungsprojekte über ihren Agenten, die KfW, gefördert.

4. Exportfinanzierung: Zu Lande, zu Wasser, in der Luft – bis hinauf in den Weltraum!

In den achtzehn Jahren zwischen 1971 und 1989 stieg nicht nur das Volumen der Exportfinanzierung in der KfW um das Fünffache. Vor allem ihre Methoden wurden immer vielfältiger und variantenreicher. Der schärfer werdende internationale Finanzierungswettbewerb forderte die KfW in ihrer Exportförderung. Neue Aufgaben wie die Airbusfinanzierung verlangten nach neuen und häufig maßgeschneiderten Modellen. Ab 1987 wurden daher die Allgemeine Exportfinanzierung und die Sonderfi-

nanzierungen für Schiffe, Flugzeuge und die Mischfinanzierungen für die FZ in zwei verschiedenen Hauptabteilungen bearbeitet.

Die großen Industrieländer verfügten jetzt über Mittel, die Exporte ihrer Industrie nachhaltig zu unterstützen, um die immer teurer werdenden Arbeitsplätze in ihren Ländern zu erhalten. Öffentliche Zinssubventionen führten insbesondere in strukturschwachen Branchen wie den Werften zu Wettbewerbsverzerrungen, die häufig die leistungsfähigen Unternehmen benachteiligten. Die Bundesregierungen unter Brandt, Schmidt und Kohl bemühten sich, ihr marktwirtschaftliches Credo auch im Welthandel zu bewahren. Sie waren bestrebt, durch Absprachen zwischen den Industrieländern den Konditionenwettlauf zu Lasten öffentlicher Haushalte einzuschränken. Im Jahre 1978 gelang es nach jahrelangen Bemühungen, einen OECD-Konsensus über Leitlinien für die staatlich unterstützten Exportkredite zu finden. Doch die unterschiedlichen Entwicklungen von Wechselkursen, Inflationsraten und Kapitalmarktzinsen, aber auch immer raffiniertere Methoden öffentlicher Unterstützungen, schufen einen andauernden Regelungsbedarf, der angesichts der häufig widerstreitenden Interessen zu langwierigen Verhandlungen führte und immer noch führt.

Die KfW mußte daher die bankmäßige Komponente ihrer Exportfinanzierung ausbauen, wenn sie die deutsche Industrie weiterhin ins Ausland begleiten wollte. Die öffentlich unterstützten Kredite verloren relativ an Bedeutung, zunehmend setzte die KfW Kapitalmarktmittel bei ihren Exportkrediten ein. Im Gegensatz zur Wirtschaftsförderung im Inland wurden die Zinsen ihrer Exportkredite aber nicht zu Lasten des eigenen Ertrags verbilligt. Im Gegenteil, die Erträge aus der Exportfinanzierung wurden benötigt, um die stark wachsenden inländischen Förderprogramme zu unterstützen. Gleichzeitig mußte die KfW aber auch eine angemessene Risikovorsorge treffen, denn anders als in den sechziger Jahren übernahm sie in der Exportfinanzierung zunehmend selber Risiken, die ihr zuvor Hermes oder die Exporteure abgenommen hatten.

Seitdem die Bundesregierung 1976 bei den Bestellerkrediten einen nicht abwälzbaren Selbstbehalt von 5% eingeführt hatte, hat die KfW nur noch in Ausnahmefällen die Exporteure am Kreditrisiko beteiligt. Nie wurde in der KfW das Ziel aus den Augen verloren, die deutschen Exporteure so weit wie irgend vertretbar bei der Finanzierung ihrer Geschäfte zu entlasten. Die Konditionen ihrer Kredite mußten einerseits international wettbewerbsfähig sein, andererseits konnte und wollte die KfW nichts „verschenken". Die zunehmenden Kooperationen mit deutschen und ausländischen Geschäftsbanken, vor allem bei den großen Projekten, zeigten immer wieder, daß die KfW keineswegs einen Verdrängungswettbewerb über günstigere Konditionen führte.

Entscheidend war, daß die KfW ihre guten Kontakte zur deutschen Exportwirtschaft und zu wichtigen Dauerkunden im Ausland pflegte und daß sie schnell, kreativ und doch risikobewußt auf Finanzierungswünsche reagierte.

Es war ein relativ kleines, aber leistungsfähiges und hochmotiviertes Team, dem die Erfolge der KfW in der Exportfinanzierung seit der Reorganisation im Jahre 1971 zu verdanken sind. Nach seiner Berufung in den Vorstand hatte Götte 1969 die Zuständigkeit für diesen ihm seit langem vertrauten Bereich übernommen und dieses Team und seine Arbeit geformt. Neben Forell, der seit 1968 die Hauptabteilung leitete, traten jüngere wie Reich, Schauer und Klaus, die nach und nach in Führungspositionen aufrückten. Viele fähige jüngere Mitarbeiterinnen und Mitarbeiter drängten in die Exportfinanzierung mit ihren zunehmend interessanteren Aufgaben, häufig zum Bedauern anderer Bereiche des Hauses, die unter diesem „brain drain" zu leiden hatten. Eine weitgehende Kontinuität in den Führungspositionen erhöhte die Effizienz dieser Truppe. Wenn man in Peking oder Buenos Aires verhandelte, wußte man, was Götte und seine Vorstandskollegen in Frankfurt akzeptieren würden. Zweifelsfragen wurden schnell per Telefon, Telex oder Fax geklärt. Die Exportfinanzierung der KfW hat über Jahrzehnte gezeigt, daß öffentliche Unternehmen sehr wohl mit der Privatwirtschaft mithalten können, sofern ein qualifiziertes Management die notwendigen unternehmerischen Freiräume erhält.

Die wachsende Marktnähe der Exportfinanzierung verlangte weiterhin, daß sich dieses Team schnell auf die wechselnden Bedürfnisse des Marktes einstellte. Von den simplen Staatskrediten mit Hermesdeckung führt der Weg in diesen achtzehn Jahren hin zu komplexen, maßgeschneiderten Projekt-, Objekt- oder Unternehmenskrediten mit ausgefeilten Besicherungsstrukturen und Kofinanzierungen.

Die Aufwertung der DM gegenüber dem US-$ und die schwankenden Wechselkurse ließen die Kreditnehmer im Ausland immer mehr vor Krediten in deutscher Währung scheuen. Viele unserer überseeischen Kreditnehmer hatten in den siebziger Jahren empfindliche Aufwertungsverluste einstecken müssen. Es war daher nicht überraschend, daß vor allem die von Dollareinnahmen abhängigen Schiffahrts- und Luftfahrtunternehmen es mehr und mehr ablehnten, sich in der so starken DM zu verschulden. Die KfW ihrerseits konnte diese erkennbar hohen Währungsrisiken auch nicht übernehmen. Dennoch gab die KfW im November 1978 ihren ersten Fremdwährungskredit über 13 Millionen Pfund an die New Zealand Shipping Corporation, um ein Kühlcontainerschiff des Bremer Vulkan zu finanzieren. Das Kursrisiko mußte noch durch eine besondere Wechselkursversicherung abgedeckt werden. 1989 gewährte die KfW fast zwei Drit-

tel ihrer 5,5 Milliarden Exportkredite in ausländischer Währung. Aus schwierig arrangierten Einzelfällen war in elf Jahren ein Massengeschäft geworden. Diese erstaunliche Entwicklung hatte zwei Voraussetzungen: Der Bund mußte bereit sein, über Hermes auch das Kursänderungsrisiko bei den Bestellerkrediten in Auslandswährungen zu verbürgen, und die KfW mußte Wege finden, sich auf ausländischen und internationalen Märkten die Fremdwährungsmittel zu beschaffen, die ihre Kreditnehmer verlangten.

Bereits seit 1972 hatte der Bund für deutsche Exporteure Wechselkursversicherungen übernommen. Diese Versicherungen standen den Banken aber allenfalls bei den unbeliebten und daher selten gewordenen Lieferantenkrediten zur Verfügung. Nur in Ausnahmefällen, vor allem bei Flugzeug- und Schiffsexporten, konnte auch bei Bestellerkrediten der Wechselkurs zwischen DM und Kreditwährung abgesichert werden. Eine mißliche Konsequenz war hierbei, daß der Bund auch dann zahlen mußte, wenn der Kreditnehmer seine Dollarverpflichtungen gegenüber seinem deutschen Kreditgeber korrekt erfüllte, aber die DM gegenüber dem Dollar wieder einmal an Wert gewonnen hatte. Kursverluste oder Kursgewinne mußten bei jeder einzelnen Fälligkeit mit Hermes abgerechnet werden. Da sich in den achtziger Jahren für die deutschen Banken, vor allem auch für die KfW, der internationale Markt für Refinanzierungen in ausländischen Währungen geöffnet hatte, forderten die Banken von der Bundesregierung, über Hermes auch Kreditforderungen in ausländischer Währung, in erster Linie in US-$, zu decken. Es dauerte recht

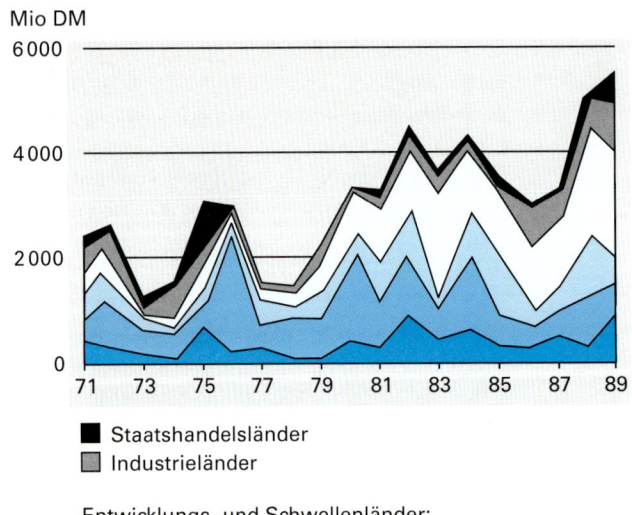

Die Entwicklung der Zusagen und ihre regionale Verteilung im Bereich Exportfinanzierung 1971 bis 1989

Mio DM

Staatshandelsländer
Industrieländer
Entwicklungs- und Schwellenländer:
Asien Afrika Amerika Europa

lange, bis endlich 1986 die Bundesressorts sich dazu durchringen konnten.

Auch die Refinanzierung in ausländischer Währung war kein Selbstgänger für die KfW. Erst in der zweiten Hälfte der achtziger Jahre gelang es definitiv, einzelne und ad hoc kontrahierte Kreditaufnahmen oder Wechselkurssicherungen durch ein permanentes „Fremdwährungsbuch" mit Auslandsemissionen und Währungsswaps zu ersetzen, die Fremdwährungskredite wirklich in dem Umfang gestatteten, in dem sie der Markt verlangte (s. Seite 160f.).

4.1 Die allgemeine Exportfinanzierung: Großgeschäfte und Rahmenverträge

Immer mehr unterschied sich die *allgemeine* Exportfinanzierung, die in erster Linie den Export von Großanlagen der Industrie und Energieerzeugung förderte, von den Sonderbereichen für Schiffe und Flugzeuge, in denen sowohl bei der Absatzförderung durch Subventionen des Bundes als auch bei marktüblichen Finanzierungstechniken und Besicherungen eigene Regeln galten.

Natürlich entwickelte sich die allgemeine Exportfinanzierung in diesen zwei Jahrzehnten erheblich weiter. In den siebziger Jahren prägen die spektakulären Großprojekte in Lateinamerika das Bild. Die erste Ölpreiskrise um 1973 forcierte in vielen Schwellenländern den Ausbau der Kernenergie und der Wasserkraft bei der Elektrizitätsversorgung.

Das deutsch-brasilianische Atomabkommen vom 27. Juni 1975 wurde mit einem Gesamtvolumen von über 12 Milliarden DM als das größte Auslandsgeschäft in der Geschichte der Bundesrepublik Deutschland bejubelt. Die deutsche Industrie unter Führung der Kraft-

werks Union und die Bundesregierung hatten zusammen diesen Großauftrag gegen die harte Konkurrenz der Amerikaner und Franzosen hereingeholt. Der internationale Durchbruch der deutschen Nukleartechnologie schien geglückt zu sein. Nicht weniger als acht große Kernkraftwerke vom Typ Biblis, dazu eine Urananreicherungsanlage, eine Wiederaufbereitungsanlage, Fabriken für Brennelemente und für große Reaktorkomponenten sollten die Deutschen liefern, aber selbstverständlich auch möglichst günstig finanzieren. Hier war die gesamte deutsche Kreditwirtschaft gefordert.

Die KfW unterzeichnete am 23. 7. 1976 feierlich einen Exportfinanzierungsvertrag über 1,85 Milliarden DM für die zwei ersten Kernkraftwerke. Es ist auch heute noch die größte einzelne Kreditzusage ihrer Geschichte. Parallel dazu stellte ein Geschäftsbankenkonsortium unter Führung der Dresdner Bank einen gleichhohen Bestellerkredit bereit. In den folgenden Jahren gewährte die KfW weitere Darlehen für die Urananreicherungsanlage, die Wiederaufbereitung, die Brennelemente und eine Schwerkomponentenfabrik. Doch dann verlief dieses riesige Vorhaben sich buchstäblich im Sande, denn schon das Reaktorgebäude für das erste Kernkraftwerk drohte, am Strand von Angra dos Reis zwischen Rio und Sao Paulo im Sande zu versinken. Es waren aber weniger technische Probleme als ein grundlegender Wandel der politischen Szene, der dieses ehrgeizige Nuklearkonzept zunächst verzögerte und dann gewaltig reduzierte. Die waghalsigen Kreditaufnahmen des brasilianischen Militärregimes mit seinem Finanzminister Delfim Neto trieben das Land in die Zahlungsunfähigkeit, nachdem die internationale Zinshausse 1982 die internationale Schuldenkrise ausgelöst hatte. Die nachfolgenden Zivilregierungen mußten die kostspieligen Prestigeprojekte in der nun ausbrechenden

Wirtschaftskrise abbrechen. Der stagnierende Energieverbrauch Brasiliens konnte weitgehend aus den gleichzeitig neuerbauten Wasserkraftwerken gedeckt werden.

An dem ersten Kernkraftwerk, mit dem man 1976 begonnen hatte, wird noch heute gebaut. Man hofft, es bis 1999 fertigstellen zu können. Einige bereits errichtete Fabrikanlagen wurden auf andere Produktionen umgestellt. Der Rest ist die Geschichte von Umschuldungen der Kredite, die Brasilien für sein zu teures und zu ehrgeiziges Entwicklungsprogramm aufgenommen hatte.

Glücklicher verliefen Bau und Finanzierung des Kernkraftwerks im spanischen Trillo. Ein

Die von J. M. Voith GmbH, Heidenheim, gefertigten Turbinen für das brasilianische Wasserkraftwerk Xingo haben eine Gesamtleistung von 3210 MW.

erster Kredit aus dem Jahr 1975 in Höhe von 500 Millionen DM wurde 1982 um 895 Millionen aufgestockt. Das Kraftwerk produziert seit 1988 Strom und läuft seitdem wie ein Uhrwerk.

In Argentinien hatte die KfW bereits 1969 das Kernkraftwerk Atucha I finanziert. Für Atucha II, ein weiteres Kernkraftwerk am gleichen Standort, engagierte sie sich 1980 mit 1,065 Milliarden DM. Enthalten in diesem Betrag ist auch ein nicht hermesgedecktes Darlehen von über 200 Millionen DM, aus dem die recht erheblichen lokalen Kosten zumindest teilweise finanziert werden sollten. Die Argentinier hatten nämlich von ihrem Auftragnehmer Siemens verlangt, einen möglichst großen Teil der Komponenten in Argentinien zu fertigen. 1980 befand sich Argentinien gerade wieder einmal in einer wirtschaftlichen Blütezeit, die dann leider durch das Falkland-Debakel und die internationale Schuldenkrise abrupt beendet wurde. Erst 1988 gelang nach mühevollen Verhandlungen die Umschuldung dieses Darlehns. Der Bau des Kernkraftwerks Atucha II verzögerte sich erheblich. Es ist immer noch nicht fertiggestellt.

Die Finanzierung von vier weiteren Kernkraftwerken verhinderte 1979 der Ayatollah Chomeini durch seine Machtübernahme im Iran. Die Perser hatten zu Zeiten des Schahs bei der Kraftwerks Union diese Kernkraftwerke bestellt, die sie aus ihren reichlich sprudelnden Öleinnahmen bar bezahlen wollten. Aber einige Jahre später wurde selbst bei ihnen das Geld knapp, und sie wünschten nach vielen Jahren der Fülle erstmals wieder Kredite. Lange und hartnäckig feilschten sie mit der KfW um die Konditionen eines Milliardenkredits, zum Glück so lange, bis der Machtwechsel in Teheran die KfW vor einer verbindlichen Zusage mit einem großen Risiko bewahrte.

Die heute so umstrittenen Kernkraftwerke waren allerdings nicht die einzigen Großprojekte, an denen die KfW im Rahmen ihrer allgemeinen Exportfinanzierung mitwirkte. In Brasilien, bis 1982 das wichtigste Land für unsere Exportfinanzierung, beteiligte sie sich z. B. auch an der Mitfinanzierung neuer Stahlwerke und der großen Wasserkraftwerke wie Itaipú 1979 mit 261 Millionen DM und Xingo 1982 mit 400 Millionen DM, um den deutschen Exporteuren und ihren brasilianischen Tochterfirmen Aufträge zu sichern. Die lateinamerikanischen Schwellenländer verlangten von den großen deutschen Anlageexporteuren mehr und mehr, Produktionsstätten in ihren Ländern zu errichten. Deshalb wurde die KfW von ihren vertrauten Stammkunden zunehmend bedrängt, auch deren Lieferungen als *lokale Kosten* mitzufinanzieren. Nicht jeder Wunsch konnte erfüllt werden. Aber bei technologisch innovativen Projekten war die KfW im Rahmen ihres gesetzlichen Förderauftrags bereit, auch Risiken zu übernehmen, die nicht bei Hermes gedeckt werden konnten.

Ein letztes Großprojekt war die Stadtbahn im kolumbianischen Medellín, an deren Finanzierung sich die KfW im Jahre 1984 mit einer Mischfinanzierung von 527 Millionen parallel mit einem deutschen Geschäftsbankenkonsortium unter Führung der Dresdner Bank und spanischen Kofinanziers beteiligte. Zu diesem Zeitpunkt hatte die internationale Schuldenkrise weltweit das Szenario verändert. Der Bund, der bislang nur in Ausnahmefällen aus seinen Hermesdeckungen in Anspruch genommen wurde, mußte ab 1982 Milliardenbeträge aus dem Haushalt bereitstellen, um die gedeckten Forderungen der deutschen Exporteure und Banken zu befriedigen. Zusammen mit den anderen Gläubigerländern und in Abstimmung mit dem Internationalen Währungsfonds versuchte die Bundesregierung anschließend, die erworbenen Forderungen umzuschulden

Der Rotor wird in den Generator des Wasserkraftwerkes Itaipú eingefahren.

und nach und nach wieder einzutreiben. Die Zeit der spektakulären Großprojekte in den jetzt zahlungsunfähigen Schwellenländern war vorbei, die Größenordnungen und die regionalen Schwerpunkte der deutschen Exportfinanzierung änderten sich nachhaltig. Lateinamerika und Afrika verloren, Süd- und Ostasien sowie die Staatshandelsländer hingegen gewannen an Bedeutung.

Eine neue Form der Exportfinanzierung erhielt jetzt Gewicht. Bereits seit 1978 hatte die KfW Konzepte entwickelt, die mittelständische Klientel ihres inländischen Fördergeschäfts auch bei ihren Exporten zu unterstützen. Vor allem Günter Wolf ist es zu verdanken, daß die KfW als erstes deutsches Kreditinstitut die *Rahmenverträge* entwickelte, die auch bei kleineren Ausfuhraufträgen die Form des Bestellerkredits ermöglichten. Nachdem die KfW ab 1980 bereit war, in den Staatshandelsländern deutsche Exporte zu Marktbedingungen zu finanzieren, waren es zunächst die Außenhandelsbanken dieser Länder, die als Monopolisten des kommerziellen Auslandskredits dieses Instrument gerne nutzten.

Obwohl Hermes nach wie vor für jedes einzelne Exportgeschäft eine gesonderte Deckung erteilte, konnte die KfW mit diesen Rahmenverträgen ihre Kreditabwicklung vereinfachen und standardisieren.

Im Jahre 1980 wurden die ersten dieser Rahmenverträge mit der Bank of China über 500 Millionen DM und mit den Außenhandelsbanken von Rumänien und Bulgarien abgeschlossen. Bereits 1983 konnte die KfW zwei Drittel ihrer Exportfinanzierungszusagen auf der Basis dieser Rahmenverträge erteilen. Obwohl auch Großunternehmen bei kleineren Aufträgen dieses Instrument nutzten, war es vor allem der mittelständische Anlagenbau in Deutschland, den die KfW als neuen Kundenkreis ansprechen und unterstützen konnte. Nach und nach waren auch Kreditinstitute in Entwicklungs- und Schwellenländern sowie bedeutende Dauerkunden, wie etwa die mexikanische Ölgesellschaft Pemex, Partner von Rahmenverträgen geworden. Die deutschen Geschäftsbanken begannen bald, das KfW-Konzept der Rahmenverträge zu kopieren.

Die allgemeine Exportfinanzierung der KfW beschränkte sich zwischen 1971 und 1989 keineswegs nur auf die beiden Extremformen der Großprojekte und Rahmenverträge. Hunderte von mittleren Krediten über zweistellige Millionenbeträge wurden in über vierzig Ländern durch Einzelverträge zugesagt. Zu den herkömmlichen Anlagen für Industrie und Energieversorgung, welche die KfW schon in den sechziger Jahren finanziert hatte, traten zunehmend auch Projekte der Telekommunikation und der Verkehrsinfrastruktur in Entwicklungs- und Schwellenländern. Die Exportaufträge beschränkten sich immer weniger auf die „Hardware" von Maschinen und Anlagen, immer mehr wurde auch die „Software" einer kompletten Systemtechnik Gegenstand unserer Förderung.

4.2 Der europäische Airbus und seine europäische Finanzierung

Mit beträchtlicher finanzieller Unterstützung der beteiligten Regierungen in Deutschland, Frankreich, Großbritannien und Spanien hatte in den sechziger Jahren Airbus Industrie, ein Konsortium europäischer Flugzeughersteller, den Airbus 300 als ziviles Großflugzeug entwickelt. Für den nötigen politischen Rückhalt sorgte Franz Josef Strauß als Aufsichtsratsvorsitzender dieser Gruppe und zwischen 1983 und 1988 auch wieder Mitglied unseres Verwaltungsrates.

1972 hatte der Airbus erfolgreich seine ersten Flüge absolviert, und nun galt es, dieses neue Produkt der europäischen Industrie auf einem Weltmarkt durchzusetzen, der völlig von den übermächtigen amerikanischen Flugzeugfirmen beherrscht wurde. Wieder mußte die Bundesregierung zusammen mit ihren europäischen Partnern aus Haushaltsmitteln Zuschüsse bereitstellen, um für den Absatz des Airbus die gleichen Finanzierungsbedingungen anbieten zu können wie die Amerikaner bei Boeing, Douglas oder Lockheed. Aufgrund ihrer Erfahrungen in acht Werfthilfeprogrammen wurde die KfW vom Bundeswirtschaftsministerium beauftragt, gleichfalls für die Flugzeugexporte Zuschüsse für die Absatzfinanzierung auszureichen.

Noch wichtiger und interessanter als die Verwaltung staatlicher Zuschüsse war indessen die eigentliche Kreditgewährung für den weltweiten Airbusverkauf, die in den ersten Jahren ab 1975 nur von den Deutschen und Franzosen gemeinsam übernommen wurde. Die Regierungen in Bonn und Paris, die Kreditversicherer Hermes und Coface sowie die beteiligten deutschen und französischen Banken mußten sich in allen Detailfragen bis hin zu den einzelnen Vertragsbestimmungen einigen, denn die ausländischen Käufer erwarteten eine einheitliche Finanzierungsofferte.

Der Anfang war sehr schwierig, denn die Franzosen hielten den Airbus für ein französisches Flugzeug, über dessen Finanzierung gleichfalls die Trikolore wehen sollte. Es dauerte einige Zeit, bis man in Paris einsah, daß hier nicht das nationale Prestige der Grande Nation, sondern der Verkauf eines neuen gemeinsamen Produkts auf einem sehr schwierigen internationalen Markt durchzusetzen war. Erst als der junge Jean Peyrelevade, der heutige Chef des Crédit Lyonnais, mit jüngeren und weltofferenen Mitarbeitern auf der französischen Seite die Finanzierung in die Hand nahm, kam man zügig und pragmatisch zu gemeinsamen Finanzierungsmodellen. Die staatliche Banque Française du Commerce Extérieur und ein französisches Bankenkonsortium unter Führung des Crédit Lyonnais übernahmen jeweils die Hälfte der Kredite unter der Garantie der Coface, an der anderen Hälfte beteiligten sich ein deutsches Bankenkonsortium unter Führung der Dresdner Bank mit zwei Dritteln und die KfW mit einem Drittel unter der Garantie von Hermes. Gemeinsame Finanzierungsmodelle und Vertragsmuster bis hin zu Leasingfinanzierungen wurden ausgearbeitet. Schon bald stellten sich in Korea, Indien, Thailand und Südafrika die ersten Erfolge ein.

Die USA allerdings waren der wichtigste Markt, auf dem sich Airbus Industrie etablieren wollte. Hier hatte die amerikanische Konkurrenz bei ihren Stammkunden, den großen Fluggesellschaften, einen Heimvorteil, den sie mit politischer Rückendeckung aus Washington erbittert verteidigte. Dennoch gelang es Airbus Industrie im Jahre 1978, bei Eastern Airlines einen Großauftrag über 15 Airbus 300 zu plazieren, an dessen Finanzierung sich die KfW mit 94,5 Millionen DM beteiligte. Wie alle früheren Flugzeugfinanzierungen mußte

Korean Airlines nahm 1974 seinen ersten A 300 feierlich in Empfang. Schon ein dreiviertel Jahr später folgte ein Airbus, an dessen Leasingfinanzierung sich die KfW beteiligte.

natürlich auch dieser Kredit in US-$ ausgereicht werden, so daß Hermes zusätzlich zu dem eigentlichen Kreditrisiko auch das Wechselkursrisiko in Deckung nahm. Eastern Airlines wurde zwar von dem berühmten Astronauten Frank Borman geführt, der als erster Mensch den Mond umrundet hatte, aber die Airline gehörte schon damals zu den finanziell besonders schwachen amerikanischen Fluggesellschaften. Die kreditgebenden Banken trafen sorgfältig vertragliche Vorkehrungen für einen Insolvenzfall, der einige Jahre später tatsächlich eintrat, dank der vorausschauenden Besicherung aber ohne Verluste abgewickelt werden konnte.

Auch sonst konnte man sich in diesen Anfangsjahren des Airbus-Geschäftes die Kunden nicht aussuchen. Die kolumbianische Aerocondor leaste 1978 einen Airbus für ihre Miami-Connection. In Toulouse war man froh, diese als Prototyp gebaute Maschine endlich loszuwerden. Wenig später verschwand der kolumbianische General Manager spurlos samt Kasse und Buchhaltung. Die Leasingraten wurden nicht mehr gezahlt, und als Airbus Industrie das Flugzeug aus dem kolumbianischen Medellin zurückholen wollte, drohte die dortige Drogenmafia mit Gewalt. Erst nach politischem Druck aus Paris und Bonn konnte die kolumbianische Regierung die Herren Pistoleros dazu bewegen, beim Start der Maschine nach Frankreich ihre Waffen ruhen zu lassen. Zu spät hatte man in Europa erkannt, mit welch „ehrenwerter" Gesellschaft man sich hier eingelassen hatte. Zum Glück war der Schaden minimal, denn die heimgekehrte Maschine konnte weiterverkauft werden.

Seit Anfang 1979 beteiligte sich auch Großbritannien mit 20% an der Airbusfinanzierung, so daß der deutsche und französische Anteil auf jeweils 40% reduziert wurde. Die britischen Banken, geführt von der Midland Bank, verhielten sich entgegen den anfänglichen Befürchtungen sehr kooperativ. Sie luden ihre kontinentalen Partner zu koordinierenden Gesprächen in das „Old House Hotel" im idyllischen Windsor ein, ein wunderschönes Barockpalais, das der berühmte Architekt Sir Christopher Wren am Ufer der Themse für die damalige Maitresse eines englischen Königs gebaut hatte. So entstand der „Windsor-Klub", der für fast zehn Jahre die Airbusfinanzierung übernahm. Die pragmatischen Engländer mit ihren vielfältigen Erfahrungen aus der Londoner City fügten sich schnell in diese kleine europäische Gemeinschaft ein.

Zu Beginn der achtziger Jahre gelang es Airbus Industrie mehr und mehr, ihre Flugzeuge an bonitätsmäßig einwandfreie europäische und asiatische Fluggesellschaften wie die SAS oder Singapore Airlines zu verkaufen, die sich vor allem für den neuen Airbus 310 interessierten, der ab 1983 ausgeliefert wurde. Kredite an diese Gesellschaften konnten ohne die Kreditgarantie der staatlichen Exportversicherungen gewährt werden, wodurch Absatzsubventionen des Bundes eingespart wurden. Die Flaute im internationalen Flugverkehr und die hohen Zinsen, beides Folgen der internationalen Schuldenkrise, erschwerten jedoch in der ersten Hälfte der achtziger Jahre den Verkauf neuer Flugzeuge. 1983 konnte die KfW für die Flugzeugfinanzierung nur noch den Gegenwert von 32 Millionen DM zusagen.

Erst ab 1984 besserte sich die Ertragslage der Airlines wieder, und die Auftragsbücher der Airbus Industrie füllten sich zunehmend. Vor allem auf dem wichtigen nordamerikanischen Markt konnte der Airbus neben dem Altkunden Eastern Airlines neue Großabnehmer finden. Der neue Kurzstreckenjet, der Airbus 320, wurde vom Markt sehr gut aufgenommen. Die Erwartungen der KfW auf ein größeres Flugzeugfinanzierungsgeschäft erfüllten sich aber nur bedingt. Manche Fluggesellschaften zahlten bar, andere hatten die Vorteile des Leasings entdeckt, das durch steuerliche Vergünstigungen in vielen Ländern zunehmend attraktiver wurde. Schließlich entdeckten auch andere Banken diesen größer werdenden Markt für ihr internationales Geschäft. Beraten von international erfahrenen Investmentbanken gingen die großen Fluggesellschaften in den Industrieländern dazu über, ihre Finanzierungspakete international auszuschreiben, um die für ihre Bedürfnisse optimalen Konditionen zu erhalten. Die Dominanz des „Windsor-Klubs" nahm rapide ab. Die KfW mußte neue Wege finden, wenn sie ihre Erfahrungen und Verbindungen in der Flugzeugfinanzierung im Interesse der deutschen Industrie weiter nutzen wollte.

Die Stichworte für diese Neuorientierung heißen *„asset based financing"* und *„strukturierte Finanzierung"*. Der Wert des als Sicherheit verpfändeten Flugzeuges, heute mit Nutzungszeiten von etwa 30 Jahren durchaus ein langlebiges Wirtschaftsgut, wurde die Basis der Kreditgewährung. Aber es wurde auch zunehmend wichtiger, diese Objektfinanzierungen den jeweiligen Bedürfnissen der Fluggesellschaften anzupassen. Ein Wendepunkt in der Geschäftspolitik der KfW war daher ihr Kredit an die kanadische Wardair, mit dem sie im Jahre 1987 Neuland beschritt und ihre Position in der internationalen Flugzeugfinanzierung dauerhaft festigen konnte.

Die Flugzeugfinanzierungen der KfW beschränkten sich im wesentlichen auf den europäischen Airbus. Nur in Einzelfällen wurde die Dornier 228 bei Verkäufen nach Afrika finanziert. Immerhin gelang der KfW 1988 der Vorstoß in den Weltraum, als sie sich mit einem Avalkredit von 50 Millionen Pfund an einem europäischen Konsortium zur Finanzierung von drei Telekommunikationssatelliten der Inmarsat beteiligte.

In einen Tornado geriet die KfW im gleichen Jahr bei ihrem Versuch, auf Grund diskreter Bonner Wünsche den Verkauf von deutsch-britisch-italienischen Kampfflugzeugen vom Typ Tornado nach Jordanien mitzufinanzieren. Als das Vorhaben durch Indiskretion publik geworden war, entstand in der Presselandschaft ein Wirbelsturm, der die Bundesregierung und die KfW zum Rückzug zwang. Bayerische Banken sprangen ein, aber die Jordanier zogen es dann doch vor, in einer windstilleren Atmosphäre französische Mirage-2000-Kampfflugzeuge anzuschaffen.

Beweglichkeit und Einfallsreichtum sicherten am Ende der achtziger Jahre die gute Position der KfW bei den internationalen Flugzeugfinanzierungen. Von mageren 32 Millionen im Jahre 1983 kletterte das Zusagevolumen auf über eine Milliarde DM-Gegenwert im Jahre 1989. Sehr wesentlich für diesen Erfolg waren die verbesserten Refinanzierungsquellen, die sich die KfW in den Jahren davor erschlossen hatte. Ihr Zugang zu den ausländischen Kapi-

talmärkten, verbunden mit dem neu entwickelten Instrumentarium der Zins- und Währungsswaps, ermöglichten es nun, die Kreditwünsche der Kunden in allen wichtigen Währungen zu erfüllen.

4.3 Containerschiffe und Kreuzfahrer: moderne deutsche Schiffe für das Ausland

1961 hatte die KfW mit dem ersten Werfthilfeprogramm begonnen. Am Ende unseres Berichtszeitraums, im Jahre 1989, war die KfW bei der 7. Tranche des achten Werfthilfeprogramms angelangt, und ein Ende der staatlichen Förderung war nicht abzusehen. Allein im achten Werfthilfeprogramm hat die KfW für Rechnung des Bundes zwischen 1976 und 1989 Subventionen für die Auftragsfinanzie-

Der LNG-Tanker „Golar Freeze" wurde von HDW, Kiel, gebaut.

rung in Höhe von 3,7 Milliarden gewährt. Es waren größtenteils Zinszuschüsse, die bei den zeitweise hohen Marktzinsen gestatteten, die Kreditzinsen auf einen Satz zu reduzieren, der innerhalb der Leitlinien lag, die im Rahmen der OECD vereinbart worden waren. Es fehlte nicht an Initiativen, auch von deutscher Seite, diesen internationalen Subventionswettlauf einzudämmen. Neben der OECD bemühte sich auch die Europäische Gemeinschaft darum, daß die offensichtlich politisch unvermeidbaren Subventionen zumindest ökonomisch möglichst sinnvoll eingesetzt wurden. Bonn und Brüssel wollten deshalb die Modernisierung der Werften und den technologischen Fortschritt im Schiffbau fördern. So nahm zwar die Zahl der Beschäftigten in der deutschen Werftindustrie rapide ab, und viele Werften mußten unter mehr oder weniger dramatischen Umständen ihren Betrieb einstellen, aber der Weg von der Quantität zu höherer Qualität war nicht erfolglos. Es sind die technologisch anspruchsvollen Schiffstypen wie Containerschiffe, Flüssiggas- und Chemikalientanker, Kühlschiffe oder Passagierschiffe der verschiedensten Art, deren Absatz so-

wohl durch die Subventionen des Bundes wie durch die Exportkredite der KfW gefördert wurde.

Wie in der Flugzeugfinanzierung beschränkte sich die KfW auch bei der Werfthilfe nicht auf die Verwaltung und Vergabe von Bundesmitteln. Sie sah es auch in diesem Bereich als ihre Hauptaufgabe an, durch möglichst günstige Kredite aus Marktmitteln die Werften bei ihren Exportanstrengungen zu unterstützen und gleichzeitig die Bundeszuschüsse zu schonen. Während sie in den sechziger Jahren ihre Kredite über Banken, vor allem die spezialisierten Schiffahrtsbanken, geleitet hatte, vergab sie jetzt Direktkredite an die ausländischen Reeder, da für die relativ kleinen Schiffahrtsbanken die Volumina zu groß wurden. Sehr häufig kam es zu gemeinsamen Finanzierungen mit den Landesbanken oder privaten Geschäftsbanken in den norddeutschen Küstenländern, die sich bereits in der Bauzeit der Schiffe bei den Werften engagiert hatten.

Der Kreis der KfW-Kreditnehmer war recht vielfältig. Es waren große etablierte Reedereien in Skandinavien, England oder Amerika, aber auch Einschiffsgesellschaften mit Sitz in einer Steueroase wie den Bermudas, die unter liberianischer Flagge fuhren und deren griechischer Eigentümer sein Unternehmen von New York aus leitete. Sehr unterschiedlich waren daher die Anforderungen an die Strukturierung, die Besicherung und die vertragliche Ausgestaltung der Kredite. Wie bei den Flugzeugen wurden Objektfinanzierungen und Fremdwährungskredite zunehmend gefragt. Der Anteil der hermesgedeckten Geschäfte verminderte sich im Lauf der Zeit. Wichtig blieben aber in problematischen Fällen die Ausfallbürgschaften der norddeutschen Küstenländer sowohl für die Bau- wie auch für die Absatzfinanzierung der Schiffe.

Auch die „Norasia Hong Kong" hat HDW hergestellt.

Zwei große Kunden kamen in den achtziger Jahren aus Staatshandelsländern. 1983 vergab die chinesische COSCO einen Auftrag über neun Containerschiffe im Gesamtwert von fast einer halben Milliarde an drei große deutsche Werften. Gerade in der Mitte der achtziger Jahre hatte sich die Lage der Werftindustrie nach den Ölpreisschocks und der Schuldenkrise dramatisch verschlechtert, viele Arbeitsplätze konnten in Bremen, Kiel und Flensburg durch dieses Geschäft gesichert werden. Die sowjetische Sovcomflot bestellte 1989 beim Bremer Vulkan und den Kieler Howaldtswerken zehn große Containerschiffe im Wert von über einer Milliarde DM. Auch die Deutsche Seereederei in Rostock verhandelte 1989 über den Bau und die Finanzierung von sechs Containerschiffen, aber als der Kredit ein Jahr später zustande kam, hatte die Wende das Staatsunternehmen der DDR in die Obhut der Treuhandanstalt überführt. Aus dem geplanten Exportkredit wurde so die erste große „Anschubfinanzierung" der KfW für die neuen Bundesländer.

Die Entwicklungsländer waren ein weiterer wichtiger Kundenkreis für den Kauf deutscher Schiffe. Im Gegensatz zu den Industrieländern konnten sie ihre Kredite bei der KfW aus dem sogenannten VIII-E-Programm sowie über Mischfinanzierungen zu Entwicklungshilfekonditionen erhalten. Fast die Hälfte der Zinszuschüsse aus dem VIII. Werfthilfeprogramm wurde für Vorhaben eingesetzt, die entwicklungspolitisch förderungswürdig waren. Von Fährschiffen für afrikanische Flüsse und Passagierschiffen für den interinsularen Verkehr Indonesiens bis hin zu Fischereifahrzeugen, Baggern und Schleppern reichte die breite Palette technisch anspruchsvoller Schiffe, welche die Verkehrsinfrastruktur oder die Ernährungslage in vielen Entwicklungsländern nachhaltig verbesserten.

5. Von der Kapitalhilfe zur Finanziellen Zusammenarbeit

5.1 Die Entwicklung der Entwicklungspolitik von 1971 bis 1989

Die erste Entwicklungsdekade war 1970 zu Ende gegangen. Enttäuscht worden war die Erwartung mancher, man könne der dritten Welt ebenso schnell auf die Beine helfen, wie es beim Wiederaufbau im westlichen Nachkriegseuropa gelungen war. Geldtransfer (hier Marshallplan – dort Kapitalhilfe) und die marktwirtschaftlichen Rezepturen des Prof. Erhard reichten nicht aus. Dennoch dachte kaum jemand daran, die Entwicklungspolitik nun aufzugeben. Diese Politik konnte, nicht nur in Südeuropa, Korea und anderen fernöstlichen Ländern, durchaus respektable Erfolge vorzeigen. Das zunehmende politische Gewicht der blockfreien Staaten, die fortdauernde Ost-West-Spannung, das weitere Vordringen der Sowjetunion in vielen Regionen der dritten Welt und der für die Amerikaner so schmerzliche Vietnamkrieg ließen keine andere Wahl zu.

Es war der amerikanische Verteidigungsminister Robert S. McNamara, der bereits 1966 zu einer Erkenntnis gekommen war, die auch heute nach Beendigung des Ost-West-Konflikts noch gilt: *„In a modernizing society security means development. Security is not military hardware, though it may include it; security is not military force, though it may involve it; security is not traditional military activity, though it may encompass it. Security is development, and without development there can be no security. A developing nation that does not, in fact, develop simply cannot remain secure for the intractable reason that its own citizenry cannot shed its human nature.*"[3] Der für die Amerikaner nicht zu gewinnende Vietnamkrieg hatte McNamara zu der Einsicht gebracht, daß militärische Mittel allein die Konflikte in der dritten Welt nicht lösen können, sondern daß gerade die Entwicklungspolitik ein wesentlicher Bestandteil einer erfolgreichen internationalen Sicherheitspolitik sein muß. Der Verteidigungsminister einer kriegführenden Großmacht wechselte somit 1968 auf den Stuhl des Weltbankpräsidenten und setzte sich das Ziel, mit großem missionarischem Engagement der internationalen Entwicklungspolitik neue Impulse zu geben. In wenigen Jahren vervielfachte McNamara die Zusagen von IDA und Weltbank. Aus der feinen internationalen Investmentbank wurde eine riesige, vielleicht zu riesige, Organisation der multilateralen Entwicklungshilfe, an deren neuen Zielen und Methoden sich die bilateralen Geber, nicht zuletzt die Bundesregierung und die KfW, orientierten.

Die Vollversammlung der Vereinten Nationen, ohnehin von den Entwicklungsländern majorisiert, folgte weitgehend McNamaras Vorstellungen, als sie am 24. Oktober 1970 die *„Internationale Strategie für die zweite Entwicklungsdekade"* beschloß. Ziel war jetzt nicht mehr ausschließlich das Wirtschaftswachstum der Entwicklungsländer. Das Wirtschaftswachstum sollte nun vor allem den Ärmeren in den Entwicklungsländern das Mindestmaß eines menschenwürdigen Lebensstandards sichern. Die meisten Entwicklungsländer standen ohnehin der markt- und privatwirtschaftlichen Politik der Industrieländer skeptisch gegenüber. Staatliche Unternehmen und planwirtschaftliche Methoden hielt man für geeigneter, eigene Interessen durchzusetzen und den Einfluß der ehemaligen Kolonialherren zu begrenzen. Die Vollversammlung verlangte weiterhin von den Industrieländern, Leistungen an die Dritte Welt in Höhe von 0,7 Prozent ihres Bruttosozialprodukts zu erbringen. Dies ist eine Forderung, die nach wie vor immer wieder von hochgestellten Politikern bei passender Gelegenheit zitiert, aber wohl nie erfüllt wird. Es darf aber nicht übersehen werden, daß sich das Volumen der deutschen Hilfe in den siebziger Jahren vervielfachte und daß diese Hilfe den Entwicklungsländern zu immer großzügigeren Bedingungen gewährt wurde.

Die Bundesrepublik Deutschland konnte und wollte sich diesen neuen sozialen Aufgaben in ihrer eigenen Entwicklungspolitik nicht entziehen. Die gerade eingeleitete Ostpolitik der Regierung Brandt erforderte gleichfalls die Berücksichtigung der Interessen der dritten Welt, schließlich wollte die Bundesrepublik Mitglied der Vereinten Nationen werden, was 1973 tatsächlich gelang. In der Bundesrepublik war aus der 68er-Bewegung und der Friedensbewegung eine Dritte-Welt-Bewegung hervorgegangen, die nicht nur aus Studenten bestand, die fortwährend Ho Chi Minh und Che Guevara als ihre Götter anriefen, sondern die auch bei allen Parteien im Bundestag an Einfluß gewann und die in Eppler den Bundesminister für wirtschaftliche Zusammenarbeit stellte. McNamara, der Ex-Verteidigungsminister aus dem Pentagon, und Eppler, der pietistische Pazifist aus Schwaben, wurden so zu Bundesgenossen.

Auf Initiative von Eppler beschloß die Bundesregierung am 11. Februar 1971 ihr erstes entwicklungspolitisches Konzept, das die neuen Vorstellungen der Weltbank unter McNamara weitgehend kopierte, indem es sich an den Grundbedürfnissen der ärmeren Bevölkerung orientierte und die Bekämpfung der Arbeitslosigkeit, die Förderung der ländlichen Regionen und der sozialen Infrastruktur zu neuen Schwerpunkten der deutschen Entwicklungspolitik erklärte. Auch die jetzt im BMZ eingeführten länderbezogenen Hilfeprogramme waren ein Import aus Washington, denn die Weltbank hatte sie sich schon zwei Jahre vorher ausgedacht.

Eppler sorgte gleichfalls organisatorisch für Remedur. Im Dezember 1972 wurde das BMZ endlich für die gesamte Entwicklungshilfe zuständig, auch für die von der KfW betreute Kapitalhilfe, die bis dahin beim BMWi ressortiert hatte. Zwei Jahre später wurden auf sein Betreiben die Deutsche Förderungsgesellschaft für Entwicklungsländer (GAWI) und die Bundesstelle für Entwicklungshilfe in die bundeseigene Deutsche Gesellschaft für Technische Zusammenarbeit (GTZ) umgewandelt. Damit hatte nach jahrelangen Querelen und Unzulänglichkeiten auch der wichtige Bereich der Technischen Hilfe eine leistungsfähige Organisationsform gefunden.

Weniger zufrieden war Eppler mit der Mittelbereitstellung. Als die Regierung Schmidt im Sommer 1974 in ihrer mittelfristigen Finanzplanung die Entwicklungshilfe um mehr als zwei Milliarden DM kürzen wollte, trat Eppler zurück. Er konnte seine Traumziele nicht erreichen, dennoch soll hervorgehoben werden, daß die Bundesrepublik zwischen 1971 und 1981 ihre öffentliche Entwicklungshilfe immerhin verdreifachte. Epplers Nachfolger Egon Bahr betrieb in Übereinstimmung mit seinem Regierungschef eine stärker an eigenen Interessen ausgerichtete Politik. Das außenpolitische Element wurde wieder gegenüber dem sozialpolitischen verstärkt. So erhielt z.B. Somalia prompt 30 Millionen Warenhilfe, nachdem es im Oktober 1977 den Einsatz der GSG 9 bei der Geiselbefreiung in Mogadischu gestattet hatte.

Die neue Realpolitik in der Entwicklungshilfe kam aber nicht umhin, schon bald im Schloß Gymnich über die Konsequenzen des Ölpreisschocks nachzudenken, der viele Entwicklungsländer noch härter traf als die Industrieländer. Diese „Gymnicher Thesen" von 1975 versprachen den ärmeren und besonders betroffenen Ländern ein Mehr an Hilfe zu günsti-

geren Konditionen. In der Tat verdoppelte sich der Anteil dieser Länder an der deutschen Entwicklungshilfe innerhalb der nächsten vier Jahre. Gleichzeitig versuchten die Deutschen, mit den OPEC-Staaten zu Dreieckskooperationen in der Entwicklungshilfe zu kommen. Die Ölländer nahmen eine fachliche Beratung, auch der KfW, bei der von ihnen neu aufgenommenen Entwicklungshilfe gerne an, aber über die Verwendung ihrer Mittel bestimmten sie selbst. Die Zahl der Kofinanzierungen blieb selbst in islamischen Ländern geringer als erwartet.

Die deutsche Entwicklungspolitik war und ist nicht davor gefeit, sich mit gutgemeinten ideologischen Hypotheken zu beladen, die im Kern durchaus zutreffend sind, in der Praxis aber manchmal überdehnt werden. Zu Beginn der siebziger Jahre wurde im Technologietransfer das Heil gesehen. Bachem entwickelte für Eppler ein Konzept für diesen Technologietransfer, das zusammen mit ihm alsbald in der Versenkung verschwand. Erst 1981 konzipierte dann das BMZ ein kleines Technologieprogramm, das lediglich viele deutsche Subventionshaie anlockte, für die Entwicklungsländer aber wenig bewirkte.

Dauerhafter und wichtiger war die Frauenförderung, die sich Marie Schlei vornahm, als sie als erste Frau Ende 1976 von Bahr das BMZ übernahm. Sie praktizierte sie nicht nur in den Entwicklungsprojekten. Bei ihrem ersten Besuch in der KfW monierte sie, daß hier zu wenige Frauen in Führungspositionen säßen. Beide Kritikpunkte waren sicher nicht unberechtigt. Allerdings gibt es in der KfW viele FZ-Projekte des Verkehrs- oder Energiesektors, bei denen entsprechende Forderungen und Untersuchungen irrelevant sind.

Der Umwelt- und Ressourcenschutz sowie die Geburtenkontrolle wurden eher zu spät als

Aufgabe der Entwicklungspolitik erkannt. Zwar hatte bereits 1972 die UNO-Umweltschutzkonferenz von Stockholm mit Nachdruck auf dieses Problem hingewiesen. Im gleichen Jahr entwickelte die KfW auf eigene Initiative eine Umweltcheckliste für ihre Projektprüfungen. Es dauerte dann noch sechzehn Jahre, bis das BMZ mit tatkräftiger „Entwicklungshilfe" der KfW sein eigenes Verfahren zur Umweltverträglichkeitsprüfung einführte. Trotz aller Anstrengungen wird es noch lange dauern, bis sich das Bewußtsein großer Bevölkerungskreise in den Entwicklungsländern für Umweltschutz und Geburtenkontrolle gewandelt hat. Wertvolle Zeit wurde hier vergeudet.

Als Rainer Offergeld 1978 Bundesminister für wirtschaftliche Zusammenarbeit geworden war, hatte er bald mit den Folgen der Ölpreisschocks zu kämpfen. Während einige Länder wie Nigeria oder Algerien erhebliche Mehreinnahmen kassierten, ohne sie sinnvoll zu nutzen, kamen die meisten der auf Ölimporte angewiesenen und ohnehin hochverschuldeten Entwicklungsländer in zusätzliche finanzielle Schwierigkeiten.

Aus der Kapitalhilfe mit zinsgünstigen, aber dennoch rückzahlbaren Krediten wurde jetzt die Finanzielle Zusammenarbeit. Das war mehr als ein bloßer Etikettenwechsel. Die ärmsten Entwicklungsländer, die sogenannten LDCs (least developed countries), erhielten aus Deutschland anstelle von Krediten nur noch Zuschüsse, die bestehenden Schulden wurden erlassen. Mit anderen Entwicklungsländern vereinbarten Bundesregierung und KfW sehr weitreichende Umschuldungen für Kredite aus der Entwicklungshilfe und der hermesgedeckten Exportfinanzierung. Alle diese Maßnahmen waren keineswegs eine einseitige deutsche Wohltat, die Bundesrepublik handelte durchaus in Abstimmung mit den anderen Gläubigerländern, der Weltbank und dem

internationalen Währungsfonds. Diese konzertierte Hilfsaktion konnte die internationale Schuldenkrise zwar nicht lösen, aber zumindest ihre Folgen für die ärmsten Entwicklungsländer erheblich mildern.

In ihren globalen Ausmaßen sollte sich die Schuldenkrise noch verschärfen, als ab 1982 große Schwellenländer in Lateinamerika und den Staatshandelsländern Osteuropas zahlungsunfähig wurden. Hier waren die Mittel und das Instrumentarium der Entwicklungshilfe überfordert, denn es überwogen kommerzielle Schulden gegenüber privaten Gläubigern. Erst in der zweiten Hälfte der achtziger Jahre zeigten die Initiativen der amerikanischen Finanzminister Baker und Brady Ansätze für eine Lösung dieser Krise.

Abgesehen von diesen Hilfsmaßnahmen zur Entschuldung der Entwicklungsländer blieben die Ziele und viele Methoden der deutschen Entwicklungspolitik während der Schuldenkrise bis 1989 im wesentlichen die gleichen. Die Arbeitsmethoden wurden jedoch stärker auf die entwicklungspolitischen Ziele und auf die Nachhaltigkeit des Projekterfolges ausgerichtet. Neu hinzu kam die Förderung der Strukturanpassung in den Entwicklungsländern. Was die Weltbank bereits seit 1980 praktiziert hatte, wurde 1987 in die Bonner Rezeptur aufgenommen.

Die Bundesregierungen, ob unter Schmidt oder unter Kohl, verabschiedeten hin und wieder neue Konzepte oder neue Grundlinien, aber dabei wurden allenfalls die Akzente oder Schwerpunkte der Entwicklungshilfe ein wenig verschoben. Die Deckung der Grundbedürfnisse und die Armutsbekämpfung hatten zur Überraschung vieler linker Entwicklungspolitiker auch nach der Wende von 1982 unter den CSU-Bundesministern Warnke und Klein ihre Priorität behalten. Die zahlreichen kirchlichen und anderen Nichtregierungsorganisationen (NROs) wurden opulenter mit Haushaltsmitteln bedacht, das förderte die gesellschaftliche Akzeptanz der Entwicklungspolitik in Deutschland. Ob damit auch die Kosteneffizienz der Hilfe vor Ort verbessert wurde, ist zumindest zweifelhaft. Die *Hilfe zur Selbsthilfe,* die Guth als Vorstandsmitglied der KfW bereits 20 Jahre vorher propagiert hatte, sollte jetzt wieder die entscheidende Waffe im Kampf gegen die Armut werden. Nur blieb leider wie in der Vergangenheit bei vieler Hilfe aus Deutschland auch jetzt die Selbsthilfe im Entwicklungsland aus, ohne daß man deswegen auch die deutsche Hilfe einstellte. Außen- und wirtschaftspolitische Rücksichten behinderten nach wie vor die konsequente Anwendung richtiger Prinzipien. Das sollte sich erst in den neunziger Jahren teilweise ändern.

Zwischen 1981 und 1989 stieg die jährliche öffentliche Entwicklungshilfe der Bundesrepublik nur von 7 Milliarden auf 9 Milliarden DM, die Zeit der großen Mengenzuwächse war vorbei. Bundesminister Warnke nahm am 16. März 1986 bei der Verkündigung der neuen „Grundlinien der Entwicklungspolitik der Bundesregierung" öffentlich Abschied von der Illusion, Entwicklung lasse sich allein durch die Übertragung von Kapital erzwingen. Diese Illusion konnte ohnehin niemand haben, der sich eingehend mit der Praxis der Entwicklungshilfe beschäftigte. Es war längst evident geworden, daß gerade die ärmeren Entwicklungsländer immer größere Schwierigkeiten hatten, die einströmenden Geldmittel zu „absorbieren", d.h. in sinnvolle Vorhaben umzusetzen.

Das ständige Wuchern der Entwicklungsbürokratien öffentlicher und privater „Hilfsorganisationen" hat dieses Problem noch verschärft. Wenn ein Entwicklungsminister im kleinen Lesotho über 200 Besucherdelegationen im Jahr empfangen muß, bleibt ihm wenig Zeit für seine eigentliche Arbeit, denn häufig und gerne reisen diese Herren ja zudem ins Ausland, um an den allzu zahlreichen kostspieligen, aber wenig ertragreichen Entwicklungskonferenzen teilzunehmen.

5.2 Die KfW in der Finanziellen Zusammenarbeit

1971 war die Zeit des Experimentierens und Improvisierens in der Kapitalhilfe der KfW vorbei. Die Arbeit wurde professioneller, gründlicher und zum Bedauern vieler Mitarbeiter auch bürokratischer. Die Neuorganisation der KfW war der wichtigste Faktor für diese Entwicklung. Die Länderabteilungen konnten die operativen Aufgaben in ihren Regionen besser planen und koordinieren. Für die einheitliche Linie im Haus, also für die Einhaltung der „reinen Lehre", wurde auf dreifache Weise gesorgt: Erstens durch das Auslandssekretariat unter Krukenberg und später Klein, welches den „think tank" des ehemaligen KS II in sich aufgenommen hatte. Zweitens durch das Länderdirektorium; in diesem Gremium trafen sich regelmäßig alle zuständigen Hauptabteilungsleiter, und, last but not least, durch die Vorstandsmitglieder Bachem, Bröder und schließlich Brantner, die nacheinander im Vorstand die Zuständigkeit für die Grundsatzfragen der Finanziellen Zusammenarbeit übernommen hatten.

Die Arbeitsanweisungen für die Mitarbeiter wurden laufend verfeinert und den Forderungen einer sich wandelnden Entwicklungspolitik angepaßt. Bereits 1970 hatte die KfW bei ihren Projektprüfungen volkswirtschaftliche Kosten-/Nutzenrechnungen eingeführt und sozio-ökonomische Kriterien berücksichtigt. Sie hatte erkannt, daß auch ein betriebswirtschaftlich und technisch gutes Projekt dem

Entwicklungsland nicht unbedingt den optimalen Nutzen brachte. Oft gab es Alternativen, die volkswirtschaftlich oder sozial zu besseren Ergebnissen führten. Nicht nur die Projektprüfungen mußten verbessert werden, auch bei der Überwachung und Auftragsvergabe in der Bauzeit sowie bei dem anschließenden Betrieb der fertiggestellten Projekte mußten Defizite erkannt und beseitigt werden.

Schließlich hatte sich auch die Zusammenarbeit mit Bonn grundsätzlich verändert, nachdem das BMZ ab 1972 die Zuständigkeit für die Kapitalhilfe übernommen hatte. Eppler hatte den Interministeriellen Ausschuß für die Kapitalhilfe aufgelöst, nicht mehr das BMWi, sondern das BMZ mit seinen Regional- und Grundsatzreferaten wurde in der Kapitalhilfe der Ansprechpartner der KfW in Bonn. Ging es vorher darum, widerstreitende Ressortinteressen auf einen einheitlichen Nenner zu bringen, so hatte jetzt die Entwicklungspolitik eindeutig den Vorrang übernommen. Die Zusammenarbeit wurde zwangsläufig intensiver,

die Abgrenzungen zwischen der politischen Verantwortung des Ministeriums und der Verantwortung der KfW für ihre Aufgaben in der Kapitalhilfe mußten neu formuliert werden. Der Länderbereich der KfW dachte und arbeitete jetzt entwicklungsökonomisch und weniger „bankmäßig". Die politische Kompetenz von Bonn wurde respektiert, aber die KfW erwartete umgekehrt auch vom BMZ, daß ihre Erfahrung und ihr Sachverstand in die politischen Entscheidungen einfloß. Schneller als manche erwartet hatten, kam man zu einer neuen Aufgabenverteilung und Zusammenarbeit, die sich seitdem bewährt hat. Die Grundlage dieser Zusammenarbeit war und bleibt weniger das Regelwerk von Richtlinien und Leitlinien als ein Vertrauensverhältnis zwischen den Regionalreferaten des BMZ und den Länderabteilungen der KfW sowie den Grundsatzreferaten des BMZ und dem Auslandssekretariat der KfW.

Die neue Bonner Entwicklungspolitik veränderte auch die Personalstruktur im Länderbereich der KfW. Die Verdoppelung des Volumens, mehr aber noch die Zunahme schwieriger Projekte in schwierigen Ländern verlangte nach mehr Personal. Aus 170 „Kapitalhelfern" im Jahre 1970 waren im Jahre 1989 nicht weniger als 340 „finanzielle Zusammenarbeiter" geworden, die meisten von ihnen außertarifliche Mitarbeiter mit Hochschulabschluß. An die Stelle des traditionellen Kreditsachbearbeiters der sechziger Jahre, der gewissermaßen nebenberuflich auch Kapitalhilfeprojekte betreute, traten jetzt Profis der Entwicklungshilfe mit praktischen Erfahrungen in Entwicklungsländern oder mit einer speziellen Ausbildung, die sie z.B. am Deutschen Institut für Ent-

Das Reisanbauprojekt Betsiboka in Madagaskar wurde aus Mitteln der FZ in mehreren Phasen finanziert.

wicklung in Berlin erhalten hatten. „Job rotation" innerhalb und außerhalb des Hauses sowie ein großes Angebot an Weiterbildung trugen zusätzlich dazu bei, Ansehen und Eigenständigkeit der KfW in der Finanziellen Zusammenarbeit zu wahren.

Die Projekthilfe

Zwischen 1971 und 1989 dominierte die Projekthilfe weiterhin die Finanzielle Zusammenarbeit in der KfW. Die Entwicklungspolitiker in Bonn favorisierten zwar die Vorhaben für die Armen in den armen Ländern wie die ländliche Wasserversorgung in Sahelländern, dennoch starben die traditionellen Projekte der Verkehrsinfrastruktur und der Energieversorgung keineswegs aus. Sie erhielten noch im Jahre 1989 über zwei Drittel der projektgebundenen FZ-Mittel, wovon allein die Chinesen für ihre Metro in Shanghai 460 Millionen DM bekamen. Außenpolitische Rücksichten und die Lieferinteressen der deutschen Industrie, die beide bei Beginn der deutschen Entwicklungshilfe 30 Jahre zuvor Pate gestanden hatten, beinflußten immer noch bei größeren Projekten in großen Entwicklungsländern den Geldfluß aus Bonn. Trotzdem kann man von einer Trendwende sprechen, denn wenn man die Anzahl der geförderten Projekte zugrundelegt, überwogen Vorhaben, die der Armutsbekämpfung und der Befriedigung von Grundbedürfnissen in den armen Ländern Afrikas, Asiens und Lateinamerikas dienten.

Gerade die Projekte zur Armutsbekämpfung in den armen Ländern forderten die KfW im besonderen Maße. Sie mußten sehr viel sorgfältiger als die traditionellen Projekte in den fortgeschrittenen Entwicklungsländern von der KfW vorbereitet und betreut werden. Bereits bei der Vorauswahl der Projekte galt es, zusammen mit dem BMZ die Spreu vom Wei-

zen zu sondern, um politischen Ärger und unnötigen Aufwand zu vermeiden. Als ein Instrument vorzeitiger Aussonderung wurden die Vorabstellungnahmen eingeführt, in denen die KfW vor der eigentlichen Projektprüfung die vorhandenen Daten auswertet. Doch auch akzeptable Projektideen waren oft unzureichend vorbereitet, denn den armen Entwicklungsländern fehlten die Kapazitäten und die Mittel für notwendige Voruntersuchungen und Planungen.

So muß bei einer Wasserversorgung in Afrika zunächst über mehrere Jahre ermittelt werden, wieviel Wasser überhaupt vorhanden ist, denn auf regenreiche Zeiten folgen Dürreperioden. Leitungen, Aufbereitung und Verteilung des Wassers müssen technisch geplant und organisiert werden. Aber die Bevölkerung muß auch bereit sein, für das bessere Wasser zu zahlen, damit ihr neues Versorgungssystem gewartet werden kann. Wie organisiert man effizient und sozial ausgewogen die Bezahlung des Wassers? Die Wartung wiederum ist gleichfalls zu organisieren, die notwendigen Handwerker sind auszubilden, die Versorgung mit Ersatzteilen und Betriebsmitteln muß sichergestellt werden. Zur Versorgung mit Wasser gehört schließlich auch die hygienische Entsorgung der Abwässer, will man die Gesundheit der Bevölkerung nicht gefährden. Das neue Wasser mag hochwillkommen sein, aber dessen Reste in Pfützen und Tümpeln sind gerade im tropischen Klima eine ideale Brutstätte für Krankheitserreger. Die Entsorgung des Wassers und eine Hygieneaufklärung der Bevölkerung vervollständigen somit erst das Konzept einer erfolgversprechenden Wasserversorgung.

Ähnlich komplex und schwierig sind Bewässerungsprojekte, Aufgaben des Ressourcenschutzes und viele andere Vorhaben der sozialen Infrastruktur, welche die moderne Entwicklungspolitik fördern will. Nicht nur Kosten und

Technik müssen stimmen, auch Gesundheits- und Umweltschäden sind zu vermeiden, und schließlich muß die lokale Bevölkerung bereit sein, das Projekt wie ein eigenes Baby anzunehmen und zu pflegen.

Es war und ist daher oft notwendig, den ärmeren Entwicklungsländern bereits bei der *Vorbereitung und Planung* ihrer Projekte zu helfen. Zu diesem Zweck errichtete die Bundesregierung Studien- und Expertenfonds, um die personelle Hilfe bei der Projektvorbereitung über Zuschüsse zu finanzieren. Die Ingenieure und Projektmanager der KfW erhielten zusätzlich die Aufgabe, in Abstimmung mit dem lokalen Projektträger die Experten und ihre konkreten Aufträge zu bestimmen und deren Arbeit zu überwachen.

Waren diese eigentlichen Vorbereitungen abgeschlossen, dann erstellte die KfW bei der *Projektprüfung* ein Gesamttableau, das dem BMZ die eigentliche Finanzierungsentscheidung ermöglichte. Gerade die Verbesserungen in der Vorbereitungsphase haben die Projektprüfungen mit negativem Ergebnis erheblich reduziert. Man stellte in Bonn und in Frankfurt immer höhere Anforderungen an diese Pro-

jektprüfungen, denn einzelne Projektpannen, die von der Presse und der Öffentlichkeit natürlich besonders gerne aufgegriffen werden, hatten die Diskussion über Entwicklungshilfe angeheizt. Zur Volkswirtschaft, Betriebswirtschaft und Technik kamen sozioökonomische und soziokulturelle Kriterien wie die Frage nach den Auswirkungen eines Projektes auf die Situation der Frauen. Soziologen und Ethnologen mußten rekrutiert werden, um dieses Neuland für die KfW zu beackern. In den Prüfungsberichten mußten jetzt Kriterien festgelegt werden, an denen später der Projekterfolg gemessen werden konnte. Legte man in der KfW diese Latte zu hoch, dann konnte man sich später blamieren, legte man sie zu niedrig, dann blamierte man sich sofort.

Intensiver als in den sechziger Jahren mußte die KfW vor allem die *Durchführung* (den Bau) und anschließend den *Betrieb des Projektes* kontrollieren. Nach wie vor behielt der unabhängige beratende Ingenieur seine Schlüsselstellung bei der Planung, Bauüberwachung und Ausschreibung, die er bereits in den sechziger Jahren eingenommen hatte. Die Erfahrung und Kompetenz vieler deutscher Ingenieurfirmen in der Entwicklungshilfe hatte beträchtlich zugenommen. Zusätzlich erarbeitete die KfW in Anlehnung an die Weltbank Richtlinien für Ausschreibungen und Auftragsvergaben, um einen fairen Wettbewerb unter den Anbietern sicherzustellen.

Die Vorstände unterlegener Bau- und Lieferfirmen und ihre Wahlkreisabgeordneten beschwerten sich schnell beim Minister oder bei dem zuständigen KfW-Vorstand über angeblich unberechtigte Auftragsvergaben an die „böse" Konkurrenz. In diesen Fällen mußte

Eines von vielen FZ-Projekten zur Wasserversorgung. Im Rahmen des „10-Städteprogramms" finanzierte die KfW gemeinsam mit Weltbank und UNCDF die Erweiterung und Verbesserung der Trinkwasserversorgung von zwei Provinzstädten. Das Bild von 1984 zeigt die Zapfstellenanlage auf dem Wochenmarkt von Saint Marc, Haiti.

die KfW eindeutig nachweisen können, daß die Vergabeentscheidung fair und sachlich getroffen worden war. Doch auch Firmen, die einen Auftrag erhalten hatten, geizten nicht mit finanziellen Nachforderungen, die oft nur zum Teil berechtigt waren, aber immer eine erhebliche Zusatzarbeit für die Mitarbeiter der KfW verursachten. Selbst vor gerichtlichen Klagen schreckte man nach erfolglosen Demarchen auf höherer Ebene nicht zurück, um zusätzliche Mittel aus dem Bund herauszupressen. Umgekehrt mußte die KfW auch die oft schwachen und unerfahrenen Projektträger dabei unterstützen, Schadensersatzforderungen oder Nachbesserungen bei Firmen durchzusetzen, die ihre vertraglichen Leistungen mangelhaft erbracht hatten. Eingehende technische und rechtliche Untersuchungen sowie harte Verhandlungen waren nötig, um berechtigte Interessen der Projektträger durchzusetzen.

War ein Projekt fertiggestellt, so endete damit das Engagement der KfW noch keineswegs. Viele afrikanische Straßen präsentierten sich bei der feierlichen Einweihung dem Staatspräsidenten und dem deutschen Botschafter in tadellosem Zustand, doch nach kurzer Zeit waren sie mit Schlaglöchern übersät. Sie wurden durch überladene Lastwagen überbelastet und völlig unzulänglich unterhalten, manchmal sogar überhaupt nicht. Die Polizisten wurden bei Verkehrskontrollen, wenn sie überhaupt stattfanden, bestochen. Es fehlte an Mitteln, Gerät und an Know-how, um die neugebauten Straßen zu unterhalten, obwohl sich das Entwicklungsland der KfW gegenüber dazu verpflichtet hatte. Nachdem die deutsche FZ bereits die Vorbereitung, die Planung und den Bau der Straße finanziert hatte, mußten jetzt weitere

Die Talsperre Randenigala ist Teil des großen Mahaweli-Projekts in Sri Lanka, durch das 130000 ha bewässerte Agrarfläche gewonnen und die Elektrizitätserzeugung Sri Lankas verdreifacht wurde.

Mittel bereitgestellt werden, um Geräte für die Unterhaltung, die Aus- und Fortbildung des einheimischen Personals oder die zeitweise Unterstützung durch deutsche Straßenmeister zu bezahlen. Von 1974 bis 1986 finanzierte die KfW überwiegend in Afrika 213 Betriebsberatungen sowie Aus- und Fortbildungsmaßnahmen mit einem Gesamtaufwand von 315 Millionen DM. Längst nicht alle Probleme konnten dadurch gelöst werden. Immer klarer trat zutage, daß grundlegende Strukturreformen notwendig waren, um wirklich Abhilfe zu schaffen. Es genügte nicht, allein die „deutsche" Projektstraße in ihrem Bestand zu sichern, die Straßenunterhaltung des gesamten Landes mußte effizient organisiert und finanziert werden. Die Weltbank und andere Geber hatten mit „ihren" Straßen die gleichen Sorgen, daher versuchte man, die gemeinsamen Interessen zu koordinieren und mit einer einheitlichen Strategie im Entwicklungsland durchzusetzen. Zwangsläufig führten so die Enttäuschungen bei den Projektfinanzierungen zu den umfassenderen Ansätzen der Sektorprogramme und Strukturanpassungen, die gerade in den afrikanischen Ländern im Laufe der achtziger Jahre immer mehr an Bedeutung gewannen.

Es überrascht nicht, daß in Bonn und in der deutschen Öffentlichkeit angesichts dieser praktischen Schwierigkeiten der Entwicklungszusammenarbeit immer stärker der Ruf nach einer eingehenderen *Erfolgskontrolle* erhoben wurde. Der deutsche Steuerzahler, der immer höhere Beiträge für die Entwicklungshilfe leisten sollte, hat schließlich einen Anspruch darauf zu erfahren, was mit seinem Geld bewirkt wird. Schon in den Anfangsjahren der deutschen Kapitalhilfe hatte die Bundesregierung die Treuarbeit als unabhängigen Prüfer bei den Schlußprüfungen der KfW-Projekte eingeschaltet. Der Bundesrechnungshof, das Evaluierungsreferat des BMZ und andere Prüfungsgremien kamen hinzu.

Die zunehmenden Erfahrungen, vor allem die negativen, führten dazu, aus den Fehlern und den Erfolgen der Vergangenheit Lehren für die Zukunft zu ziehen. BMZ und KfW haben ihre Arbeit durchaus kontinuierlich verbessert, schwieriger war es, bei vielen Partnern in den Entwicklungsländern Reformen durchzusetzen. Der *Politikdialog* wurde zum festen Bestandteil vieler Regierungsverhandlungen,

doch selbst einsichtige Entwicklungsländer waren häufig politisch oder finanziell zu schwach, um richtige Einsichten zügig in die Praxis umzusetzen. Die Politik der Bundesregierung, vorrangig den besonders schwachen und armen Entwicklungsländern zu helfen, führten zwangsläufig dazu, daß trotz eines erheblich größeren Aufwands auf der deutschen Seite der Wirkungsgrad dieser Hilfe im Entwicklungsland abnahm.

Der Vorstoß in die Technische Hilfe

Seit 1973 übernahm die KfW Aufgaben der Technischen Hilfe. Das BMZ, nun für beide Bereiche der Entwicklungshilfe – Kapitalhilfe und Technische Hilfe – zuständig, erkannte zunehmend, daß viele Kapitalhilfeprojekte umfangreiche Voruntersuchungen und Studien erfordern, deren Kosten es nicht über Kredite finanzieren wollte. Es war ja noch ungewiß, ob überhaupt ein förderungswürdiges Projekt vorlag. Zuschüsse konnte das BMZ seinerzeit nur aus Mitteln der Technischen Hilfe gewähren, aber den damaligen problembeladenen Durchführungsorganisationen für die Technische Hilfe, der GAWI und dem BfE, wollte das BMZ diese schwierigen und „kapitalhilfenahen" Aufgaben nicht anvertrauen.

Die Betreuung einer Durchführbarkeitsstudie für ein Wasserkraftwerk in der ägyptischen Kattara-Senke war mit Abstand der größte und schwierigste Auftrag, den die KfW 1973 im Rahmen der Technischen Hilfe vom BMZ erhalten hat. In der menschenleeren Wüste im Westen Ägyptens, einst ein Kriegsschauplatz von Rommels Afrikakorps, liegt die Kattara-Senke 60 bis 135 m unter dem Spiegel des Mittelmeers. Leitet man Mittelmeerwasser in diese Senke, so kann durch das Gefälle Strom erzeugt werden. Für die Zuleitung des Wassers untersuchte ein Konsortium deutscher Inge-

Hilfe zur Selbsthilfe: In El Salvador wurden gemeinsam mit der nichtstaatlichen Stiftung FUNDASAL 8000 sogenannte Einfachhäuser unter Mithilfe der späteren Bewohner errichtet. Hier ein Eindruck aus dem Jahre 1988.

nieurfirmen mehrere Varianten, darunter auch den Aushub eines Kanals durch etwa 170 nukleare Sprengsätze, also kleine Atombomben, welche die Amerikaner in der Tat kostenlos liefern wollten. Auch einige Jahre vor der Atomkatastrophe von Tschernobyl war dieses eine haarsträubende Idee, deren Umsetzung nicht nur an wirtschaftlichen, sondern zum Glück auch an politischen Bedenken scheiterte. Welche Variante man auch bei der Zuleitung und den Wasserkraftwerken durchrechnete, die Milliardenkosten bei langen Bauzeiten und einem recht ungewissen Wachstum des ägyptischen Energiebedarfs ließen sich nicht rechtfertigen. Im Verlauf von immerhin acht Jahren hatten Deutsche und Ägypter 18 Millionen DM für diese gründliche und umfangreiche Studie ausgegeben. Der Bau eines „weißen Elefanten" unterblieb jedoch, sehr zum Bedauern des ägyptischen Staatspräsidenten Sadat, der sich hier in Pharaonenmanier ein Denkmal errichten wollte, das dem Assuan-Staudamm seines Vorgängers Nasser ebenbürtig gewesen wäre. Doch eindeutig war der Nachweis erbracht, daß es besser ist, einiges an Geld und Zeit für gründliche Voruntersuchungen aufzuwenden, als mit sehr viel höheren Mitteln Investitionsruinen in den Wüstensand zu setzen.

Bis zum Jahre 1980 hat die KfW für fast eine Viertelmilliarde DM weit über hundert Maßnahmen im Rahmen der Technischen Zusammenarbeit betreut. Es konnte nicht ausbleiben, daß Probleme der Abgrenzung zur GTZ auftraten, die nach ihrer Gründung im Jahre 1974 sehr viel effizienter ihre Aufgaben in der Technischen Hilfe anpackte, als es ihren Vorgängern gelungen war. Einerseits war es zweckmäßig, Studien und Untersuchungen für die Vorbereitung von FZ-Vorhaben und die Begleitmaßnahmen durch Beratung und Ausbildung bei der KfW zu belassen, andererseits wollte auch die GTZ bei ihren Vorhaben klei-

nere Anlageinvestitionen und Sachlieferungen mit betreuen. Auf dieser Grundlage fand das BMZ in Abstimmung mit KfW und GTZ eine neue Abgrenzung zwischen Finanzieller und Technischer Zusammenarbeit. Die KfW behielt ihre Aufgaben für die Vorbereitung und Begleitung von FZ-Vorhaben, nur das Etikett wurde gewechselt. Auch diese Aufgaben gehörten jetzt zur Finanziellen Zusammenarbeit.

Nach wie vor und eher in größerem Umfang gab es die sogenannten *Kooperationsprojekte*, bei denen die Bundesregierung umfangreiche Investitionen durch FZ und damit über die KfW finanzieren, aber gleichzeitig das Projektmanagement vor Ort der GTZ anvertrauen wollte. Eine enge Zusammenarbeit ist in diesen Fällen unerläßlich. Was im Einzelfall mehr oder weniger gut funktionierte, wurde bald durch Kooperationsvereinbarungen institutionalisiert, um Defizite schnell zu erkennen und abzustellen, bevor womöglich das BMZ intervenierte. Bei KfW und GTZ wuchs die Einsicht, daß man gemeinsame Interessen verfolgt und sich gegenseitig durchaus helfen kann. Es blieb ein gewisser Wettbewerb, der aber auch die Qualität der Arbeit auf beiden Seiten fördert.

Die neuen Formen der Finanziellen Zusammenarbeit: Sektorprogramme und Strukturhilfen

Wie das bereits erwähnte Beispiel der schnell wieder demolierten afrikanischen Straßen zeigt, wurde ab Ende der siebziger Jahre immer offensichtlicher, daß die so beliebte Projekthilfe in vielen schwächeren Entwicklungsländern an ihre Grenzen stieß. Den Staaten fehlten die Haushaltmittel und Devisen, um Düngemittel, Reifen, Ersatzteile aller Art, Medikamente oder Verbandsstoffe zu importieren. Die neuen Straßen verfielen, Lokomotiven standen nach einigen Jahren fahruntüchtig auf rostigen Abstellgleisen, in den gerade gebauten Krankenstationen konnten die Patienten nicht mehr mit Medikamenten oder Verbandsstoffen versorgt werden.

Daher führte das BMZ auf Anregung der KfW ab 1983 sogenannte Sektorprogramme ein, um vor allem in der Landwirtschaft, der Strom- und Wasserversorgung, im Gesundheitswesen oder für die Verkehrsunternehmen den dringendsten Importbedarf zu finanzieren. Im Gegensatz zur Allgemeinen Warenhilfe der sechziger Jahre prüfte die KfW jetzt den Bedarf und die Prioritäten, die GTZ oder andere deutsche Berater kontrollierten die Auftragsvergabe und den Einsatz der importierten Hilfsgüter. So wurde die Versorgung der Bevölkerung mit den notwendigsten Hilfsmitteln für einige Zeit sichergestellt, eine wirkliche Besserung konnte man aber nur dann erzielen, wenn man diese Zeit nutzte, darüber hinaus die eigentlichen Ursachen dieser wirtschaftlichen, finanziellen, politischen und administrativen Defizite zu kurieren.

Diese auch heute noch anhaltende Misere vieler Entwicklungsländer hat vielfältige äußere und innere Ursachen. Die Exporterlöse waren zu gering, weil die Preise verfielen und weil viele Industrieländer mögliche Einfuhren aus Entwicklungsländern durch protektionistische Maßnahmen behinderten. Die Schuldendienstbelastung stieg durch die steigenden Zinsen zu Beginn der achtziger Jahre, auch die Ölrechnungen wurden immer höher. Hier mußten die Industrieländer und Gläubiger helfen. Für die Schuldendiensterleichterung hat Deutschland tatsächlich erhebliche Beiträge geleistet. Bei den Importbeschränkungen verhinderten allerdings die eigenen Interessen, vor allem der europäischen Landwirte, eine weitere Öffnung unserer Märkte.

Die wesentlichen inneren Ursachen dieser Krise lagen aber bei den meisten Ländern in den Fehlern und Versäumnissen ihrer eigenen Politik. Die Preise für Grundnahrungsmittel wie Mais oder Hirse wurden künstlich niedrig gehalten. Die Stadtbevölkerung vor den Präsidentenpalästen war damit zufrieden, aber den Bauern auf dem Lande fehlte jeder Anreiz, mehr zu produzieren. Sie zogen es oft vor, ihre Produkte in die Nachbarländer zu schmuggeln, wenn sie dort bessere Preise bekommen konnten. Die Haushaltsdefizite und darüber die Inflation wuchsen, weil man zu wenig investierte und zuviel konsumierte. Der öffentliche Dienst wurde aufgebläht, um politische Freunde zu versorgen. Das Militär, der größte Machtfaktor in vielen Entwicklungsländern, wurde besonders reichlich bedacht, damit die Herren Offiziere keine Putschgelüste bekamen. Ineffiziente Staatsunternehmen ruhten sich auf ihren Monopolen aus, der Wettbewerb zwischen privaten Unternehmen wurde behindert. Die sozialistische Planwirtschaft, die man vielen Afrikanern auf der Lumumba-Universität in Moskau beigebracht hatte, führte in ihren armen Heimatländern noch schneller in die Misere als in der reichen Sowjetunion. Die wenigen Mittel, die man hatte, wurden so verschwendet oder von den vielen großen und kleinen Mobutus ins Ausland gebracht.

Diese hausgemachten Fehler müssen die Entwicklungsländer selber korrigieren, und zwar durch radikale und langfristige Reformen, die im eigenen Lande das wirtschaftliche Wachstum fördern, ohne den sozialen Frieden oder die Umwelt zu gefährden. Weltbank und IWF halfen seit Beginn der achtziger Jahre durch Zahlungsbilanzkredite mit wirtschaftspolitischer Konditionalität, d.h., die Mittel wurden nur ausgezahlt, wenn das Entwicklungsland die vereinbarten Reformschritte auch tatsächlich durchführte. Diese Politik der Strukturanpassung ist gerade in den Anfangsjahren oft heftig kritisiert worden. In der Tat war nicht alles, was man in den Washingtoner Büros für wünschenswert hielt, in der afrikanischen Realität auch unverzüglich machbar. Geduld und Augenmaß mußten nach und nach entwickelt werden. Andererseits darf nicht übersehen werden, daß diese Politik der Konditionalität von Weltbank und IWF den reformwilligen Politikern in den Entwicklungsländern hilft, notwendige Reformen gegenüber den Kräften der Beharrung in ihren eigenen Ländern durchzusetzen. Seit 1987 unterstützen auch die Bundesregierung und die KfW in Abstimmung mit der Weltbank und dem IWF den Reformprozeß in den Entwicklungsländern mit derartigen Strukturhilfen. Erfolge zeigen sich vor allem in den Ländern, die politisch hinreichend stabil sind, um einen Reformkurs über einen längeren Zeitraum durchzuhalten.

Im Jahre 1989 stiegen die FZ-Zusagen der KfW plötzlich von ca. 3 Milliarden in den Vorjahren auf 4,9 Milliarden DM an. Ursache hierfür ist ein einziger Kredit im Gegenwert von 1,7 Milliarden DM, den die KfW im Auftrage der Bundesregierung an den Internationalen Währungsfonds als Treuhänder des *„Enhanced Structural Adjustment Facility Trust (ESAF)"* gab. Die Industrieländer hatten auf dem Weltwirtschaftsgipfel von Venedig im Juni 1987 beschlossen, die Strukturanpassungen in den ärmsten Entwicklungsländern durch zusätzliche, besonders zinsgünstige Kreditlinien des IWF zu unterstützen. Den deutschen Beitrag, der in fünf verschiedenen Währungen, nämlich US-$, DM, Yen, französischen Francs und Pfund Sterling, zu leisten war, konnte sich die KfW mittlerweile auf den internationalen Märkten beschaffen. Der gezielte Ausbau ihres internationalen Passivgeschäfts in den Jahren davor konnte jetzt nicht nur für eigene Geschäfte der KfW, sondern auch für komplexe Finanzierungen im Interesse des Bundes genutzt werden.

Die andere Seite der Medaille: große Projekte und Mischfinanzierungen in den fortgeschrittenen Entwicklungsländern

Wie wir gesehen haben, ist die sehr intensive und oft sehr schwierige Arbeit der KfW in den ärmeren Entwicklungsländern Afrikas, Asiens oder Lateinamerikas eine Konsequenz der neuen Entwicklungspolitik seit 1971. Fortgeschrittenere Entwicklungsländer wie Indien, Indonesien, die Türkei oder Ägypten blieben jedoch weiterhin wichtige Partner. Hier ging es weniger um die Hilfe bei Projektauswahl, Management oder Wartung, entscheidender war es, wichtige größere Projekte der Verkehrsinfrastruktur und der Energieversorgung zu tragbaren Bedingungen zu finanzieren. Da die Haushaltsmittel des BMZ häufig an ihre Grenzen stießen, mobilisierte die KfW in erheblichem Umfang Kapitalmarktmittel, um die Gesamtfinanzierung entwicklungspolitisch wichtiger Projekte sicherzustellen. Allein in den zehn Jahren zwischen 1979 und 1989 hat die KfW aus diesen Mitteln fast 4,6 Milliarden DM für die Mischfinanzierung bereitgestellt. Diese Summe stellt eine spürbare Ergänzung der etwa 35 Milliarden DM dar, die der Bund

Im Rahmen einer Mischfinanzierung wurde das Kraftwerk Neyveli III in Indien ausgebaut. Das Bild zeigt 1987 einen Schaufelradbagger im Abraum des dazugehörenden Braunkohletagebaus.

im gleichen Zeitraum über die KfW aus Haushaltmitteln für die gesamte Finanzielle Zusammenarbeit bereitstellte.

Als Mischfinanzierung wird der kombinierte Einsatz von Finanzieller Zusammenarbeit und Exportfinanzierung bezeichnet. Die Kapitalmarktmittel der KfW wurden unter Hermesdeckung zugesagt. Sie waren daher an deutsche Lieferungen und Leistungen gebunden. Die Kritik einer „Verwässerung" der Entwicklungshilfe zugunsten deutscher Exportinteressen war indessen nicht berechtigt, denn die Mischfinanzierungsprojekte wurden ganz überwiegend nach den normalen FZ-Kriterien geprüft, vergeben und in der Abwicklung betreut. Vor allem legten auch die Entwicklungsländer selbst darauf Wert, daß für Mischfinanzierungen Projekte ausgewählt wurden, bei denen die deutschen Anbieter international wettbewerbsfähig waren. Entwicklungshilfe muß nicht altruistisch sein. Deutsche Ausrüstungen für Wasserkraftwerke, Düngemittelfabriken oder Eisenbahnen können für die Empfängerländer genauso nützlich sein wie entsprechende Lieferungen aus anderen Industrieländern.

Die größeren Projekte in den fortgeschritteneren Entwicklungsländern waren durchaus nicht alle Selbstgänger. Oft mußte die KfW bei der Prüfung und Abwicklung eine sehr intensive Arbeit leisten. Ein Beispiel dafür ist der Braun-

Im türkischen Braunkohletagebergbau Elbistan wird Abraum losgesprengt.

kohletagebau und das Kraftwerk im türkischen *Elbistan*. Dieses Riesenprojekt mit Investitionskosten von über 6 Milliarden DM, wovon die KfW 680 Millionen DM FZ und 140 Millionen DM Exportfinanzierung kreditierte, hat die KfW von der Vorplanung ab 1971 bis in die neunziger Jahre in Atem gehalten. Die staatlichen türkischen Projektträger, mangelhaft organisiert sowie personell und finanziell schlecht ausgestattet, waren mit einem Projekt dieser Größenordnung schlicht überfordert. Hinzu kamen Anforderungen anderer Kofinanziers, vor allem der Weltbank, die eine „turnkey-Vergabe" an einen verantwortlichen Generalunternehmer ablehnte, so daß über 200 Einzelaufträge vergeben, koordiniert und überwacht werden mußten. Nur die Montage des Kraftwerks wurde einem amerikanischen Generalunternehmer übertragen, dessen Leistungen aber enttäuschten. Die türkischen Bauunternehmen, von den Türken selber finanziert und kontrolliert, arbeiteten zum Teil gleichfalls mangelhaft. Termine wurden überschritten, fällige Rechnungen von den Türken nicht bezahlt, die Koordination der 200 Einzelaufträge hierdurch erheblich erschwert. Durch alle diese Probleme verdoppelten sich die Kosten. Immer wieder mußte sich die KfW mit den anderen Gebern abstimmen und allein oder gemeinsam Druck auf die türkischen Partner ausüben, um Pannen zu beheben. Es war vor allem dem verstärkten Einsatz deutscher Consultants von Rheinbraun und der Steag im Management und in der Personalausbildung zu verdanken, daß dieses Projekt nicht scheiterte. Auch nach der Inbetriebnahme des Kraftwerks im Jahre 1984 blieben diese Consultants noch jahrelang im Projekt, denn immer wieder gab es Pannen im technischen Betrieb und im Management. Während die türkische Privatindustrie in diesen Jahren aufblühte, verschlechterte sich die Lage im staatlichen Sektor, weil viele gute türkische Fachkräfte in die besser zahlende Privatwirtschaft abwanderten.

6. Erze und Eurotunnel – Washington und Warschau

Die Finanzielle Zusammenarbeit und die Exportfinanzierung prägten die Auslandsaktivitäten der KfW zwischen 1971 und 1989, aber die Wirtschaftspolitik und die Außenpolitik der Bundesrepublik stellten die KfW vor weitere Finanzierungsaufgaben in diesem Zeitraum.

6.1 Nickel, Eisenerz, Blei, Zink und Kupfer

Wie in den sechziger Jahren unterstützte die KfW die deutsche Industrie weiterhin bei der Erschließung ausländischer Rohstoffvorkommen, aus denen sich die deutschen Unternehmen durch langfristige Abnahmeverträge versorgen konnten. Dieses ist vor allem dem Engagement und der Erfahrung Wolfgang Siegels zu verdanken, der diesen schwierigen, aber interessanten Geschäftszweig als Hauptabteilungsleiter unter den Vorstandsmitgliedern Müller, Götte, Burk und Harries betreute.

Anfang der siebziger Jahre wurde Nickel als Stahlveredeler knapp und teuer, da weltweit der Edelstahl immer beliebter wurde. Die großen internationalen Bergbauunternehmen witterten Gewinnchancen und erschlossen daher neue Nickelvorkommen. Als Konsortialführer beteiligte sich die KfW zusammen mit deutschen Geschäftsbanken auf Wunsch der Metallgesellschaft an zwei großen Projekten in Botsuana und in Australien, mit deren Produkten die Metallgesellschaft ihre deutsche Klientel beliefern wollte. Beide Projekte bereiteten schon in der Bauphase einige Probleme, die zu Kostenerhöhungen führten. Weit gravierender war, daß die zusätzliche Nickelproduktion zu einem dauernden Preisverfall führte, der beiden Projekten chronische finanzielle Schwierigkeiten bescherte. Die beteiligten Bergbauunternehmen begruben deshalb ihre Dividendenhoffnungen, aber auch die Kreditgeber mußten wiederholt Konzessionen machen, um wenigstens einen Teil ihres Geldes zu retten. Für das Projekt in dem Entwicklungsland Botsuana hatte der Bund eine Garantie für den ungebundenen Finanzkredit der deutschen Banken gewährt, so daß die KfW zwar mit langen mühevollen Verhandlungen, aber kaum mit Verlusten belastet wurde. In dem Industrieland Australien hatte sich die KfW ohne Bundesgarantie engagiert, deshalb mußte sie hier selber den ersten größeren Verlust ihrer Geschichte einstecken. Immerhin konnten beide Nickelprojekte weiterleben und die deutsche Wirtschaft beliefern.

Glücklicher verlief die Entwicklung bei den zwei Eisenerzprojekten in Brasilien. Die Stahlindustrie an der Ruhr hatte schon vor dem Krieg Konzessionen im brasilianischen Bundesstaat Minas Gerais erworben, die im Kriege mit Hilfe guter Freunde in Brasilien vor der Beschlagnahme als feindliches Eigentum bewahrt wurden. Anfang der siebziger Jahre, als die Eisenerzförderung in Deutschland immer unwirtschaftlicher wurde, nahmen die deutschen Stahlkocher den Ausbau ihrer brasilianischen Lagerstätten in die Hand. In zwei großen Investitionsstufen wurden Quantität und Qualität der Produktion erhöht. Die KfW half in beiden Phasen mit gebundenen und ungebundenen Finanzkrediten, die mittlerweile getilgt sind. Seit einem Vierteljahrhundert beliefert die Grube die Hochöfen an der Ruhr ununterbrochen mit etwa 5 Millionen Tonnen Eisenerzkonzentrat und Pellets jährlich, das sind immerhin mehr als 10% des gesamten deutschen Bedarfs. Zur Zeit baut die brasilianische Bergbaugesellschaft in deutschem Eigentum südlich von Rio einen neuen Hafen für ihren Erzexport, und wieder hilft ihr die KfW bei der Finanzierung.

Ein arktisches Projekt der KfW in der Sommersonne: Die Zink-/Bleimine Red Dog im Norden Alaskas.

Reparatur der Kugelmühle der Ok Tedi Mining Ltd. in den unzugänglichen Star Mountains von Papua-Neuguinea.

Eine andere wichtige Erzquelle für die gesamte deutsche Stahlindustrie wurde seit Mitte der achtziger Jahre das riesige neue Vorkommen von Carajas im Südosten des Amazonasbeckens, welches der Companhia Vale do Rio Doce (CVRD) gehört. 18 Milliarden Tonnen Erz mit dem hohen Eisengehalt von 66%, die im Tagebau zu gewinnen sind, machen dieses Vorkommen zum besten der Welt. An den Investitionskosten von fast 4 Milliarden US-$ beteiligte sich die KfW mit 300 Millionen DM. Zusätzlich betreute sie in ihrer traditionellen Agentenrolle einen Kredit von 400 Millionen US-$, den die EGKS im Interesse der gesamten europäischen Stahlindustrie gewährte. Der teuerste Teil des Carajas-Projekts war der Bau einer 900 km langen Eisenbahnlinie, auf der das Erz zum Exporthafen am Atlantik transportiert wird. Daß sich entlang dieser Bahnlinie Tausende von Bauern aus dem übervölkerten Nordosten ansiedelten, war ursprünglich von der brasilianischen Regierung durchaus gewollt. Zu spät erkannte sie die schlimmen ökologischen Folgen einer extensiven Landwirtschaft im tropischen Regenwald.

Sehr viel mehr Umweltbewußtsein zeigten die beteiligten Regierungen bei den zwei Blei-/Zinkprojekten, welche die KfW 1975 und 1988 im hohen arktischen Norden des amerikanischen Kontinents finanzierte. Hier ging es den Regierungen von Kanada und Alaska nicht nur um den Schutz von Flora und Fauna in sensiblen arktischen Regionen, wichtiger noch waren beiden Regierungen die sozialen Interessen der einheimischen Bevölkerung, die überwiegend aus Eskimos und Indianern besteht. Ertragsbeteiligungen für soziale Zwecke, Arbeitsbeschaffung und Ausbildung wurden mit Maßnahmen verknüpft, die das soziokulturelle Umfeld einer Jäger- und Fischergemeinschaft bewahren sollen. So wird zur Hauptjagdzeit die Grubenarbeit im Stich gelassen, damit man nach alter Sitte mit seinen Freunden auf Robbenjagd gehen kann. Die ethnischen Minoritäten der nordamerikanischen Ureinwohner verstehen es inzwischen vorzüglich, ihre Interessen gegenüber einer weißen Mehrheit durchzusetzen, die seit etwa 30 Jahren am Unrecht der Vergangenheit leidet. Kurios war allerdings, daß sich als Chef der Ureinwohner Nordalaskas ein General Schaeffer präsentierte, dessen deutscher Großvater dort als Walfänger gestrandet war.

Für die Kupferversorgung der deutschen Industrie engagierte sich die KfW 1982 mit 100 Millionen US-$ an der Projektfinanzierung für Ok Tedi in Papua-Neuguinea. Endlich einmal waren mit der Metallgesellschaft, der Degussa und der DEG auch deutsche Aktionäre neben australischen und amerikanischen Bergbaugesellschaften beteiligt. Ähnlich wie bei dem Ertsbergprojekt im indonesischen Westteil der mineralreichen Insel Neuguinea mußte in einer unzugänglichen Bergregion eine eigene Infrastruktur geschaffen werden. Die wirtschaftlichen und politischen Risiken waren erheblich, auch eine mit wenig sachlichen Argumenten geführte ökologische Diskussion beschäftigte die Aktionäre. Der KfW-Kredit konnte jedoch vereinbarungsgemäß getilgt werden.

Weniger riskant war das Kupferprojekt Escondida im Norden Chiles, an dem sich die KfW mit einem Kredit von 140 Millionen US-$ beteiligte. Nach der Schuldenkrise zu Anfang der achtziger Jahre hatten die Wirtschaftsexperten unter dem Diktator Pinochet harte, aber erfolgreiche Strukturreformen durchgeführt. Als sich eine geordnete Rückkehr zu demokratischen Regierungsformen abzeichnete, zögerten auch die großen Bergbauunternehmen in England, Australien und Japan nicht länger, in chilenische Bergbauprojekte zu investieren. Innerhalb weniger Jahre entwickelte sich Escondida zu einer der größten und erfolgreichsten Kupferminen der Welt.

Die Kupfermine Escondida in der nordchilenischen Atacamawüste. In den letzten acht Jahren finanzierte die KfW in dieser Region noch vier weitere Kupferprojekte.

6.2 Der Eurotunnel: neue Wege für Europa

Der Eurotunnel ist mehr als eine kurze und schnelle Verbindung zwischen Dover und Calais. Die erste Landverbindung zwischen der britischen Insel und dem europäischen Kontinent ist das erste große Verkehrsprojekt innerhalb der Europäischen Gemeinschaft und gleichzeitig die größte Projektfinanzierung dieses Jahrhunderts, die ohne finanzielle Unterstützung der beteiligten Staaten realisiert wurde.

Zu Beginn, im Jahre 1987, glaubte die britisch-französische Eurotunnel Gruppe, sie könne als Projektträger den Tunnel mit 6 Milliarden englischen Pfund fertigstellen. Ein derartiger Betrag erforderte ein Engagement der gesamten internationalen Bankenwelt, so daß sich schließlich über 220 Banken aus aller Welt als Kreditgeber an diesem Riesenprojekt beteiligten. Auch die KfW wurde von deutschen Großbanken und von ihren europäischen Partnern auf ihre Mitwirkung angesprochen. Sie beteiligte sich 1987 mit 100 Millionen Pfund, 1990 mit weiteren Beträgen, denn die damaligen Prognosen waren erfolgversprechend. Sie wollte bei diesen großen europäischen Projekten, die direkt und indirekt auch die deutsche Wirtschaft förderten, von Anfang an dabei sein. Das zusammenwachsende Europa erforderte auch von der KfW, über die Grenzen des eigenen Landes hinauszublicken.

Leider wurde aus der so erwartungsvoll begonnenen größten Projektfinanzierung dieses Jahrhunderts auch der größte Fehlschlag dieser neuen Finanzierungsform. Technische Pannen, Managementfehler, nachträgliche Sicherheitsauflagen der Behörden, dauernde Streitigkeiten mit den Baufirmen, Verzögerungen beim Bau und der Betriebsaufnahme, die harte Konkurrenz mit den Fährgesellschaften, um nur einige Hauptursachen zu nennen, trieben die Schuldenlast bis 1996 schließlich auf die gigantische Höhe von 9 Milliarden Pfund. Die Gesellschaft wurde zahlungsunfähig. Betriebseinstellung oder Konkurs waren für alle Beteiligten die schlechteren Lösungen, auch eine bloße Prolongation der Kredite konnte die Gesellschaft nicht mehr retten. Die Gläubiger mußten Federn lassen und nicht nur auf die ursprünglich recht fetten Zinsmargen verzichten, sondern die weitere Bedienung ihrer Kredite weitgehend von den ungewissen künftigen Erträgen des Projekts abhängig machen. Der Eurotunnel zeigt deutlich die Grenzen einer Projektfinanzierung, die in Zukunft, z. B. beim Transrapid, neue und bessere Lösungen verlangen.

Der Eurotunnel: Eine bautechnische aber leider keine finanzierungstechnische Meisterleistung.

6.3 Washington verlangt Devisenausgleich, damit die Truppen bei uns bleiben

Seit der Berlinkrise von 1961 waren die Devisenausgleichszahlungen im Rahmen der sogenannten Offset-Abkommen ein wesentlicher Teil und gleichzeitig ein stetiger Streitpunkt der deutsch-amerikanischen Zusammenarbeit. Bundeskanzler Erhard ist letztlich 1966 auch an dieser Klippe gescheitert. Dabei ging es nicht um die Bezahlung der „Besatzungskosten" für die amerikanischen Truppen in Deutschland, sondern um einen deutschen Gegenwert für die Zahlungsbilanzverluste, die den Amerikanern durch die Stationierung ihrer Truppen in Deutschland entstanden. Überwiegend wurde dieser Ausgleich durch Rüstungskäufe der Bundeswehr in den Vereinigten Staaten hergestellt. Als die Bundesrepublik am Ende der sechziger Jahre ihre wirtschaftliche Rezession überwunden hatte und gleichzeitig der Dollar immer schwächer wurde, mußten die Deutschen die geschwächte amerikanische Position im Weltwährungssystem durch zusätzliche monetäre Hilfen festigen.

Somit wurde im deutsch-amerikanischen Devisenausgleichsabkommen vom 19. 8. 1969 unter anderem vereinbart, daß die Deutschen zusätzlich zu anderen Leistungen langfristige Auslandsforderungen der amerikanischen Eximbank und Staatsanleihen für insgesamt 825 Millionen DM erwerben sollten. Hier bot sich die KfW an, diese Operation auf deutscher Seite bankmäßig abzuwickeln. Aber der Vorstand der KfW wollte mehr erreichen als ein politisches Auftragsgeschäft im Interesse des Bundes. Aus den erworbenen Forderungen wurde auf Anregung der KfW in Höhe von 600 Millionen DM ein Fonds für Direktinvestitionen deutscher Firmen in den USA gebildet. Die unterschwellige Hoffnung der KfW, nun auch in größerem Umfang die deutsche Industrie bei ihren Investitionen in Amerika begleiten zu können, erfüllte sich leider nicht. Noch nicht einmal 20 Millionen DM konnte sie Anfang der siebziger Jahre bei den deutschen Investoren unterbringen, die restlichen 580 Millionen verblieben für etwa 10 Jahre als amerikanische Staatspapiere in ihrem Depot. Die von der KfW verlangten Zinssätze waren zu hoch, denn die KfW hatte die Mittel in einer Hochzinsphase auf dem deutschen Kapitalmarkt einkaufen müssen. Auch das durchaus begründete Aufwertungsrisiko der DM gegenüber dem Dollar mag viele deutsche Investoren abgeschreckt haben. Ihnen bot der amerikanische Markt günstigere Finanzierungsalternativen.

6.4 Warschau verlangt eine Milliarde, damit die Aussiedler zu uns kommen dürfen

Ausschließlich politische Motive führten zu dem Milliardenkredit, den die KfW der polnischen Außenhandelbank, der Bank Handlowy w Warzawie S.A., am 31. 10. 1975 gewährte.

Am 1. 8. 1975 wurde in Helsinki jene berühmte Schlußakte der KSZE-Konferenz unterzeichnet, deren Bestimmungen über Menschenrechte einen Schwelbrand in den kommunistischen Ländern auslöste, der 14 Jahre vor sich hin glimmte, aber im Herbst 1989 aufloderte und in wenigen Monaten die kommunistischen Regime hinwegfegte. Noch am Abend dieses Tages trafen sich Bundeskanzler Schmidt und der polnische KP-Chef Gierek zu einem langen

Gespräch, das eine neue Epoche der deutsch-polnischen Zusammenarbeit einleitete. Ein entscheidender Punkt waren die Ausreisewünsche Deutschstämmiger, die von der polnischen Regierung recht zurückhaltend erfüllt wurden. Die Schlußakte von Helsinki mit ihren Bestimmungen über Familienzusammenführungen und humanitäre Erleichterungen boten jetzt einen Ansatz, durch einige deutsche Gegenleistungen erheblich mehr polnische Großzügigkeit bei den Ausreisegenehmigungen zu erreichen. Für einen zinsgünstigen Kredit von einer Milliarde DM waren die Polen schließlich bereit, in den folgenden vier Jahren 125000 Personen nach Deutschland ausreisen zu lassen.

In Deutschland begann alsbald eine heftige Diskussion über diese Absprache, weil eine eindeutige Verknüpfung von Kredit und Ausreiseverpflichtungen fehlte. Allerdings konnten die Polen den Kredit zwischen 1975 und 1977 nur mit ausdrücklicher Zustimmung der Bundesregierung in drei Jahresraten bei der KfW abrufen, so daß die Bundesregierung sehr wohl ein Druckmittel in der Hand behielt. Die KfW tat sich sehr schwer, in ihrem Darlehensvertragsentwurf mit einer anderen Bank eine derartige, so wenig „bankmäßige" Klausel aufzunehmen. Wie sollte man sie der polnischen Bank erklären? Einen Ausweg für eine etwas „bankmäßigere" Erklärung eröffnete hier die haushaltsrechtliche Zustimmung des Bundestages zu den jährlichen Zinssubventionen, die notwendig waren, um die Differenz zwischen den Kapitalmarktzinsen, die von der KfW bei der Mittelaufnahme zu zahlen waren, und dem niedrigen Vertragszinssatz von 2% auszugleichen.

Auch in einer Reihe anderer Punkte verliefen die Verhandlungen zwischen Bund und KfW über das deutsche Innenverhältnis bei diesem Kredit in einer recht gereizten Atmosphäre. Einerseits standen die Ressorts unter Handlungsdruck gegenüber den Polen und unter dem politischen Sperrfeuer der Opposition im Bundestag. Andererseits befürchtete die KfW eine Einschränkung ihrer Selbständigkeit durch einen Kredit, der so offensichtlich ausschließlich politischen Interessen diente. Das politische Fingerspitzengefühl des Vorstandssprechers Müller und des Verwaltungsratsvorsitzenden Apel führte dann doch zu einer für beide Seiten akzeptablen Lösung, bei der insbesondere das Kreditrisiko voll vom Bund übernommen wurde.

Sehr viel einfacher verliefen die anschließenden Vertragsverhandlungen der KfW mit der polnischen Außenhandelsbank, der natürlich bewußt war, welche politischen Motive dieses Geschäft beherrschten. Die KfW zahlte den Kredit vereinbarungsgemäß aus, denn die Polen ließen die Deutschstämmigen nun ausreisen. Die Polen zahlten zunächst auch pünktlich ihre Zinsen, bis zu Anfang der achtziger Jahre die internationale Schuldenkrise ihr hochverschuldetes Land besonders hart traf.

Trotz einiger Stundungsvereinbarungen liefen schließlich Rückstände von über 700 Millionen DM auf, deren Regelung anstand, als Bundeskanzler Kohl am Tag der Maueröffnung, an jenem denkwürdigen 9. November 1989, zu seinem Besuch in Warschau eintraf. Von da an überstürzten sich die Ereignisse. Erst im November 1990, als die Ostgrenze der Bundesrepublik schon an der Oder lag, wurde ein Schlußstrich zwischen den neuen Nachbarn für die weitere Behandlung dieses Kredits gezogen. Die Rückstände wurden den Polen erlassen, alle künftigen Zahlungen werden in polnischer Währung an eine „Stiftung für deutschpolnische Zusammenarbeit" geleistet. So endete der Kredit unter Kohl, wie er unter Schmidt begonnen hatte: als ein finanzielles Verlustgeschäft für den Bund, das jedoch einiges an politischem Gewinn einbrachte.

7. Der Weg zur Wall Street: neue Wege der Mittelbeschaffung

Zwischen 1971 und 1989 mußte sich die KfW von Jahr zu Jahr immer größere Beträge auf dem Kapitalmarkt beschaffen. Die steigenden Zusagevolumina in der inländischen Wirtschaftsförderung und in der Exportfinanzierung konnten nur durch eigene Mittel refinanziert werden. Sonderaktionen wie das Sonderprogramm von 1981 oder der Milliardenkredit an Polen im Jahr 1975 wurden zwar durch Zinssubventionen aus dem Bundeshaushalt unterstützt, die Kreditmittel mußte die KfW aber selbst auf dem Kapitalmarkt aufnehmen. Sogar die altvertrauten ERP-Mittel flossen spärlicher nach Frankfurt, da das BMWi der Deutschen Ausgleichsbank mehr Geschäft zuweisen wollte. Während im Jahre 1971 eigene Mittel in Höhe von 2,4 Milliarden DM im Kreditgeschäft eingesetzt wurden, nahm die KfW 1989 insgesamt Mittel im Gegenwert von 17,4 Milliarden weltweit auf den Kapitalmärkten auf. 1971 wurden noch 46% der KfW-Kredite durch das ERP-SV und den Bundeshaushalt refinanziert, 1989 waren es weniger als 20%.

Bemerkenswert ist nicht nur die Zunahme der aufgenommenen Mittel. Ab Mitte der achtziger Jahre etablierte sich die KfW auf dem amerikanischen und anderen ausländischen Märkten durch Kreditaufnahmen, die sich nicht mehr auf DM beschränkten, sondern eine breite Palette ausländischer Währungen umfaßten.

Zunächst beschritt man weiter die bewährten inländischen Wege der Inhaberschuldverschreibungen, der Kassenobligationen und vor allem der Schuldscheindarlehen, die kostengünstig und flexibel für die KfW das wichtigste Instrument der Mittelbeschaffung bei Banken, Versicherungen und anderen Kapitalsammelstellen wurden. Dennoch, der steigende Mittelbedarf der KfW ließ sie bald auch nach ausländischen Geldquellen suchen.

7.1 Auf Geldsuche im Wüstensand

Die ersten ausländischen Geldquellen fand die KfW im Sand der arabischen Wüste. Nach der Ölpreishausse von 1973 hatten sich in den OPEC-Ländern riesige Zahlungsbilanzüberschüsse angesammelt. In der internationalen Finanzwelt begann das, was man ein wenig naiv Recycling der Petrodollars nannte. Flugzeuge voller Banker flogen in die arabischen Ölstaaten, um den jetzt so reichen Ölscheichs attraktive Vermögensanlagen anzubieten.

Da hielt es auch unseren Arabienfreund und -kenner Alfred Becker nicht länger zu Hause. Endlich konnte er nicht nur seine alten Freunde in Amman und Kairo mit Entwicklungshilfekrediten versorgen, jetzt konnte er auch in seinem anderen Kompetenzbereich, der Mittelbeschaffung, seine arabischen Beziehungen nutzen und ausbauen.

Als Becker am 2. Februar 1975 seine Pläne im Kreditbewilligungsausschuß vortrug, hatten Bundesbankpräsident Klasen und Staatssekretär Pöhl, dessen späterer Nachfolger, währungspolitische Bedenken. Bundeskanzler Schmidt, der die Sitzung leitete, trat jedoch dezidiert für eine enge wirtschaftliche Zusammenarbeit mit den Saudis ein, und so brach Becker, begleitet von Harries und Langner, Anfang April nach Djidda auf, um dort bei der Saudi Arabian Monetary Agency (SAMA) Geld zu holen. Man traf sich mit dem würdevollen Scheich Ahmed Abdullatif, dem Generaldirektor der SAMA, und dessen erstklassigen amerikanischen und englischen Beratern, darunter David C. Mulford, der später als Unterstaatssekretär im amerikanischen Finanzministerium der Reagan Administration eine zentrale Rolle bei der Lösung der internationalen Schuldenkrise spielen sollte.

Es dauerte einige Zeit, bis die KfW mit tatkräftiger Hilfe der Bundesregierung die Saudis davon überzeugen konnte, daß man der KfW auch ohne Bundesgarantie Ölgelder auf Basis deutscher Schuldscheine anvertrauen konnte. Im September flossen erstmals einige hundert Millionen, die zur Zufriedenheit der Bundesbank von der KfW unverzüglich als erste Tranche des Polenkredits nach Warschau weitergeleitet wurden. Bis zu seinem Tode hat Becker über 1,5 Milliarden DM bei der SAMA besorgt. Schüler, der seine Nachfolge bei der Mittelbeschaffung übernahm, pflegte die Kontakte weiter, vor allem bei der Refinanzierung des Sonderprogramms von 1981. Der internationale Kapitalmarkt wurde in den folgenden Jahren zunehmend leistungsfähiger, so daß beide Seiten es vorzogen, ihre jeweiligen Geschäfte auf diesem Markt zu tätigen und die direkte, aber manchmal etwas mühselige Verbindung nicht mehr zu nutzen.

7.2 Die ersten Deutschen auf dem Yankee-Markt

Seit Mitte der siebziger Jahre war nicht mehr zu übersehen, daß die KfW ihr Kreditangebot im Auslandsgeschäft erweitern mußte. Viele ausländische Kreditnehmer wollten nicht mehr das Aufwertungsrisiko der starken DM tragen, sie verlangten Kredite in US-$ und anderen ausländischen Währungen. Auch die Spezialität der KfW, langfristige Kredite zu Festzinssätzen anzubieten, wurde nicht mehr von allen Kunden geschätzt. Manche zogen variable Zinsen vor, die sich den jeweiligen Geldmarktsätzen in London oder Frankfurt anpaßten. Viele Jahre behalf sich die KfW mit maßgeschneiderten Einzelrefinanzierungen bei ausländischen oder deutschen Geschäftsbanken, doch allmählich nahm dieses Geschäft einen Umfang an, der globalere Lösungen erforderte.

Wichtigstes Ziel für die Mittelbeschaffer Schüler, Graf Zech und Lewark war neben dem Euromarkt die Wall Street. Hier wurden auf dem sogenannten Yankee-Markt lange Laufzeiten mit festen Zinssätzen gehandelt. Das waren Mittel, die gut in der Exportfinanzierung der KfW, vor allem beim Airbus, eingesetzt werden konnten. Die mißtrauischen Amerikaner, durch viele Finanzskandale klüger geworden, lassen aber nicht jeden auf diesen Markt, vor allem, wenn er aus dem Ausland kommt. Erst einmal, oder besser zweimal, muß er sich auf Herz und Nieren untersuchen lassen. Gerade die großen amerikanischen Investoren, die Versicherungsgesellschaften und Pensionsfonds, erwarten von ihren Schuldnern ein sogenanntes Kreditrating durch unabhängige Ratingagenturen, die laufend und eingehend die Bonität des Schuldners und damit die Qualität seiner Schuldverschreibungen überprüfen und ähnlich wie die Stiftung Warentest mit Noten bewerten. Die deutschen Banken und Großunternehmen hatten lange diese peniblen Examen gescheut, aber das erfolgreiche Beispiel ausländischer oder internationaler Kreditinstitute ermutigte die KfW, Ende 1985 als eines der ersten deutschen Unternehmen das Kreditrating anzupacken.

Die beiden marktbeherrschenden New Yorker Ratingagenturen, Moody's und Standard & Poor's, untersuchten sehr gründlich die Risiko- und Ertragslage der KfW. Auch nach Bonn fuhren sie, um sich über die Bonität des Bundes ein Bild zu machen, da der Bund als Träger der Anstaltslast notfalls für die Zahlungsfähigkeit der KfW einstehen muß. Wie vom Vorstand erwartet, erhielt die KfW in diesem Examen die beste mögliche Note, das sogenannte Triple A (AAA), das sie zum ersten Mal

nutzte, als sie im September 1986 eine DM-Anleihe über 750 Millionen DM emittierte. Im Januar 1987 folgte dann ihre erste 200 Millionen US-$-Anleihe auf dem Euromarkt. Um die neuen ausländischen Abnehmer besser zu erreichen, nahm die KfW gleichzeitig in ihr Emissionskonsortium für DM-Anleihen auch ausländische Banken auf. Damit hatte die KfW zwar ein gutes Entreebillett für den internationalen Kapitalmarkt erworben, für den Gang an die Wall Street galt es jedoch, noch eine weitere Hürde zu nehmen.

Jeder, der dort öffentlich Anleihen verkaufen will, muß sich bei der Securities Exchange Commission (SEC) registrieren lassen und die strengen Vorschriften des amerikanischen Anlegerschutzes erfüllen. Auch davor hatten sich viele deutsche Banken und Industrieunternehmen lange gescheut. Die KfW war das erste deutsche Unternehmen, das 1987 diesen Schritt wagte. Die Aufgabe wurde etwas erleichtert, da die SEC überzeugt werden konnte, die KfW aufgrund der Anstaltslast des Bundes als staatliches Risiko einzustufen.

Kaum war diese Hürde genommen, schon wähnte man sich im Ziel, da tat sich in Bonn Ende 1987 unerwartet ein neues Hindernis auf. Bundesfinanzminister Stoltenberg führte eine Steuer auf Zinserträge ein, die ausländische Anleger aus Anleihen inländischer Emittenten wie der KfW erzielen. Ein Anleger zahlt nolens volens Steuern zu Hause, von Steuern im Ausland möchte er verschont bleiben. Somit war auch der erhoffte Absatz unserer Dollaranleihen an der Wall Street gefährdet, denn andere ausländische Emittenten konnten ihren amerikanischen Gläubigern die Zinsen ohne Abzug von Steuern auszahlen.

Das Dilemma wurde im Mai 1988 durch die Gründung der *KfW International Finance*

Muster der effektiven Stücke zur ersten Emission der KfW International Finance Inc. im Jahr 1988.

Inc. mit Sitz in Wilmington im amerikanischen Bundesstaat Delaware gelöst. Diese hundertprozentige Tochter der KfW muß als Amerikanerin keine deutsche Steuer einbehalten, wenn sie an der Wall Street oder auf internationalen Märkten Anleihen begibt. Die Geldbeschaffung auf dem amerikanischen und anderen ausländischen Märkten, die natürlich nur unter einer vollen Garantie der KfW möglich ist, blieb ihre einzige Aufgabe. Alle Mittel, die sie aufnimmt, leiht sie sofort an ihre deutsche Mutter weiter, die ihrerseits dafür sorgt, daß die amerikanische Tochter ihre Verpflichtungen punktlich erfullen kann.

Noch im Gründungsjahr konnte die KfW International Finance in den USA Anleihen über 500 Millionen US-$ auflegen. Ein Jahr später agierte sie bereits in mehreren Währungen auf dem Euromarkt und erweiterte ihre amerikanischen Aktivitäten durch ein Medium Term Notes-Programm von 500 Millionen US-$.

Auch die Frankfurter Mutter blieb nicht untätig. Die neuen Instrumente der Zins- und Währungsswaps, Anleihen mit variablen Zinssätzen oder Zerobonds wurden genutzt, um preisgünstige und passende Refinanzierungen für die vielfältigen Kreditaktivitäten der KfW zu beschaffen. 1989 wurden bereits Fremdwährungen im Gegenwert von 2,4 Milliarden DM auf den internationalen Kapitalmärkten aufgenommen. Die KfW und ihre junge Tochter waren international als erstklassige Emittenten etabliert.

8. Ausblick: Gut gerüstet für die Herausforderungen der deutschen Einheit

Zu Anfang des Jahres 1989, des letzten Jahres dieses Kapitels, ahnte niemand, welche radikale Wende die letzten Monate dieses Jahres bringen würden. Als aber das Jahr zu Ende ging, war jedem in der KfW bewußt, daß die kommenden Jahre gewaltige Anforderungen an das Haus stellen würden. Ungewiß war noch, wann und wie die beiden deutschen Staaten zueinanderfinden würden, aber abzusehen war, daß ein neues Miteinander – wie immer es ausgestaltet werden konnte – auch den vollen Einsatz des größten deutschen Förderinstituts verlangen würde.

Zum Glück war die KfW bestens gerüstet für diese Aufgaben. Das Eigenkapital war auf über 4 Milliarden DM angestiegen. Dazu hatten die vom Bundeskanzler Schmidt initiierten Kapitaleinzahlungen von Bund und Ländern in Höhe von 600 Millionen beigetragen. Aber auch aus steigenden eigenen Erträgen hatte die KfW ihre Rücklagen aufstocken können. Die Risikovorsorge konnte sich auch vor den kritischen Augen der Ratingagenturen sehen lassen. Ihr gutes Emissionsstanding, nun auch weltweit anerkannt, erlaubte die Finanzierung neuer großer Aufgaben. Für diese Aufgaben standen erfahrene und hochmotivierte Mitarbeiterinnen und Mitarbeiter bereit, vertraut mit allen Fragen der Kreditabwicklung bis hin zur Beurteilung diffiziler technischer und organisatorischer Probleme. Ein glücklicher Zufall wollte es, daß die KfW gerade bei ihren Programmkrediten die EDV-gestützte Bearbeitung eingeführt hatte. Wie hätte man sonst das Jahr 1991 überstehen können, in dem sich die Zahl der Kreditzusagen gegenüber den achtziger Jahren verzehnfachte?

Die Wende und die Herausforderungen der deutschen Einheit

1990 bis 1998

1. Die unerwartete Wende und das turbulente Jahr 1990

Nie werden wir ihn vergessen können, diesen Herbst 1989: Ungarn öffnete seine Grenze, Tausende von DDR-Bürgern flohen über diese Grenze und später über die überfüllten Botschaften der Bundesrepublik in Prag und Warschau in das andere Deutschland. Wie eindrucksvoll waren die anschwellenden Massendemonstrationen der Bürgerrechtler, die von Leipzig ausgehend über Ostberlin viele Städte der DDR erfaßten, während die alte SED-Führung unbelehrbar und hilflos in einer schon gespenstischen Atmosphäre den vierzigsten Jahrestag ihres Staates feierte, eines Staates, der schon ein Jahr später auf dem Kehrichthaufen der Geschichte landen sollte. Honecker wurde abgesetzt, und seine hilflosen Nachfolger öffneten am 9. November die Grenze zum Westen. Als nun Millionen von Besuchern nach Westberlin und in die Bundesrepublik strömten, wurde jedem bewußt, daß Deutschland an einem Wendepunkt seiner Geschichte stand.

Aber wohin wehte der Wind der Geschichte? Konnte eine neue demokratische und freiheitliche DDR als eigener Staat weiterleben, wie es die meisten Bürgerrechtler forderten, oder würde Deutschland über kurz oder lang wieder seine nationale Einheit finden? Unübersehbar war, daß beide Teile Deutschlands einander näherkamen. Doch vorsichtig verlangte Bundeskanzler Kohl „föderative Strukturen", denn letztlich war Deutschlands Zukunft auf das Einverständnis Moskaus und der westlichen Verbündeten angewiesen.

„Wir sind *das* Volk!" hatten im Oktober die Bürgerrechtler ausgerufen. „Wir sind *ein* Volk" rief eine mutiger gewordene Mehrheit dem Bundeskanzler Kohl zu, als er am 19. Dezember den neuen Ministerpräsidenten Modrow in Dresden traf. Modrow versuchte es mit halbherzigen politischen und wirtschaftlichen Reformen. Politik und Wirtschaft im Westen erkannten, daß diese Reformen nichts Endgültiges sein konnten. Aber irgendwie mußten sich einfach große Chancen für eine sehr viel engere deutsch-deutsche Zusammenarbeit eröffnen.

Demonstranten bei der Leipziger Montagsdemonstration am 12. Februar 1990.

Die Joint-ventures schienen zunächst ein Weg zu sein, sich wirtschaftlich näherzukommen. Viele westdeutsche Unternehmen und ostdeutsche Kombinate wollten im gegenseitigen Interesse Gemeinschaftsunternehmen starten. So plante auch die Metallgesellschaft zusammen mit dem Mansfeld-Kombinat „Wilhelm Pieck" im Mansfelder Land den Bau einer neuen Kupferhütte durch ihre Tochter Lurgi, die mit Kupferexporten in den Westen bezahlt werden sollte. Ihr umtriebiger Chef Schimmelbusch sprach Harries auf eine Finanzierung an, und

bereits am 2. Januar 1990 reiste dieser mit dem Abteilungsleiter Tüngeler in das Mansfelder Land. Sie erhielten Einblicke in eine Industriehölle, die sie sich so schlimm nicht vorgestellt hatten.

Die rasante politische Entwicklung überholte sehr bald diese geplanten Joint-ventures, die fast alle von der Fortexistenz zweier deutscher Staaten in zwei Wirtschaftsblöcken ausgingen. Gorbatschow gab sein grundsätzliches Einverständnis zur deutschen Einheit. Modrow und seine Mannschaft wurden immer weniger mit den wachsenden Schwierigkeiten fertig. Auf seiner Bittreise nach Bonn im Februar 1990 erhielt er nicht die erbetenen 10 bis 15 Milliarden DM Soforthilfe, wie sie Polen oder andere Staaten – wenngleich in geringeren Beträgen – zuvor über die KfW erhalten hatten. Kohl ging jetzt aufs Ganze und forderte die Wirtschafts- und Währungsunion, die nur eine Vorstufe zur staatlichen Einheit sein konnte. Schließlich hatten auch Demonstranten in der DDR durchaus glaubhaft betont: „Kommt die DM, bleiben wir. – Kommt sie nicht, geh'n wir zu ihr!"

Einen Monat später brachte die erste freie Wahl in der DDR die Entscheidung. Mit überwältigender Mehrheit stimmte die Bevölkerung für die Parteien, die für die nationale Einheit eintraten. Formell war es eine Volkskammerwahl in der DDR, inhaltlich war es ein Plebiszit ihrer Bevölkerung für den Beitritt zur Bundesrepublik mit einem entsprechenden Verhandlungsauftrag für die nun folgende Koalitionsregierung unter de Maizière.

Vieles war in diesem Frühjahr 1990 noch unklar, aber die ersten wichtigen Marken für den künftigen Kurs der KfW waren jetzt gesetzt. Eindeutig kam eine neue große Herausforderung auf die KfW zu. Es ist in diesen Monaten im Vorstand und im Verwaltungsrat nie diskutiert worden, *ob* die KfW hier Aufgaben übernehmen sollte. Das war einfach selbstverständlich. Sehr viel ungewisser war zunächst, *wie* und *wann* sie aktiv werden könne.

Für den Aufbau im Osten war ein leistungsfähiger Mittelstand unverzichtbar. Schon fuhren die ersten Handwerker aus Sachsen und Thüringen in ihren Trabbis in der Frankfurter Palmengartenstraße vor, um ihre Kreditwünsche vorzutragen. Bereits am 14. Februar legte das ERP-SV sein *Modernisierungsprogramm* auf, um über die KfW den Kleinbetrieben in der DDR zu helfen. Noch war nicht sicher, ob und wann es zu der Wirtschafts- und Währungsunion zwischen den beiden deutschen Staaten kommen würde, daher mußte die noch existierende Staatsbank der DDR den Transfer von Zinsen und Tilgungen zum Kurs 1:2,4 garantieren. Am 1. Juli folgte die KfW mit ihrem eigenen Mittelstandsprogramm. Beide Programme mußten über Banken geleitet werden. Der schnelle Aufbau des Kreditwesens im Osten sorgte für einen zügigen Start dieser Programme.

Die KfW tat noch mehr, um so schnell wie möglich zu helfen. Im Hotel Metropol in der Ostberliner Friedrichstraße wurde schon im März 1990 ein Beratungszentrum eingerichtet, das trotz der schwierigen Nachrichten- und Verkehrsverbindungen dank des unermüdlichen Einsatzes jüngerer Mitarbeiter Tausenden von Ratsuchenden helfen konnte. Das Jahr 1990 stellte ungeheure Anforderungen an die Lernfähigkeit der Ostdeutschen und an die Lehrfähigkeit der Westdeutschen. Auf vielen Informations- und Schulungsveranstaltungen, in unzähligen Einzelgesprächen hat die KfW ihren Beitrag geleistet, um ihren ostdeutschen Landsleuten zu helfen, sich in den so radikal veränderten Verhältnissen zurechtzufinden. Als öffentliches Unternehmen ohne eigene Gewinninteressen, an dem der Bund, die alten

und schon sehr bald auch die neuen Länder beteiligt waren, wurde ihr besonderes Vertrauen geschenkt. Nützlich erwiesen sich auch viele Erfahrungen aus der Finanziellen Zusammenarbeit, die nun plötzlich für Beratungen im eigenen Land genutzt werden konnten, z. B. bei der Vergabe öffentlicher Aufträge an private Unternehmen.

Der Umweltschutz war neben der Förderung des Mittelstandes ein weiteres Feld für die Aktivitäten der KfW. Zu offensichtlich waren die enormen Umweltschäden, die das vergangene Regime vor allem in den Chemie- und Braunkohlerevieren Mitteldeutschlands angerichtet hatte. Bereits im Februar 1990 wurden die Umweltkreditprogramme des ERP-Sondervermögens, mit Beginn der Wirtschafts- und Währungsunion auch die Umweltschutzprogramme der KfW, auf die neuen Bundesländer übertragen. Am 20. September 1990 schließlich verkündete die Bundesregierung ihr 10-Milliarden-DM-Kommunalkreditprogramm für die neuen Bundesländer, das im Einigungsvertrag vorgesehen war, den Bundestag und Volkskammer am gleichen Tag ratifizierten. Die KfW übernahm bei diesem Programm die wichtigen und umweltrelevanten Bereiche Abwasser und Kanalisation, Luftreinhaltung und Wasserbau.

Nach wie vor lag aber während des ganzen Jahres 1990 der weitaus größte Teil der industriellen Produktion bei den großen Kombinaten und den vielen „volkseigenen" Betrieben, die noch von der Regierung Modrow in die Obhut der neuerrichteten Treuhandanstalt gegeben wurden. Die Treuhandanstalt war während dieses Jahres völlig überfordert, ihren riesigen Bereich wirksam zu kontrollieren und zu leiten, so daß die einzelnen Unternehmen auf eigene Faust versuchen mußten, die neuen Verhältnisse zu meistern. Die Umgründung der Kombinate und VEBs in Aktiengesellschaften oder Gesellschaften mit beschränkter Haftung war noch relativ einfach. Sehr viel schwieriger war es, die Produktionsverfahren zu modernisieren und sich mit oft wenig attraktiven und zu teuer hergestellten Produkten im Wettbewerb mit den starken Unternehmen des Westens zu behaupten. Dennoch glaubten die meisten Unternehmensleiter, sie könnten mit einigen Modernisierungsinvestitionen ihre Betriebe ohne große Einbußen in die Marktwirtschaft führen. Zu den Trabbis der Handwerksmeister auf dem KfW-Parkplatz gesellten sich jetzt im Frühsommer 1990 die Wartburgs der Finanzvorstände ehemaliger Kombinate, die Kredite für diese Investitionen wünschten.

„Industriedenkmäler" in DDR-Kombinaten: Hier eine Anlage in Bitterfeld-Wolfen zur Herstellung von Kalkammonsalpeter, die zu Beginn der zwanziger Jahre errichtet, bis 1993 betrieben und 1994 abgerissen wurde.

Die KfW konnte schnell erkennen, daß viele vorgeschlagene Investitionen dringend waren, um die Qualität zu heben und die Produktionskosten zu senken. Oft wurden ihr technisch perfekte Pläne vorgelegt, welche die Kombinate schon Jahre vorher sorgfältig ausgearbeitet hatten, für die aber die Ostberliner Planbehörden kein Geld, vor allem keine Devisen, hatten bewilligen wollen. Aus diesen Kontakten entstand Mitte Juni 1990 das *KfW-Anschubprogramm*, das möglichst schnell zumindest die dringendsten Investitionen in den noch staatseigenen Betrieben ermöglichen sollte. Die KfW war bereit, Direktkredite im eigenen Risiko zu gewähren. Sie erwartete aber die Mitfinanzierung durch die Geschäftsbanken. Bereits einige Wochen später, nach Inkrafttreten der Wirtschafts- und Währungsunion, zeigte es sich, daß die staatseigenen Unternehmen ihre Marktchancen völlig überschätzt hatten. Obwohl die KfW über 150 Anträge erhalten hatte, konnte sie 1990 nur relativ wenige Kredite unter bankmäßigen Kriterien gewähren.

Dazu gehörte vor allem der Kredit über 426 Millionen DM, den die Deutsche Seereederei Rostock (DSR) am 24. August 1990 für den Bau von sechs Containerschiffen auf westdeutschen Werften erhielt. Über diesen Bauauftrag und diesen Kredit hatte man bereits vor der Wende verhandelt (s. Seite 139). Die DSR konnte nach der Wende mit ihren Schiffen werthaltige Sicherheiten und ein plausibles Unternehmenskonzept anbieten, und so wurde aus einem geplanten Exportkredit für die DDR der erste Großkredit an ein Unternehmen in den neuen Bundesländern.

Kurz nach dem Tag der Einheit, noch im Oktober 1990, begann die KfW mit ihrem *Wohnraummodernisierungsprogramm* für die neuen Bundesländer. Die DDR konnte zwar beim Neubau von Plattenbauwohnungen beachtliche Zahlen vorweisen, Qualität und Instandhaltung aber waren oft mangelhaft. Auch die privaten Hauseigentümer sehnten sich danach, den aufgestauten Reparaturaufwand vieler Jahrzehnte nun endlich nachzuholen. Mit Zinsverbilligungen aus dem Bundeshaushalt stellte die KfW erst einmal 10 Milliarden bereit. Es sollte sich schon bald erweisen, daß dieser Betrag nur ein Anfang sein konnte.

Zum Jahresende war mit der ersten gesamtdeutschen Bundestagswahl eine wichtige letzte Etappe der deutschen Einheit erreicht. Schneller, als es die meisten noch zu Beginn des Jahres erwartet hatten, lebten die Deutschen wieder in einem Staat zusammen. Hinter ihnen lagen turbulente Monate mit einem teilweise recht chaotischen, teilweise überraschend gut geordneten Übergang. Das Jahr 1990 war eine Sternstunde der deutschen Politik und der deutschen Verwaltung, die beide Einmaliges geleistet haben, um dieses Chaos zu bändigen und abzukürzen. Die eigentliche Aufgabe des Neuaufbaus im Osten stand den Deutschen aber noch bevor.

Daher war auch für die KfW das Jahr 1990 ein Jahr der Orientierung und des Anfangs. Ähnlich wie 1949/50 sollte erst in dem kommenden Jahr 1991 die neue Herausforderung in ihrem vollen Umfang auf die KfW zukommen. Immerhin konnte die KfW aber bereits im Jahre der Einheit über 25.000 Einzelzusagen mit einem Kreditvolumen von 4,2 Milliarden DM in die neuen Bundesländer geben. Mittelstand und Wohnraummodernisierung standen dabei im Mittelpunkt.

2. Die Kreditanstalt für Wiederaufbau und die deutsche Einheit: „Unser Name ist wieder Programm!"

1989 war mehr als ein Vierteljahrhundert vergangen, seitdem die Phase des Wiederaufbaus in der alten Bundesrepublik zu Ende gegangen war. Der Vorstandssprecher Götte, mittlerweile der dienstälteste Mitarbeiter der KfW und gleichzeitig das dienstälteste Vorstandsmitglied, war der Einzige im Hause, der zumindest die letzten Jahre dieser Epoche aktiv miterlebt hatte. Aber auch er wie alle seine Vorstandskollegen empfanden in den letzten Jahren vor der Wende den „Wiederaufbau" im Firmennamen der KfW als nicht mehr zeitgemäß. Schon lange hatte sich die KfW in der inländischen Wirtschaftsförderung, in der Entwicklungshilfe und der Exportfinanzierung anderen wichtigen Aufgaben zugewandt. Es waren letztlich der Ehrenvorsitzende Abs und seine Deutsche Bank, die eine längst überfällige Namensänderung blockierten.

Ein Jahr später sprach im Vorstand niemand mehr über einen neuen Namen. Der Wiederaufbau neuer Wirtschaftsstrukturen in den neuen Bundesländern sollte Programm und wichtigstes Ziel unserer Arbeit in den folgenden Jahren werden. Es war selbstverständlich, daß die KfW ihre Arbeit im Rahmen eines umfassenden Förderkonzepts für die neuen Länder anpackte, das die Bundesregierung Anfang 1991 in Abstimmung mit den Regierungen der neuen Länder, der Europäischen Gemeinschaft und ihren Förderinstituten KfW, Ausgleichsbank und zunächst noch der Berliner Industriebank entwickelte. Ein vielfältiges Instrumentarium von Zuschüssen, Zulagen, Sonderabschreibungen und Kredit- und Bürgschaftsprogrammen wurde eingesetzt, um das größte Förderprogramm der deutschen Geschichte, das *Gemeinschaftswerk Aufschwung Ost,* in Gang zu setzen.

2.1 Die großen KfW-Programme für den Aufbau im Osten

Die KfW beteiligte sich am Aufbau Ost mit erheblich höheren Beträgen als vierzig Jahre früher beim Wiederaufbau im Westen. Den Mitteln des Marshallplans von 3,7 Milliarden DM, für die Jahre 1949 bis 1953 ein durchaus ansehnlicher Betrag, stehen jetzt die 120 Milliarden DM gegenüber, die von 1990 bis Ende 1997 als KfW-Kredite in die neuen Bundesländer geflossen sind.

Die altbewährten Marshallplanmittel, über vier Jahrzehnte im ERP-Sondervermögen treulich

erhalten und durch Zinseinnahmen vermehrt, kamen endlich auch dem Teil Deutschlands zugute, dem einstmals die sowjetische Besatzungsmacht die Beteiligung am Marshallplan verboten hatte. Bereits seit Februar 1990 hatte das BMWi mit diesen Mitteln in der noch existierenden DDR die Modernisierung mittelständischer Unternehmen über die KfW und die Gründung neuer mittelständischer Betriebe über die Deutsche Ausgleichsbank gefördert. Luftreinhaltung und Abwasserreinigung waren weitere Finanzierungsaufgaben mit ERP-Mitteln, die zunächst der KfW übertragen wurden, bis das BMWi 1992 alle Umweltprogramme aus ERP-Mitteln bei der Ausgleichsbank konzentrierte. Wichtigstes Instrument unserer ERP-Förderung wurde in den letzten Jahren das ERP-Aufbauprogramm, das als Nachfolger des ursprünglichen Modernisierungsprogramms mit etwa zwei Milliarden jährlich den Mittelstand in den neuen Ländern unterstützt.

Der Wiederaufbau West am Anfang der fünfziger Jahre mußte fast ausschließlich mit diesen alliierten Gegenwerten finanziert werden, beim Aufbau Ost vierzig Jahre später überwiegen die Mittel, die sich die KfW jetzt auf den nationalen und internationalen Kapitalmärkten beschaffen konnte. Das Konzept der KfW-Gründerväter Coates und Bennett scheiterte 1949, vierzig Jahre später war es erfolgreich. Von den über 120 Milliarden DM, die seit 1990 als Investitionskredite der KfW in die neuen Bundesländer flossen, besorgte die KfW sich über 100 Milliarden auf diesen Märkten, 19 Milliarden kamen aus dem ERP-Sondervermögen. Dabei darf allerdings nicht übersehen werden, daß gerade die

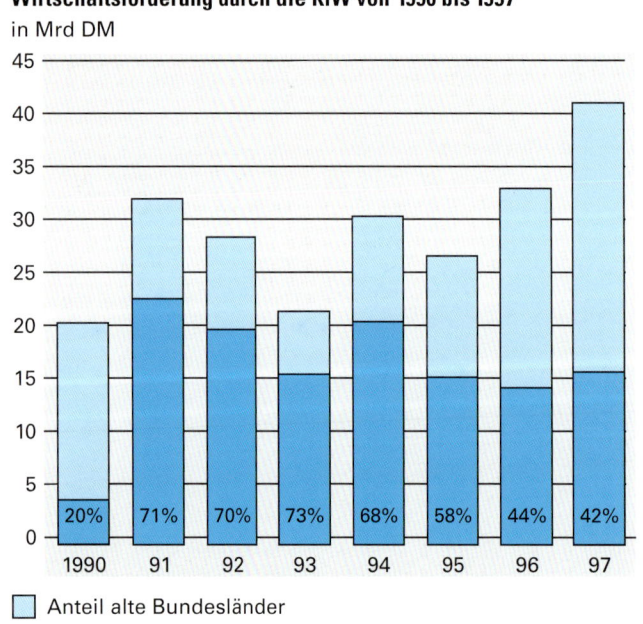

Anteil der neuen Bundesländer an der inländischen Wirtschaftsförderung durch die KfW von 1990 bis 1997
in Mrd DM

Anteil alte Bundesländer
Anteil neue Bundesländer

großen Förderprogramme für die neuen Bundesländer wie das Wohnraummodernisierungsprogramm und das Kommunalkreditprogramm über Jahre erhebliche Zinszuschüsse aus dem Bundeshaushalt erhielten, damit besonders niedrige Zinsen die beabsichtigten Investitionen anreizen. Es ist vor allem Gert Vogt zu verdanken, daß die KfW diese großen Förderprogramme von der Bundesregierung erhielt. Er fand in Bonn mit dem Argument Gehör, es sei billiger und angemessener, im Bundeshaushalt nur die Zinsverbilligungen und nicht die gesamten Kreditvolumina zu bewilligen.

Vor der Wende war die KfW stolz, wenn sie in einem Jahr auf etwa 30.000 Einzelzusagen kam. In den sieben Jahren seit 1990 hat sie allein für die neuen Bundesländer über 700.000 Einzelkredite zugesagt! Dieser gewaltige Mengenzuwachs konnte mit geringfügigen Personalaufstockungen bewältigt werden, da die KfW gerade noch rechtzeitig bei ihren Massenprogrammen die EDV-gestützte Kreditbearbeitung eingeführt hatte.

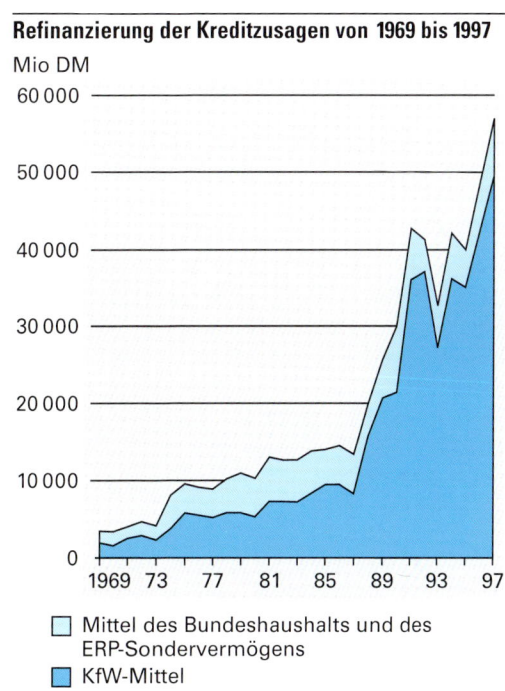

Refinanzierung der Kreditzusagen von 1969 bis 1997
Mio DM

☐ Mittel des Bundeshaushalts und des ERP-Sondervermögens
■ KfW-Mittel

Ihre großen Finanzierungsaufgaben für den Aufbau Ost konnte der KfW weitgehend durch Kapitalmarktmittel erfüllen.

Das Wohnraummodernisierungsprogramm

Nach seinem Beginn im Oktober 1990 entwickelte sich das Wohnraummodernisierungsprogramm sehr schnell zu einem Programm der Superlative, das in wenigen Monaten die KfW in den neuen Bundesländern viel bekannter werden ließ, als es ihr in den alten Bundesländern je vergönnt war. Die finanzierten Investitionen verbesserten in kurzer Zeit den Wohnkomfort und damit einen wesentlichen Teil des Lebensstandards von vielen Millionen Menschen. Mieterhöhungen waren nach der Modernisierung zwar unvermeidlich, aber die niedrigen Zinsen gestatteten, die Modernisierungsumlage auf durchschnittlich nur 1,25 DM pro qm zu beschränken. Für die Handwerksbetriebe aus dem neuentstandenen Mittelstand

wurden für viele Jahre Aufträge und Beschäftigung gesichert. Zudem leistete das Programm einen erheblichen Beitrag zur Verbesserung der Umwelt, denn die Energieeinsparung durch bessere Wärmedämmung und modernere Heizungstechnik war fast immer der wichtigste Teil dieser Modernisierungen.

Am Anfang verlangten vor allem viele private Hausbesitzer nach diesen zinsgünstigen Krediten, die sie über ihre Banken oder Sparkassen erhalten konnten. Endlich konnten die Eigenheimbesitzer im Osten wieder ihre Häuser instandsetzen und herausputzen. Vieles erbrachten sie durch Eigenleistungen und aus Ersparnissen, nachdem man in den aufblühenden Baumärkten endlich alle Materialien kaufen konnte, die man jahrzehntelang entbehren mußte. Die Kredithilfe der KfW wurde von Privatpersonen oft sehr sparsam beansprucht, so wenig wie nur irgend möglich wollte man selbst für diese wichtigen Aufgaben Schulden machen. So stand die KfW plötzlich vor einem bislang nie gekannten Massengeschäft mit oft sehr kleinen Kreditbeträgen. Bereits im Jahr 1990 erteilte sie über 100.000 Kreditzusagen in diesem Programm. Die aufblühende Privatinitiative im Osten, unterstützt von der Kredithilfe aus der KfW, führte schon sehr schnell dazu, daß sich die Ortsbilder veränderten und mehr und mehr schmuck renovierte und herausgeputzte Häuser die Häuserzeilen der grauen sozialistischen Einheitstristesse unterbra-

chen. Die Nachfrage der privaten Hausbesitzer hielt an, noch 1997 kamen 90% der Anträge in diesem Programm von Privatpersonen.

Etwas länger dauerte es, bis die Modernisierung der sogenannten Plattenbauten in Gang kam, obwohl der Bund hier die KfW-Kredite sogar um 3% verbilligte. Die DDR hatte über zwei Millionen Wohnungen in dieser kostensparenden, aber oft qualitativ fragwürdigen Fertigbauweise errichten lassen. Noch für Generationen werden sie das Erscheinungsbild ostdeutscher Städte, vor allem in ihren Außenbezirken, prägen. Viele dieser Vorhaben hatten die Banken der DDR durch zugeteilte Kredite finanziert, mit denen die Spargroschen der DDR-Bürger zinsbringend angelegt werden sollten. Nach der Wende wurde der Schuldendienst für diese Kredite nicht mehr geleistet, so daß schließlich das Kreditvolumen auf fast 60 Milliarden DM angewachsen war. Die neuen Eigentümer der Plattenbauten, überwiegend kommunale Wohnungsgesellschaften, Kommunen oder Wohnungsgenossenschaften, sahen sich nicht in der Lage, den vollen Schuldendienst für die alten DDR-Kredite und gleichzeitig die Kosten für Modernisierungen zu übernehmen. Erst als der Bund und die neuen Länder mit der *Altschuldenhilfe* in Höhe von etwa 29 Milliarden DM einen erheblichen Teil dieser Altlasten übernommen hatten, erhielt auch die Modernisierung der Plattenbauten seit 1993 einen erheblichen Auftrieb. Wer ab Mitte der neunziger Jahre in den Plattenbauvierteln ostdeutscher Städte alte und renovierte Bauabschnitte miteinander verglich, war erstaunt, mit wieviel Einfallsreichtum die Architekten und Bauhandwerker das Erscheinungsbild und den Wohnkomfort verbessert hatten.

Die *Altschuldenhilfe* hat die KfW im Auftrag des Bundes und der neuen Länder administrativ abgewickelt. Es war im Vorstand nicht

Ein Wohnhaus in Glindow/Brandenburg vor der Modernisierung.

Das gleiche Gebäude nach der Modernisierung.

unumstritten, ob die KfW diese Verwaltungsaufgabe übernehmen sollte, die üblicherweise Behörden, aber nicht Banken übertragen wird. Doch sah man den engen Zusammenhang mit den Finanzierungsaufgaben bei der Wohnraummodernisierung, welche die KfW bereits übernommen hatte. Schließlich wollte man auch einmal ausprobieren, ob nach dem Prinzip „schlanker Staat" Aufgaben der staatlichen Leistungsverwaltung nicht auch effizient und billig einem schon bestehenden öffentlichen Unternehmen wie der KfW anvertraut

Die Plattenbauten der DDR sind nach abgeschlossener Sanierung und Instandsetzung kaum mehr wiederzuerkennen. Auch das Wohnumfeld wird in die Neugestaltung einbezogen. Hier ein Beispiel aus dem Jahre 1994 in Berlin-Lichtenberg.

werden können, ehe man einen neuen Behördenapparat errichtet. Dieses Experiment verlief erfolgreich.

Nachdem die eigentliche Entschuldung mittlerweile abgeschlossen ist, gilt es noch für eine Reihe von Jahren, die mit der Altschuldenhilfe verknüpften Privatisierungsverpflichtungen der öffentlichen Wohnungsunternehmen zu überwachen.

Das Wohnraummodernisierungsprogramm für die neuen Länder war politisch immer völlig unumstritten. Die anfänglichen zehn Milliarden des Jahres 1990 wurden schon 1992 auf 30 Milliarden und schließlich im Solidarpakt vom März 1993 auf 60 Milliarden DM erhöht. Als auch diese gewaltige Summe allmählich vergeben war, legte der Bund für 1998 noch einmal Zinsverbilligungen für weitere zehn Milliarden DM hinzu. Leider ist in der deutschen Öffentlichkeit viel zu wenig beachtet worden, daß mit diesen Mitteln bis Ende 1997 über 3,2 Millionen Wohnungen modernisiert werden konnten, das ist fast die Hälfte aller Wohnungen, die es bei der Wende in der DDR gab! Über 600.000 einzelne Kreditzusagen hat die KfW allein in diesem einen Programm erteilt.

Kommunale Investitionen und Umweltschutz

Was für den Westen nützlich gewesen war, mußte im Osten noch viel notwendiger sein. Kurz vor der Wende hatte die KfW durch ihr 15 Milliarden-Gemeindeprogramm vor allem Umweltschutzinvestitionen der westdeutschen Gemeinden gefördert, um die darniederliegende Baukonjunktur anzukurbeln (s. Seite 125). Im Osten ging es um mehr. Die gesamte Infrastruktur der Gemeinden war überaltert und völlig unzureichend.

Die Bundesressorts hielten es für nötig, bei dem neuen Kommunalkreditprogramm über zehn Milliarden DM für die ostdeutschen Gemeinden gleich alle drei „Hauptleihinstitute" einzusetzen, damit den noch unerfahrenen ostdeutschen Kommunalverwaltungen der Weg zu den bundesdeutschen Fördertöpfen nicht allzu leicht gemacht würde. Alle drei Hauptleihinstitute bekamen von Bonn ihre Teilbereiche zugeteilt: Die Ausgleichsbank erhielt Abfallwirtschaft, Energieeinsparung und die Erschließung von Gewerbeflächen, die Berliner Industriebank, obwohl kurz vor der Privatisierung stehend, die Verkehrsinfrastruktur, Stadt- und Dorferneuerung sowie Sozialeinrichtungen. Für die KfW verblieben Abwasser, Lärmschutz, Luftreinhaltung und Wasserbau. Unsere ostdeutschen Landsleute, noch gut trainiert durch die Irrwege der sozialistischen Planwirtschaft, ließen sich allerdings nicht an der Nase herumführen. Sie kannten verblüffend schnell alle Pfade in den Förderdschungeln von Bonn und Brüssel.

Die Kommunalkredite wurden daher auch fleißig bei der KfW nachgefragt. Vielleicht zu eifrig, denn bald wurde erkennbar, daß die ostdeutschen Kommunalverwaltungen doch noch Wissenslücken in der Marktwirtschaft hatten. Nach der Wende waren Heerscharen von Beratern aller Art in den Osten aufgebrochen, um in den Unternehmen und in den kommunalen Verwaltungen ihre Dienste anzubieten. Viele haben ordentlich gearbeitet, es waren eben leider auch schwarze Schafe dabei, die ih-

re unerfahrenen ostdeutschen Partner übervorteilten. Heide Simonis, damals Finanzministerin in Schleswig-Holstein, schlug im Juni 1991 vor, die KfW möge die ostdeutschen Kommunen beraten, wie man bei der Planung und Errichtung von Kläranlagen und anderen Infrastrukturprojekten die beratenden Ingenieure richtig auswählt, einsetzt und kontrolliert. In der Tat konnte hier die KfW jahrelange Erfahrungen aus der Finanziellen Zusammenarbeit einmal sinnvoll im eigenen Land einsetzen. Unter dem wenig werbewirksamen Begriff der *Durchführungshilfe* bot die KfW bis 1997 den Kommunen Beratungen an, um optimale wirtschaftliche, technische und finanzierungstechnische Lösungen für ihre Infrastrukturprojekte zu erreichen.

Ende 1994 waren die zehn Milliarden DM aus dem Kommunalkreditprogramm ausgegeben. Zu diesem Zeitpunkt war gerade die Staatsbank Berlin mit der KfW fusioniert worden. Über zwei Milliarden zusätzliches Eigenkapital und 375 neue Mitarbeiter wollten eingesetzt werden. Die KfW eröffnete als Nachfolgeprogramm für ostdeutsche Kommunen ihr Infrastrukturprogramm, das nicht mehr durch Zuschüsse aus dem Bundeshaushalt, sondern aus eigenen Erträgen zinsverbilligt wurde. Dieses neue Kreditprogramm wurde zunächst auf die neuen Bundesländer beschränkt, im Frühjahr 1996 öffnete die KfW es auch für die Kommunen der alten Bundesländer. Es ist das erste Kreditprogramm, das ausschließlich in der neuen KfW-Niederlassung in Berlin bearbeitet wird.

Über 4.000 Vorhaben der kommunalen Infrastruktur, überwiegend in der Abwasserreinigung und im Wasserbau, hat die KfW seit 1990 in den neuen Bundesländern mit Krediten von etwa neun Milliarden DM gefördert. Vor allem neue privatwirtschaftliche Lösungen, wie richtig konzipierte Betreibermodelle, hat sie be-

Das von der KfW mitfinanzierte Gemeinschaftsklärwerk Bitterfeld-Wolfen. Im Hintergrund sieht man die neuen Fabrikationsanlagen von Bayer Bitterfeld.

vorzugt unterstützt. Leider gab es davon nur sehr wenige Vorhaben. Die kommunalen Kreditprogramme mit ihren Schwerpunkten Abwasserreinigung und Wasserbau sind gleichzeitig Programme für den zu DDR-Zeiten so sträflich vernachlässigten Umweltschutz.

Doch auch in anderen Bereichen setzte sich die KfW für einen besseren Umweltschutz in den neuen Bundesländern ein. Die neue umweltfreundliche und zudem auch effektivere Kraftwerkstechnik wurde in enger Zusammenarbeit mit Geschäftsbanken durch spezielle Projektfinanzierungen gefördert. Die Palette dieser Projektfinanzierungen reicht von dem großen neuen Braunkohlekraftwerk der VEAG in Boxberg bis zu Industriekraftwerken oder Stadtteilversorgern mit Kraft-Wärme-Koppelung in Bernburg oder Leipzig. Auf Initiative von Bundesumweltminister Töpfer entstand 1991 das KfW/BMU-Programm „Demonstrationsvorhaben im Umweltschutz", und mit der ihm eigenen Energie setzte sich der Minister dafür ein, daß innovativer Umweltschutz vorrangig in den belasteten Chemie- und Braunkohleregionen Mitteldeutschlands demonstriert wurde.

Der Wiederaufbau des Mittelstandes

Mit besonderem Engagement setzte sich die KfW im Osten für ihre traditionelle Aufgabe ein, den neu entstehenden Mittelstand zu fördern. Etwa 65.000 Unternehmen in den neuen Bundesländern haben zwischen 1990 und 1997 Kredite von der KfW für ihre Investitionen erhalten. Hinter diesen Zahlen verbirgt sich ein Kreditvolumen von über 50 Milliarden DM. Die KfW hat dadurch mitgeholfen, über 2.500.000 Arbeitsplätze in den neuen Bundesländern neu zu schaffen oder zu erhalten. Ein besonderes Anliegen war ihr die Förderung des industriellen Mittelstandes, der in den neuen Bundesländern bis heute volkswirtschaftlich

Die MIBRAG feierte 1993 das Richtfest für den Neubau des Kraftwerks Wählitz. Als Demonstrationsvorhaben im Umweltschutz finanzierten BMU und KfW dieses Projekt.

ein zu geringes Gewicht hat. Mit ihren Investitionskrediten hat die KfW drei Vierteln dieser kleinen und mittleren Unternehmen helfen können.

Die KfW konnte also sehr schnell ihre Rolle als die große Förderbank des Mittelstandes auch in den neuen Ländern übernehmen. Dabei half die Refinanzierung durch das ERP-Sondervermögen, entscheidender waren jedoch die eigenen Programme aus Marktmitteln, deren Zinsen die KfW aus ihren eigenen Erträgen verbilligte.

Der weitaus größte Teil der Investoren stammt aus den neuen Bundesländern selbst. Lediglich ein Fünftel der Kreditnehmer kommt aus dem Westen. Selbstverständlich wurden auch Investitionen ausländischer Firmen mitfinanziert. Nur war bei den ausländischen Investoren in den neuen Bundesländern der Anteil der Großunternehmen recht hoch. Diesen Großunternehmen half die KfW bei Bedarf außerhalb der Mittelstandsprogramme durch besondere Lösungen vor allem bei Umweltschutzmaßnahmen.

Häufig wurde in der Öffentlichkeit die angebliche Scheu der Banken beklagt, dem neuen ostdeutschen Mittelstand Kredite zu gewähren. Die KfW kann sich dieser Kritik nicht anschließen. Viele Kreditentscheidungen, die ihr die Banken zur Refinanzierung vorlegten, waren ausgesprochen risikofreudig: Die Kreditsicherheiten waren wegen ungeklärter Eigentumsverhältnisse oft unzureichend, die Ertragsaussichten vor allem bei den Neugründungen oft ungewiß. Hier übernahm es die KfW, die Banken noch weiter zu ermutigen, indem sie mit einer gewissen Rückendeckung des Bundes die durchleitenden Banken von einem Teil ihrer Haftung freistellte, also zunehmend selber Kreditrisiken mitübernahm. Nachdem manche neugegründeten Unternehmen nach einigen Jahren in Liquiditätsschwierigkeiten gerieten – vor allem im Baugewerbe wurden Rechnungen oft recht schleppend bezahlt –, gewährte die KfW zusätzlich Liquiditätshilfen mit ihrer Risikobeteiligung, wenn die Hausbank ihren Kreditnehmer für überlebensfähig hielt.

Will man die Hilfe der KfW für den ostdeutschen Mittelstand beurteilen, dann kann man nicht nur die Quantität, also das Kreditvolumen, betrachten. Noch wichtiger ist, daß die KfW-Kredite durch die besonders stark verbilligten Festzinssätze, durch zunehmende Risikobeteiligungen der KfW und durch Liquiditätshilfen eine Qualität erreichten, welche die KfW zuvor dem Mittelstand in den alten Bundesländern niemals angeboten hatte.

2.2 Der gebremste Anschub: die KfW und die Treuhandanstalt

Das *Anschubprogramm* der KfW, im Juni 1990 mit so großen Erwartungen begonnen, erwies sich bald als wenig erfolgreich. Die wirklich gesunden, kleineren, noch „volkseigenen" Betriebe konnten die normalen zinsgünstigeren KfW- oder ERP-Programme mit Bankendurchleitung in Anspruch nehmen. Das waren aber eher Ausnahmen. Viele kleinere Unternehmen und vor allem die großen Ex-Kombinate waren nicht kreditwürdig. Sie hatten zwar alle brav die geforderten Sanierungskonzepte aufgestellt, die von ihren schnell beauftragten westlichen Unternehmensberatern hübsch herausgeputzt wurden, doch die wünschenswerte Realitätsnähe wurde meistens durch das Prinzip Hoffnung ersetzt. Entgegen den optimistischen Erwartungen, die in Ost und West noch ein Jahr früher gehegt worden waren, gab es im „volkseigenen" Bereich kaum ein größeres Industrieunternehmen, das nicht sanierungsbedürftig, wenn nicht gar konkursreif war. Vor allem die etablierten Absatzmärkte in den anderen ehemaligen Staatshandelsländern brachen nach dem Zerfall der Sowjetunion überraschend schnell zusammen. Die Treuhandanstalt, Anfang 1991 endlich einigermaßen funktionsfähig geworden, entwickelte sich schnell zum größten „Konkursverwalter" der Weltgeschichte. Die Banken, die KfW eingeschlossen, waren ihrerseits nur dann bereit, den Teuhandunternehmen Kredite zu geben, wenn die große Mutter in Berlin, die Treuhandanstalt, diese Kredite verbürgte.

Die Treuhandanstalt aber zierte sich mit guten Gründen, wenn es um mehr ging, als einstweilen die Liquidität und damit eine Gnadenfrist zu sichern. „*Schnelle Privatisierung – entschlossene Sanierung – behutsame Stillegung*" war die Maxime ihrer Arbeit, die ihr Präsident Rohwedder wenige Tage vor seiner Ermordung am 1. April 1991 verkündet hatte. Der Vorrang einer schnellen Privatisierung war im Prinzip richtig, allerdings behinderte er zwangsläufig eine entschlossene Sanierung derjenigen Unternehmen, die bislang noch keinen Käufer gefunden hatten, denn bei manchen Investitionsplänen war ungewiß, ob sie in das Unternehmenskonzept eines noch unbekannten

Erwerbers paßten. Es gab aber auch viele Investitionen, die auf jeden Fall dringend und notwendig waren, wenn man das Unternehmen, unter welchem Eigentümer auch immer, in die Marktwirtschaft führen wollte. Diese „investorneutralen" Sanierungsmaßnahmen konnten häufig nicht oder nur verspätet durchgeführt werden, weil die Treuhandanstalt ihre hierfür notwendige Bürgschaft verweigerte. Teils wollte sie den Privatisierungsdruck aufrechterhalten, teils mißtraute sie den Sanierungskonzepten auch dann noch, wenn sie von unabhängigen Dritten wie der KfW überprüft worden waren. Eine Unterstützung bei der Beurteilung von Unternehmen hatte die KfW der Treuhandanstalt bereits im Sommer und Herbst 1990 bei den ersten Vorstandskontakten angeboten. Diese Hilfe ist aber nie in Anspruch genommen worden, die Treuhandanstalt hatte offenbar schon genug andere, die ihr hineinredeten.

In den ersten Monaten ihrer Tätigkeit zeigte die Treuhandanstalt auch – im Gegensatz zur KfW – keinerlei Sensibilität für volkswirtschaftliche oder gar politische Rücksichten bei der Sanierung ihrer Unternehmen. McKinsey pur mit lupenreiner betriebswirtschaftlicher Rentabilität bestimmte den Kurs am Berliner Alexanderplatz, wo sie damals noch unter sehr provisorischen Bedingungen hauste. Die mitteldeutschen Chemiestandorte wie Bitterfeld, heute aufstrebende „industrielle Kerne", konnten im Mai 1991 nur durch ein Machtwort des Bundeskanzlers gerettet werden. Ähnlich war die Lage bei der Mansfeld AG und bei EKO-Stahl in Eisenhüttenstadt. Beide Unternehmen waren zu beherrschend für ihre Region, um stillgelegt zu werden. Aber es sollte noch Jahre dauern, bis sie endlich privatisiert

werden konnten. Dringende Investitionen zur Qualitätsverbesserung und Kostensenkung duldeten also keinen Aufschub. Davon hatte sich die KfW durch eingehende Prüfungen überzeugt, und nach einigem Hin und Her konnte sie auch die Treuhandanstalt dazu bewegen, Bürgschaften zu geben. So erhielt die Mansfeld AG am 31. Mai 1991 von der KfW einen Investitionskredit von 355 Millionen DM, im Februar 1992 folgte ein Kredit von 205 Millionen DM an EKO-Stahl. In beiden Fällen beteiligten sich Geschäftsbanken an diesen Anschubkrediten der KfW.

Diese Direktkredite im Anschubprogramm blieben eine Episode der Jahre 1990 bis 1992. Inzwischen hatte die KfW ihre normalen Programme, vor allem das Investitionskreditprogramm und die Umweltschutzprogramme, auch für Treuhandanstalt-Unternehmen geöffnet. 1993 vereinbarten Treuhandanstalt und KfW das KfW/THA-Industrieprogramm, um mit Mitteln der Europäischen Investitionsbank dieser Klientel zu helfen. Auch dieses Programm, vor allem von der Chemie und dem Maschinenbau beansprucht, erreichte zwischen 1993 und 1995 nur ein bescheidenes Volumen von knapp einer halben Milliarde DM.

Einen kräftigen Anschub für den Aufbau Ost der Wirtschaft leistete die KfW durchaus, wie wir bereits bei den großen Programmen gesehen haben. Nur wurde später geschoben, als wir es zunächst erwartet hatten, nämlich erst nach der Privatisierung. Viel politischer Ärger, mit dem die Treuhandanstalt überreich eingedeckt wurde, blieb der KfW dadurch erspart. Doch vor allem war ihre Hilfe effektiver, denn die privaten neuen Inhaber wußten genau, was sie wollten und was sie konnten.

Die Zusammenarbeit zwischen den beiden bundesunmittelbaren „Anstaltsschwestern", der Treuhandanstalt und der KfW, blieb also zwischen 1990 und 1994 relativ marginal und distanziert. Das lag nicht an den persönlichen Beziehungen. Viele Vorstandsmitglieder beider Anstalten kannten sich aus der Zusammenarbeit in früheren Tagen. Auch half die KfW der Treuhandanstalt mit ausgeliehenen Mitarbeitern in den Niederlassungen und in der Berliner Zentrale.

Für die Privatisierungs- und selbst für die Sanierungsarbeit der Treuhandanstalt waren aber eher Zuschüsse als Kredite gefragt, zu desolat war die Situation ihrer Betriebe. Daher mußte die Treuhandanstalt auch die meisten KfW-Kredite, die sie für „investorneutrale" Investitionen verbürgt hatte, bei den späteren Privatisierungen ablösen, weil die Erwerber nicht bereit waren, derartige Kredite zu übernehmen.

2.3 Personeller Einsatz in den neuen Bundesländern

In den ersten Jahren nach der Wende war nicht nur das Geld gefragt. Notwendig war auch viel personelle Unterstützung bei dem Umbau von Verwaltung und Wirtschaft in den neuen Ländern. Die umfassende Beratung, die zeitweilige Mitarbeit in der Treuhandanstalt und der

Staatsbank Berlin sowie Aufsichtsratspflichten bei Treuhandunternehmen und Banken waren die Bereiche, in denen sich die KfW besonders engagierte.

Das Beratungszentrum der KfW gab im April 1991 das karge Hotelzimmer im „Metropol" am Bahnhof Friedrichstraße auf und bezog gegenüber im Internationalen Handelszentrum richtige Büroräume. Auch Verkehrsverbindungen und Telekommunikation normalisierten sich überraschend schnell, aber der Bedarf an Beratung über die KfW-Kredite und andere öffentliche Fördermaßnahmen blieb ungebrochen. Inzwischen hatten sich die Länderregierungen, die neuentstandenen Industrie- und Handelskammern, die Handwerkskammern und viele Verbände etabliert, die bei ihren Veranstaltungen zur Wirtschaftsförderung die Beteiligung der KfW erwarteten. Unermüdlich waren Werner Genter, Leiter des Beratungszentrums, und seine Mitarbeiter von Berlin aus unterwegs. Doch auch der Vorstand, in erster Linie Götte und Vogt, setzte sich ein, um den Förderauftrag der KfW in den neuen Ländern zu propagieren und um gleichzeitig die Wünsche und Probleme der Wirtschaft in den neuen Ländern besser kennenzulernen.

30.000 Aufsichtsräte brauchte die Treuhandanstalt im zweiten Halbjahr 1990 für die 8.000 Kapitalgesellschaften, die zu ihrem „Konzern" gehörten.[1] Nachdem sich die Kombinate und VEBs in Aktiengesellschaften und GmbHs umgewandelt hatten, waren es häufig die alten Kader, die sich nun als Vorstand oder Geschäftsführer der neuen Gesellschaften selber ihre Aufsichtsräte suchen mußten, da die Treuhandanstalt noch handlungsunfähig war. Die Altkader sprachen häufig alte oder neue Bekannte aus dem Westen an, von denen sie sich für die ungewisse Zukunft Hilfe erhofften. Es war daher konsequent, daß sich aus den Kreditwünschen der Ostunternehmen im *An-*

schubprogramm Bitten an den Vorstand der KfW ergaben, auch in den Aufsichtsräten dieser Unternehmen mitzuarbeiten. In Frankfurt hat man sich diesen Bitten nicht verschlossen.

Die KfW brauchte für ihre Aufgaben Erfahrungen aus dem Unternehmensalltag im Osten. Die Unternehmen im Osten brauchten objektiven Rat und Unterstützung, nicht zuletzt gegenüber manchen Wettbewerbern aus dem Westen, welche die im Osten neu entstehende Konkurrenz gerne schnell wieder ausgeschaltet hätten. Vorstandsmitglieder und Direktoren der KfW übernahmen daher eine Reihe von Aufsichtsratsmandaten, um in dieser Notlage zu helfen. Reich übernahm den Aufsichtsratsvorsitz bei der Deutschen Seereederei Rostock, dem größten Kreditnehmer der KfW im Anschubprogramm, und Harries den Aufsichtsratsvorsitz bei der Chemie AG Bitterfeld-Wolfen, demjenigen mitteldeutschen Chemiestandort, dem man damals die größten Umweltschäden und die geringsten Überlebenschancen attestierte. Es war ein harter, zeitraubender und oft enttäuschender Kampf, diese Unternehmen und Standorte zumindest teilweise zu erhalten. Was dabei half, war die Erfahrung und der Ruf der KfW, öffentliche Interessen mit wirtschaftlicher Vernunft konsequenter zu vertreten, als es der oft recht chaotisch agierenden Treuhandanstalt möglich war. Vogt engagierte sich in den Aufsichts- und Verwaltungsräten der Banken der ehemaligen DDR, bei der Deutschen Außenhandelsbank, der Deutschen Kreditbank und vor allem der Staatsbank Berlin, der ehemaligen Staatsbank der DDR, die im Oktober 1994 in die KfW aufgehen sollte.

Etwa 20 erfahrene Mitarbeiter der KfW haben in dem wichtigen Jahr 1991 und zum Teil bis 1993 als sogenannte „*Task Force*" die Arbeit der Treuhandanstalt in ihren ostdeutschen Niederlassungen bei der Beurteilung von Unter-

Im April 1991 konnte das Beratungszentrum der KfW im Internationalen Handelszentrum an der Berliner Friedrichstraße Büros beziehen. Dr. Theo Waigel hielt als Verwaltungsratvorsitzender die Eröffnungsrede.

nehmenskonzepten, der Feststellung der DM-Eröffnungsbilanzen und der Privatisierung der Treuhandunternehmen unterstützt. Es waren Mitarbeiter aus allen Bereichen des Hauses, aber vor allem aus dem Länderbereich, die unter oft sehr schwierigen Bedingungen viele Monate lang mit Erfolg mehr Systematik und mehr Objektivität in die oft verworrenen Entscheidungsprozesse der Treuhandanstalt einführten.

In die Staatsbank Berlin schließlich entsandte die KfW seit Herbst 1990 bis zur Fusion Mitarbeiter ihres Rechnungswesens, die bei der Erstellung der Jahresabschlüsse und bei der Organisation des Rechnungswesens halfen. Man heiratete also keine Unbekannte, als es im Oktober 1994 zur Fusion kam.

3. Waigel, Wende, Wachstum – Götte geht, Vogt folgt

Wenige Monate vor der Wende, Ende April 1989, hatte der neue CSU-Vorsitzende Dr. Theo Waigel als Nachfolger von Dr. Gerhard Stoltenberg das Bundesfinanzministerium und damit den *Verwaltungsratsvorsitz* der KfW übernommen. Es begann seine lange Amtszeit, die vor allem mit den schwierigen Finanzierungsproblemen der deutschen Einheit gewaltige Anforderungen stellte, Anforderungen, die in ruhigeren Zeiten seinen Vorgängern erspart geblieben waren. Dennoch fand der

überaus stark belastete Minister und Parteivorsitzende Zeit, um auch in der KfW die wichtigsten Weichen zu stellen. Bereits in den achtziger Jahren hatten sich die Beziehungen zwischen KfW und BMF entspannt. Dieses war vor allem Hansjürgen Baekow zu verdanken, der 1980 von Burk die Leitung des Vorstandssekretariats übernommen hatte. Auch im BMF entwickelte sich unter den Ministern Stoltenberg und Waigel eine große personelle Kontinuität, die eine vertrauensvolle Zusammenarbeit erleichterte, vor allem mit den Ministerbüros und dem Aufsichtsreferat, das Dr. Kage seit 1980 leitet.

Blick in die Sitzung des KfW-Verwaltungsrates vom 3. Mai 1996 (v.l.n.r.): Freiherr Constantin Heereman von Zuydtwyck, Präsident des Deutschen Bauernverbandes e. V.; Hanns-Eberhard Schleyer, Generalsekretär des Zentralverbandes des Deutschen Handwerks; Erwin Huber, Staatsminister der Finanzen des Freistaates Bayern; Jochen Borchert, Bundesminister für Ernährung, Landwirtschaft und Forsten; Dr. Angela Merkel, Bundesministerin für Umwelt, Naturschutz und Reaktorsicherheit; Dr. Günter Rexrodt, als Bundesminister für Wirtschaft stellvertretender Vorsitzender des Verwaltungsrats; Hans-Olaf Henkel, Präsident des Bundesverbandes der Deutschen Industrie e.V.; Dr. Karl-Heinz Wessel, Mitinhaber des Bankhauses Sal. Oppenheim jr. & Cie KGaA und Präsident des Bundesverband der deutschen Banken.

Die Bundeswirtschaftsminister aus der F.D.P., zunächst Haussmann und Möllemann, dann ab Anfang 1993 Rexrodt, amtierten weiterhin als stellvertretende Verwaltungsratsvorsitzende. Mit dem Bundesumweltminister kam 1994 ein weiteres Kabinettsmitglied, Dr. Angela Merkel, in den Verwaltungsrat und in den Kreditbewilligungsausschuß. Damit unterstrichen Bundestag und Bundesregierung die gewachsene Bedeutung des Umweltschutzes in allen Tätigkeitsbereichen der KfW. Dagegen verzichtete die Bundesbank auf Wunsch ihres Präsidenten Schlesinger auf ihren Sitz im Verwaltungsrat. Eine lange und trotz gelegentlicher Differenzen fruchtbare Tradition, die 1948 mit Geheimrat Vocke begonnen hatte, ging damit zu Ende.

Die fünf neuen Bundesländer Brandenburg, Mecklenburg-Vorpommern, Sachsen, Sachsen-Anhalt und Thüringen waren am 3. Oktober 1990 im Augenblick der Einheit automatisch auch Anteilseigner der KfW geworden. Dennoch dauerte es bis 1993, ehe der Bundesrat den sächsischen Finanzminister Milbradt als ersten Vertreter eines neuen Bundeslandes in den Verwaltungsrat entsandte.

Es ist daher verständlich, daß sich die neuen Länder bei ihren Mitwirkungsrechten im Verwaltungsrat unterrepräsentiert fühlten. Schließlich erhielten sie mittlerweile über zwei Drittel der KfW-Kredite für die inländische Wirtschaftsförderung. Ihr Mißbehagen steigerte sich noch, als 1994 die Bundesregierung das gesamte Vermögen der Staatsbank Berlin für sich beanspruchte. In dieser Frage hatte der Bund das Recht auf seiner Seite. Aber um den neuen Ländern politisch entgegenzukommen, errichtete der Verwaltungsrat 1995 auf Vorschlag des Bundesfinanzministers einen Beirat für Fördermaßnahmen in den neuen Bundesländern. In diesem Beirat sind nun alle neuen Länder und Berlin zusammen mit den

jeweils im Verwaltungsrat vertretenen alten Ländern sowie dem BMF und dem BMWi auf Staatssekretärsebene repräsentiert.

Im *Vorstand* ging Ende Oktober 1992 eine über zwanzigjährige Ära zu Ende, als Götte nach über 40 Dienstjahren, davon 23 Jahre im Vorstand der KfW, in den Ruhestand trat. Niemand hatte die KfW in den vergangenen zwei Jahrzehnten so stark geprägt wie er. Mit viel Nachdruck hatte er sich in seinen letzten Dienstjahren für die Arbeit der KfW in den neuen Bundesländern eingesetzt. Aus diesem Grunde versammelte sich der Vorstand zur letzten Sitzung unter Göttes Leitung am 27. Oktober 1992 in Dresden, wo Ministerpräsident Kurt Biedenkopf ihm für dieses Engagement dankte. Zu seinem Nachfolger als Vorstandssprecher für die allgemeinen Belange der Bank und den Branchenbereich wählte der Vorstand Gert Vogt, der drei Jahre später, als Brantner zum 1. Oktober 1995 in den Ruhestand trat, alleiniger Sprecher der KfW wurde.

Bereits Ende 1990 hatte der Verwaltungsrat *Friedrich Voss* und *Hans W. Reich* zu Vor-

Abschied von Dr. Götte am 27. Oktober 1992 auf der Vorstandssitzung in Dresden (v.l.n.r.): Dr. Friedrich Voss, Dr. Manfred Schüler, Dr. Richard Brantner, Dr. Heinrich Harries, Dr. Gerhard Götte, Dr. Gert Vogt und Hans W. Reich.

standsmitgliedern der KfW bestellt. Der aus dem Rheinland stammende CSU-Bundestagsabgeordnete Voss hatte nach seiner juristischen Ausbildung seine berufliche Laufbahn in der Finanzgerichtsbarkeit begonnen und im Bundesfinanzministerium fortgesetzt, wo er eng mit dem Bundesfinanzminister Strauß zusammenarbeitete. Nach dem Ende der großen Koalition folgte er Strauß in die Parteipolitik, er leitete dessen Büro in Bonn und wurde 1976 für die CSU in den Bundestag gewählt. Als die CDU/CSU 1982 wieder die Regierungsverantwortung übernahm, wurde Voss unter Stoltenberg als Parlamentarischer Staatssekretär in das ihm seit langem vertraute Finanzministerium berufen. Dort betreute er vor allem die Haushaltspolitik in ihren Beziehungen zum Bundestag.

Der Vorstand der KfW Anfang 1997 (v.l.n.r.): Hans W. Reich, Dr. Friedrich Voss, Dr. Gert Vogt, Rudolf Klein und Dr. Manfred Schüler.

Reich dagegen kam aus dem Hause. Der gelernte Bankkaufmann Reich, 1941 in Breslau geboren und nach dem Krieg im Ruhrgebiet aufgewachsen, hatte seit 1966 in der Exportfinanzierung der KfW gearbeitet und viele wichtige Geschäfte dieses Bereichs betreut, vor allem in der Misch-, Schiffs- und Flugzeugfinanzierung, die er als Direktor tatkräftig ausbaute. So war er prädestiniert, als Nachfolger Göttes die Verantwortung für die Exportfinanzierung im Vorstand zu übernehmen. Dazu kam der Bereich „Personal und Verwaltung", der die KfW in der Mitte der neunziger Jahre vor neue Herausforderungen stellte.

In der Tat war von 1989 bis 1994 die Zahl der Beschäftigten in der KfW nur von 950 auf 1175 gestiegen, eine Steigerungsrate von etwa 20%, der jedoch eine Erhöhung des Zusagevolumens von über 40% gegenüberstand. Noch stärker war die Zahl der Kreditzusagen durch die Massenprogramme in den neuen Ländern angestiegen. Dieses Personalwachstum war nicht nur durch die deutsche Einheit bedingt. Die anspruchsvolleren Aufgaben in der Exportfinanzierung und bei der Mittelbeschaffung erforderten gleichfalls zusätzliches Personal, so daß die KfW ihr am Markt orientiertes Gehaltssystem für die außertariflichen Mitarbeiter in einer Dienstvereinbarung mit dem Personalrat regelte.

Aber ab 1. Oktober 1994 hatte die KfW auf einen Schlag 375 neue Mitarbeiter, die sie durch die Fusion mit der Staatsbank Berlin übernommen hatte. Jetzt wurde sie wirklich eine gesamtdeutsche Bank, zu dem bislang einzigen und zentralen Sitz am Frankfurter Palmengarten kamen eine große Niederlassung am Berliner Gendarmenmarkt und sechs Außenstellen zwischen Chemnitz und Schwerin. Die wichtigste Aufgabe war es, den neuen Mitarbeitern aus der alten DDR eine neue berufliche Heimat in dieser gewachsenen KfW zu bieten.

Entwicklung der Mitarbeiterzahl von 1990 bis 1997

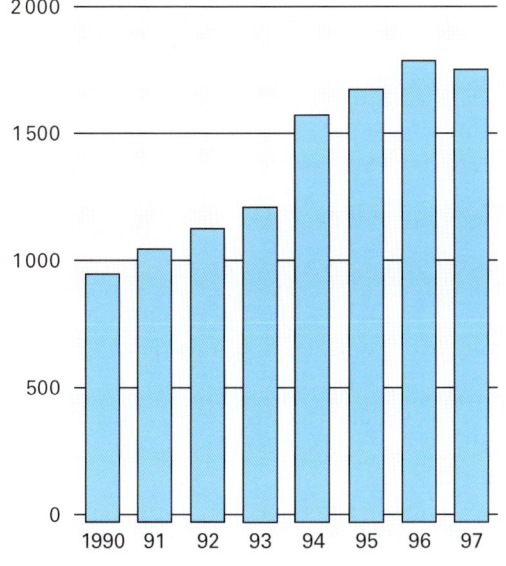

Entwicklung der Bilanzsumme von 1990 bis 1997

Mio DM

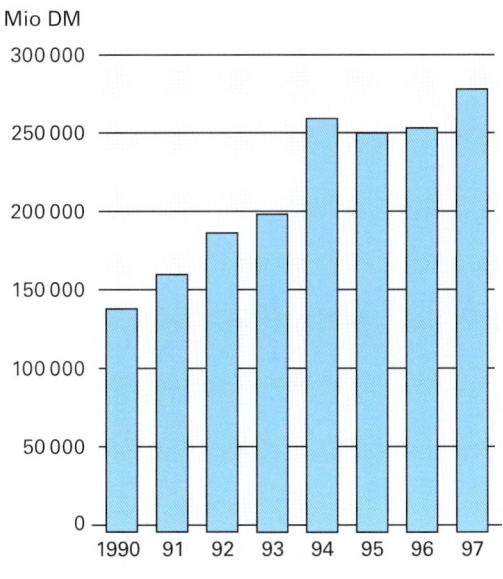

Zusagen von 1990 bis 1997

Mio DM

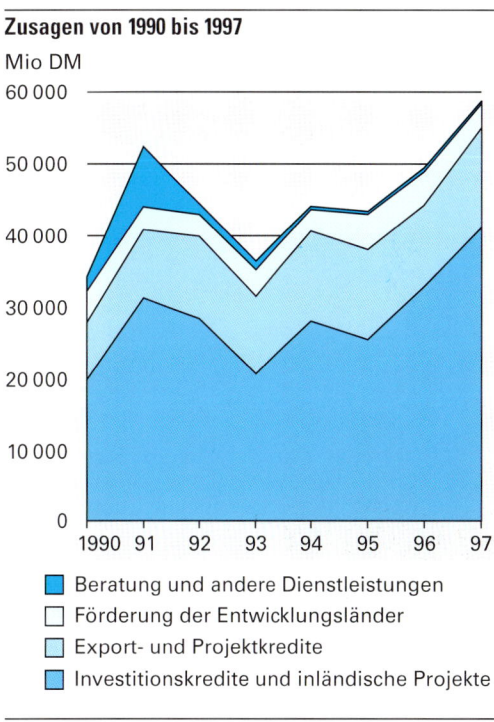

■ Beratung und andere Dienstleistungen
☐ Förderung der Entwicklungsländer
■ Export- und Projektkredite
■ Investitionskredite und inländische Projekte

Wieder erweiterte sich der Aufgabenbereich des Hauses. Während Frankfurt immer modernere Finanzierungs- und Refinanzierungstechniken für internationale Märkte konzipierte, wurden in Chemnitz oder Schwerin alte Forderungen aus der Vorkriegszeit eingetrieben, die der Bund von der DDR „geerbt" hatte. Dennoch kam man sich näher. Im April 1995 wurde erstmals ein Gesamtpersonalrat für die gesamtdeutsche KfW gewählt, seit Dezember 1995 sorgt die Mitarbeiterzeitung „InnenAnsichten" für das Zusammenwachsen der größeren Bank.

Die Fusion war aber auch Anlaß, die gesamte Organisation des bisherigen Branchenbereichs Anfang 1995 neu zu ordnen. Neue Aufgaben wurden möglichst nach Berlin gegeben, denn die alten Abwicklungsaufgaben, die man von der Staatsbank Berlin übernommen hatte, boten der neuen Niederlassung und ihren Mitarbeitern nur begrenzte Zukunftschancen. In Frankfurt wurden jetzt alle Programmkredite in einem Bereich unter Leitung von Siegel zusammengefaßt. Die beiden Exportfinanzierungsbereiche unter Schauer und Klaus übernahmen zusätzlich alle anderen Projekt- und Unternehmenskredite im Inland und im Ausland, hier natürlich ohne die FZ-Projekte. Zukunftsaufgaben wie die Verkehrsinfrastruktur und die Telekommunikation wurden neu geordnet, damit die KfW weiterhin besonders innovative Bereiche der deutschen Industrie im Ausland und Inland betreuen konnte.

Außenstellen übernahm die KfW nicht nur von der Staatsbank Berlin in den neuen Ländern. Neue Arbeitsplätze für Mitarbeiter der

Der Verwaltungsratvorsitzende der KfW, Dr. Theo Waigel, eröffnete am 1. September 1995 das Betriebsfest der KfW in Frankfurt. Das Bild zeigt ihn gemeinsam mit Dr. Vogt und Werner Heyn, Service-Leiter des Gesamtkasinos.

KfW, weit entfernt von Frankfurt, entstanden durch das sogenannte Transform-Programm, das große Beratungsprogramm des Bundes für Mittel- und Osteuropa, bei den dortigen deutschen Botschaften, aber auch in einigen wichtigen Partnerländern der Finanziellen Zusammenarbeit wie Indien, Ägypten und Brasilien. Immer wichtiger wurde die Europäische Union für die Arbeit der KfW, so daß im Sommer 1996 ein Büro in Brüssel errichtet wurde, dessen Leitung Peter von Lindeiner anvertraut wurde.

Dieser Wandel der KfW in der Mitte der neunziger Jahre war auch Anlaß, intensiv über Personalbedarf und Organisationsformen nachzudenken, soweit es die politischen Anforderungen gestatteten, welche die Arbeit der KfW seit Jahrzehnten immer wieder beeinflussen. In dem 1995 begonnenen Projekt *KfW 2000* erarbeiteten eine interne Arbeitsgruppe und ein Beratungsunternehmen Vorschläge zur Verbesserung von Effektivität und Effizienz. Auf Anregung des Bundesrechnungshofes etablierte die KfW ab 1995 ihre eigene Innenrevision. Seit Gründung der KfW hatte die Treuarbeit als ihr Abschlußprüfer diese Aufgabe für das damals noch kleine Unternehmen übernommen. Mittlerweile war die KfW aber in Größenordnungen hineingewachsen, die zumindest für den überwiegenden Teil ihrer Aktivitäten eine eigene Innenrevision rechtfertigten, die man in dem Berliner Bereich ohnehin von der Staatsbank übernommen hatte.

Mit der Staatsbankfusion hatte die KfW im Oktober 1994 auch ein repräsentatives Gebäude übernommen, das um die Jahrhundertwende die Berliner Handelsgesellschaft von den renommierten Architekten Alfred Messel und Heinrich Schweitzer am Berliner Gendarmenmarkt hatte errichten lassen. Nach der Enteignung der Berliner Handelsgesellschaft hatte die Staatsbank der DDR das Gebäude übernommen, aber die Kriegsschäden nur notdürftig repariert. Immer noch warteten zwei angrenzende Trümmergrundstücke an der Behrenstraße auf ihren Wiederaufbau. Wieder war die Kreditanstalt für Wiederaufbau gefordert, dieses Mal an dem schönsten Platz der deutschen Hauptstadt, ihren eigenen Beitrag für den Wiederaufbau zu leisten. Es wird wohl nicht das billigste Bauvorhaben der KfW-Geschichte werden, aber mit Sicherheit eines, das unseren Respekt vor Denkmalschutz und deutscher Geschichte eindrucksvoll manifestiert.

Ende 1995 trat Brantner in den Ruhestand. Elf Jahre lang hatte er mit großem Engagement neben anderen Aufgaben die Grundsatzfragen der Finanziellen Zusammenarbeit im Vorstand betreut. Zu seinem Nachfolger bestellte der Verwaltungsrat den erfahrenen *Rudolf Klein*, der seit 1964 in diesem Bereich der KfW gearbeitet hatte und der von 1974 bis 1995 ihr Auslandssekretariat und damit die Grundsatzarbeit in der Finanziellen Zusammenarbeit leitete.

Im täglichen Betrieb konnte sich also die KfW in der Mitte der neunziger Jahre den veränderten Anforderungen nach der deutschen Einheit anpassen. Für ihre neuen Aufgaben im Osten erhielt sie die tatkräftige Unterstützung aller zuständigen Bundesressorts. Die längst überfällige Novellierung des KfW-Gesetzes scheiterte 1996 allerdings an der Opposition des Koalitionspartners F.D.P. Seit 1961 hatte der Bundesgesetzgeber dieses Gesetz nur in relativ unwichtigen Teilaspekten reformiert. Seitdem war viel Wasser am Bundeshaus am

Der Gesamtpersonalrat der KfW im Dezember 1997. In der vorderen Reihe (v.l.n.r.): Monika Starke, Erika Sachs-Ulrich, Ingrid Kloeber (Vorsitzende örtlicher Personalrat Frankfurt), Gerolf Scholz, Marion Schneider, Claus Ludwig Dieter, Erich Sauter, Dietmar Wessel, Renate Windeck (Vorsitzende Gesamtpersonalrat). In der hinteren Reihe: Frank Richter, Dr. Jochen Noll, Ulrich Bagge, Dieter Förster, Gerhard Klinger (Vorsitzender örtlicher Personalrat Berlin).

Rhein entlanggeflossen. Nach 35 Jahren war es an der Zeit, die sieben Bilanzpositionen des Eigenkapitals besser zu ordnen. Neue Finanzierungsaufgaben wie Umweltschutz oder Aufbau Ost waren der KfW vom Bund übertragen worden. Weiterentwickelt hatten sich auch die Formen der Finanzierung. Im Gesetz erwähnt werden nur Darlehen und Bürgschaften, aber Leasingfinanzierungen und die vielfältigen Formen der Eigenkapital- und Risikobeteiligung waren in der Mitte der neunziger Jahre nicht zuletzt auf Wunsch des von der F.D.P. geführten BMWi wichtige Instrumente unserer Mittelstandsförderung geworden. Ein Institut, das Innovationen in der deutschen Wirtschaft fördern soll, muß auch selber bei der Umsetzung seiner staatlichen Förderaufträge innovativ sein dürfen. Die KfW kann nicht den Fortschritt von morgen mit den Methoden von vorgestern voranbringen. Gerade ein Rückblick auf die fünfzig Jahre KfW-Geschichte zeigt, daß die KfW erfolgreich war, nicht wegen ihrer „Privilegien" bei Besteuerung, Mittelaufnahme oder Gewinnverwendung, sondern weil sie schneller als andere den Bedürfnissen der deutschen Wirtschaft gerecht wurde.

Eine politische Verständigung über die Stellung der KfW im deutschen und im europäischen Bankensystem, über ihre Subsidiarität in der inländischen Wirtschaftsförderung und ihr Verhältnis zu den anderen Banken konnte bislang nicht erzielt werden. Zu hoffen ist, daß diese Diskussion in Zukunft sachlicher fortgeführt wird, als es 1996 teilweise der Fall war.

4. Acht Milliarden für die sowjetischen Truppen: das Wohnungsbauprogramm für die abziehende Westgruppe

Noch 1989 hätte es niemand für möglich gehalten, daß ausgerechnet die sowjetischen Streitkräfte einmal der größte Finanzierungspartner in der Geschichte der KfW werden könnten. Am 16. Januar 1991 unterzeichnete die KfW mit dem Verteidigungsministerium der Sowjetunion einen Finanzierungsvertrag über 7,8 Milliarden DM. Es ist mit Abstand der größte Einzelbetrag, den die KfW jemals zugesagt hat. Und dieser war noch nicht einmal ein Kredit, sondern ein Zuschuß aus Mitteln der Bundeshaushalts, der dazu beitragen sollte, eines der sensibelsten Probleme der deutschen Einheit zu lösen.

Über eine halbe Million Soldaten und Zivilangehörige hatte die Sowjetunion Ende 1989 in der DDR stationiert. Es wäre dieser Militärmacht durchaus möglich gewesen, die Bürgerrechtsbewegung im Herbst 1989 blutig zu unterdrücken und die deutsche Einheit zu verhindern, aber im Gegensatz zu seinen Vorgängern am 17. Juni 1953 ließ Gorbatschow im Oktober 1989 seine Truppen in den Kasernen. Die Sowjetunion stimmte auch zu, daß Deutschland 45 Jahre nach seiner Niederlage im Zweiten Weltkrieg endlich seine volle Souveränität zurückerhielt und daß die große sowjetische Militärmacht bis Ende 1994 abziehen würde. Aber der Abzug von einer halben Million Menschen, 123.000 Gefechtsfeldwaffen und 2,6 Millionen Tonnen Material ist weder ohne gewaltige Kosten noch von heute auf morgen möglich.

Im Überleitungsabkommen vom 9. Oktober 1990 verpflichtete sich die Bundesrepublik, 13,5 Milliarden DM der Kosten für Aufenthalt und Abzug der Truppen zu übernehmen. Davon sollten 7,8 Milliarden DM dazu dienen, innerhalb von vier Jahren für die zurückkehrenden Militärangehörigen an den neuen Standorten in der Sowjetunion mindestens 36.000 Wohnungen mit insgesamt zwei Millionen Quadratmetern Wohnfläche sowie vier Wohnbau-Kombinate zu bauen. Schon bald mußte sich die deutsche Seite bereitfinden, in den neu entstehenden Großsiedlungen zusätzlich zu den Wohngebäuden auch die soziale und technische Infrastruktur von Kinderspielplätzen bis zu Heizkraftwerken für Tausende von Menschen mitzufinanzieren. Am 16. Dezember 1992 stockte Bundeskanzler Kohl den Betrag um weitere 550 Millionen DM auf. Im Gegenzug verpflichtete sich Präsident Jelzin, seine Truppen bereits zum 31. August 1994 abzuziehen.

Umfang und Zeitdruck dieses Riesenprojekts waren einmalig in der Geschichte der Projektfinanzierung. Es war notwendig, innerhalb weniger Monate eine sehr effiziente deutsch-sowjetische Organisation aufzubauen. Auf deutscher Seite lag die politische Verantwortung und Leitung beim BMWi. Die KfW wurde vom BMWi gebeten, ihre großen Erfahrungen aus der Finanziellen Zusammenarbeit bei der Durchführung dieses Vorhabens einzubringen. Aber hier waren politische Rücksichtnahme und partnerschaftliche Zusammenarbeit in einem erheblich größeren Maße gefordert, als dies bisher bei den viel kleineren Projekten in

In Nowograd-Wolynski, Ukraine, wurde am 23. März 1994 der Einzug in die neuen Wohnungen feierlich begangen.

Entwicklungsländern der Fall gewesen war. Die befehlsgewohnten sowjetischen Militärs mußten sich an die für sie neuen Aspekte eines marktwirtschaftlichen Wettbewerbs und an Mitsprache- und Kontrollrechte ausländischer Zivilisten gewöhnen, die Deutschen wiederum hatten sich auf militärpolitische Grundsatzentscheidungen ihrer sowjetischen oder später russischen Partner einzustellen, z.B. bei der Auswahl und Ausgestaltung der Standorte.

Die politische Steuerung des Projekts übernahm ein deutsch-sowjetischer Lenkungsausschuß unter Leitung von BMWi und dem sowjetischen Verteidigungsministerium. Die KfW und die wohnungswirtschaftliche Hauptverwaltung des Verteidigungsministeriums, der eigentliche Bauherr, mußten die praktische Umsetzung des gesamten Vorhabens leiten oder überwachen, hierbei konnten erprobte Grundsätze und Verfahren aus der Finanziellen Zusammenarbeit angewendet werden. Die Länderabteilung I unter Leitung von Werner Frank und die Technische Abteilung mit ihrem Fachbereichsleiter Klaus-Volker Nedderhut stellten das notwendige Know-how zur Verfügung. Projektvorbereitung und Projektüberwachung wurden dem deutsch-russischen Consulting-Konsortium CWU anvertraut, aber von

der KfW kontrolliert. Insbesondere bei der Auftragsvergabe mußte die KfW ihre Zustimmung erteilen. Sie hütete auch die große Milliardenkasse und prüfte bei jeder Auszahlung, daß die deutschen Steuergelder auch die richtigen Empfänger erreichten. Vergeben wurden die Aufträge zu Festpreisen in DM an je einen Generalunternehmer pro Standort, der das gesamte Bauobjekt zu einem vereinbarten Termin schlüsselfertig übergeben mußte. Nur sehr leistungsfähige und erfahrene Baufirmen kamen für diese riskanten Großaufträge in Betracht.

In der deutschen Öffentlichkeit entstand unverzüglich nach Unterzeichnung des Überleitungsvertrages ein heftiger Disput über die fehlende Lieferbindung. Die deutsche Bauindustrie, damals ohnehin durch die Baukonjunktur in den neuen Ländern gut beschäftigt, bemühte sich, auch dieses riesige Auftragsvolumen für sich zu reservieren. Die eindeutige politische Priorität aber war, in möglichst kurzer Zeit möglichst viele Wohnungen zu errichten, um den pünktlichen Abzug der ehemaligen Besatzungsmacht nicht zu gefährden.

Rückwirkend betrachtet kann festgestellt werden: Ohne den weitgehenden internationalen

Wettbewerb hätten die 45.000 Wohnungen innerhalb so kurzer Zeit niemals gebaut werden können. Die deutschen Firmen waren mit einem Lieferanteil von immerhin über 50% auch keineswegs erfolglos. Teils gewannen sie ihre Aufträge im internationalen Wettbewerb, bei dem vor allem türkische und finnische Firmen stark waren, teils gelang es der Bundesregierung in Nachverhandlungen, Teile des Gesamtprojekts wie die 12 Produktionsanlagen und die 2 Wohnbau-Kombinate an deutsche Lieferungen zu binden.

Kaum hatte die Bundesregierung diesen Disput mit der deutschen Bauindustrie überstanden, kam ein noch viel größeres Problem auf. Ende 1991 zerfiel die Sowjetunion und mit ihr die ruhmreiche sowjetische Armee samt dem dazugehörenden Ministerium. Nur zehn Monate nach Vertragsabschluß stand die KfW bei dem größten Vertrag ihrer Geschichte plötzlich ohne Vertragspartner da! Schnell verwandelte sich dann in Moskau der sowjetische in einen russischen Partner, Personen und Adressen blieben weitgehend unverändert. Schwerwiegender war es, daß die Russen manche Standorte neu bestimmen wollten, denn ihre militärpolitischen Standortprioritäten hatten sich in Richtung ukrainische Grenze und Kaukasus verschoben. Vor allem mußten sich die Russen mit den nun unabhängigen Ukrainern und Weißrussen verständigen, wo und wie Militärwohnungen in deren Hoheitsgebieten gebaut werden sollten. Ein Jahr verging, bis sich Russen und Ukrainer über vier Standorte in der Ukraine geeinigt hatten. In Weißrußland wurde einfach weitergebaut.

Der Zerfall der Sowjetunion erschwerte auch die eigentlichen Bauarbeiten. Auf der Baustelle von Wladikawkas („Beherrsche den Kaukasus" bedeutet dieser bezeichnende Ortsname) beschossen sich im Herbst 1992 Nordosseten und Inguschen, bis die künftigen Bewohner der Wohnungen für Ruhe und russische Beherrschung sorgen konnten. Die Sicherheit war auch an anderen Baustellen prekär. Nicht immer konnte sich der Bauherr mit eigenen, also auch militärischen Mitteln gegenüber der zunehmenden Kriminalität durchsetzen. Diebstähle an Material und Gerät waren bei der zunehmenden Notlage des Landes nicht überraschend, aber sie verzögerten oft unnötig die Übergabe schlüsselfertiger Objekte an den Bauherren.

Noch mehr gefährdete das administrative Durcheinander in Rußland das Projekt. Im Sommer 1994 wurde dem CWU-Chef Schmidt in Moskau eine Steuerforderung von 104 Millionen DM und einer Milliarde Rubel vorgelegt. Bei Nichtzahlung drohte Haft in den wenig komfortablen russischen Gefängnissen. Auch auf den Baustellen herrschte Steuerchaos. Im südrussischen Krasnodar, wo die türkische Firma Enka und ihr deutscher Partner Gabeg über 2000 Wohnungen bauten, tauchten örtliche Steuerfahnder auf, beschlagnahmten Baumaterial und ließen die Firmenkonten einfrieren. Die Lage war bereits für die Deutschen, aber noch mehr für die Russen brisant. Würden die Consultants und Baufirmen, denen der russische Bauherr vertraglich Steuerfreiheit zugesagt hatte, diese Steuern bezahlen, so hätten sie 10.000 Militärwohnungen weniger bauen können. Die Zahl von 130.000 wohnungslosen und entsprechend unzufriedenen Armeeangehörigen hätte sich nochmals um 40.000 erhöht. Im Juni 1994 drohte die deutsche Seite, bis zur Klärung der Steuerfrage keiner weiteren Auftragsvergabe mehr zuzustimmen. Endlich wurde die russische Regierung aktiv und legte dem Gesetzgeber entsprechende Gesetze über die Steuerbefreiung vor. Die Staatsduma war einverstanden. Die zweite Kammer, der Föderationsrat, aber modifizierte das Gesetz, und prompt beschlagnahmte die russische Steuerpolizei die Konten des Consultants CWU. Die „Westgruppe der Truppen" war längst aus Deutschland abgezogen, als dieses ärgerliche Problem endlich gelöst wurde.

Weitaus vorhersehbarer als diese politischen Risiken, die der unerwartete schnelle Zerfall der Sowjetunion verursachte, waren Klima, Schlamm und weite Wege, die es zu meistern galt, um Mengen und Termine der Bauvorhaben einzuhalten.

Das waren die Baubedingungen in Alakurtti an der Nordgrenze zu Finnland: Minusgrade und Schnee schon im September. Auf 40 Grad unter Null fällt das Thermometer im Winter, der hier sieben Monate dauert. Eine nicht enden wollende Nacht dauert von November bis Januar. Selbst im Juli steigt die durchschnittliche Temperatur nicht über 5 Grad plus.

Ganz andere Extreme herrschen im Süden des unendlich weiten Landes. Feucht und schwül ist der Sommer in Wladikawkas am Kaukasus. Bis 42 Grad steigt dann das Thermometer, aber im Winter fällt es auf minus 34 Grad.

Auch in sumpfigen und erdbebenbedrohten Gebieten mußten auf Wunsch der Russen mit entsprechenden Vorkehrungen und Zusatzkosten Wohnungen gebaut werden. Über Hunderte von Kilometern mußten Tausende von Lastern auf den schlechten und oft verschlammten Straßen Kies und Baumaterial heranschaffen. Tonnenweise flog die Antonov 25, das größte Flugzeug der Welt, Baustelleneinrichtungen über Tausende von Kilometern heran.

Deutsche und Russen sowie die vielen beteiligten Unternehmen und Arbeiter aus dritten Ländern können auf den Erfolg dieses Riesenprojekts stolz sein. Unter diesen schwierigen Bedingungen wurden innerhalb von vier Jahren an Stelle der ursprünglich vereinbarten

36.000 Wohnungen über 45.000 Wohnungen und zusätzlich noch die notwendige technische und soziale Infrastruktur geschaffen. Die „Westgruppe der Truppen" wurde am 31. August 1994 pünktlich und feierlich von Präsident Jelzin und Bundeskanzler Kohl aus Deutschland verabschiedet. Der Festakt fand auf dem Berliner Gendarmenmarkt statt, zu Füßen der Staatsbank Berlin, deren Vorstandsvorsitzender Götte gerade die Fusion dieser Bank mit der KfW vorbereitete.

Am 31. August 1994 wurden auf dem Berliner Gendarmenmarkt die russischen Streitkräfte von Helmut Kohl und Boris Jelzin mit allen militärischen Ehren verabschiedet.

5. Die KfW geht nach Berlin und erhält über zwei Milliarden DM zusätzliches Eigenkapital für neue Aufgaben

Nur kurz hatte für Götte die erste Phase seines Ruhestandes gedauert. Im Oktober 1992 feierlich aus dem Vorstand der KfW in Dresden verabschiedet, übernahm er im Januar 1994 bis zur Fusion mit der KfW im Oktober dieses Jahres den Vorstandsvorsitz der Staatsbank Berlin.

1994 ging die Übergangsphase der deutschen Vereinigung zu Ende. Die zweite gesamtdeutsche Bundestagswahl bestätigte die Regierungskoalition von CDU/CSU und F.D.P. unter Kohl. Die Regierungen und Verwaltungen in den neuen Ländern hatten die Schwierigkeiten ihres Neuanfangs überwunden. Damit war auch der Zeitpunkt gekommen, die noch von der DDR übernommenen staatlichen Institutionen neu zu ordnen.

Die im Osten alles dominierende Treuhandanstalt wurde in ihren Kompetenzen scharf zurückgestutzt und mit dem überaus bürokratischen Namen *Bundesanstalt für vereinigungsbedingte Sonderaufgaben* (BvS) ausgestattet. Die Bundesregierung wollte aber auch ihre von der DDR übernommenen Banken endlich loswerden. Die Deutsche Kreditbank (DKB) und die Deutsche Außenhandelsbank wurden „privatisiert", wenn man die Veräußerung an öffentlich-rechtliche Landesbanken so nennen will.

Die dritte noch bundeseigene Bank, die *Staatsbank Berlin,* konnte der Bundesfinanzminister nicht so einfach verkaufen. Die ehemalige *Staatsbank der Deutschen Demokratischen Republik* war 1994 nur noch ein Schatten ihrer früheren Größe. Bereits die Regierung Modrow hatte ihr im März 1990 das Kreditgeschäft weggenommen, um es auf die Deutsche Kreditbank AG (DKB) zu übertragen. Unter der Regierung de Maizière verlor sie bei Inkrafttreten der Wirtschafts-, Währungs- und Sozialunion am 1. Juli 1990 auch noch ihre Funktionen als Zentralbank, die voll auf die Deutsche Bundesbank übergingen. Aus der Staatsbank der DDR wurde so durch Gesetz der DDR-Volkskammer vom 29. Juni 1990 die Staatsbank Berlin. Sie behielt eine Reihe von Abwicklungsaufgaben für Geschäfte aus DDR-Zeiten. Einige neue wie die Geschäftsbesorgung für den Ausgleichsfonds

Währungsumstellung kamen hinzu. Richtiges neues Bankgeschäft aber war nicht in Sicht.[2] Der Versuch ihres damaligen Chefs Geißler, bei den Förderkrediten in den neuen Ländern mitzumischen, scheiterte schnell. Zu stark waren die Positionen und zu groß die Erfahrungen der KfW und der Ausgleichsbank. Die Regierungen der neuen Länder zogen es vor, mit fachlicher Unterstützung aus dem Westen eigene Förderbanken zu errichten.

Am 3. Oktober 1990 wurde der Bund als Rechtsnachfolger der DDR auch alleiniger Anteilseigner der Staatsbank. Die Bundesregierung setzte unverzüglich den langjährigen und gerade pensionierten Vorstandssprecher der IKB, Dr. Walter Krüger, als Vorstandsvorsitzenden ein. Wie so viele seiner Generation war er bereit – fasziniert von der unerwarteten deutschen Einheit –, noch einmal bei schwierigen Aufgaben mitanzupacken. Auch in den Verwaltungsrat zogen Anfang 1991 Vertreter des Bundes, der neuen Länder und der Wirtschaft ein, darunter Gert Vogt aus dem Vorstand der KfW. Die Zukunft der Staatsbank blieb aber noch ungewiß. Der Einigungsvertrag hatte den Bundesfinanzminister ermächtigt, die Staatsbank Berlin einem anderen öffentlich-rechtlichen Kreditinstitut zu übertragen. Im Gespräch war eine Zeitlang das Konzept, die Staatsbank Berlin zu einer gemeinsamen Landesbank für die neuen Länder auszubauen. Aber die Regierungen der neuen Länder gingen mit den Landesbanken der alten Länder ihre eigenen föderalistischen Wege. Seit 1992 war sicher, daß die alte Staatsbank als neue Landesbank keine Zukunft haben würde.

In Bonn, Berlin und Frankfurt erwog man jetzt eine Fusion von KfW und Staatsbank Berlin. Seit geraumer Zeit hatte sich der Vorstand der KfW in Bonn über eine zu schmale Eigenkapitalbasis für ein Geschäftsvolumen beklagt, das durch die großen Finanzierungsaufgaben in den neuen Ländern steil angestiegen war. Die KfW mußte sich auf den internationalen Kapitalmärkten refinanzieren, die ihrerseits auf eine angemessene Eigenkapitalausstattung der Emittenten Wert legten.

Eine eigene Niederlassung in Berlin war dem Vorstand der KfW gleichfalls sehr willkommen, denn seit 1990 war erkennbar, daß die KfW auf Dauer in der „neuen" Hauptstadt Berlin stärker präsent sein müsse als bislang in Bonn, das man von Frankfurt aus bequem in anderthalb Autostunden erreichen kann. Deutlich war auch, daß die neuen Länder noch für viele Jahre Schwerpunkt der inländischen Wirtschaftsförderung sein würden. In Bonn hatte man nach einer Fusion auf die KfW eine Abwicklungsorganisation weniger zu verwalten, man konnte der KfW sowohl das erbetene zusätzliche Eigenkapital zuführen wie auch von ihr zusätzliches Fördervolumen verlangen, beides, ohne den so strapazierten Bundeshaushalt zu belasten. Im Gegenteil: Über 5 Milliarden nicht mehr benötigtes Eigenkapital der Staatsbank konnte der Bund für seinen Haushalt kassieren. Die noch verbliebenen Mitarbeiter der Staatsbank schließlich bekamen sichere Arbeitsplätze.

Durch viele Kontakte auf der Arbeitsebene wurde die Fusion organisatorisch vorbereitet. Mit Hilfe von zwei Wirtschaftsprüfergesellschaften bewerteten BMF und KfW die Risiken aus dem Altgeschäft der Staatsbank, für die ausreichende Vorkehrungen getroffen wurden. Die Eigenkapitalzufuhr hatte sich der Vorstand der KfW zwar etwas größer erhofft,

aber die vom Bund schließlich bewilligten 2,25 Milliarden DM ermöglichten der KfW dann doch, wieder die Eigenkapitalquote der achtziger Jahre zu erreichen und unverzüglich zwei wichtige neue Programme zu beginnen: das KfW-Innovationsprogramm und ein Infrastrukturprogramm für Wasser- und Abwasserprojekte der ostdeutschen Kommunen, das, wie bereits erwähnt, als erstes Kreditprogramm ausschließlich von der neuen KfW-Niederlassung Berlin bearbeitet wurde.

Am 1. Oktober 1994 war es dann soweit: Aus der Staatsbank Berlin wurde die erste und einzige Niederlassung der KfW. Etwa 375 Mitarbeiterinnen und Mitarbeiter erhielten einen neuen Arbeitgeber. Die KfW wurde nun auch in ihrer Organisation und Personalstruktur das

Blick auf den Berliner Gendarmenmarkt aus dem Jahre 1990, vor Beginn der umfassenden Baumaßnahmen im Umkreis. Im Hintergrund (Mitte) ist das Gebäude der späteren Niederlassung Berlin zu erkennen.

**1. Oktober 1994:
Ein Neuanfang in Berlin.**

gesamtdeutsche Institut, das sie in ihrer Fördertätigkeit für die neuen Länder bereits vier Jahre zuvor geworden war. Das übernommene Altgeschäft der Staatsbank ging schneller zurück, als man ursprünglich angenommen hatte. Gerade deswegen begrüßten es die Mitarbeiter der alten Staatsbank, daß die KfW durch neue Kreditprogramme auch neue Beschäftigung bieten konnte.

**Ein staubiges Erbe ist
anzutreten – sieben Ki-
lometer alte Akten! Hier
sucht Heinz Biallas von
der Dresdener Außen-
stelle im September
1994 Beweisurkunden
für Vermögenswerte.**

Von der Staatsbank übernommen hatte die KfW das sogenannte *Auftragsgeschäft für den Bund*, einen vom Bund buntgemischten Strauß finanzieller Forderungen und Verbindlichkeiten, welche die DDR bei ihrem Untergang der Bundesrepublik „vererbt" hatte. Ein Erbe, das sich eher durch eine Unmenge verstaubter Aktenberge als durch Werthaltigkeit auszeichnete. Aber in Deutschland muß alles seine Ordnung haben, vor allem, wenn die Bundeshaushaltsordnung es verlangt, und so galt es, aus Hunderttausenden von uralten Bankkrediten längst enteigneter Banken diejenigen herauszufinden, die dem Bund noch etwas einbringen konnten. Manche Eigentümer, die ihr Ostgrundstück nach der Wende zurückerhielten, mußten erstaunt feststellen, daß der Urgroßvater zu Kaiser Wilhelms Zeiten Hypothekenschulden aufgenommen hatte, die das Grundstück immer noch belasteten. Sie hatten, wirksam im Grundbuch eingetragen, zwei Weltkriege, zwei Inflationen, drei Währungsreformen und vier Jahrzehnte Sozialismus heil überstanden und waren nun, von der KfW penibel nachgerechnet, an den Bund zu zahlen.

Aber der Bund ließ nicht nur seine Forderungen eintreiben, er erfüllte auch ererbte DDR-Schulden über die KfW. Bei der Währungsreform in der sowjetisch besetzten Zone hatte man die bis Kriegsende entstandenen Spareinlagen im Verhältnis 10:1 umgestellt und in eine Staatsanleihe umgewandelt. An die DDR-Bürger wurde diese Anleihe bis 1972 zurückgezahlt, die Gläubiger in der „BRD" und im Ausland allerdings erhielten keinen Pfennig. Das wurde nun nachgeholt. Nur waren die Sparer der Kriegs- und Vorkriegszeit nach diesen vielen Jahrzehnten oft von ihren Enkeln beerbt worden, entsprechend umständlich war häufig die Erbfolge nachzuweisen, vor allem, wenn die Erben in fernen Landen lebten. Selbstverständlich wurde auch kontrolliert, ob für diese blockierten Sparguthaben vor Jahrzehnten schon

Lastenausgleich gezahlt worden war. Die Ausgleichsämter mußten also gleichfalls ihre verstaubten Akten wieder zur Hand nehmen.

Diese Auftrags- und Abwicklungsgeschäfte, die noch die Verwaltung des „Ausgleichfonds Währungsumstellung", die Bearbeitung von Einzelschuldbuchforderungen, von Gehaltsbescheinigungen ehemaliger Bankangestellter, von Forderungen in Transfer- und Clearingrubeln, von Schadensersatzforderungen aus den chaotischen Verhältnissen der Übergangsmonate u.a. umfassen, sind zu vielfältig, um hier im einzelnen dargestellt zu werden. Der Bundesfinanzminister sorgte aber noch für weitere Beschäftigung, als er der KfW im März 1995 die Geschäftsbesorgung der *Gesellschaft für kommunale Altkredite und Sonderaufgaben der Währungsumstellung* (GAW) anvertraute.

Bei der Veräußerung der DKB hatte die Bayerische Landesbank als Käufer einen Teil des Altgeschäfts nicht mit übernehmen wollen. Dazu gehörten vor allem über acht Milliarden DM Kredite aus der DDR-Zeit für den Bau sogenannter gesellschaftlicher Einrichtungen wie Schulen, Kindergärten, Kliniken oder Sportanlagen. Die Bundesregierung hielt die Kommunen in den neuen Ländern, die diese Einrichtungen übernommen hatten, für die neuen Kreditschuldner. Die Kommunen aber bestritten vehement ihre Verpflichtungen mit Argumenten, die eher politisch als juristisch Gewicht hatten. Jedenfalls blieb der Bund auf diesem streitbefangenen Altgeschäft sitzen und brachte es mit einigen anderen Ladenhütern aus DDR-Zeiten, die noch bei der DKB lagen, in die Abspaltungsgesellschaft GAW ein. Nach einem etwa zweijährigen Verhandlungspoker kam endlich zwischen dem Bund und den neuen Ländern ein Kompromiß zustande. Die acht Milliarden Altschulden wurden durch das Gesetz zur Regelung der Altschulden für gesellschaftliche Einrichtungen

vom 6. März 1997 in den Erblastentilgungsfonds übernommen. An der Tilgung dieses Betrages beteiligen sich die neuen Länder neben dem Bund zur Hälfte.

Die KfW übernahm also seit 1994 im Bankensektor ähnliche Abwicklungsaufgaben, wie sie die BvS in industriellen und anderen Bereichen wahrzunehmen hatte. Zum Glück ist es für die KfW nur eine Nebentätigkeit, deren Bedeutung schnell abnimmt. Daher war es wichtig, den freiwerdenden Mitarbeitern schnell neue Perspektiven im Neugeschäft der Förderkredite zu bieten. Ende 1995 wurde daher auch das neue Wärmeschutz-Programm (CO_2-Minderung) an die Berliner Niederlassung gegeben. Erstmals wurden damit auch Kredite für die alten Bundesländer von den Mitarbeitern aus den neuen Bundesländern zugesagt.

6. Neue Ansätze in der Exportfinanzierung: Ostexporte, Projektfinanzierungen, Globalisierung

Vieles, was die KfW in ihrer Exportfinanzierung der achtziger Jahren begonnen hatte, setze sie in den neunziger Jahren fort. Die Nachfrage nach Fremdwährungskrediten stieg weiter an. Sie konnte dank der ausgebauten internationalen Refinanzierungsbasis auch befriedigt werden. Trotz der überbewerteten DM und der schwachen Konjunktur ab 1992 konnte die KfW der deutschen Exportwirtschaft mit steigenden Kreditvolumina helfen. Immer stärker nutzte sie dabei marktkonforme Finanzierungen zu banküblichen Konditionen und die Zusammenarbeit mit anderen Banken, die öffentlich unterstützten Finanzierungen der KfW verloren relativ an Bedeutung. Soweit vertretbar, wurde zunehmend auf Hermesdeckungen verzichtet.

Durch das Wirtschaftswachstum in Asien bildeten sich für die Kreditaktivitäten der KfW neue Schwerpunkte in China, Thailand, Indonesien und anderen südostasiatischen Ländern. Lateinamerika erlebte ein gewisses Comeback, ohne daß es die überragende Position wiedererlangte, die es am Ende der siebziger Jahre im Auslandsgeschäft der KfW erreicht hatte. Markant ist aber auch der Zuwachs an Kreditnehmern der KfW, die aus den Industrieländern kamen. Es sind vor allem die nordamerikanischen und europäischen Fluggesellschaften, die als Airbuskäufer die maßgeschneiderten Finanzierungen der KfW in Anspruch nahmen. Bezeichnend ist, daß die USA in den neunziger Jahren das größte Schuldnerland der KfW in ihrer Export- und Projektfinanzierung wurden.

6.1 Exportförderung Ost

Die Wende von 1990 stellte auch die Exportfinanzierung der KfW vor neue Aufgaben. Die Industrie der DDR hatte über Jahrzehnte ihre wichtigsten ausländischen Abnehmer in den Staaten des COMECON, vor allem in der Sowjetunion, zugewiesen bekommen. Diese Exporte wurden durch Verrechnungen auf Grundlage sogenannter Transferrubel bezahlt. Offenstehende deutsche Transferrubelforderungen an Rußland schlummern als Erbe der Staatsbank der DDR noch bis ins nächste Jahrtausend in den Büchern der KfW-Niederlassung Berlin, weil ihnen Kohl und Jelzin, hinreichend mit anderen Problemen belastet, einen Dornröschenschlaf verordneten. Bis Ende 1990, also noch in den ersten sechs Monaten der deutschen Währungsunion, konnte der Außenhandel der DDR über Transferrubel abgewickelt werden, was clevere west- und ost-

deutsche Geschäftsleute für zahlreiche Mißbräuche und Betrügereien ausnutzten. Prompt erhielt die Berliner Niederlassung der KfW wieder eine neue Aufgabe, denn deren Rechtsabteilung mußte für den Bund entsprechende Rückforderungen von rechtswidrig beanspruchten Transferrubeln verfolgen.

Von diesen Übergangs- und Abwicklungsaufgaben blieben die Frankfurter Exportfinanziers der KfW verschont, sie konnten sich ganz dem Neugeschäft zuwenden. Aber ab 1991 waren auch sie im Ostgeschäft der ostdeutschen Industrie gefordert. Die Absatzwege zu den ehemaligen „sozialistischen Bruderländern" konnten nicht abrupt gekappt werden. Dann wären in vielen ostdeutschen Betrieben, bei Werften, im Waggon- und Maschinenbau, noch sehr viel mehr Arbeitsplätze verlorengegangen, denn der Weg auf die Märkte des Westens sollte sich als sehr mühselig und langwierig erweisen. In Deutschland hofften alle, möglichst viele der langjährigen Absatzwege und Märkte im Osten in die neue Zeit herüberretten zu können. Auch betonten Gorbatschow und seine Kollegen in den ost- und mitteleuropäischen Reformländern immer wieder, wie wichtig die wirtschaftliche Zusammenarbeit gerade mit Deutschland sei.

Die Bundesregierung beschloß daher bereits Ende 1990 sehr großzügige Sonderkonditionen für Ostexporte aus den neuen Bundesländern, die allein für 1991 ein Ausfuhrvolumen von zehn Milliarden DM absicherten und einen kritischen „Fadenriß" verhinderten. Nur konnte eine so generöse Politik auf Dauer nicht fortgesetzt werden. Die ostdeutsche Industrie mußte sich aus ihrer traditionellen Abhängigkeit gegenüber den Ostländern lösen und neue Märkte im Westen und Süden finden. Der Zerfall der Sowjetunion Ende 1991 erhöhte die ohnehin erheblichen Kreditrisiken der Bundes. Nachdem die Nachfolgestaaten die Schulden anerkannt hatten, waren Umschuldungen politisch unausweichlich. Die anderen westlichen Industrieländer hatten die großzügige Förderpolitik des Bundes für eine gewisse Übergangzeit hingenommen, aber dann drängten die Partner im Westen doch im Interesse ihrer eigenen Wirtschaft auf eine Rückkehr zur Normalität. In gleicher Weise reagierte auch die westdeutsche Industrie, die zumindest langfristig auf den Ostmärkten Chancen sah, die sie nicht allein ihren ostdeutschen Mitbewerbern überlassen wollte.

Daher reduzierte die Bundesregierung ab 1992 von Jahr zu Jahr ihren Deckungsrahmen für Ausfuhrgeschäfte in die GUS-Staaten, der gleichzeitig mehr und mehr für westdeutsche Exporte geöffnet wurde, während sie ihre Deckungspolitik gegenüber den erfolgreicheren mittel- und osteuropäischen Reformstaaten lockerte.

Die KfW folgte mit ihren Krediten diese Deckungspolitik der Bundesregierung. Die sehr hohen politischen Risiken bei Krediten in diese Länder erlaubten keine Kredite ohne Hermesdeckung, wie sie in anderen Regionen der Welt mehr und mehr von der KfW gewährt wurden. Soweit der Bund allerdings bereit war, Ausfuhrdeckungen zu erteilen, stand die KfW trotz der zu übernehmenden Selbstbehalte für Geschäfte der deutschen Industrie als Kreditgeber zur Verfügung, vor allem auch, wenn andere Banken zögerten, geringe Teilrisiken zu übernehmen. So wurde Rußland ab 1991 innerhalb weniger Jahre zum drittgrößten Schuldnerland der KfW in der Exportfinanzierung, jedoch waren diese Forderungen zum weitaus überwiegenden Teil vom Bund gedeckt. Höhepunkt war das Jahr 1992, in dem die KfW über 2,6 Milliarden für Exporte aus den neuen Ländern kreditierte, über die Hälfte davon waren Schiffslieferungen ostdeutscher Werften. Leider hat die ostdeutsche Industrie weiterhin

ihre wichtigsten Kunden in den vormals sozialistischen Ländern. 530 Millionen DM Exportkredite erhielt sie 1996 von der KfW, weniger als 17 Millionen DM gingen in „NSW-Länder" (nicht sozialistisches Wirtschaftsgebiet), wie es zu DDR-Zeiten hieß. Allerdings enthalten diese Zahlen nicht die Fertigungen oder Zulieferungen, die aus ostdeutschen Fertigungsstätten westdeutscher Unternehmen stammen.

Soweit es möglich war, versuchte die KfW auch, das russische Staatsrisiko in Unternehmens- oder Projektrisiken umzugestalten. In Ostdeutschland gebaute russische Fischereischiffe wurden in Drittländern registriert und an die KfW verpfändet, ihre Deviseneinnahmen sollten über Treuhandkonten in London laufen, um den Schuldendienst unabhängig von der Zahlungsbereitschaft Moskaus sicherzustellen.

6.2 Chancen und Risiken der Projektfinanzierung

Seit 1960 hatte die KfW Erfahrungen in der hohen Kunst der Projektfinanzierung gesammelt, d.h. also, bei Krediten, die allein vom Ertragspotential eines genau bestimmten, neuen Projekts leben müssen, ohne daß potente Anteilseigner mit ihrem vollen Vermögen und

Der Passenger cargo „Kong Harald" auf seiner Jungfernfahrt im Juli 1993 im Hafen von Kirkenes. Das Schiff wurde auf der Volkswerft in Stralsund/ Mecklenburg-Vorpommern für die beliebte Hurtigroute von Bergen nach Kirkenes gebaut.

Einkommen für den Kredit oder den Projekterfolg einstehen.

Zunächst waren es Bergbauprojekte in Entwicklungsländern, bei denen sich oft zeigte, daß sie trotz aller politischen Unsicherheiten und trotz der chaotischen Wirtschaftslage in ihrem Umfeld erfolgreich arbeiten konnten. Guinea war unter Sékou Touré in den siebziger Jahren ein afrosozialistisches Desaster, aber das Boké-Projekt der großen westlichen Aluminiumkonzerne hat alle Kredite bis auf den letzten Pfennig pünktlichst zurückzahlen können (s. Seite 98). Brasilien blieb in den achtziger Jahren bei der Bedienung seiner Auslandskredite mit Milliarden im Rückstand, aber die Kredite für das riesige Eisenerzprojekt Carajas wurden stets prompt bedient. Diese Projektfinanzierungen hatten jedoch auch ihre Risiken. Die Nickelprojekte Greenvale und BCL-Bo-

tsuana scheiterten wirtschaftlich an den niedrigen Nickel- und den hohen Ölpreisen (s. Seite 153). Das deutsch-italienische Eisenerzprojekt der Bong Mine wurde 1990 im liberianischen Bürgerkrieg total zerstört (s. Seite 96f.).

Zu Beginn der neunziger Jahre wurden Projektfinanzierungen aus zwei Gründen in größerem Umfang attraktiv. In den Industrie- und Entwicklungsländern, schließlich auch in den ehemals sozialistischen Ländern, zog sich der Staat aus vielen wirtschaftlichen Aktivitäten zurück. Die britische Premierministerin Thatcher privatisierte ab Ende der siebziger Jahre rigoros Stahlgesellschaften, Fluglinien und kommunale Gas- oder Wasserversorger. In Deutschland privatisierte die Bundesregierung mit Hilfe der KfW den VIAG-Konzern und andere Beteiligungen in Wirtschaftsbetrieben. Bahn und Post, Telekommunikation und Fernsehen verloren jahrzehntealte Monopole. Bequeme Behördenapparate wurden in Kapitalgesellschaften umgewandelt und als Dienstleistungsunternehmen in den Wettbewerb gestoßen. Damit verloren sie viele Fesseln des Haushaltsrechts, aber auch Schutz und Schirm ihres Staates bei ihren Finanzierungen. Die Notlage der öffentlichen Haushalte, vor allem die bedrohlich anwachsende Staatsverschuldung, war ein weiterer Ansporn für die Finanzminister, nach Finanzierungsalternativen außerhalb des Haushalts zu suchen.

Der Eurotunnel ist das erste große Beispiel für diese neue Poltitik in den Industrieländern der westlichen Welt. Die britische Regierung setzte durch, daß dieses riesige Infrastrukturprojekt ohne staatliche Unterstützung auf rein kommerzieller Basis finanziert werden mußte. Die schlimmen Folgen sind bekannt (s. Seite 155f.). Heute fordern die

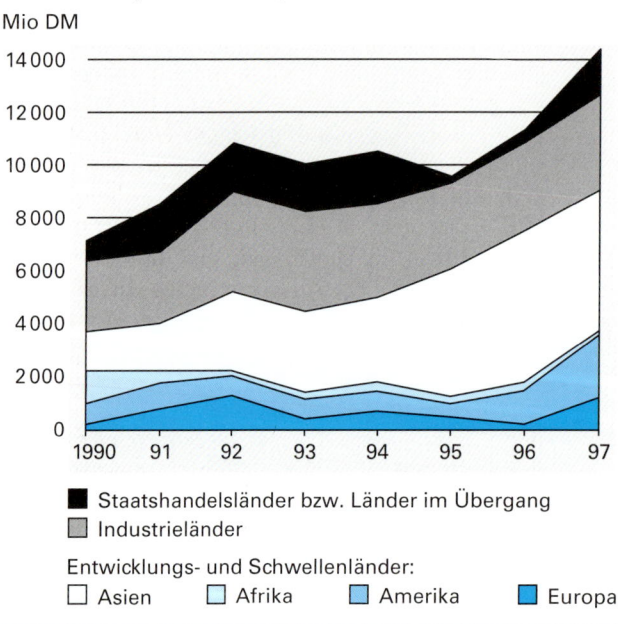

Die Entwicklung der Zusagen und ihre regionale Verteilung im Bereich Exportfinanzierung von 1990 bis 1997

Mio DM

Staatshandelsländer bzw. Länder im Übergang
Industrieländer
Entwicklungs- und Schwellenländer:
Asien   Afrika   Amerika   Europa

Geldgeber bei Projekten dieser Art eine „public-private partnership", eine sachgerechte Verteilung der politischen und wirtschaftlichen Risiken.

Die große Schuldenkrise der achtziger Jahre hat den Trend zur Projektfinanzierung gleichfalls gefördert, weil Projekte mit hohen Deviseneinnahmen wie Carajas in Brasilien von ihr verschont wurden, obwohl der Staat Brasilien selber seine Verpflichtungen nicht mehr erfüllen konnte. Projektrisiken konnten also erheblich besser sein als Länderrisiken. Auch die Bundesregierung war jetzt bereit, in einem größeren Umfang als zuvor Hermesdeckungen für Projektfinanzierungen zu übernehmen. Vor allem in den Weiten Rußlands, Kasachstans und der Ukraine hoffte man zu Beginn der neunziger Jahre Projekte zu finden, die trotz der Unsicherheiten und Schwierigkeiten in diesen Ländern Chancen für einen wirtschaftlichen Erfolg boten. Die Ausbeute blieb allerdings mager. Auch die Einnahmen der oben erwähnten russischen Fischereischiffe liefen nicht wie vereinbart über Treuhandkonten an die KfW, sondern versickerten in dunklen Kanälen. Ohne Vertragstreue und kaufmännische Seriosität sind Projektfinanzierungen nicht möglich.

In den südostasiatischen Schwellenländern, in Lateinamerika und in Südeuropa waren Projektfinanzierungen wirtschaftlich erfolgversprechender. Diese Länder entwickelten Kooperationsmodelle kombiniert mit Technologietransfer, bei denen erfahrene Betreiberfirmen aus Industrieländern zusammen mit den Lieferanten der Anlagen und örtlichen Interessenten Kraftwerke, Verkehrsinfrastrukturen oder Industrieanlagen errichteten und zumindest bis zur Rückzahlung der Kredite gemeinsam betreiben.

Eine Projektfinanzierung der 90er Jahre: 1996 ist die Aufständerung der Stadtbahn Bangkok weit vorangeschritten. Das Bild zeigt bereits fertiggestellte Pfeiler.

Die KfW zog organisatorisch die Konsequenzen: Export- und Projektfinanzierungen im In- und Ausland wurden in sektoral gegliederten Abteilungen zusammengefaßt. Zusätzlich sichert die Unterstützung der großen Technischen Abteilung mit ihrem Pool externer technischer Sachverständiger das Know-how, das für diese anspruchsvollen und maßgeschneiderten Finanzierungen unerläßlich ist. Ausgebaut wurden auch die Kontakte zu den Geschäftsbanken, deren Mitwirkung an Projektfinanzierungen laufend zunahm.

6.3 Globalisierung und Standort Deutschland

Seit 1950 ist es die gesetzliche Aufgabe der KfW, „*Ausfuhrgeschäfte inländischer Unternehmen*" zu finanzieren. Damals war es noch einfach, in den wirtschaftlichen Beziehungen Inland und Ausland voneinander zu unterscheiden. Ausländische Fertigungsstätten deutscher Unternehmen gab es noch nicht. Die Zu- und Unterlieferanten kamen gleichfalls aus der Bundesrepublik Deutschland. „Made in Germany" war eine klare Aussage.

Am Ende der neunziger Jahre hat sich diese Situation nun radikal verändert. Unsere großen Industriekonzerne wie Siemens, Daimler-

Benz, Thyssen oder die großen Chemieunternehmen verstehen sich weiterhin als deutsche Unternehmen, aber sie produzieren heute in allen fünf Kontinenten, und noch vielfältiger haben sich Zahl und Betriebsstätten ihrer Zulieferer entwickelt. Große Anlageprojekte sind heute nie mehr zu hundert Prozent „made in Germany". Verkauft werden sie mit dem Ruf einer traditionsreichen deutschen Weltfirma oder einer multinationalen Weltfirma mit einer Niederlassung in Deutschland, die eine Gesamtverantwortung übernimmt, doch unter dem Markenzeichen dieser Weltfirmen verbirgt sich die Mitarbeit unzähliger in- und ausländischer Zulieferer.

Eine Exportfinanzierung, auch oder gerade wenn sie nationale Interessen vertreten soll, muß sich dieser Globalisierung anpassen. Die KfW hat daher auch Ausfuhrdeckungen anderer europäischer Staaten hereingenommen, um im Interesse der deutschen Wirtschaft Lieferanteile aus diesen Ländern in einem Paket mitfinanzieren zu können. Sie hat sich dafür eingesetzt, daß Unterlieferungen aus den östlichen Reformländern in größerem Umfang von Hermes gedeckt wurden, denn nach dem Grundsatz „trade is better than aid" dient diese Kooperation auf Drittmärkten auch deutschen Interessen.

Vor allem hat die KfW die Auslandsinvestitionen deutscher Unternehmen zunehmend gefördert. Was bereits in den fünfziger Jahren durch das Niederlassungsprogramm in den Entwicklungsländern begann, wurde in den siebziger Jahren durch das M-Programm Ausland vor allem in der Europäischen Gemeinschaft fortgesetzt. Beide Programme richteten sich an den Mittelstand. In den neunziger Jahren ging die KfW dazu über, zusammen mit Geschäftsbanken bei Bedarf auch Auslandsinvestitionen großer Unternehmen in der Automobil- oder Chemieindustrie mit Krediten in dreistelliger Millionenhöhe zu fördern.

Ausländische Investitionen in Deutschland, in den neunziger Jahren natürlich vorrangig in den neuen Ländern, sind andererseits seit je von der KfW gefördert worden. Bei Projektfinanzierungen ausländischer Investoren in Deutschland wie der Raffinerie von Elf-Aquitaine in Leuna hat sie sich dem Wunsch der Banken auf Mitwirkung nicht versagt. Im Saarland ist die erfolgreiche Dillinger Hütte, ein

1993 lieferte Dornier die ersten Exemplare ihres Regionalflugzeugs Do 328 aus. Noch im selben Jahr kaufte die schweizerische Air Engiadina diesen Typ. Sowohl die Produktion als auch dieser Verkauf wurden von der KfW unterstützt.

Ein Finanzierungsobjekt für Finanzierungsobjekte: Eine neue Entwicklung der Airbus Industrie – das Großraumflugzeug Beluga. Es transportiert Airbusteile zur Endmontage in Toulouse.

Unternehmen der französischen Usinor-Sacilor-Gruppe, seit fast vierzig Jahren ein Direktkreditnehmer der KfW. In der Exportfinanzierung bestehen alte Beziehungen zu vielen Firmen im ausländischen Mehrheitsbesitz, aber mit deutschen Betriebsstätten, wie z.B. ABB in Mannheim.

Die Globalisierung der Wirtschaft und die Erhaltung des Standortes Deutschland müssen nicht Gegensätze sein. Gerade ein Förderinstitut wie die KfW mit ihren sowohl inländischen wie internationalen Aktivitäten und Erfahrungen kann dazu beitragen, diesen Standort in einer offenen Weltwirtschaft zu sichern.

Die Galaxy, das größte jemals in Deutschland gebaute Passagierschiff, verläßt 1996 die Meyer Werft in Papenburg.

7. Die Finanzielle Zusammenarbeit der neunziger Jahre

7.1 Nach der Wende doch kein Ende!

Nach der weltpolitischen Wende von 1989 bis 1991 postulierte Francis Fukuyama im amerikanischen Außenministerium das „Ende der Geschichte". Es stellte sich schnell heraus, daß dieses Ende des Ost-West-Konflikts der Welt noch lange nicht das Ende der Geschichte mit ewigem Frieden bescherte. Im Gegenteil, zwischen 1990 und 1997 gab es weltweit über 90 bewaffnete Konflikte, die meisten in Entwicklungsländern. Die Friedensmissionen der UNO vervielfachten sich. Plausibler wäre es gewesen, wenn Fukuyama das Ende der Entwicklungshilfe prognostiziert hätte, denn die Entwicklungshilfe der westlichen Welt war wie zuvor der Marshallplan ein Kind des Kalten Krieges.

Aber Kinder überleben meistens ihre Eltern. Mit über dreißig Jahren sind sie selbständig geworden und suchen sich selbst ihre Aufgaben. Und neue Aufgaben fehlten auch in den neunziger Jahren nicht. Die Hallsteindoktrin und die außenpolitische Rivalität der beiden deutschen Staaten waren mit der DDR untergegangen, aber die Außenpolitik und die Entwicklungspolitik stellten beide neue Anforderungen an die Finanzielle Zusammenarbeit. Nach wie vor galt die Erkenntnis von McNamara aus dem Jahre 1966: *Without development there can be no security.*

Bereits kurz nach der deutschen Einheit wurde der Bundesrepublik von ihren Verbündeten in der Nahostkrise des Frühjahrs 1991 eine Milliardenrechnung präsentiert, weil sie sich nicht an den militärischen Aktionen gegen den Irak beteiligen wollte. Von den 17 Milliarden DM, die Deutschland zahlen mußte, gab die KfW Zuschüsse in Höhe von mehr als einer Milliarde DM als Allgemeine Warenhilfe an Ägypten, Jordanien, Syrien und die Türkei.

Der Zerfall der Sowjetunion erhöhte die Zahl der Entwicklungsländer. Die anderen Bundesressorts konnten verhindern, daß das BMZ alle Staaten der ehemaligen Sowjetunion und möglichst auch noch Osteuropa als Partnerländer

Bundesminister Carl-Dieter Spranger beim Abschiedsempfang für Dr. Brantner am 20. September 1995 im Kreise von: Dr. Friedrich Voss, seiner Frau Gudrun Spranger, Hans Klein (von 1987 bis 1989 Chef des BMZ), Maria M. Mihatsch (Büro Bonn der KfW) und Staatssekretär Wighard Härdtl (BMZ).

vereinnahmte, aber die zentralasiatischen und kaukasischen Republiken wurden neues Operationsgebiet der deutschen Entwicklungszusammenarbeit. Hinzu kamen noch die drei indochinesischen Länder Vietnam, Laos und Kambodscha, das endlich unabhängige Namibia, das neue Südafrika unter Nelson Mandela und die autonomen Palästinensergebiete von Jassir Arafat. Die Außenpolitik verlangte deshalb nach wie vor den Einsatz der Gießkanne bei der Verteilung der Entwicklungshilfe.

Seit Januar 1991 hatte der CSU-Politiker Carl-Dieter Spranger das BMZ übernommen. Er sorgte für mehr Effizienz und Kontinuität in seinem Hause, er nutzte aber auch die Gunst der Stunde zu einer Neuorientierung der deutschen Entwicklungspolitik. Das Ende des Ost-West-Konflikts bot endlich die Möglichkeit, von den Entwicklungsländern mehr eigene Leistungen und mehr Reformwillen zu verlangen. Schon 1989 hatte die Weltbank aus den begrenzten Erfolgen ihrer Strukturanpassungspolitik die Lehre gezogen, von den Entwicklungsländern erheblich mehr „good governance", also eine ordentliche Regierungspraxis, zu verlangen. Korruption, Willkür, Mißbrauch öffentlicher Mittel und Rechtlosigkeit waren der Krebsschaden vieler Entwicklungsländer, der die Strukturreformen immer wieder behinderte. Nur verbot die Satzung der Weltbank ausdrücklich die Einmischung in politische Angelegenheiten der Mitgliedsländer, so daß die Weltbank als internationale Organisation nur dann Abhilfe verlangen konnte, wenn die schlechte Regierungspraxis eindeutig ökonomische Auswirkungen hatte.

Die Bundesrepublik unterlag in ihrer Entwicklungspolitik nicht diesen Beschränkungen. Daher konnte Spranger mit seinen Forderungen an die Entwicklungsländer weiter gehen. Er verlangte die Beachtung der Menschenrechte, die Beteiligung der Bevölkerung an politischen Entscheidungen, Rechtsstaatlichkeit und Rechtssicherheit, soziale Marktwirtschaft und eine Regierungspolitik in den Empfängerländern, die sich nachdrücklich für die Entwicklung ihres Landes engagiert. Kritiker warfen dieser neuen Entwicklungspolitik missionarischen Eifer vor. Nur soll hier nicht am deutschen Wesen die Welt genesen. Die Beteiligung der Bevölkerung an politischen Entscheidungen zum Beispiel ist auch ohne Übernahme des deutschen Vielparteiensystems möglich. Wer die Äußerungen der deutschen

Förderung des privaten Sektors: Die BDAC Canal Zone and Sinai, eine von der KfW mitfinanzierte ländliche Entwicklungsbank am Suezkanal, gab den abgebildeten Müllern ein Darlehen für den Kauf ihrer Mühle.

Politiker genau liest und wer die Praxis der letzten Jahre analysiert, wird feststellen, daß die Entwicklungsländer durch diesen politischen Reformkatalog zu Recht gefordert, aber nicht überfordert werden. Die Deutschen standen auch keineswegs allein mit diesen Forderungen. Im Development Assistance Committee der OECD bildete sich schnell eine gemeinsame Linie der Geberstaaten. Die Entwicklungspraktiker begrüßten, daß endlich das große Übel der Korruption offen angesprochen wurde. Viele von ihnen unterstützen die Arbeit von *Transparency International*, einer Organisation, die sich weltweit die Bekämpfung der Korruption zum Ziel gesetzt hat.

7.2 Die KfW: Ressourcenschutz und Verbundfinanzierung

Das Aufgabenfeld der KfW in der FZ verbreiterte sich in den neunziger Jahren. Es kamen nicht nur die bereits erwähnten neuen Partner z. B. in Zentralasien oder im südlichen Afrika hinzu, auch Methoden und Aufgaben wurden vielfältiger.

Nach der UN-Konferenz für Umwelt und Entwicklung vom Juni 1992 in Rio verstärkte die Bundesregierung ihre Bemühungen um einen weltweiten *Umwelt- und Ressourcenschutz*. Innerhalb von wenigen Jahren verdoppelten sich daher die Umweltschutzprojekte in der KfW. Vor allem bei den Tropenwald- und Aufforstungsprogrammen mußte Neuland betreten werden. Die Vielzahl der Beteiligten (Ackerbauern, seßhafte Viehhalter, Nomaden, kommerzielle Holzeinschlagsfirmen, zentrale Ministerien und lokale Behörden) mit oft sehr gegensätzlichen Interessen macht es schwer, einen akzeptablen Konsens zu finden und in der Praxis durchzusetzen. Diese neue Arbeit in der FZ verlangte Geduld und einen langen

Atem, nicht nur bei der Planung und Umsetzung dieser Vorhaben. Neugepflanzte Bäume wachsen langsam, und noch langsamer wächst die Einsicht – nicht nur in den Entwicklungsländern –, wie notwendig es ist, gerade im Umweltschutz das altbekannte Prinzip durchzusetzen: Gemeinnutz geht vor Eigennutz!

Zum Schutz des brasilianischen Tropenwaldes wurde auf Initiative der Bundesregierung 1990 ein großes internationales Pilotprojekt begonnen, an dessen Finanzierung sich Deutschland mit 310 Millionen DM beteiligte. Es galt, Ökologie und Ökonomie zu vereinbaren, die Brandrodungen und den Raubbau an den immensen genetischen Ressourcen der tropischen Regenwälder am Amazonas einzudämmen, aber gleichzeitig neue Wege für eine nachhaltige und schonende Nutzung durch die einheimische Bevölkerung zu finden. Von der Umwelterziehung bis zur Umweltpolizei, von der wissenschaftlichen Forschung bis zur Unterstützung lokaler Gruppen reicht der umfangreiche Katalog der Maßnahmen, bei deren Umsetzung KfW und GTZ eng mit einer Vielzahl brasilianischer Institutionen und Gruppen zusammenarbeiten.

Die zunehmende Sensibilität für Umweltfragen, getragen von dem wachsenden Einfluß der sogenannten „Nichtregierungsorganisationen" auf die deutsche und internationale Entwicklungspolitik, verhinderte andererseits – ob zu Recht oder nicht, sei offengelassen – umstrittene Großprojekte der Energieversorgung wie das Wasserkraftwerk Arun in Nepal.

Das enorme Bevölkerungswachstum ist wohl die wichtigste Ursache für die Bedrohung der Umwelt in den Entwicklungsländern. Schätzungen gehen davon aus, daß die heutige Weltbevölkerung von 4,5 Milliarden Menschen bis zum Jahre 2025 auf 7,2 Milliarden Menschen anwachsen wird. Maßnahmen der Geburtenkontrolle wurden daher ein weiterer Aufgabenbereich der Finanziellen Zusammenarbeit. Hierbei genügt es nicht, Pillen oder Präservative zu kaufen und an die Bevölkerung zu verteilen. Notwendig ist eine bessere Erziehung und Aufklärung, denn alle Erfahrungen zeigen, daß die Geburtenzahlen sinken, wenn das Bildungsniveau vor allem der jüngeren Frauen steigt. Erziehung und Gesundheit wurden somit auch neue Ziele der Finanziellen Zusammenarbeit.

Entfernte sich die KfW bei diesen neuen Aufgaben immer weiter von der „bankmäßigen" Arbeit in der Kapitalhilfe der sechziger Jahre, so besann sie sich gleichzeitig wieder auf Finanzierungsquellen, die ihr gerade als Bank offenstanden. Haushaltmittel wurden knapper, die Spielräume für die an deutsche Lieferungen gebundene Mischfinanzierung wurden enger, da der OECD-Konsensus sie ab 1993 nur bei Projekten erlaubte, die nicht „rentabel" waren. In den sechziger Jahren hatte der Vorstand der KfW sich energisch gewehrt, als er damals die knappen Marktmittel für die Kapitalhilfe einsetzen sollte (s. Seite 78ff.). In den neunziger Jahren konnte er dem BMZ mit zusätzlichen Marktmitteln helfen, denn die Refinanzierungsquellen sprudelten jetzt erheblich ergiebiger. Bundesregierung und KfW entwickelten 1994 die *Verbundfinanzierung* als zusätzliches Instrument der Finanziellen Zusammenarbeit. Niedrig verzinsliche Haushaltsmittel werden mit Kapitalmarktmitteln der KfW zu einem Kredit verbunden, der als öffentliche Entwicklungshilfe international anerkannt wird. Da die KfW sich an dem Kreditrisiko beteiligen muß, beschränkt sich die Verbundfinanzierung auf die fortgeschritteneren und kreditwürdigen Entwicklungsländer. Der weitere Ausbau der erfolgreichen Stadtbahn in Tunis war 1995 eines der ersten Projekte für diese neue Finanzierungsform. Bereits im Jahre 1996 erhöhte sich das Volumen auf 1,158 Milliarden DM, wovon die KfW 449 Millionen DM aus Marktmitteln beisteuerte. Die Verbundfinanzierung, die auch lieferungsgebunden gewährt werden kann, bewährte sich als ein „bankmäßiges" Finanzierungsinstrument für größere Verkehrs- und Energieprojekte vor allem in Asien.

In den neunziger Jahren verbesserte die KfW gleichfalls ihre Öffentlichkeitsarbeit und die Rechenschaftslegung in der Finanziellen Zusammenarbeit. Als erste „Durchführungsorganisation" in Deutschland legte sie 1991 einen Rechenschaftsbericht über die Ergebnisse ihrer Arbeit vor. Nolens volens mußten auch andere Institutionen der deutschen Entwicklungszusammenarbeit über die Effektivität ihrer Arbeit der Öffentlichkeit berichten. Bis 1997 folgten drei weitere Berichte der KfW. Manche Kritiker monierten, die KfW stelle sich hier selber ein Zeugnis aus. Sie übersahen, daß die Arbeit der KfW von unabhängigen Prüfern überwacht wird. Die Kriterien für die Bewertung wurden exakter festgelegt, als es sonst bei Zensuren üblich ist. Die Ergebnisse der KfW-

Umwelt- und Ressourcenschutz: In China werden in Gebieten mit Bodenerosionen Nutzbäume angepflanzt.

Untersuchung waren für langjährige Kenner der Materie nicht überraschend: Seit langem war erkennbar, daß die Rahmenbedingungen in einem Entwicklungsland weitgehend über den Projekterfolg entscheiden. Entwicklungsarbeit ist aber gerade in Ländern mit schlechten Rahmenbedingungen, wie z. B. Mosambik, besonders notwendig. In Mosambik hatte die KfW Glück, weil der Bürgerkrieg und der lange gehegte Marxismus-Leninismus zu Ende gingen. In Ruanda und Somalia ist die Entwicklung leider anders verlaufen.

Bereits in den 80er Jahren war die Stadtbahn Tunis mit FZ-Mitteln gebaut worden. Seit 1996 wird dieses erfolgreiche Verkehrssystem im Rahmen einer Verbundfinanzierung ausgebaut.

Die ermittelte Erfolgsquote von über 70% ist bei den schwierigen Rahmenbedingungen ansehnlich, aber auch ein Grund, die Fehler eingehend zu untersuchen, um es in Zukunft noch besser zu machen. Die zunehmende Knappheit der öffentlichen Mittel erfordert es, die Effektivität bei ihrem Einsatz noch zu erhöhen.

8. Östlich der Oder: Rat und Hilfe für den Weg in die Marktwirtschaft

8.1 Oberst Grigorij Michailowitsch Fjodorow wird Bankmanager

Das große Acht-Milliarden-Wohnungsbauprogramm war nicht die einzige Hilfe für die abziehenden sowjetischen Truppen, deren Organisation und Abwicklung die Bundesregierung der KfW übertrug. Nicht nur Zigtausende von Wohnungen fehlten für die zurückkehrenden Armeeangehörigen. Tausende von Berufsoffizieren wurden aus der Armee entlassen. Sie mußten sich zivile Berufe suchen, für die ihnen die Ausbildung fehlte. Im Überleitungsvertrag

vom 9. Oktober 1990 hatte die Bundesrepublik sich daher außerdem verpflichtet, die Sowjetunion mit 200 Millionen DM bei der Umschulung dieser Offiziere und ihrer Angehörigen zu unterstützen. Das Auswärtige Amt, für dieses Programm zuständig, stellte fest, daß die KfW das große Wohnungsbauprogramm im Auftrag des BMWi gut in den Griff bekommen hatte, und bat sie, auch dieses Ausbildungsprogramm zu betreuen.

Die Umschulung begann schon an den ostdeutschen Armeestandorten. Mit Hilfe ostdeutscher Bildungsunternehmen, die bereits im innerdeutschen Transformationsprozeß Erfahrungen gesammelt hatten, wurden die Offiziere und ihre Angehörigen in einer Vielzahl kaufmännischer und technischer Berufe, von der elektronischen Kartographie bis zum Management von Autowerkstätten oder Gaststätten, ausgebildet.

Dieses Programm wurde nach der Rückkehr der Truppen in die mittlerweile zerfallene Sowjetunion in Rußland, der Ukraine, Weißrußland und Kasachstan fortgesetzt. Die Russen und die anderen Partner stellten Gebäude, Lehrkräfte und die Mittel für den laufenden

Betrieb bereit, die Deutschen lieferten die moderne Ausstattung und halfen bei der Schulung von 380 Lehrkräften sowie bei der Ausarbeitung von Lehrmaterialien und Ausbildungskonzepten. Nicht weniger als 3.800 Ausbildungsplätze in 15 Ausbildungszentren wurden in kurzer Zeit errichtet. Bis Ende 1996 konnten über 30.000 Männer und Frauen für zivile Berufe ausgebildet werden. Je nach Land konnten 70 bis 90 % der Absolventen schnell im zivilen Erwerbsleben Fuß fassen. Oberst Fjodorow wurde Geschäftsführer der Mosstrojekonombank, seine Frau und Tochter ließen sich in „Buchhaltung und Finanzkontrolle" ausbilden.

8.2 Hilfe für Rußlanddeutsche in Westsibirien und St. Petersburg

Hunderttausende von Rußlanddeutschen leben noch als eine anerkannte nationale Minderheit in den weiten Regionen Westsibiriens. In den zwei Landkreisen (Rayons) Asowo und Halbstad ist deutsch die zweite Amtssprache. Diese deutsche Minderheit hat in Bonn den Bundesinnenminister als Förderer gefunden, der nach dem BMWi und dem Auswärtigen Amt als dritter Ressortchef die KfW mit der Abwicklung eines Rußlandprogramms betraute. Neben Wirtschaftsförderung, Wohnungsbau und lokaler Infrastruktur wird vor allem die Kultur nicht vergessen. Ein Kirchen- und Kulturzentrum soll den Zusammenhalt der Rußlanddeutschen fördern, aber auch der Begegnung mit den nichtdeutschen Nachbarn dienen.

Etwas anders als im ländlichen Westsibirien sind die Aufgaben im weltstädtischen St. Petersburg, wo die Kultur- und Jugendarbeit mit ihrem Zentrum in der ehemaligen deutschen evangelischen Petrikirche den Schwerpunkt bildet. Hinzu kommen Wohnsiedlungen für rußlanddeutsche Familien im nahen Peterhof, wo schon Katharina die Große vor 200 Jahren deutschen Einwanderern eine neue Heimat geboten hatte.

8.3 Transform-Programm: ein Diener vieler Herren

Schon bald zeigte sich Anfang 1990 in der zu Ende gehenden DDR, welchen gewaltigen Lernbedarf der Übergang von Kommunismus und Planwirtschaft zur freiheitlichen Demokratie und Marktwirtschaft auslöste. Die Deutschen in Ost und West konnten diese Aufgabe gemeinsam leichter lösen als ihre Nachbarn im Osten und Südosten, die überwiegend auf ausländische Hilfe angewiesen waren.

Eine Heerschar von Beratern aus aller Herren Länder brach also gen Osten auf, um den Russen und ihren ehemaligen „Brudervölkern" vielerlei Beratung von recht unterschiedlichem Wert anzubieten. Viele dieser Berater brachten gleich ihr eigenes, mitunter recht üppiges Honorar von zu Hause mit, denn die Regierungen und Organisationen im Westen erhofften sich durch die von ihnen bezahlten Berater Einfluß und Geschäftschancen für die Zukunft.

Auch die Bundesregierung war nicht knauserig. Schließlich hatte sie Gorbatschow und später Jelzin immer wieder eine großzügige wirtschaftliche Zusammenarbeit zugesagt. Über 1,6 Milliarden DM stellte sie von 1991 bis 1997 aus Haushaltsmitteln für deutsche Beratungsleistungen bereit. Es gab in der Bundesregierung kaum ein Ressort, das nicht aus dieser Quelle schöpfen wollte, um in seinem jeweili-

Im Rahmen des Wohnungsbauprogramms für Rußlanddeutsche werden auch Senioren-Wohnheime geschaffen. Hier ein Beispiel aus Asowo in Sibirien bei Omsk, 1997.

gen Aufgabenbereich Beratungen im Osten anbieten zu können.

Es fehlte nicht am fachlichen Sachverstand in den diversen Ministerien, sehr wohl jedoch häufig am Know-how für den Einsatz von Beratern in anderen Ländern. Wünschten die Russen wirklich eine Beratung, oder wünschte der Berater nur einen Auftrag? War es der geeignete und qualifizierte Berater? War der Auftrag richtig formuliert, nicht zu eng und nicht zu weit? War das Honorar angemessen? Lieferte der Berater fristgemäß auch nützliche, umsetzbare Vorschläge oder nur „heiße Luft"? Wo hatten die Russen, Polen, Letten oder Bulgaren wirklich einen Bedarf an Beratung, der erfolgversprechend von Deutschen erfüllt werden konnte, und wo hatten andere Berater bereits die Felder besetzt? Dieses ist nur ein Teil der Probleme, die es zu lösen galt, sollte die deutsche Hilfe aus Steuergeldern effektiv eingesetzt werden.

1992 beschloß die Bundesregierung das überfällige Gesamtkonzept für die Beratung in Ost- und Mitteleuropa. Ein Jahr später wurden die Zuständigkeiten zwischen den Ministerien und die Koordination der Beratungsaktivitäten neu geordnet. BMWi und Auswärtiges Amt erhielten die Federführung, Staatssekretär a.D. Walter Kittel wurde als Beauftragter der Bundesregierung zum Chefkoordinator des deutschen Beratungsprogramms Transform ernannt. Bereits 1992 hatte das BMWi die KfW gebeten, die Bundesregierung bei diesen komplexen Aufgaben zu unterstützen. Wieder bot sich eine Chance, die Erfahrungen der KfW aus der Finanziellen Zusammenarbeit und aus den Förderprogrammen für die neuen Bundesländer und Osteuropa zu nutzen. Viele Erfahrungen konnte die KfW in der Tat einbringen, manches mußte sie auch hinzulernen. Sie sollte an den deutschen Botschaften in den jeweiligen Hauptstädten Koordinierungsstellen ein-

KfW-Vorstandmitglied Dr. Schüler besucht 1997 eine mittelständische, private Fabrik für Büromaterial in Szczecin, Polen, die im Rahmen des Transform-Programms der Bundesregierung bei der Restrukturierung beraten wird.

richten. Zum ersten Mal erhielten Mitarbeiter der KfW einen Diplomatenpaß. Schwieriger war es am Anfang, die außenpolitischen Prärogativen des Auswärtigen Amtes und des Botschafters von der fachlichen Zuständigkeit und Verantwortung der KfW abzugrenzen. Es ist der Erfahrung und dem Fingerspitzengefühl der entsandten KfW-Mitarbeiter, aber auch der Botschafter zu verdanken, daß sich diese Zusammenarbeit sehr viel fruchtbarer und reibungsloser entwickelte, als anfangs befürchtet worden war.

Neben BMWi und Auswärtigem Amt waren auch viele andere Fachressorts und „Durchführungsorganisationen" mit Informationen und Vorschlägen zu bedienen. Vielfältige Beratungswünsche aus den osteuropäischen Ländern mußten nach den jeweiligen regionalen und sektoralen Prioritäten der Bundesregierung bewertet werden. Die Länderprogramme aller Beratungsvorhaben waren mit den Regierungen der elf Transform-Länder jährlich abzustimmen. Die laufenden Beratungen mußten überwacht und betreut werden, dazu waren intensive Kontakte zu den Beratern und den Beratenen herzustellen und zu pflegen. Schließlich mußten die KfW-Koordinierungsstellen die deutschen Aktivitäten mit anderen Gebern abstimmen und nach Möglichkeiten der Zusammenarbeit suchen.

Das deutsche Beratungsangebot sollte den Partnerländern die besonderen Erfahrungen und Stärken der Bundesrepublik vermitteln: das Modell einer sozialen Marktwirtschaft mit einem funktionierenden Wettbewerb als erstem und einem breiten sozialen Sicherungssystem als zweitem Grundelement; die Erfahrungen aus dem Wiederaufbau der Nachkriegsjahre und aus dem Vereinigungsprozeß der jüngsten Vergangenheit; die Stärken eines föderalen Staatsaufbaus. Aber unter diesen drei Zielen lassen sich viele einzelne Vorhaben subsumieren. Entsprechend vielfältig sah die Praxis aus, mit der sich die KfW-Koordinierungsstellen zwischen Moskau, Bratislava und Riga zu beschäftigen hatten. Die Weisen der deutschen Wirtschaftswissenschaft waren zu betreuen, aber auch die Schulung der Flugsicherheit, der Aufbau von Börsen und Sparkassen sowie die Neuorganisation von Glasbetrieben im russischen Wladimir, einem regionalen Schwerpunkt der deutschen Beratung.

Die Reformfortschritte und Beratungserfolge waren recht unterschiedlich. In Polen, Ungarn, der Tschechischen Republik und den baltischen Staaten rückte der Beitritt zur EU nach den erfolgreichen Reformen näher. Jetzt gilt es, diesen Ländern bei diesem Schritt zu helfen. In Rußland, der Ukraine und Weißrußland bestand trotz beachtlicher Teilerfolge noch weiter ein erheblicher Beratungsbedarf. Die Fortschritte im östlichen Mitteleuropa und die Restriktionen des Bundeshaushalts führten in der Mitte der neunziger Jahre schrittweise zu einer Herabsetzung der Mittel, damit aber auch zu einer Konzentration der Beratung auf das Wesentlichste.

8.4 Förderbanken: die jungen Schwestern im Osten

Im Transform-Programm beschränkte sich die KfW überwiegend auf die Bewertung, Koordinierung und Überwachung von Beratern. Nur in einem Bereich wurde sie selber als Berater tätig. Es war ihr ureigener Bereich – der einer Förderbank. Hier konnte sie wie keine andere Institution in Deutschland ihre Erfahrungen aus der Zeit des Wiederaufbaus, der deutschen Vereinigung und aus ihrer jahrzehntelangen und weltweiten Zusammenarbeit mit Entwicklungsbanken einbringen. Bereits 1968, ein Vierteljahrhundert zuvor, hatte sie bei der Gründung der Development Bank of Singapore mitgeholfen, die in nur wenigen Jahren zu einer der erfolgreichsten Entwicklungsbanken der Welt herangewachsen war.

In nicht weniger als vierzehn Transformationsländern hat die KfW bis 1997 durch Beratungen den Aufbau von Förderbanken unterstützt, die ähnlich wie die KfW selber die Investitionen der neu entstandenen privaten, kleinen und mittleren Unternehmen finanzieren sollten. Vom Gründungskonzept über Satzungs- und Organisationsfragen bis hin zur Praxis der Kreditbeurteilung und -abwicklung reichte das Spektrum der KfW-Beratung, die sich den Besonderheiten des jeweiligen Landes anpassen mußte.

Diese Beratung bei Gründung und Aufbau der Förderbanken in Ost- und Mittelosteuropa war jedoch nur als erster Schritt gedacht. Folgen sollte eine dauernde Zusammenarbeit mit den jungen Schwestern durch Kreditlinien der KfW für die Refinanzierung der gemeinsam entwickelten Förderprogramme. Ungarn, Kroatien, Estland und Litauen waren die ersten Partner, die erfolgreich mit den Refinanzierungskrediten der KfW ihre Arbeit aufnahmen.

9. Neue Wege für den Mittelstand im Inland: Innovationen und Risikokapital

Ab 1990 hatte sich die inländische Wirtschaftsförderung der KfW vorrangig auf den Aufbau in den neuen Ländern konzentriert. Dennoch liefen auch die traditionellen Förderprogramme in den alten Bundesländern weiter. Das für die Strukturförderung seit langem so wichtige ERP-Regionalprogramm wurde ab 1992 auf etwa die Hälfte seines früheren Volumens heruntergefahren. Manchen Politikern und Unternehmern fiel der allmähliche Abschied von der Zonenrandförderung schwer, die längst zur lieben Gewohnheit geworden war. Gerechterweise sollte man aber nicht übersehen, daß es auch im Westen Deutschlands und vor allem in den ehemaligen Zonenrandgebieten weiterhin strukturschwache Regionen gibt.

Die KfW vereinheitlichte ihre eigenen Programme für den Mittelstand und den Umweltschutz schrittweise zu gesamtdeutschen Programmen. Allerdings wurden für Investitionen in den neuen Ländern weiterhin ein geringer Zinsvorteil und Erleichterungen bei der Besicherung gewährt. Gleichzeitig paßte sich die KfW durch differenzierte Kreditlaufzeiten, Refinanzierungen für Leasinggeschäfte, Liquiditätshilfen und Bankmargen, die nach der Kredithöhe gestaffelt wurden, den Bedürfnissen der Praxis an.

Die Direktkredite in der Grundstoffindustrie konzentrierten sich weitgehend auf die neuen, umweltfreundlicheren Kraftwerke in den neu-

en Ländern. Nur in Einzelfällen wurden im Westen der zeitweise krisengeplagten Stahlindustrie für umweltrelevante Investitionen Kredite gewährt. Neu hinzu kamen kommunale Verkehrsprojekte, die zeitweise sehr preiswert durch US-amerikanische Steuer-Lease-Modelle ohne Risiko für die KfW finanziert werden konnten. Warum der amerikanische Fiskus ausgerechnet für die Straßenbahnen deutscher Städte ansehnliche Steuervorteile gewährt, blieb genauso rätselhaft wie viele Regelungen des deutschen Steuerrechts.

Neu waren in der Mitte der neunziger Jahre Art und Umfang der Förderung von *Innovationen und Beteiligungskapital*, wie sie von dem Kreditsekretariat der KfW unter Detlef Leinberger konzipiert wurde. Bereits ab 1983 hatte die KfW einige Jahre lang mit zwiespältigen Erfahrungen ein kleines Eigenmittelprogramm für

Mit dem Thyssen-Konzern verbindet die KfW jahrzehntelange Geschäftsbeziehungen in vielen Geschäftsbereichen. Für den Standort Duisburg finanzierte die Bank 1973 den Bau des Hochofens Schwelgern 1. Sein Pendant, Schwelgern 2, war ein gleichfalls von der KfW mitfinanziertes Projekt. Der Ofen konnte 1993 erstmals angeblasen werden. Das Bild zeigt beide Hochöfen.

Die Gewinner des Innovationspreises der Deutschen Wirtschaft, Kategorie Start-Up-Unternehmer, aus dem Jahre 1995: Jörg Schmiedecke, Burkhard Helms und Wolfgang Daum. Das Rostocker Team hatte eine sogenannte Endohand entwickelt. Dieses, für die mikroinvasive Chirugie bedeutende Hilfsmittel, wird mit einem Innovationskredit der KfW unterstützt, nun in größerer Stückzahl in Rostock produziert.

Ein alter Kunde mit vielen Neuentwicklungen. Die Biotest AG im hessischen Dreieich bei Frankfurt ist seit Jahrzehnten im biotechnisch-pharmazeutischen Bereich, auch mit Hilfe der KfW, erfolgreich tätig. Hier das neue Produktionsgebäude.

Die Firma Jerini Bio Touls GmbH, Berlin, hat 1997 Investitionen aus Mitteln des Beteiligungsfonds Ost finanziert.

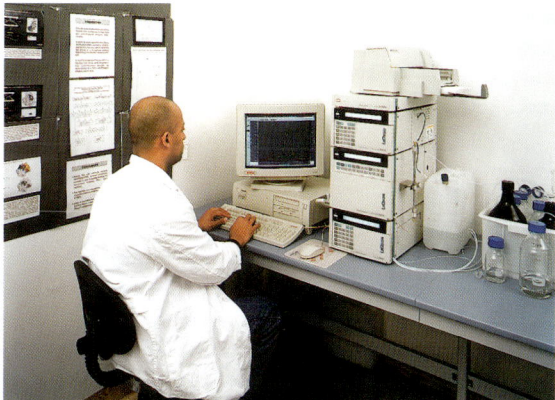

die Risikofinanzierung von Innovationen betrieben. In der Beteiligungsfinanzierung hatte man mit relativ risikolosen Refinanzierungskrediten bereits seit 1971 Erfahrungen gesammelt.

Mit einem großen Innovationsprogramm für den Mittelstand aus eigenen, durch die Staatsbankfusion erhaltenen Mitteln begann die KfW im Jahre 1994. Als dieses Programm 1996 auf eine ERP-Refinanzierung umgestellt wurde, hatte die KfW bereits Kredite in Höhe von fast 2,5 Milliarden DM für über 1.000 Unternehmen zugesagt. Die Innovationsförderung ist in den mittelständischen Unternehmen schwierig und risikoreich. Aufwand und Markterfolg einer Neuentwicklung lassen sich oft schlecht beurteilen, denn gerade die kleineren Unternehmen müssen sich häufig in Marktnischen tummeln, aus denen sie schnell wieder verdrängt werden können, wenn ein größerer Wettbewerber ihren Erfolg neidet. Die Besicherung ist bei jungen Unternehmen, die wenig Anlagevermögen haben, unzureichend. Aus diesen beiden Gründen beteiligt sich die KfW bei diesem Programm erheblich am Risiko, um der durchleitenden Bank die Finanzierung zukunftsträchtiger Entwicklungen zu erleichtern.

Der Beteiligungsfonds (Ost) und das KfW-Risikokapitalprogramm waren zwei neue Ansätze in der Mitte der neunziger Jahre, um die Eigenkapitalbasis und damit die Kreditwürdigkeit aufstrebender kleiner und mittlerer Unternehmen zu fördern. Durch den Beteiligungsfonds (Ost), der durch steuerbegünstigte Fördergebietsdarlehen alimentiert wurde, refinanzierte die KfW sehr zinsgünstig und langfristig Beteiligungsgeber, die sich an kleinen oder mittleren Unternehmen in den neuen Ländern engagieren wollten. Gerade die erfolgreichen Unternehmen in den neuen Ländern konnten oft ihr Eigenkapital nicht so schnell aufstokken, wie es die Ausdehnung ihres Geschäfts verlangte. Das gesamtdeutsche Risikokapital-

programm richtete sich an Kapitalbeteiligungsgesellschaften, denen die KfW eine Risikopartnerschaft mit einer anteiligen Besicherung des Beteiligungsengagements anbot. In allen diesen Fällen war die KfW bestrebt, nicht selber Beteiligungen oder gar Managementaufgaben zu übernehmen. Ziel war immer, Risikobeteiligungen Dritter an aussichtsreichen Unternehmen zu fördern und diesen in Deutschland noch recht kleinen Markt zu entwickeln, was auch ab 1996 zunehmend gelang. Allein 1997 konnt die KfW in ihren Beteiligungsprogrammen schon über 630 Millionen DM zusagen.

Nicht nur als Refinanzier auch als Mittler war die KfW bestrebt, zusätzliches Risikokapital für ihre mittelständische Kundschaft zu mobilisieren. Gemeinsam mit anderen Partnern veranstaltete sie 1997 und 1998 „Eigenkapitalbörsen" in Berlin, Leipzig, München und Erfurt. Mit der Deutsche Börse AG startete sie im September 1997 den Internet-Service „Deutsches Eigenkapitalforum", um Investoren und kapitalsuchende Mittelständler zusammenzuführen. Die KfW konnte diesem neuen Markt in wenigen Jahren wichtige Impulse geben.

10. KfW International (Re)Finance: Swapping structured products

Struktur ist in der Finanzwelt der neunziger Jahre, vor allem auch in der KfW, ein häufig benutztes Modewort geworden. Das Kreditsekretariat förderte den *Struktur*wandel in der deutschen Wirtschaft, die Länderabteilungen finanzierten die *Struktur*anpassung in den Entwicklungsländern, in den östlichen Reformländern halfen die KfW-Koordinierungsstellen bei den *Struktur*reformen, und Dr. Klaus *strukturierte* in der Kreditabteilung III seine Exportfinanzierungen. Man ist daher nicht überrascht, daß auch Lewark und sein Bereich FM (Fi-

nanzdisposition und Mittelbeschaffung) bei ihrer Mittelbeschaffung *strukturierte* Produkte einsetzten.

Während der deutsche Gesetzgeber den herkömmlichen Begriff der Finanzdienstleistungen noch nicht verschmähte, lieferte man an der Wall Street und in der City of London mit Vorliebe „financial products", nämlich Produkte, die nicht aus einer industriellen Fabrikationsanlage, sondern aus den Gehirnen der Bankmanager hervorgingen, um jede Marktnische zu besetzen und jeden Wunsch eines jeden Anlegers zu erfüllen. Wollte man mit diesen Gehirnprodukten Geld verdienen, dann brauchte man einen erstklassigen Emittenten wie die KfW, auf dessen breitem Rücken dieses Produkt zu Markte getragen werden konnte. Ob die KfW dieses Produkt, z.B. eine Anleihe in japanischen Yen mit Rückzahlung in australischen Dollars, überhaupt brauchte, war völlig unerheblich. Das derart aufgenommene Geld wurde in die Währung und in die festen oder variablen Zinsfälligkeiten umge-

tauscht (geswapt), die von der KfW gerade benötigt wurden. Wesentlich war nur, daß der Endpreis günstig und der Swappartner zuverlässig war.

Schon bevor sich einige angesehene ausländische Banken an den neuen Produkten die Finger verbrannt hatten, waren in der KfW Vorkehrungen getroffen worden, um die Risiken in den Griff zu bekommen. Handel und Abwicklung wurden organisatorisch getrennt, die Swappartner wurden intern auf ihre Bonität geprüft und mit entsprechenden Kreditlinien ausgestattet sowie die Risiken nach den internationalen Standards der Marktbewertungsmethode erfaßt.

Die Swaps gestatteten der KfW und ihrer amerikanischen Finanzierungstochter, das Portefeuille auf zwanzig verschiedene Anleihewährungen auszudehnen. Selbst die Tschechenkrone kam in unsere Bücher. Auch das internationale Instrumentarium wurde erweitert. Das Medium-Term-Note-Programm aus

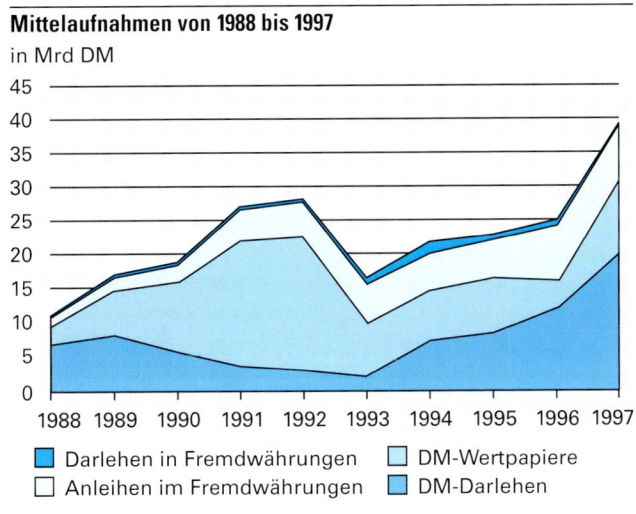

Mittelaufnahmen von 1988 bis 1997

in Mrd DM

Ab Mitte der achtziger Jahre baut die KfW konsequent ihr Fremdwährungsbuch aus. Zu Beginn der neunziger Jahre lassen die Finanzierungsaufgaben der deutschen Einheit die Mittelaufnahme ansteigen. Vorzeitige Tilgungen und sinkende Kreditnachfrage führen zu einem Rückgang um 1993, der in den letzten Jahren wieder überwunden wurde.

- Darlehen in Fremdwährungen
- Anleihen im Fremdwährungen
- DM-Wertpapiere
- DM-Darlehen

den achtziger Jahren wurde durch ein Commercial-Paper-Programm für den kurzfristigen Liquiditätsbedarf in US-Dollar ergänzt. Durch ein Debt-Issuance-Programm wurde die Dokumentation für Privatplazierungen und syndizierte Anleihen auf dem Euromarkt standardisiert und damit vereinfacht.

Nicht nur die Vielfalt der Geschäfte, vor allem die Volumina stiegen in den neunziger Jahren stark an. Ab 1991 mußten Jahr für Jahr über 20 Milliarden DM aufgenommen werden, nur das Jahr 1993 mit einer schwächeren Kreditnachfrage und hohen vorzeitigen Tilgungen unserer Kreditnehmer bildet eine Ausnahme. Das meiste Geld floß in den Aufbau Ost, doch auch die Exportfinanzierung hatte eine höhere Nachfrage, mehr und mehr wuchs bei ihr der Anteil in

ausländischen Währungen. Um diese Beträge aufzubringen, wurde nicht nur das moderne internationale Instrumentarium eingesetzt, auch der gute alte Schuldschein kam wieder zu Ehren.

Erleichtert wurde der Zugang zum deutschen Kapitalmarkt durch die 6. KWG-Novelle von 1997, die adressenmäßig die Forderungen an die KfW den Forderungen an den Bund gleichstellt. Die KfW testete im September 1997 die neue Lage mit der größten Einzelemission ihrer Geschichte, einem „Jumbo-Floater" über 3 Milliarden DM. Doch während man noch diese großen Beträge in Deutscher Mark aufnahm, bereitete man sich schon auf den Euro vor, der die Deutsche Mark ablösen soll, die nur wenige Monate älter ist als die KfW.

Rückblick

Der Blick auf fünfzig Jahre KfW-Geschichte zeigt:

Die KfW war und ist eine *Bank*. Vor allen anderen Banken Deutschlands hat sie Kreditrisiken im Inland und im Ausland, in den Wiederaufbaukrediten für die Grundstoffindustrie und in der Export- und Projektfinanzierung übernommen. Der Mut zum Schritt in Kreditrisiken war ein wesentliches Element ihrer Aufbauhilfe für die neuen Länder. Die KfW hat für ihre Mittelbeschaffung frühzeitig und dauerhaft ein hervorragendes Emissionsstanding erworben und, beginnend mit den Kassenobligationen der fünfziger Jahre bis zu dem heutigen Instrumentarium auf den internationalen Märkten, zweckmäßige und kostengünstige Innovationen genutzt.

Die KfW war besonders dort erfolgreich, wo sie im Rahmen ihres gesetzlichen Förderauftrags unternehmerische Freiräume für eine bankmäßige Umsetzung dieses Auftrags erhielt. Dazu war es notwendig, auf allen Ebenen Mitarbeiter mit spezifischen Erfahrungen in den Finanzierungsbereichen zu haben, in denen sie tätig ist. Professionalität in ihren Führungsorganen, in Verwaltungsrat und Vorstand war eine Voraussetzung für ihren Erfolg, der immer sehr wesentlich von ihrem guten Emissionsstanding abhing.

Als Bank hat die KfW einen *öffentlichen Auftrag*. Sie ist kein Organ mit politischer Verantwortung, aber sie hat in dem Staat, dem sie dient, mit bankmäßigen Mitteln Aufgaben im öffentlichen Interesse wahrzunehmen. Ihr öffentlicher Auftrag kann nicht starr definiert werden, denn immer wieder mußte und konnte sie sich in ihrer fünfzigjährigen Geschichte den oft wechselnden politischen oder wirtschaftlichen Erfordernissen schnell und flexibel anpassen, ohne daß lange bürokratische Entscheidungswege einzuhalten waren. Ihre Erfahrungen und Qualifikationen als Mehrzweckinstitut haben ihr immer wieder ermöglicht, komplexe und große Finanzierungen im öffentlichen Interesse, aber auch spezielle Verwaltungsaufgaben effizient, kostengünstig und diskret durchzuführen. Gegenseitiges Vertrauen und Verständnis sind dafür die Grundlage, Verständnis für die Möglichkeiten und Grenzen der Bank auf seiten von Politik und Verwaltung, Verständnis für die Bedürfnisse von Politik und Verwaltung auf seiten der Bank.

*****

Vielen ehemaligen und aktiven Mitarbeiterinnen und Mitarbeitern der KfW habe ich für ihre Auskünfte und vielfältigen anderen Hilfen herzlich zu danken. Mein ganz besonderer Dank gilt drei Frauen. Dr. Martina Köchling, die unser Historisches Archiv betreut, war eine unentbehrliche Hilfe bei der Beschaffung und Sichtung der Materialien. Als professionelle Historikerin war sie vor allem eine anregende und konstruktive Gesprächspartnerin bei der Abfassung und Vollendung dieses Buches. Meine frühere Sekretärin Ursula Kupferschmidt, hat mit der Akkuratesse, die ich seit vielen Jahren an ihr schätze, dieses Manuskript betreut. Meine eigene Frau Hanne Harries hat noch ein weiteres Jahr verständnisvoll auf meinen definitiven Ruhestand gewartet.

Übersichten und Verzeichnisse

Zeittafel

<table>
<tr>
<td>

Deutsche Geschichte

1. Januar:
Vereinigung der amerikanischen und britischen Besatzungszone zum „Vereinigten Wirtschaftsgebiet", der „Bizone".

25. Juni:
Der revidierte Industrieplan für die Bizone erlaubt ein erhöhtes Wirtschaftspotential und eine Verbesserung der Ernährungslage.

16. Oktober:
Für das Vereinigte Wirtschaftsgebiet wird eine neue Demontageliste herausgegeben, die den vorgesehenen Abbau von 1336 Industrieanlagen und Teilen davon auf 682 reduziert.

</td>
<td>

KfW Stationen

Juli:
Die amerikanische und britische Militärregierung verständigen sich über die Errichtung einer „Corporation for Reconstruction Loan".

</td>
<td>

Internationale Entwicklung

Bekanntgabe der Unabhängigkeit Indiens. Jawaharlal Nehru wird Ministerpräsident und Außenminister.

12. März:
Harry S. Truman, Präsident der USA, sichert allen „freien Staaten" Hilfe gegen Not und Unterdrückung zu. Diese Truman-Doktrin wird neue außenpolitische Leitlinie der USA.

5. Juni:
Der amerikanische Außenminister George C. Marshall kündigt in Harvard die Auflage eines European Recovery Program an.

15. August:
Indien und Pakistan erhalten von Großbritannien die Unabhängigkeit.

</td>
<td>

1947

</td>
</tr>
</table>

	Deutsche Geschichte	KfW Stationen	Internationale Entwicklung

1948

Deutsche Geschichte

5. Februar:
Verwaltungsreform in der
Bizone.

1. März:
Errichtung der Bank deutscher
Länder (BdL) als Zentralbank
der drei Westzonen, also der
amerikanischen, britischen und
französischen Besatzungszone;
letztere tritt am 25. d.M. bei.

20. März:
Letzte Sitzung des Alliierten
Kontrollrats mit allen Mitglie-
dern.

21. Mai:
Gründung der „Deutschen
Emissions- und Girobank", aus
der am 20. Juli die „Deutsche
Notenbank" als Zentralbank
des sowjetischen Besatzungs-
gebietes hervorgeht.

21. Juni:
Währungsreform in den Westzonen. Die Reichsmark wird im
Verhältnis 10:1 abgewertet,
pro Kopf Bevölkerung werden
40,– DM ausgezahlt.

24. Juni:
Die sowjetische Besatzungsmacht reagiert auf die Währungsreform mit der Blockade
der Versorgung des Westteils
von Berlin. Zwei Tage später
antworten die Westmächte hierauf mit der „Luftbrücke".

KfW Stationen

12. Juni:
Endfassung der „Principles for
the Reconstruction Loan Corporation" des Bipartite Board.

24. Juni:
Auftrag des anglo-amerikani-
schen Bipartite Control Office
an den deutschen Verwaltungsrat
des Vereinigten Wirtschaftsgebietes, eine „Reconstruction
Loan Corporation" zu gründen.

Internationale Entwicklung

Der jugoslawische Staatschef
Tito bricht mit Moskau

3. April:
„Foreign Assistance Act", die
gesetzliche Grundlage des
Marshallplans, tritt in den USA
in Kraft.

16. April:
Die 16 europäischen Länder, die
am Marshallplan teilnehmen,
gründen in Paris die „Organization for European Economic
Cooperation" (OEEC).

14. Mai:
Ben Gurion verkündet die Gründung des Staates Israel.

15. Mai:
Beginn des ersten Nahostkrieges
durch Angriffe von Transjorda-
nien, Ägypten, Irak, Syrien und
Libanon auf Israel.

Deutsche Geschichte

1. September:
Der Parlamentarische Rat zur Vorbereitung eines „Grundgesetzes" tritt in Bonn zusammen.

10. Oktober:
Mit dem Gesetz Nr. 75 beginnt die Entflechtung und besitzrechtliche Umorganisation des Kohlebergbaus und der Eisen- und Stahlindustrie.

28. Dezember:
Mit dem Londoner Sechs-Mächte-Abkommen wird der Aufbau einer Internationalen Ruhrbehörde begonnen.

KfW Stationen

3. August:
Der Verwaltungsrat des Vereinigten Wirtschaftsgebietes legt dem Wirtschaftsrat einen Gesetzentwurf über die Kreditanstalt für Wiederaufbau vor.

18. November:
KfW-Gesetz wird vom Wirtschaftsrat am 19. Oktober verabschiedet und am 18.11. im Gesetzblatt des Vereinigten Wirtschaftsgebietes verkündet.

16. Dezember:
Aufnahme der vorbereitenden Tätigkeit in Geschäftsräumen der Frankfurter Aufbau AG in der Gutleutstraße 40, Frankfurt am Main.

21. Dezember:
Erste Sitzung des Verwaltungsrates der KfW unter dem Vorsitzenden Dr. Otto Schniewind; Hermann J. Abs wird als Verwaltungsratmitglied in den Vorstand delegiert.

Internationale Entwicklung

16. Oktober:
Das erste umfassende „Abkommen über den Innereuropäischen Zahlungs- und Verrechnungsverkehr" wird geschlossen.

2. November:
Harry S. Truman wird im Amt des US-Präsidenten bestätigt.

---

8. April:
Großbritannien, USA und Frankreich einigen sich über ein neues Besatzungsstatut für die Westzonen.

2. Januar:
Beginn der eigentlichen Geschäftstätigkeit.

KfW erstellt in Zusammenarbeit mit der Verwaltung für Wirtschaft und genehmigt durch das Bipartite Control Office ein „Sofortprogramm über 555 Mio DM; davon 432 für Bergbau und Energie.

25. Januar:
UdSSR, Bulgarien, Ungarn, Polen, Rumänien und die Tschechoslowakei gründen in Moskau den Rat für gegenseitige Wirtschaftshilfe (COMECON).

4. April:
Zehn westeuropäische Staaten sowie USA und Kanada gründen in Washington die NATO als gemeinsame Verteidigungsorganisation.

1949

Deutsche Geschichte	KfW Stationen	Internationale Entwicklung
28. April: Unterzeichnung des Abkommens über die Internationale Ruhrbehörde, das sogenannte Ruhrstatut.		
8. Mai: Das Grundgesetz wird im Parlamentarischen Rat verabschiedet und tritt am 24. Mai in Kraft.		
12. Mai: Ende der Berlin-Blockade.	**24. Mai:** Mit Inkrafttreten des Grundgesetzes wird die KfW eine bundesunmittelbare Körperschaft des öffentlichen Rechts.	
14. August: Wahl zum ersten Deutschen Bundestag (CDU/CSU 31%; SPD 29,2%; FDP/DVP 11,9%; Deutsche Partei (DP) 4%).		
20. September: Ernennung der ersten Bundesregierung unter Bundeskanzler Konrad Adenauer (CDU).		**28. September:** Die DM wird um 20,6% abgewertet; der Dollar entspricht nun 4,20 DM.
7. Oktober: Die Deutsche Demokratische Republik (DDR) wird gegründet.	**September:** Die ersten Emissionen der KfW, die 3½% steuerfreie Wohnungsbauanleihe und die 5½% steuerbegünstigte Wiederaufbauanleihe, sind zugleich die ersten am deutschen Nachkriegs-Kapitalmarkt überhaupt begebenen Anleihen.	**1. Oktober:** Mao Tse-tung proklamiert die Volksrepublik China.
8. Oktober: Interzonenabkommen zur Regelung der Handelsbeziehungen zwischen Bundesrepublik und DDR.		
22. November: Unterzeichnung des Petersberger Abkommens, das neben der Verringerung der Demontagen auch der Bundesrepublik Deutschland die Aufnahme in den Europarat und den Beitritt zum Ruhrstatut ermöglicht.		**31. Oktober:** Beitritt der Bundesrepublik zur OEEC als vollberechtigtes Mitglied.

Deutsche Geschichte	**KfW Stationen**	**Internationale Entwicklung**	

15. Dezember:
Der erste Staatsvertrag der Bundesrepublik ist das Abkommen über die wirtschaftliche Zusammenarbeit mit den USA und den Erhalt der amerikanischen Wirtschaftshilfe. Dadurch Gründung des ERP-Sondervermögens (ERP-SV).

27. Dezember:
Indonesien wird von den Niederlanden in die Unabhängigkeit entlassen.

Einführung des „Notopfers Berlin" als Finanzhilfe der Bundesrepublik für Westberlin.

Anlaufen der Investitionsfinanzierung aus Marshallplan-Mitteln in Höhe von 1,9 Mrd DM.

Verfassung der Indischen Unions-Republik tritt in Kraft.

3. März:
Einkommensteuergesetz verringert die Lohn- und Einkommensteuer um rund 15%.

Beginn von Programmen aus Mitteln der Staatlichen Erfassungsgesellschaft für öffentliches Gut mbH (STEG); Investitionsvolumen über mehrere Jahre von insgesamt 160 Mio DM.

1. Mai:
Rationierung der Lebensmittel wird nach elf Jahren aufgehoben.

9. Mai:
Frankreichs Außenminister, Robert Schuman, gibt seinen Plan zur Vereinigung der deutschen und der französischen Kohle- und Stahlproduktion zur Montanunion bekannt.

17. Mai:
Verkündung des Gesetzes zur Dekartellisierung des deutschen Kohlebergbaus und der deutschen Eisen- und Stahlindustrie.

Arbeitsbeschaffungs- und Wohnungsbau-Sonderprogramm der Bundesregierung über 449 Mio DM, Flüchtlingssiedlungskredite, Energieprogramm.

15. Juni:
Beitritt der Bundesrepublik zum Europarat.

2. KfW-Änderungsgesetz überträgt der KfW die Exportfinanzierung.

25. Juni:
Ausbruch des Korea-Kriegs, in den sich am 27. d.M. die USA einschalteten.

Rediskontlinien der Bank deutscher Länder (BdL) an die KfW für Exportindustrie über 110 Mio DM und für die mittel- und langfristige Exportfinanzierung in Höhe von 400 Mio DM.

19. September:
Gründung der Europäischen Zahlungsunion (EZU) durch die OEEC. Die Konvertierbarkeit von EZU-Währungen wird durch die Bank für Internationalen Zahlungsausgleich (BIZ) in Basel gewährleistet.

Erstes Büro der KfW in Bonn im Elternhaus von Abs in der Meckenheimer Straße.

29. September:
Die DDR tritt der COMECON bei.

Zeittafel

	Deutsche Geschichte	KfW Stationen	Internationale Entwicklung

1951

Deutsche Geschichte

6. März:
Besatzungsstatut wird gelockert, um der Bundesrepublik mehr Souveränität zu gewähren.

10. April:
Gesetz über die Mitbestimmung der Arbeitnehmer im Montan-bereich.

14. November:
Sofortprogramm in Höhe von 200 Mio DM zur Arbeitsbeschaffung.

KfW Stationen

Beginn der Finanzierung von Programmen durch Einsatz von ECA-Zinsen sowie ECA- bzw. GARIOA-Tilgungen.

Vorfinanzierung der Investitionshilfe durch die KfW.

Internationale Entwicklung

15. Februar:
Konferenz zur Gründung einer Europäischen Verteidigungs-gemeinschaft (EVG) beginnt.

18. April:
Gründung der Europäischen Gemeinschaft für Kohle und Stahl (EGKS), der von Schuman vorgeschlagenen Montanunion.

2. Mai:
Aufnahme der Bundesrepublik in den Europarat.

1. Oktober:
Die Bundesrepublik tritt dem Handels- und Zollabkommen GATT bei.

1952

Deutsche Geschichte

7. Januar:
Gesetz über die Investitionshilfe der gewerblichen Wirtschaft an die Grundstoffindustrie.

10. März:
Angebot der UdSSR zur Wieder-vereinigung Deutschlands („Stalin-Note").

16. Mai:
Lastenausgleichsgesetz zur Ent-schädigung von Vertriebenen und DDR-Flüchtlingen.

26. Mai:
Unterzeichnung des General-vertrages; Bundesrepublik wird innerhalb der westeuropäischen Gemeinschaft gleichberechtigt. Als Reaktion errichtet die DDR entlang der innerdeutschen Grenze eine Sperrzone.

KfW Stationen

1. April:
Abs verläßt den Vorstand der KfW, bleibt aber stellvertreten-der Verwaltungsratvorsitzender. Otto Neubaur wird Vorstands-sprecher.

Erstes Mittelstandsprogramm mit einem Volumen von 24 Mio DM.

Bezug von Geschäftsräumen in der Lindenstraße 27, Frankfurt am Main.

Internationale Entwicklung

27. Mai:
Unterzeichnung des EVG-Vertrages durch Frankreich, Italien, Bundesrepublik und die Beneluxstaaten.

Deutsche Geschichte	KfW Stationen	Internationale Entwicklung

KfW Stationen

Weitgehende Übertragung der bisherigen Exportfinanzierung auf die AKA.

Internationale Entwicklung

25. Juli:
Der EGKS-Vertrag tritt in Kraft, die Montanunion nimmt ihre Arbeit auf. Die Geltung des Ruhrstatuts ist hierdurch aufgehoben.

Deutsche Geschichte

8. August:
Gemäß Londoner Schuldenabkommen werden die offenen Auslandsschulden des Deutschen Reiches in Höhe von 6 Mrd DM übernommen.

10. September:
Wiedergutmachungsabkommen mit Israel.

2. August:
Beitritt der Bundesrepublik zu Internationalem Währungsfond (IWF) und Weltbank.

1953

20. Januar:
Dwight D. Eisenhower wird neuer Präsident der USA.

27. Februar:
Das Londoner Schuldenabkommen regelt Anerkennung und Tilgung der deutschen Auslandsschulden sowie die Rückzahlungsverpflichtung der Bundesrepublik Deutschland für die empfangenen GARIOA/ERP-Hilfen sowie MSA-Anleihen.

10. Februar:
Die Montanunion schafft in sechs Ländern einen gemeinsamen Markt für Kohle und Stahl; ab dem 1. Mai wird die bisherige Beschränkung für Produktion und Verkauf von deutschem Stahl für dieses Gebiet aufgehoben.

5. März:
Tod von Josef W. Stalin.

17. Juni:
Aufstand in der DDR wird von sowjetischen Truppen niedergeschlagen.

27. Juli:
Waffenstillstand in Korea.

31. August:
Aufgrund des Gesetzes über die Verwaltung des ERP-Sondervermögens wird die KfW – neben der Berliner Industriebank und der Lastenausgleichsbank – als Hauptleihinstitut bestimmt.

6. September:
Wahl zum zweiten Deutschen Bundestag (CDU/CSU 45,2%; SPD 28,8%, FDP 9,5%). Adenauer bleibt Bundeskanzler.

13. September:
Nikita S. Chruschtschow wird Erster Sekretär des Zentralkomitees der KPdSU.

31. Dezember:
Bundesvertriebenenministerium beziffert Anzahl der DDR-Flüchtlinge allein für dieses Jahr mit 331 390 Personen.

Die KfW übernimmt wieder Exportfinanzierungen.

Weltbankkredit an die KfW kommt nicht zustande.

	Deutsche Geschichte	**KfW Stationen**	**Internationale Entwicklung**
1954	18. Februar: Viermächtekonferenz über Deutschland endet ohne Ergebnis.	Beginn der Zusammenarbeit mit der EGKS. Auftragsfinanzierung Berlin wird begonnen. Zusagevolumen der KfW auf Tiefststand.	Oberst Gamal Abd el Nasser wird Ministerpräsident von Ägypten. 23. Juni: Kwame Nkrumah bildet in der Kronkolonie Goldküste (Ghana) die erste rein schwarze Regierung Britisch-Afrikas. 21. Juli: Waffenstillstandsabkommen für Indochina; Vietnam wird in einen kommunistischen Norden und einen republikanischen Süden geteilt. 31. Juli: Frankreich gewährt Tunesien die „innere Autonomie". 23. Oktober: Nach dem Scheitern der Europäischen Verteidigungsgemeinschaft Beitrittsangebot der NATO bei voller Gleichberechtigung an die Bundesrepublik Deutschland. 1. November: Ausbruch des Algerienkrieges.
1955	21. März: Abkommen zur Wirtschaftsunion zwischen Frankreich und dem Saarland. 5. Mai: Ende der Besatzungsherrschaft der Westalliierten bei eingeschränkter Souveränität der Bundesrepublik Deutschland. 9. Mai: Bundesrepublik tritt der NATO bei.	KfW-Förderung verlagert sich zunehmend von den Grundstoffindustrien auf verarbeitende Industrie, Handel und Handwerk. KfW erhält erstmals von den Kapitalsammelstellen Mittel für die langfristige Exportfinanzierung. ERP-Plafonds von 483 Mio DM für Exportfinanzierung wird eingerichtet.	18. April: Konferenz der blockfreien Staaten Afrikas und Asiens in Bandung. 15. Mai: Unterzeichnung des Staatsvertrages für Österreich, mit dem dieses Land seine volle Souveränität zurückerhält, sich aber verpflichtet, keinem Militärbündnis beizutreten.

Deutsche Geschichte

Staatsbesuch Adenauers in
Moskau führt zur Freilassung
deutscher Kriegsgefangener und
Aufnahme diplomatischer
Beziehungen zwischen beiden
Staaten.

22. September:
Adenauer formuliert den
Alleinvertretungsanspruch der
Bundesrepublik, die „Hallstein-
doktrin".

23. Oktober:
Per Volksabstimmung wird im
Saarland die europäische Lösung
abgelehnt.

KfW Stationen

KfW-Kredite an die Regierung
des Saarlandes.

Erwerb einer Lufthansa-Beteili-
gung von 9,4 %.

KfW verbürgt einen 10 Mio
US $-Kredit der US-Eximbank
an die August-Thyssen-Hütte für
Maschinenimporte aus den
USA.

Internationale Entwicklung

König Mohammed V. gibt mit
französischer Zustimmung die
Unabhängigkeit Marokkos unter
Eingliederung von Tanger und
Spanisch-Marokkos bekannt.
Noch im selben Jahr proklamiert
die tunesische Nationalversamm-
lung die Republik unter Präsident Burgiba.

25. Februar:
Beginn der Entstalinisierung in
der UdSSR.

31. Mai:
Mitgliedsstaaten der EGKS
beschließen, eine Europäische
Wirtschaftsgemeinschaft zu
errichten.

18. Juni:
Ende der britischen Aufsicht
über den Suezkanal; am 26. Juli
beginnt infolge ägyptischer
Nationalisierungsbestrebungen
die Suezkrise.

1956

Deutsche Geschichte	KfW Stationen	Internationale Entwicklung

Oktober:
Aufstand in Ungarn.

31. Dezember:
Saarländische Landtag be-
schließt den Beitritt zur Bundesrepublik Deutschland.

Gründung der International
Finance Corporation (IFC)
durch die Mitgliedstaaten der
Weltbank.

1957

Erstmals Absatzkrise im
Kohlenbergbau. Gegen die
Konjunkturüberhitzung werden
Maßnahmen ergriffen.

Ghana wird als erster schwarz-
afrikanischer Staat selbständig.

KfW erwirbt auf Wunsch der
Bundesregierung zusammen mit
einem Bankenkonsortium die
Hugo Stinnes Corporation.

1. Januar:
Das Saarland wird als zehntes
Bundesland der Bundesrepublik
Deutschland politisch angeglie-
dert.

Für die Saarwirtschaft wird ein
ERP-Programm eingerichtet.

5. Januar:
Eisenhowerdoktrin: Die USA
verpflichten sich, vom „Kommunismus bedrohten" Ländern
beizustehen.

21. Januar:
Die dynamische, dem Bruttoso-
zialprodukt angepaßte Renten-
bemessung wird eingeführt.

Die KfW beteiligt sich an der
Abwicklung der Vorkriegsanlei-
hen im Rahmen des Londoner
Schuldenabkommens.

14. Februar:
Ende des ersten Streiks in der
Bundesrepublik für die Gleich-
stellung von Arbeitern mit
Angestellten bei der Lohnfort-
zahlung im Krankheitsfall und
bei längerem Urlaub.

25. März:
Unterzeichnung der „Römischen
Verträge" zur Gründung der
Europäischen Wirtschafts-
gemeinschaft (EWG), der Euro-
päischen Atomgemeinschaft
(EURATOM) und der Euro-
päischen Investitionsbank (EIB).

5. Juni:
Die Bundesrepublik erklärt sich
bereit, sich mit 1,2 Mrd DM
an den Stationierungskosten für
NATO-Truppen auf ihrem
Gebiet zu beteiligen.

3. Juli:
Kartellgesetz.

26. Juli:
Gesetz über die Deutsche
Bundesbank.

31. August:
Großbritannien entläßt die
malaische Föderation in die
Unabhängigkeit.

Deutsche Geschichte	**KfW Stationen**	**Internationale Entwicklung**

15. September:
Der dritte Deutsche Bundestag wird gewählt, die CDU erringt mit 50,2 % die absolute Mehrheit. Adenauer bleibt weiterhin Bundeskanzler.

19. Oktober:
Die Bundesrepublik bricht die Beziehungen zu Jugoslawien, das die DDR anerkannt hat, gemäß Hallsteindoktrin ab.

26. Dezember:
Mit Unterstützung der UdSSR bilden 40 Länder in Kairo den „Afro-Asiatischen Solidaritätsrat".

1958

Erste Auslandskredite für Island, Sudan und Indien.

Ankauf von Promissory Notes der Indischen Regierung zur Umschuldung von Ausfuhrforderungen im Zusammenhang mit dem Stahlwerk Rourkela.

KfW führt als erstes deutsches Kreditinstitut Kassenobligationen ein (4¾ % mit einer dreijährigen Laufzeit).

1. Januar:
Die Römischen Verträge treten in Kraft; EWG und EURATOM nehmen ihre Arbeit auf.

1. Februar:
Ägypten und Syrien fusionieren zur Vereinigten Arabischen Republik (VAR); der Jemen wird föderativ angeschlossen.

Mai:
Putsch in Algier.

29. Mai:
Charles de Gaulle wird in Frankreich Ministerpräsident.

30. Juni:
Otto Neubaur tritt in den Ruhestand. Dr. Herbert Martini wird Vorstandssprecher.

Der erste Erweiterungsbau der KfW in der Lindenstraße 29 bis 31.

29. August:
Mao Tse-tung verkündet den Aufbau Chinas zur sozialistischen Führungsmacht.

15. September:
Erstes Treffen Adenauers mit de Gaulle in Frankreich.

2. Oktober:
Guinea erklärt seine Unabhängigkeit von Frankreich.

27. November:
Berlin-Ultimatum der UdSSR: Aufkündigung des Viermächteabkommens über Berlin und Forderung nach Neuverhandlungen über den Stadt-Status.

29. Dezember:
Das Europäische Währungsabkommen (EWA) löst die bisherige EZU ab. Die DM erhält die freie Konvertibilität.

Zeittafel

	Deutsche Geschichte	KfW Stationen	Internationale Entwicklung
1959		1. Januar: Dr. Otto Schniewind scheidet als Vorsitzender des Verwaltungsrates aus. Abs wird sein Nachfolger im Vorsitz, Neubaur sein Stellvertreter. Umschuldung für Indien (Rourkela).	2. Januar: Fidel Castros Revolutionstruppen erobern Kubas Hauptstadt, Havanna. 17. Januar: Um die Unabhängigkeit von Frankreich zu erhalten, gründen Dahomey (Benin), Senegal, Ober-Volta (Burkina Faso) und Mali die Föderation von Mali.
	11. Mai bis 20. Juni: Genfer Deutschlandkonferenz der Vier Mächte (USA, UdSSR, Großbritannien und Frankreich); Bundesrepublik Deutschland und DDR sind mit Beobachtergruppen beteiligt. 6. Juli: Auch die wirtschaftliche Angliederung des Saarlandes an die Bundesrepublik ist abgeschlossen. 15. November: Godesberger Programm der SPD: Distanzierung vom Marxismus und vom Konzept einer Arbeiterpartei, Beginn der Entwicklung zu einer Volkspartei.		20. November: Gründung der Europäischen Freihandelszone (EFTA) in Stockholm durch Großbritannien, Dänemark, Norwegen, Schweden, Österreich, Portugal und die Schweiz. Gründung der Interamerican Development Bank
1960	14. März: „Waldorf-Astoria-Treffen" zwischen Adenauer und dem israelischen Ministerpräsidenten Ben Gurion. Mai: Niedrigster Stand an Arbeitslosen seit Kriegsende. 29. Juni: Gesetz zur Privatisierung des Volkswagenwerkes.	11. Januar: Das Stahlwerk Rourkela, Indien, nimmt seinen Betrieb auf. Erste liefergebundene Finanzkredite der KfW an ausländische Besteller.	1. Januar: Kamerun wird von Frankreich unabhängig. Auftakt eines „afrikanischen Jahres", in dem insgesamt 17 afrikanische Staaten die Souveränität erlangen. 7. Mai: Vorsitzender des Präsidiums des Obersten Sowjets wird Leonid I. Breschnew. 1. Juli: Ghana, seit 1957 unabhängig, wird Republik; es verbleibt im britischen Commonwealth.

Deutsche Geschichte	KfW Stationen	Internationale Entwicklung

Internationale Entwicklung

7. August:
Verstaatlichung des US-Firmeneigentums auf Kuba.

1. Oktober:
Nigeria wird von Großbritannien unabhängig.

Gründung der International Development Association (IDA) durch die Mitgliedsstaaten der Weltbank.

Aus der OEEC wird die OECD (Organization for Economic Cooperation and Development).

Deutsche Geschichte

12. September:
Walter Ulbricht wird nach dem Tod von Wilhelm Pieck Vorsitzender im neugeschaffenen Staatsrat der DDR.

1961

Deutsche Geschichte

Erstmals auf dem Arbeitsmarkt ein Überangebot an freien Stellen.

5. Mai:
Gesetz zur Finanzierung für Entwicklungsländer; erstmals wird ein fünf-Milliarden-Programm beschlossen.

13. August:
Beginn des Mauerbaus in Berlin.

17. September:
Wahl zum vierten Deutschen Bundestag
(CDU/CSU 45,5 %, SPD 36,2 %, FDP 12,8 %). Der 85jährige Adenauer bleibt nochmals für zwei Jahre Bundeskanzler.

KfW Stationen

Mit Änderung des KfW-Gesetzes vom 16.8. werden der Bank neue Aufgaben zugewiesen. Neben die Investitions- und Exportfinanzierung tritt die „Finanzierung förderungswürdiger Vorhaben im Ausland, insbesondere im Rahmen der Entwicklungshilfe".

Grundkapital bisher 1 Mio DM wird auf 1 Mrd DM aufgestockt (davon eingezahlt 150 Mio DM), nunmehr (statt zuvor hälftig) vom Bund zu 80 % und von den Länder zu 20 % gehalten.

Erstmals Kofinanzierung mit Weltbank und IDA (Roseires-Damm).

Beginn der Werfthilfeprogramme.

Erster ungebundener Finanzkredit zur Rohstoffsicherung der deutschen Industrie für das Eisenerzprojekt Lamco in Liberia.

Beteiligung der KfW von 20 % an Berliner Industriebank AG.

Internationale Entwicklung

4. Januar:
USA bricht Beziehungen zu Kuba ab.

20. Januar:
John F. Kennedy wird bisher jüngster Präsident der USA.

6. März:
Die DM wird um 5 % aufgewertet; ein Dollar entspricht nun 4 DM.

17. April:
Beginn der ersten Kuba-Krise.

17. August:
Die USA und die OAS-Staaten vereinbaren ein Programm zur Entwicklungshilfe in Lateinamerika, von dem Kuba ausdrücklich ausgeschlossen bleibt.

In der USA wird aus freiwilligen geschulten Helfern ein „Friedens-Korps" gegründet.

Deutsche Geschichte	KfW Stationen	Internationale Entwicklung
14. November: Das Bundesministerium für Wirtschaftliche Zusammenarbeit (BMZ) nimmt unter Walter Scheel (FDP) als verantwortlichem Minister seine Arbeit auf.	„Aktion Geschäftsfreund" mit geheimen Krediten an Israel beginnt. Erweiterungsbau in der Lindenstraße 33. KfW hat erstmals über 200 Mitarbeiter.	

1962

Deutsche Geschichte	KfW Stationen	Internationale Entwicklung
Mangel an Arbeitskräften wird gravierend trotz beständiger Einreise von ausländischen Gastarbeitern. 20. Juni: 260 Mio DM-Programm der Bundesregierung für Rationalisierungsvorhaben im Kohlebergbau.	Erste Entwicklungsbankenkredite in der Kapitalhilfe an Pakistan. Kofinanzierung mit der Interamerican Development Bank und der amerikanischen Agency for International Development (AID) für Comibol in Bolivien.	18. März: Waffenstillstand und Anerkennung der Unabhängigkeit Algeriens. Es folgt die Proklamation der „Volksdemokratischen Algerischen Republik" unter Präsident Ben Bella als sozialistischer Einheitsstaat. 5. August: Verhaftung von Nelson Mandela, Bürgerrechtler und Führungsmitglied des Afrikanischen Nationalkongresses (ANC) in Südafrika.
26. Oktober: Beginn der Spiegelaffäre. Errichtung der Deutschen Entwicklungs- und Investitionsgesellschaft (DEG).		15. Oktober: Entdeckung von sowjetischen Angriffswaffen auf Kuba droht in einen Krieg zu eskalieren, der durch Einlenken der UdSSR am 28. d.M. vermieden wird. 20. Dezember: Abkommen über schrittweisen Abbau von Zollschranken beim Handel mit tropischen Produkten zwischen den EWG-Staaten und 18 afrikanischen Staaten.

Deutsche Geschichte

26. Juni:
Berlin-Besuch von Kennedy.

26. Juni:
Gesetz über die Bildung eines Sachverständigenrates zur jährlichen Begutachtung der gesamtwirtschaftlichen Lage der Bundesrepublik.

11. Oktober:
Bundeskanzler Konrad Adenauer erklärt zum 15. d.M. seinen Rücktritt. Bundeswirtschaftsminister Ludwig Erhard wird am 16. d.M. als neuer Bundeskanzler gewählt.

KfW Stationen

Rohstoffkredite an die Bong Mining Company in Liberia und die Palabora Mining Company, Südafrika.

Internationale Entwicklung

29. Juli:
Unterzeichnung des Abkommens von Jaunde (Kamerun), mit dem 17 afrikanische Staaten und Madagaskar ihre Assoziation mit der EWG erklären.

22. November:
Ermordung des amerikanischen Präsidenten Kennedy; Vizepräsident Lyndon B. Johnson übernimmt seine Amtsgeschäfte.

Dezember:
Kenia und das Sultanat Sansibar erhalten von Großbritannien ihre Unabhängigkeit.

1963

---

16. Februar:
Willy Brandt wird Vorsitzender der SPD.

Erstmals werden Kapitalhilfekredite und liefergebundene Finanzkredite der KfW zu Mischfinanzierungen verbunden.

Sonderprogramm Mineralölförderung, das 1969 ausläuft.

KfW erwirbt Grundstück in der Palmengartenstraße 5–9.

23. März:
Auf der Welthandelskonferenz der UN in Genf fordern die Entwicklungsländer die Ausweitung ihrer Absatzmöglichkeiten sowie eine größere finanzielle Unterstützung.

1. Juni:
Gründung der Palästinensischen Befreiungsorganisation (PLO).

7. August:
Beginn des amerikanischen Vietnamkrieges.

14. Oktober:
Die Chruschtschow-Nachfolge wird zwischen Alexej N. Kossygin (Staatschef) und Leonid I. Breschnew (Parteiführung) aufgeteilt.

1964

	Deutsche Geschichte	**KfW Stationen**	**Internationale Entwicklung**
1965	13. Mai: Die Bundesrepublik nimmt zum Staat Israel diplomatische Beziehungen auf. Arabische Staaten brechen daraufhin ihre Beziehungen zur Bundesrepublik ab. Beginn der Nahostkrise. Schon vorher hatte Deutschland geheime Waffenlieferungen an Israel getätigt. 19. September: Wahl zum 5. Deutschen Bundestag (CDU/CSU 47,6 %; SPD 39,3 %; FDP 9,5 %). Erhard bleibt Bundeskanzler.	Erste Kredite zur Finanzierung von Kernkraftwerken in Deutschland. Israel erhält öffentlich Kapitalhilfe, die geheime „Aktion Geschäftsfreund" endet. In den arabischen Ländern werden zugesagte Projekte weiterfinanziert.	11. November: Rhodesien erklärt einseitig seine Unabhängigkeit von Großbritannien.
1966	Die Zeit des „Wirtschaftswunders" neigt sich dem Ende zu. Die Preise steigen. Erstmals nach dem Zweiten Weltkrieg droht eine Rezession in Deutschland. Vor allem beim Ruhrbergbau – und in dessen Folge in der Stahlindustrie – zeigt sich die Notwendigkeit zu wirtschaftlichen Strukturveränderungen. 26. September: Bundeskanzler Erhards Versuch scheitert, Devisenausgleichszahlungen an die USA aufzuschieben.	Vertrag zwischen Bund und KfW zur Durchführung und Finanzierung der bilateralen Kapitalhilfe an Entwicklungsländer (Generalvertrag). Entwicklung des Marktzinses und Pflege des Emissionsstandings führen – gleichzeitig mit einer Neuemission – zu einem Heraufkonvertieren der Zinsen aller noch umlaufenden Anleihen (insgesamt über 1,2 Mrd DM) auf einheitlich 7 %. In einigen Fällen kommt es zudem zu einer Anhebung des Einlösungskurses. Erste Kofinanzierung mit DEG und EIB für Textilprojekte in Kamerun und im Tschad. KfW hat mehr als 400 Mitarbeiter.	In Indien wird Indira Gandhi Ministerpräsidentin. Januar: Militärputsch in Obervolta, der Zentralafrikanischen Republik und in Nigeria. 23. Februar: Machtübernahme in Syrien durch den linken Flügel der sozialistischen Baath-Partei. 24. Februar: Militärputsch in Ghana führt zur Absetzung von Kwame Nkrumah und Machtübernahme eines Nationalen Befreiungsrates unter Joseph A. Ankrah. 11. März: General Kemusu Suharto übernimmt in Indonesien die Macht. September: In China beginnt die „Große Proletarische Kulturrevolution".

Deutsche Geschichte	KfW Stationen	Internationale Entwicklung	

30. November:
Erhard erklärt seinen Rücktritt
als Bundeskanzler.

1. Dezember:
Kurt Georg Kiesinger wird Bundeskanzler der Großen Koalition
zwischen Union und SPD.

30. Dezember:
Die Bundesregierung zahlt an
die USA 1,8 Mrd DM zum Ausgleich der Stationierungskosten.

			1967

In der Bundesrepublik zeichnet
sich der Beginn einer Rezession
ab. Der Zustrom ausländischer
Arbeitnehmer ist rückläufig,
rund 460000 Menschen sind
arbeitslos.

31. Januar:
Die Bundesrepublik und
Rumänien nehmen gegenseitige
diplomatische Beziehungen auf.

2. Juni:
Während einer Demonstration
gegen den Besuch des Schahs
von Persien wird in Westberlin
der Student Benno Ohnesorg
erschossen. Auftakt für landes-
weite studentische Opposition.

Kassenmäßige Abwicklung
der ERP-Investitionshilfe
(500 Mio DM zur Konjunkturförderung).

Mischfinanzierungskredit an
die spanische Uninsa über
450 Mio DM unter Beteiligung
der AKA und deutscher
Geschäftsbanken.

In Nigeria wird die von Oberst
Ojukwu die Republik Biafra ausgerufen; ein blutiger Bürgerkrieg
beginnt.

7. Januar:
Machtkämpfe zwischen der An-
hängerschaft und den Gegnern
von Mao Tse-tung führen China
an den Rand eines Bürgerkriegs.

21. April:
Staatsstreich der Armee in Griechenland.

5. Juni:
Beginn des Sechstagekrieges
zwischen Israel und Ägypten.
Israel besetzt Westjordanien und
die Suezhalbinsel.

1. Juli:
Unterzeichnung des Vertrages
zur Fusion zwischen EWG,
EURATOM und EGKS zur
Europäischen Gemeinschaft
(EG) durch die Bundesrepublik,
Italien, Frankreich und die
Beneluxstaaten in Rom.

8. August:
Thailand, Malaysia, Indonesien,
Singapur und die Philippinen
gründen die Vereinigung Süd-
ostasiatischer Nationen
(ASEAN).

Zeittafel

	Deutsche Geschichte	KfW Stationen	Internationale Entwicklung
1968	11. April: Beginn der Studentenunruhen. Der zinslose Überziehungskredit („Swing") zwischen der Bundesrepublik und der DDR wird ausgeweitet. 11. Dezember: Verschiedene Gesetze zur Finanzreform werden vom Bundestag verabschiedet, die einen Kompentenzzuwachs des Bundes gegenüber den Ländern zur Folge haben.	Neues Bankgebäude in der Palmengartenstraße 5–9, Frankfurt am Main, wird bezogen.	1. April: Robert S. McNamara wird Präsident der Weltbank. 20. August: Truppen des Warschauer Paktes besetzen die Tschechoslowakei und schlagen den „Prager Frühling" der Reformen nieder. 31. Oktober: Präsident Lyndon B. Johnson gesteht die militärische Niederlage der USA in Vietnam offiziell ein. Dezember 1968: In Brasilien beginnt die Militärdikatur unter General Costa e Silva.
1969	18. März: Um der Hochkonjunktur zu begegnen, beschließt die Bundesregierung verschiedene konjunkturdämpfende Maßnahmen. Gegen Jahresende Anstieg der Inflationsrate. 1. Juli: Bundesstelle für Entwicklungshilfe wird errichtet. 16. Juli: Gesellschaftsvertrag zur Gründung der „Deutschen Erdölversorgungsgesellschaft GmbH – DEMINEX" wird unterzeichnet. 28. September: 6. Deutsche Bundestag wird gewählt (CDU/CSU 46,1%; SPD 42,7%; FDP 5,8%).	Auf Wunsch des Bundes erwirbt die KfW eine VIAG-Beteiligung von 16%. Mischfinanzierung für das Kernkraftwerk Atucha in Argentinien. Mineralölprogramm für DEMINEX bis 1989. Sonderkredit für die in diesem Jahr neugegründete Ruhrkohle AG.	20. Januar: Richard M. Nixon wird amerikanischer Präsident. 28. April: Charles de Gaulle erklärt seinen Rücktritt. Am 15. Juni tritt Georges Pompidou seine Nachfolge an.

Deutsche Geschichte	KfW Stationen	Internationale Entwicklung	
21. Oktober: Willy Brandt (SPD) wird zum Bundeskanzler der sozialliberalen Koalition gewählt. Gründung der Ruhrkohle AG.		24. Oktober: Nach einer kurzen Periode des freien Schwankens wird die DM um 9,3% aufgewertet.	
19. März: Erstes innerdeutsches Gipfeltreffen zwischen Bundeskanzler Willy Brandt und Willi Stoph, Vorsitzender des DDR-Ministerrats. 11.–13. August: Moskaubesuch von Bundeskanzler Brandt und Unterzeichnung des Abkommens über Gewaltverzicht und Anerkennung der in Europa bestehenden Grenzen. 7. Dezember: Bundeskanzler Brandt und der polnische Ministerpräsident Józef Cyrankiewicz unterzeichnen den Warschauer Vertrag, mit dem die beiderseitigen Beziehungen normalisiert werden.	Einschaltung der KfW in das deutsch-amerikanische Devisenausgleichsabkommen. Exportfinanzierung des Wasserkraftwerkes Cabora Bassa in Mosambik.	Nach bedingungsloser Kapitulation Biafras endet der Bürgerkrieg in Nigeria. 4. September: Der Marxist Salvador Allende Gossens wird neuer Präsident in Chile. 7. Oktober: Muhammad Anwar As Sadat wird Nachfolger von Gamal Abd el Nasser im ägyptischen Präsidentenamt. 24. Oktober: UN-Vollversammlung beschließt die „Internationale Strategie für die zweite Entwicklungsdekade".	**1970**
	Dr. Herbert Martini scheidet aus dem Vorstand der KfW aus und wird stellvertretender Verwaltungsratvorsitzender. Dr. Otto Rieck wird Vorstandssprecher.	25. Januar: In Uganda kommt Idi Amin Ada durch einen Militärputsch an die Macht. 29. Januar: Guinea bricht zur Bundesrepublik die Beziehungen ab.	**1971**

Deutsche Geschichte

11. Februar:
Erste entwicklungspolitische
Konzeption der Bundesregierung
beschlossen.

Mai:
Durch verstärkte Dollarzufuhr
rutscht die Bundesrepublik in
eine Währungskrise. Deshalb
werden die DM-Wechselkurse
freigegeben.

3. Mai:
Erich Honecker wird nach
Walter Ulbricht Erster Sekretär
des Zentralkomitees der SED.

13. Mai:
Rücktritt des Finanzministers
Alex Möller; der Wirtschaftsminister Karl Schiller übernimmt
auch das Finanzministerium.

11. Dezember:
Transitabkommen zwischen der
Bundesrepublik und der DDR
ist der erste deutsch-deutsche
Vertrag auf Regierungsebene.

KfW Stationen

Neukonzeption der von der KfW
aus Eigenmitteln finanzierten
Förderung von Inlandsinvesti-
tionen: Eigene, zinsgünstige
Kredite mit fester Programmbin-
dung hinsichtlich Empfänger-
kreis, Verwendungszweck und
Konditionen (Mittelstands-
Kredite: M-Kredite) werden
aufgelegt. Diese Eigenmittel-
programme entwickeln sich in
den folgenden Jahren zu einem
Kernstück der inländischen
Wirtschaftsförderung.

ERP-Programm für Beteili-
gungsfinanzierung aufgenommen.

Organisatorische Neustrukturie-
rung: „Branchenabteilungen für
die inländischen Förderaufgaben" (einschließlich Exportfinanzierung und Rohstoffkredite)
und „Länderabteilungen für die
Aufgaben in der Finanziellen
Zusammenarbeit".

Internationale Entwicklung

12. März:
Mit Hilfe des Militärs wird in
der Türkei Süleyman Demirel
abgesetzt und Nihat Erim neuer
Ministerpräsident.

15. August:
US-Regierung beschließt Aufgabe der Goldkonvertibilität des
Dollars und Aufgabe der Rolle
als internationale Leitwährung.
Die westeuropäischen Wäh-
rungsbörsen schließen daraufhin
für zehn Tage.

3.–17. Dezember:
Ausbruch des dritten indisch-
pakistanischen Krieges. Durch
die Kapitulation der pakistanischen Streitkräfte am 16. Dezember ist die Unabhängigkeit
Bangladeshs faktisch anerkannt
und die Teilung Pakistans
determiniert.

18. Dezember:
Die Staaten der Zehner-Gruppe
beschließen in Washington eine
Abwertung des US-Dollars, um
die internationale Währungskrise beizulegen.

25. Januar:
Der Präsident der USA, Nixon,
schlägt einen Plan zur Beendigung des Vietnamkrieges vor.

Deutsche Geschichte

KfW Stationen

Internationale Entwicklung

Krupp stellt in der spanischen Sahara ein 100 km langes Förderband zum Transport von Phosphaten auf, das die KfW mitfinanziert hat.

Umstellung des Rechnungswesens auf EDV beginnt.

220 Mio Kredit für das Nickel/Kupferprojekt der BCL in Botsuana.

21. Februar:
Nixon absolviert als erstes Staatsoberhaupt der USA einen Staatsbesuch in China.

2. März:
Die USA schicken die Raumsonde „Pioneer" in das äußere Sonnensystem.

24. April:
„Europäische Währungsschlange" wird gebildet.

27. April:
Das Mißtrauensvotum von CDU/CSU gegen Bundeskanzler Brandt scheitert.

17. Mai:
Ratifizierung der Ostverträge im Deutschen Bundestag bei Stimmenthaltung der CDU; die Verträge treten am 3. Juni in Kraft.

7. Juli:
Karl Schiller (SPD) tritt vom Amt des Bundesministers für Wirtschaft und Finanzen zurück; sein Nachfolger wird der bisherige Verteidigungsminister Helmut Schmidt (SPD).

5. September:
Palästinensischer Terroristenanschlag während der Olympischen Spiele in München.

19. November:
Vorgezogene Wahlen zum 7. Deutschen Bundestag (SPD 45,8 %; CDU/CSU 44,9 %; FDP 8,4 %).

28. Oktober:
Der europäische Airbus „A 300" absolviert seinen ersten Flug.

7. November:
Nixon wird im Amt des Präsidenten der USA wiedergewählt.

Beginn der ersten Ölkrise.

13. Dezember:
Regierungsbildung aus Koalition von SPD und FDP mit Brandt als Bundeskanzler, Helmut Schmidt als Bundesfinanzminister und Hans Friderichs als Bundeswirtschaftsminister.

Deutsche Geschichte	KfW Stationen	Internationale Entwicklung

15. Dezember:
BMZ übernimmt die Zuständigkeit für die gesamte Entwicklungshilfe, einschließlich der Finanziellen Zusammenarbeit.

21. Dezember:
Unterzeichnung des „Grundlagenvertrages", mit dem die Beziehungen zwischen der Bundesrepublik und der DDR geregelt werden.

Dezember:
Das Bundesfinanzministerium übernimmt vom Wirtschaftsministerium die Rechtsaufsicht über die KfW.

1973

Die Zusagen für Entwicklungshilfe, die ab 1958 durchgeführt wird, betragen zu diesem Zeitpunkt 7 Mrd DM.

In Istanbul wird die Bosporusbrücke eröffnet, die Asien mit Europa verbindet. Sie wurde von der KfW mitfinanziert.

Als erste Bank am Finanzplatz Frankfurt eröffnet die KfW einen betriebseigenen Kindergarten.

11. Mai:
Ratifizierung des Grundsatzvertrages mit der DDR nach heftiger Debatte im Bundestag; der Vertrag tritt am 21. Juni in Kraft. Bundestag stimmt auch dem Beitritt zu den Vereinten Nationen zu, der zusammen mit demjenigen der DDR am 18. September erfolgt.

7. Juni:
Als erster deutscher Regierungschef besucht Brandt Israel.

1. Januar:
EG wird durch Dänemark, Irland und Großbritannien zur „Gemeinschaft der Neun" erweitert.

30. Januar:
Verfassung bezeichnet Syrien als demokratisch-sozialistischen Staat.

12. Februar:
DM wird um 11,1 % aufgewertet.

11. März:
Europäisches „Block-Floating" der Währungen wird eingeführt.

Deutsche Geschichte	KfW Stationen	Internationale Entwicklung

Deutsche Geschichte

12. Juni:
Helmut Kohl wird Vorsitzender
der CDU.

KfW Stationen

30. September:
Dr. Otto Rieck scheidet aus dem
Vorstand aus; sein Nachfolger
als Vorstandssprecher wird
Dr. Hermann Müller.

9. November:
Betriebsfest im Kurhaus von
Wiesbaden zur Feier des 25. Ge-
burtstages der KfW.

20. November:
„Klub" der EG-Banken des
langfristigen Kreditgeschäfts
gegründet.

Internationale Entwicklung

17. Juli:
Sardar Mohammed Daud Kahn
ruft die Republik Afghanistan
aus.

11. September:
Militärputsch in Chile bringt
eine rechtsgerichtete Junta unter
Augusto Pinochet Ugarte an die
Macht.

23. September:
Juan Domingo Perón gewinnt
nach 18jährigem Exil die argentinische Präsidentschaftswahl.

6. Oktober:
Beginn des Jom-Kippur-Kriegs
von Ägypten und Syrien gegen
Israel.

November:
Nach Sturz der Militärjunta
beginnt Griechenland zu demokratischen Verhältnissen zurück-
zukehren.

Prinzip der freien Wechselkurse
wird aufgegeben. „Währungsschlange" im europäischen Währungsverbund wird eingeführt.

19. Dezember:
Stabilitätsprogramm (Mai d.J.
beschlossen) wird teilweise
wieder aufgehoben, da Kon-
junkturabschwächung zu
verzeichnen ist.

21. Dezember:
Bundesrepublik vereinbart die
Aufnahme von diplomatischen
Beziehungen mit Bulgarien und
Ungarn.

31. Dezember:
Abs scheidet als Vorsitzender
des Verwaltungsrates der KfW
aus und wird 1974 dessen Ehrenvorsitzender. Martini scheidet als
stellvertretender Verwaltungsratsvorsitzender aus.

KfW hat über 600 Mitarbeiter.

Zeittafel

	Deutsche Geschichte	KfW Stationen	Internationale Entwicklung
1974	1. Januar: Ölkrise verdreifacht binnen Jahresfrist den bisherigen Preis für Rohöl. 6. Mai: Guillaume-Affäre führt zum Rücktritt von Bundeskanzler Brandt. 16. Mai: Helmut Schmidt (SPD) wird zum neuen Bundeskanzler gewählt. Juni: Das Bankhaus Herstatt geht in Konkurs. 4. Juli: Wegen drastischer Etatkürzungen reicht Erhard Eppler seinen Rücktritt vom Amt des BMZ ein.	1. Januar: Bundesfinanzminister Helmut Schmidt (ab 16. Mai Bundeskanzler) wird Vorsitzender des KfW-Verwaltungsrates, Bundeswirtschaftsminister Dr. Hans Friderichs sein Stellvertreter. KfW-Sonderprogramm zur Stabilisierung ausgewählter Branchen. Studie für das Wasserkraftwerk Kattara-Senke in Ägypten im Rahmen der Technischen Zusammenarbeit. 31. Dezember: Die KfW schließt ihr Büro in Berlin.	25. April: Linker Militärputsch in Portugal. Juni: General A. Pinochet wird Staatschef von Chile. 8. August: Rücktritt von US-Präsident Nixon. Gerald R. Ford wird sein Nachfolger.
1975		14. Mai: Bundesfinanzminister Dr. Hans Apel übernimmt von Bundeskanzler Schmidt den Vorsitz im Verwaltungsrat der KfW. Die KfW nimmt erste Schuldscheindarlehen bei der Saudi Arabian Monetary Agency auf.	28. Februar: Zwischen der EG und 46 Entwicklungsländern Afrikas, der Karibik und des Pazifiks (AKP-Staaten) wird das Lomé-Abkommen unterzeichnet. 30. April: Südvietnam kapituliert bedingungslos; durch die Wiedervereinigung mit Nordvietnam entsteht im Juli die Sozialistische Republik Vietnam.

Deutsche Geschichte	KfW Stationen	Internationale Entwicklung
	7. Juli: Bundespräsident Walter Scheel besucht die KfW.	1. August: Die Schlußakte von Helsinki zur Konferenz für Sicherheit und Zusammenarbeit (KSZE) besiegelt die Unverletzlichkeit von Grenzen, die Nichteinmischung in innere Angelegenheiten und die Achtung von Menschenrechten und Grundfreiheiten.
	31. Oktober: Polen erhält einen Kredit in Höhe von einer Mrd DM für die erleichterte Ausreise deutscher Aussiedler.	
	7. November: Avalkredit für die Kernkraftwerke Gundremmingen.	22. November: Mit dem Tod des Diktators Franco und der Regentschaft von Juan Carlos I. als König von Spanien beginnt die Liberalisierung und Demokratisierung des Landes.

Deutsche Geschichte	KfW Stationen	Internationale Entwicklung	
3. Oktober: Der 8. Deutsche Bundestag wird gewählt (CDU/CSU 48,6%; SPD 42,2%; FDP 7,9%). Helmut Schmidt bleibt Bundeskanzler.	Erste KfW-Kredite im Rahmen der deutsch-französischen Airbus-Absatz-Finanzierung für Airlines von Korea, Indien und Südafrika.	7. Oktober Hua Guofeng tritt die Nachfolge des am 9. September verstorbenen Mao Tse-tung als Parteivorsitzender an.	**1976**
29. Oktober: Erich Honnecker übernimmt auch das Amt des Staatsratvorsitzenden.	1,85 Mrd DM Kredit für zwei Kernkraftwerke in Brasilien.		
19. November: Die CSU-Landesgruppe kündigt die 27jährige Fraktionsgemeinschaft mit der CDU.			

Zeittafel

	Deutsche Geschichte	**KfW Stationen**	**Internationale Entwicklung**
1977	5. September: Entführung des Arbeitgeberpräsidenten Hanns Martin Schleyer durch die RAF. 13. Oktober: Entführung der Lufthansa „Landshut" nach Mogadischu als Befreiungsversuch für inhaftierte RAF-Terroristen endet am 18. d.M. mit der Erstürmung der Maschine durch die deutsche GSG 9. Im Stuttgarter Gefängnis Stammheim nehmen sich die mutmaßlichen RAF-Führungsspitzen – Andreas Baader, Jan-Carl Raspe und Gudrun Ensslin – das Leben.	Schiffsexporte in Entwicklungsländer können durch Mischfinanzierung aus Werfthilfe und Kapitalhilfe (VIII-E-Programm) finanziert werden.	Deng Xiaoping wird zum politisch mächtigsten Mann in Chinas.
1978		3. Mai: Bundesfinanzminister Hans Matthöfer wird Vorsitzender des Verwaltungsrates der KfW. Erstmals Airbus-Finanzierungen für US-amerikanische Fluggesellschaft (Eastern Airlines). Rahmenkredite für Exportfinanzierung. Erster Fremdwährungskredit in der Exportfinanzierung.	Januar: In den USA tritt James E. Carter die Präsidentschaft an. Pontifikat von Johannes Paul II beginnt. Das ägyptisch-israelische Camp-David-Abkommen wird von den USA vermittelt. Gründung des Europäischen Währungssystems (EWS) mit Europäischer Währungseinheit (ECU). 30. Oktober: Der Dollar fällt unter DM 1,73.
1979		KfW beginnt im Rahmen des M-Auslandsprogramms mit Auslandsfinanzierungen. Großbritannien beteiligt sich mit Deutschland und Frankreich an der Airbusfinanzierung.	Revolution im Iran unter dem Schiitenführer Ajatollah Ruhollah Khomeini hat den zweiten Ölpreisschock zur Folge. Margaret Thatcher wird britische Premierministerin.

Deutsche Geschichte	KfW Stationen	Internationale Entwicklung

Israel und Ägypten schließen Friedensvertrag, der Räumung der Halbinsel Sinai bis zum Jahre 1982 zur Folge hat.

In Uganda wird der Diktator Idi Amin gestürzt.

Simbabwe wird unter Präsident Mugabe unabhängig.

In Nicaragua vertreiben die Sandinisten den Diktator Anastasio Somoza Debayle.

13. März:
Das EWS tritt in Kraft.

28. März:
Schwerer nuklearer Störfall im amerikanischen Kernkraftwerk Three Mile Island bei Harrisburg.

31. Dezember:
400 Mio DM Landwirtschaftsprogramm der KfW.

Dezember:
Einmarsch sowjetischer Truppen in Afghanistan.

31. Dezember:
Dr. Hermann Müller tritt in den Ruhestand.

1980

5. Oktober:
Wahl zum 9. Deutschen Bundestag (CDU/CSU 44,5 %; SPD 42,9 %; FDP 10,6 %).

5. November:
Helmut Schmidt wieder Bundeskanzler der SPD/FDP-Koalition.

Dr. Alfred Becker wird Vorstandssprecher der KfW. Nach seinem plötzlichen Tod am 30. August wird Dr. Gerhard Götte Sprecher für die allgemeinen Belange und den Branchenbereich der Bank sowie Dr. Ernst-Günther Bröder Sprecher für den Bereich Finanzielle Zusammenarbeit mit Entwicklungsländern.

Erste Chinakredite der KfW in der Exportfinanzierung.

Zeittafel

	Deutsche Geschichte	KfW Stationen	Internationale Entwicklung
1981	8. April: Kreditprogramm zur Förderung von Investitionen wird von der Bundesregierung beschlossen.	Bundesregierung initiiert „3,4 Mrd DM-KfW-Sonderprogramm" zur Unterstützung des Strukturwandels mit Refinanzierung durch die KfW im Ausland. Technologieprogramm für deutsche Investitionen in Entwicklungsländer. Bei den M-Programmen werden Kreditoptionen eingeführt.	Januar: Ronald W. Reagan tritt seine erste Amtsperiode als Präsident der USA an. Griechenland wird Mitglied der EG. Mai: François Mitterand wird in Frankreich zum Präsidenten gewählt.
	22. November: Staatsbesuch vom sowjetischen Staats- und Parteichef Leonid Breschnew, Fragen der Abrüstung werden diskutiert. 11. Dezember: Innerdeutsches Gipfeltreffen zwischen Schmidt und Honecker in der DDR.	Kredite über 1 Mrd DM für das Kernkraftwerk Atucha II in Argentinien.	6. Oktober: In Ägypten wird Muhammad Anwar As Sadat ermordet; M.H. Mubarak wird neuer Präsident.
1982		KfW-Sonderprogramm endet am 30. Juni.	Internationale Schuldenkrise beginnt.
	9. August: Bundesdeutsche Pleitewelle bringt auch die AEG in Schwierigkeiten. 17. September: Ende der sozialliberalen Koalition durch den Rücktritt der vier FDP-Minister. 1. Oktober: Helmut Schmidt verliert das konstruktive Mißtrauensvotum; Koalition aus CDU/CSU und FDP wird gebildet; Helmut Kohl (CDU) wird zum neuen Bundeskanzler gewählt.	Ankauf der ASTRA Grundstücksgesellschaft mbH & Co. Bauträger KG und der Liegenschaft Schumannstraße 67 von Ignatz Bubis. Bundesfinanzminister Manfred Lahnstein ist kurzfristig (7.5.–5.10.) Verwaltungsratsvorsitzender der KfW; er wird am 3. November von Bundesfinanzminister Dr. Gerhard Stoltenberg abgelöst. FZ-Projekt Manantali in Westafrika. Großkredite für Kraftwerks- und Rohstoffprojekte in Spanien, Brasilien und Papua-Neuguinea.	April bis Juni: Falklandkrieg zwischen Großbritannien und Argentinien. 14. Juni: DM wird in EWG aufgewertet. 10. November: Das sowjetische Staatsoberhaupt Leonid Breschnew stirbt. Andropow wird sein Nachfolger.

Deutsche Geschichte

6. März:
Vorgezogene Wahlen zum
10. Deutschen Bundestag
(CDU/CSU 48,8 %;
SPD 38,2 %; FDP 6,9 %;
DIE GRÜNEN 5,6 %). Helmut
Kohl bleibt Bundeskanzler.

29. Juni:
Kabinettsbeschluß genehmigt
Bundesgarantie für Bankkredit
in Höhe von einer Milliarde DM
an die DDR.

27. Oktober:
Erste Probefahrt der Magnet-
schwebebahn „Transrapid 06".

26. Juni:
Otto Graf Lambsdorff, FDP,
tritt wegen der Parteispenden-
Affäre zurück. Sein Nachfolger
wird Martin Bangemann, gleichfalls FDP.

25. Juli:
Kabinett beschließt weitere
Bürgschaft für Kredit in Höhe
von 950 Millionen DM an die
DDR.

KfW Stationen

Eigenmittelprogramm für
Risikofinanzierung von Innovationen.

350 Mio DM-Kredit für die
Zentralkokerei Saar.

KfW richtet ein eigenes Umwelt-
programm ein.

Im Rahmen einer Mischfinanzierung werden 537 Mio DM für
Stadtbahn Medellin, Kolumbien,
bereitgestellt.

Juni:
Beginn der Erweiterungsbauten
(Arkaden im Westend).

31. Juli:
Dr. Ernst-Günther Bröder
scheidet aus dem Vorstand aus
und wird Präsident der EIB.
Dr. Richard Brantner folgt ihm
nach als Sprecher für die
Finanzielle Zusammenarbeit mit
Entwicklungsländern.

KfW hat über 800 Mitarbeiter.

Internationale Entwicklung

21. März:
Aufwertung der DM in EWG.

9. Februar:
Der sowjetische Staatschef
Andropow stirbt; Tschernenko
tritt seine Nachfolge an.

21. September:
Der Dollar erreicht mit 3,17 DM
den höchsten Stand seit elf
Jahren.

1983

1984

Deutsche Geschichte	KfW Stationen	Internationale Entwicklung
		31. Oktober: Die indische Ministerpräsidentin Indira Gandhi wird ermordet; ihr Sohn Radjiv Gandhi tritt die Nachfolge an.
		November: Ronald W. Reagan wird erneut zum Prasident der USA gewählt; er forciert das Forschungsprogramm zur Abwehr von Raketenwaffen im Weltraum für das 21. Jahrhundert.
		19. Dezember: China und Großbritannien vereinbaren die Rückkehr Hong Kongs zu China nach Ablauf des Pachtvertrages 1997.
1985	Förderung der Baukonjunktur durch M-Programme. BMFT-Programm für Windkraftanlagen in Entwicklungsländern.	**15. Januar:** Ende der Militärdiktatur in Brasilien durch die Wahl von Tancredo de Almeida Neves zum Präsidenten. **10. März:** Tschernenko stirbt; Michail Gorbatschow wird Generalsekretär der KPdSU.
1986	KfW erhält von Moody's und Standard & Poor's „Triple A-Rating" für 6% DM-Inlandsanleihe.	**1. Januar:** Spanien und Portugal werden EG-Mitglieder. **20. Januar:** Frankreich und Großbritannien beschließen den Bau des Eurotunnels. **25. Februar:** Gorbatschow verkündet radikale Wirtschaftsreformen in der UdSSR.

Deutsche Geschichte	KfW Stationen	Internationale Entwicklung	
		6. April: DM-Aufwertung in EWG. 26. April: Reaktorunfall in Tschernobyl.	
25. Januar: Der 11. Deutsche Bundestag wird gewählt (CDU/CSU 44,3%; SPD 37%; FDP 9,1%; DIE GRÜNEN 8,3%). 11. März: Helmut Kohl wird wieder zum Kanzler gewählt.	Erste Fremdwährungsanleihen: Euroanleihe 200 Mio US-$ sowie Privatplazierung 100 Mio sfr. Die KfW macht erstmals Zins- und Währungsswaps. Avalkredit im Gegenwert von 295 Mio DM für den Euro-tunnel. Airbusfinanzierung für kanadische Wardair. April: Konkurs der Maxhütte.	12. Januar: Aufwertung der DM in EWG.	**1987**
7.–11. September: Besuch des DDR-Staatsratsvor-sitzenden und SED-General-sekretärs Erich Honecker in der Bundesrepublik.	September: KfW wird als erster deutscher Emittent auf dem amerikanischen Kapitalmarkt von der Security Exchange Commission zugelassen. Bezug der Erweiterungsgebäude, „Arkaden im Westend", in der Bockenheimer Landstraße 111–115 und 114–128, Frankfurt am Main.	19. Oktober: Schwerste internationale Kurs-einbrüche am Aktienmarkt seit 1929. 7. November: In Tunesien wird der greise Staatschef Habib Burgiba seines Amtes enthoben. Ben Ali tritt seine Nachfolge an.	
	Auf Initiative der Bundesregie-rung wird das KfW-Gemeinde-programm (18 Mrd DM auf drei Jahre) aufgelegt. Mai: Gründung der KfW Internatio-nal Finance Inc. mit Sitz in Wilmington, Delaware, USA.	April: Mit dem Afghanistan-Abkom-men wird der Abzug der sowjeti-schen Truppen vereinbart.	**1988**

	Deutsche Geschichte	KfW Stationen	Internationale Entwicklung

Deutsche Geschichte

15. August:
DDR und EG nehmen diplomatische Beziehungen auf.

3. Oktober:
Tod von Franz-Josef Strauß,
bayerischer Ministerpräsident
und CSU-Vorsitzender.

7. November:
Durch Bundessubventionen für
den Airbus-Bau wird die Übernahme des MBB-Konzerns
durch die Daimler Benz AG
möglich.

KfW Stationen

Juni:
Erste Emission der KfW International Finance.

11. November:
KfW feiert ihr 40jähriges Bestehen. Abs hält den Festvortrag.

Gesamtzusagen erstmals über
20 Mrd DM.

Internationale Entwicklung

1. Oktober:
Der Generalsekretär der KPdSU
Gorbatschow wird auch Staats-
präsident der UdSSR.

1989

KfW Stationen

KfW-Wohnungsbau-Programm
in Höhe von 1,5 Mrd DM zur
Schaffung von zusätzlichem
Wohnraum in bereits bestehenden Gebäuden.

Erste DM-Anleihe der KfW mit
variablem Nominalzins.

1. Mai:
Bundesfinanzminister Dr. Theo
Waigel übernimmt den Vorsitz
im KfW-Verwaltungsrat.

Treuhänderisch für den Bund
erwirbt die KfW eine Beteiligung
von 180 Mio DM (20%) an der
Deutschen Airbus GmbH.

Tornadofinanzierung für Jordanien scheitert.

EDV-gestützte Bearbeitung von
Programmkrediten.

BMFT-Beteiligungsprogramm
beginnt.

Deutsche Geschichte

10.–11. September:
Ungarn genehmigt die Ausreise
von DDR-Flüchtlingen in den
Westen.

9. Oktober:
Beginn der Massendemonstrationen in Leipzig.

18. Oktober:
Sturz von Erich Honecker. Egon
Krenz wird sein Nachfolger und
kündigt ein neues Reisegesetz
an.

Internationale Entwicklung

Januar:
Amtsantritt von George C. Bush
als Präsident der USA.

29. Mai:
Aufstand in Peking wird blutig
niedergeschlagen.

23. August:
In Litauen, Estland und Lettland
gehen über eine Million
Menschen auf die Straße, um
mehr staatliche Souveränität
durchzusetzen.

Deutsche Geschichte

KfW Stationen

Internationale Entwicklung

9. November:
Bekanntgabe der Grenzöffnung
zur Bundesrepublik und zu
Westberlin löst Besucherstrom
von Millionen Menschen aus.

30. November:
RAF ermordet Alfred Herr-
hausen, Vorstandssprecher der
Deutschen Bank.

19. Dezember:
Bundeskanzler Kohl trifft den
DDR-Ministerpräsidenten
Hans Modrow in Dresden.

November/Dezember:
Abkehr vom Kommunismus
sowjetischer Prägung in Prag,
Bukarest und Sofia.

15. Dezember:
Lomé-IV-Abkommen zwischen
EG und 69 AKP-Staaten
unterzeichnet.

Die Baltischen Staaten Litauen
(11. März), Estland (30. März)
und Lettland (4. Mai) erklären
ihre Unabhängigkeit, die von der
UdSSR aber nicht anerkannt wird.

1990

13. Februar:
Einer Regierungsdelegation der
DDR wird in Bonn eine Soforthilfe in Milliardenhöhe verweigert. Die Bundesregierung
schlägt eine Wirtschafts-, Wäh-
rungs- und Sozialunion vor.

14. Februar:
Beginn der Aufbaufinanzierung
in der noch bestehenden DDR
durch das ERP-Modernisie-
rungsprogramm für den Mittelstand.

2. Februar:
In Südafrika leitet Staatspräsident F.W. de Klerk Reformen
ein. Nach 27 Jahren Haft wird
der südafrikanische ANC-Führer
Nelson Mandela freigelassen.

24. Februar:
Erste freie Wahlen in Litauen.

18. März:
Die Volkskammer der DDR
wird erstmals in freien Wahlen
gewählt („Allianz für Deutschland" aus Ost-CDU, DSU und
DA 48,1%; SPD 21,8%; PDS
16,3%, FDP 5,3%, Bündnis 90
2,9%, Die Grünen/UFU 2,0%).

März:
Die KfW richtet in Berlin im
Hotel Metropol ein Beratungs-
büro ein.

März:
Die Republik Namibia wird
unabhängig.

11. März:
In Chile wird der Diktator
Pinochet durch den ersten frei
gewählten Präsidenten Aylwin
abgelöst.

12. April:
Lothar de Maizière (CDU) wird
Ministerpräsident der DDR an
der Spitze einer Regierungs-
koalition der „Allianz für
Deutschland", SPD und FDP.

Deutsche Geschichte	KfW Stationen	Internationale Entwicklung
18. Mai: Unterzeichnung des Staatsvertrages über die Währungs-, Wirtschafts- und Sozialunion zwischen Bundesrepublik und DDR.		**5. Mai:** Beginn der „2 + 4"-Gespräche zwischen UdSSR, USA, Frankreich, Großbritannien sowie der Bundesrepublik und der DDR über die deutsche Einheit.
		29. Mai: Boris Jelzin wird zum Präsidenten des russischen Parlaments gewählt.
	15. Juni: Anschubprogramm der KfW für noch staatseigene Unternehmen in der DDR.	
1. Juli: Die Währungs-, Wirtschafts- und Sozialunion tritt in Kraft. Die Staatsbank der DDR verliert ihren Zentralbankstatus und wird Staatsbank Berlin.	**1. Juli:** KfW-Mittelstandsprogramm und KfW-Umweltprogramm für Unternehmen in der DDR geöffnet.	**1. Juli:** Die erste Stufe der Europäischen Wirtschafts- und Währungsunion tritt in Kraft.
15./16. Juli Grundsätzliche Verständigung zwischen Bundeskanzler Kohl und Präsident Gorbatschow über die deutsche Einheit.		**16. Juli:** Die Ukraine proklamiert ihre Unabhängigkeit.
20. August: Detlev Rohwedder, Vorstandschef der Hoesch AG, wird Präsident der DDR-Treuhandanstalt.		**2. August:** Beginn der Golfkrise durch Eindringen irakischer Truppen in Kuwait.
23. August: Die Volkskammer der DDR beschließt den Beitritt der DDR zur Bundesrepublik.	**24. August:** Anschubkredit über 426,5 Mio DM an die Deutsche Seereederei Rostock.	
31. August: Der Vertrag über die Herstellung der Einheit Deutschlands („Einigungsvertrag") wird unterzeichnet.		
12. September: Mit dem Deutschlandvertrag enden die Rechte der Alliierten und die Bundesrepublik Deutschland wird souverän.		

Deutsche Geschichte

17. September:
In Moskau wird das „2 + 4"-Ab-
schlußdokument zum Vertrag
über die abschließende Regelung
in bezug auf Deutschland unterzeichnet.

3. Oktober:
Beitritt der DDR zur Bundesre-
publik Deutschland; das vereinte
Berlin wird wieder Hauptstadt.

9. Oktober:
Bundesfinanzminister Waigel unterzeichnet mit der UdSSR den
Überleitungsvertrag, der u. a. ein
Wohnungsbauprogramm von 7,8
Mrd DM und ein Ausbildungsprogramm von 200 Mio DM vor-
sieht. Beide Programme werden
von der KfW abgewickelt.

14. Oktober:
Landtagswahlen in den neuerrichteten Bundesländern mit
deutlichen Mehrheiten für die
CDU; Ausnahme Brandenburg,
wo eine „Ampelkoalition" zustande kommt.

2. Dezember:
Erste gesamtdeutsche Wahl zum
12. Deutschen Bundestag (CDU/
CSU 43,8%; SPD 33,5%; FDP
11%; PDS 2,4%; Bündnis 90
1,2%). Die Regierungskoalition
unter Helmut Kohl wird damit
bestätigt.

KfW Stationen

20. September:
Kommunalkreditprogramm für
die neuen Bundesländer.

11. Oktober:
Wohnraummodernisierungs-
programm für die neuen Bundesländer.

Kredithilfen an UdSSR und
Polen.

Bis Jahresende wurde bereits ein
Zusagevolumen von 4,2 Mrd
DM allein für die neuen Bundes-
länder erreicht.

Mehr als zwei Drittel der gesamten Investitionskredite zur Förderung der deutschen Wirtschaft
werden zugunsten der neuen
Bundesländer vergeben.

Internationale Entwicklung

22. November:
Margaret Thatcher tritt in Großbritannien als Premierministerin
zurück; John Major tritt die
Nachfolge an.

Januar bis 28. Februar:
Golfkrieg einer multinationalen
Streitmacht unter Führung der
USA gegen den Irak zur Befrei-
ung Kuwaits.

1991

Deutsche Geschichte	KfW Stationen	Internationale Entwicklung
	Auf Initiative der schleswig-holsteinischen Finanzministerin Heide Simonis wird die KfW mit der „Durchführungshilfe für Infrastrukturvorhaben in den neuen Bundesländern" beauftragt (Beratungsleistungen).	
	Die Bank entwickelt ein Emissionsprogramm für Commercial Papers in New York.	
8. März: Bundesregierung verabschiedet „Gemeinschaftswerk Aufbau Ost".	16. Januar: Finanzierungsvertrag über 7,8 Mrd DM mit der UdSSR für den Bau von Offizierswohnungen der abziehenden sowjetischen Besatzungstruppen.	
1. April: Ermordung des Präsidenten der Treuhandanstalt, Detlev Karsten Rohwedder, durch Terroristen der RAF.	23. April: Das KfW-Büro Berlin zieht in das Internationale Handelszentrum um.	
20. Juni: Berlin-Beschluß des Bundestages.	31. Mai: Anschubkredit über 335 Mio DM an die Mansfeld AG im Rahmen eines Bankenkonsortiums.	12. Juni: Boris Jelzin wird Präsident von Rußland.
		27. Juni: Beginn des jugoslawischen Bürgerkrieges.
1. Juli: Steuererhöhungen wegen Kosten der deutschen Einheit und des alliierten Golfkrieges.	2. August: Finanzierungsvertrag für ein ziviles Ausbildungsprogramm für ehemalige Angehörige der sowjetischen Besatzungstruppen.	1. August: Bosnien-Herzegowina spaltet sich von Jugoslawien ab.
		19. August: Putsch der konservativen Kommunistischen Partei in der UdSSR scheitert am Widerstand der Bevölkerung.
		8. Oktober: Slowenien und Kroatien erklären ihre Unabhängigkeit.

Deutsche Geschichte

KfW Stationen

Internationale Entwicklung

Dezember:
Aus Mitteln des BMFT wird
ein Darlehensprogamm für
Forschung und Entwicklung
aufgelegt.

Dezember:
BMU/KfW-Kreditprogramm für
Demonstrationsvorhaben Um-
weltschutz.

Dezember:
Im Rahmen des deutschen Soli-
darbeitrages für den Golfkrieg
erhalten Ägypten, Jordanien,
Syrien und die Türkei Warenhilfe von 550 Mio DM als Zuschuß
von der KfW.

Die KfW gibt den ersten Eva-
luierungsbericht zur FZ heraus.

KfW überschreitet Zahl von
1000 Mitarbeitern.

9.–12. Dezember:
Konferenz von Maastricht über
die Errichtung der Europäischen
Union.

25. Dezember:
Gorbatschow tritt von seinem
Amt als Präsident der UdSSR
zurück.

31. Dezember:
Ende der UdSSR.

1992

Unterzeichnung eines Mandatar-
vertrages mit dem Bundeswirtschaftsministerium. Die KfW
übernimmt Aufgaben zur Koordinierung der Wirtschaftlichen
Beratung der Bundesrepublik
Deutschland für die Länder Mit-
tel- und Osteuropas und der
Neuen Unabhängigen Staaten
(NUS).

Hilfsprogramm für die deutschen
Volksgruppen in den Neuen Unabhängigen Staaten.

Nach der Privatisierung der
Berliner Industriebank wird für
die ERP-Programme eine neue
Zuordnung zu den Hauptleihinstituten getroffen.

19. März:
Die Gewerkschaft Handel, Banken und Versicherungen bestreikt Frankfurter Banken, einschließlich der KfW.

17. Mai:
Klaus Kinkel, FDP, wird
Nachfolger von Hans-Dietrich
Genscher im Amt des Außen-
ministers.

15. Januar:
Deutschland nimmt diplomatische Beziehungen zu Slowenien
und Kroatien auf.

7. Februar:
Unterzeichnung der Maastricher
Verträge über die Politische sowie Wirtschafts- und Währungsunion.

April:
Anerkennung von Bosnien-
Herzegowina und Mazedonien
durch Deutschland.

3.–14. Juni:
UN-Konferenz für Umwelt und
Entwicklung in Rio.

Zeittafel

Deutsche Geschichte	KfW Stationen	Internationale Entwicklung
14. Juli: Investitionsvorranggesetz.	90 % der Zusagen resultieren aus Programmen, die aus eigenen Mitteln der KfW refinanziert sind. KfW emittiert Null-Kupon-Anleihe und erstmals in Deutschland eine Anleihe mit getrenntem Handel von Kapital- und Zinsscheinen (Skip-Anleihe). Deutsch-polnische Wirtschaftsfördergesellschaft unter Beteiligung der KfW wird gegründet. 31. Oktober: Dr. Gerhard Götte tritt in den Ruhestand. Dr. Gert Vogt wird neuer Sprecher des Vorstands für die allgemeinen Belange und den Branchenbereich der KfW. Die KfW veräußert ihre treuhänderische Beteiligung an der Deutschen Airbus GmbH an die zum Daimler-Benz-Konzern gehörende DASA.	27. Juli: UN-Sicherheitsrat beschließt Entsendung von Blauhelmen nach Somalia.
2. Dezember: Bundestag nimmt den Vertrag von Maastricht zur Gründung der EU an. 16. Dezember: Bundeskanzler Kohl und Präsident Jelzin vereinbaren, den Abzug der russischen Truppen auf den 31. 8. 1994 vorzuverlegen. Dafür wird das Wohnungsbauprogramm für die russischen Truppen um 550 Mio DM aufgestockt.		

1993

Deutsche Geschichte	KfW Stationen	Internationale Entwicklung
21. Januar: Kabinettsumbildung in Bonn. Rexrodt ersetzt Möllemann als Bundeswirtschaftsminister, Wissmann folgt auf Krause als Bundesverkehrsminister und Borchert übernimmt von Kiechle das Landwirtschaftsministerium.	Eröffnung der ersten KfW-Koordinierungsstellen in Moskau, Kiew und Minsk. Die KfW erhält vom Bundesministerium der Finanzen das Mandat zur Finanzierung von Aktivitäten im Bereich Banken, Börsen und Versicherungen in den Reformländern. KfW wird mit der Durchführung der Altschuldenhilfe für den Wohnungssektor der neuen Länder beauftragt.	1. Januar: Europäischer Binnenmarkt tritt in Kraft. 1. Januar: Aus der CSFR werden die beiden souveränen Staaten Tschechische Republik und Slowakei. Januar: US-Präsident Bill Clinton beginnt seine erste Amtsperiode.

Deutsche Geschichte

13. März:
Solidarpakt zur Finanzierung
der Einheit Deutschlands vereinbart u. a. Altschuldenhilfe
für Wohnungsbau und Auf-
stockung des KfW-Wohnraum-
modernisierungsprogramms
auf 60 Mrd DM.

25. Juni:
Rudolf Scharping wird neuer
SPD-Parteivorsitzender.

9. August:
Die Bundeswehr beteiligt sich
mit 1.600 Soldaten an der UNO-
Intervention in Somalia.

KfW Stationen

Waigel-Initiative zur Gründung
einer russischen Förderbank.

Ungebundener Finanzkredit
an Ungarn für den Ausbau der
Eisenbahn.

Ankauf eines Bürogebäudes in
der Bockenheimer Landstraße
109 in Frankfurt am Main.

Internationale Entwicklung

27. März:
Neuer chinesischer Staatspräsident wird Jiang Zemin.

30. August:
Aus Litauen ziehen die letzten
russischen Soldaten ab.

29. Oktober:
Frankfurt am Main wird Sitz des
Europäischen Währungsinstituts.

---

1. Januar:
Das Europäische Währungs-
institut nimmt in Frankfurt am
Main seine Arbeit auf.

1994

5. Februar:
Hermann J. Abs stirbt.

2. März:
Bundestag genehmigt den Bau
des Transrapid.

15. April:
Größter deutscher Bauskandal
wird durch das Konkursverfah-
ren von Dr. Jürgen Schneider in
Frankfurt am Main aufgedeckt.

April:
Das Beratungsbüro Berlin zieht
in das Gebäude der Staatsbank
Berlin um.

23. Mai:
Roman Herzog, CDU, wird Bundespräsident.

29. Mai:
Tod von Erich Honecker in
Chile.

14. Juni:
Der Europäische Investitions-
fonds (EIF) wird gegründet.
Die KfW beteiligt sich mit
30 Mio Ecu.

4. Mai:
Autonomieabkommen zwischen
Israel und der PLO.

9. Mai:
Nelson Mandela wird erster
schwarzer Präsident in Südafrika.

Deutsche Geschichte	KfW Stationen	Internationale Entwicklung

Erweiterung der M-Programme auf 20 Jahre Laufzeit sowie um Liquiditätshilfe Ost und Finanzierung von Leasing.

16. Juli:
Änderung des KfW-Gesetzes in Kraft: Der Bundesminister für Umwelt, Naturschutz und Reaktorsicherheit wird Mitglied des Verwaltungsrates. Die Bundesbank verzichtet auf ihren Sitz im Verwaltungsrat. Die KfW kann eine Zweigniederlassung in Berlin errichten.

18. Juli:
In Ruanda endet der Bürgerkrieg.

31. August:
Die letzten russischen Truppen verlassen Deutschland und werden von Bundeskanzler Kohl und Präsident Jelzin offiziell verabschiedet.

2. August:
Das KfW-Innovationsprogramm wird aufgelegt.

16. Oktober:
Wahlen zum 13. Bundestag. Die Regierungskoalition kann sich knapp behaupten.

1. Oktober:
Durch Rechtsverordnung überträgt der Bundesminister der Finanzen mit Wirkung vom 1. Oktober 1994 das Vermögen und die Verbindlichkeiten der Staatsbank Berlin auf die KfW, die damit die Gesamtrechtsnachfolge antritt. Als KfW Niederlassung Berlin werden sowohl die Aufgaben der ehemaligen Staatsbank Berlin fortgesetzt als auch neue Aktivitäten (u.a. Altschuldenhilfe und Bearbeitung des neuen Infrastrukturprogrammes für die Kommunen in den neuen Ländern) begonnen. Die Eigenmittel der Bank werden auf 7,23 Mrd DM erhöht. Nach der Fusion mit der Staatsbank beträgt die Mitarbeiterzahl der KfW 1615.

Umorganisation des Branchenbereichs.

Deutsche Geschichte

15. November:
Helmut Kohl wird wieder zum Bundeskanzler gewählt.

1. Januar:
Neuorganisation der Treuhandanstalt, die den Namen „Bundesanstalt für vereinigungsbedingte
Sonderaufgaben" (BvS) erhält.

1. Januar:
Föderales Konsolidierungs-
programm tritt in Kraft, was u.a.
die Errichtung des Erblastentilgungsfonds zur Folge hat.

1. Januar:
Die Bundesbürger entrichten
erstmals einen Solidaritätsbei-
trag sowie einen Beitrag zur neu-
eingeführten Pflegeversicherung.

1. Januar:
Neuorganisation von Post,
Postbank und Telekom als selb-
ständige Unternehmen.

KfW Stationen

Der Verwaltungsrat errichtet
einen Beirat für Förderungsmaßnahmen in den neuen
Bundesländern.

15. Dezember:
Der ostdeutsche Energieversor-
ger VEAG erhält einen Kredit
von 500 Mio DM für den Bau
eines neuen Braunkohlekraft-
werks in Boxberg.

1. Januar:
KfW veräußert ihre Beteiligung
von 53,7 % an der Deutschen
Außenhandelsbank an die
WestLB.

März:
Die KfW wird vom Bund mit der
Geschäftsbesorgung der „Gesellschaft für kommunale Altkredite
und Sonderaufgaben der Währungsumstellung" (GAW) beauftragt.

Internationale Entwicklung

11. Dezember:
Russische Truppen gehen gegen
tschetschenische Unabhängig-
keitskämpfer vor.

1. Januar:
EU-Erweiterung mit Finnland,
Österreich und Schweden.

27. Februar:
Milliardenpleite der Londoner
Baring Bank hat Kurseinbrüche
an den internationalen Kapitalmärkten zur Folge.

28. März:
Konferenz über die UN-Klima-
rahmenkonvention in Berlin.

1995

Deutsche Geschichte

KfW Stationen

Internationale Entwicklung

5. April:
Kredit an die Mitteldeutsche Braunkohle AG über 244 Mio DM.

Mai:
Jacques Chirac wird Nachfolger von François Mitterand als französischer Staatspräsident. Alain Juppé wird Premierminister.

30. Juni:
Bundestag beschließt Unterstützung der NATO-Eingreiftruppen in Bosnien durch die Bundeswehr.

3. Juli:
Erste Sitzung des vom Verwaltungsrat berufenen Beirats für Fördermaßnahmen in den neuen Bundesländern in Berlin.

1. September:
Die Margen für durchleitende Banken werden nach der Größenordnung der Kredite differenziert.

Oktober:
Beteiligungsfonds Ost wird eingerichtet.

Dienstvereinbarung über das Gehaltssystem der AT-Mitarbeiter.

Entsendung von KfW-Beauftragten für FZ-Projekte nach Kairo und Neu Delhi.

Auf Initiative der KfW führt das BMZ für fortgeschrittene und kreditwürdige Entwicklungsländer die „Verbundfinanzierung" als neues Finanzierungsinstrument der deutschen Finanziellen Zusammenarbeit ein.

Auflage des CO_2-Minderungsprogrammes (Wärmeschutz) für die alten Bundesländer.

Erstmalig Wahl eines Gesamtpersonalrats, örtlicher Personalräte und von Frauenbeauftragten.

Deutsche Geschichte

16. November:
Oskar Lafontaine wird neuer Parteichef der SPD.

21. Februar:
Der Werftverbund Bremer Vulkan meldet Konkurs an.

13. März:
Bundesfinanzminister Theo Waigel verhängt eine Haushaltssperre.

5. Mai:
Per Volksentscheid wird die Fusion der Länder Brandenburg und Berlin verhindert.

KfW Stationen

1. Oktober:
Dr. Richard Brantner tritt in den Ruhestand; Dr. Gert Vogt ist nun alleiniger Vorstandssprecher.

Projekt „KfW-200": Effizienz der Ablauf- und Aufbauorganisation zum Zweck der Personalbedarfsplanung neu analysiert.

ESAF II über 1,567 Mrd DM: 2. Sonderkredit an den IWF im Rahmen der erweiterten Strukturanpassungsfazilität, mit der wirtschaftliche Reformprogramme der ärmsten Entwicklungsländer unterstützt werden.

Januar:
Die KfW wird durch eine Bekanntmachung des Bundesaufsichtsamtes für das Kreditwesen (BAKred) adressenmäßig dem Bund gleichgestellt. Sie ist nicht mehr bei der Berechnung der Großkredite zu berücksichtigen.

Juni:
Die KfW eröffnet ein Verbindungsbüro zur Europäischen Union in Brüssel.

1 Mrd DM Kredit an die Bank für Außenwirtschaft der UdSSR zur Finanzierung von Projekten im gemeinsamen Interesse.

Internationale Entwicklung

4. November:
Der israelische Ministerpräsident Yitzhak Rabin wird von jüdischen Extremisten ermordet.

21. November:
Abkommen von Dayton zur Beendigung des Bürgerkriegs in Bosnien-Herzegowina.

20. Januar:
Jasir Arafat wird Präsident des Palästinensischen Autonomierates.

13. April:
Die Finanzminister der EU beschließen die Ausgestaltung der Münzen und Banknoten für den „Euro".

29. Mai:
Benjamin Netanjahu setzt sich in der ersten Direktwahl als israelischer Ministerpräsident durch.

1996

Deutsche Geschichte	KfW Stationen	Internationale Entwicklung

KfW Stationen

Juli:
Aus Eigenmitteln wird das Risikokapitalprogramm aufgelegt.

November:
Programm zur Förderung von Wohneigentum für junge Familien.

Die KfW beteiligt sich mit 10 Mrd DM am Aktionsprogramm der Bundesregierung für Investitionen und Arbeitsplätze.

Zur Refinanzierung des Beteiligungsfonds (Ost) bietet die KfW eine steuerbegünstigte Geldanlage durch Aufnahme von Fördergebietsdarlehen an.

Stadtbahnprojekt Bangkok.

Die KfW bezieht die Büros in der Bockenheimer Landstraße 104 in Frankfurt am Main.

Das 300 Mio DM-Bauprojekt am Berliner Gendarmenmarkt beginnt.

20. Dezember:
KfW erwirbt vom Bund eine Beteiligung von 37,45 % an der Lufthansa.

Internationale Entwicklung

3. Juli:
Präsidentenwahl in Rußland; Jelzin behauptet sich.

Deutsche Geschichte

KfW Stationen

Internationale Entwicklung

20. Januar:
US-Präsident Clinton beginnt
seine zweite Amtszeit.

19. Februar:
Deng Xiaoping, der „starke
Mann" Chinas und Architekt der
Wirtschaftsreformen, stirbt im
Alter von 92 Jahren.

Februar:
Mit 4,67 Millionen Erwerbslosen
wird ein neuer Höchststand in
Nachkriegsdeutschland erreicht.

6. März:
Gesetz zur Regelung der Alt-
schulden für gesellschaftliche
Einrichtungen.

26. März:
Thyssen und Krupp vereinbaren
die Gründung ihrer neuen
gemeinsamen Stahlgesellschaft.

März:
14 Mrd DM-Finanzierungspaket
für Beschäftigungsprogramme
der Bundesregierung.

13. März:
„Eigenkapitalbörse" in Berlin.
Es folgen im selben Jahr ähnliche
Veranstaltungen in Leipzig und
München.

23. April:
Finanzierung des ersten inte-
grierten Stahlwerks in Thailand
durch KfW-Kredite im Gegenwert von 1,35 Mio DM.

Aufstockung des Wohnraum-
modernisierungsprogramms um
10 Mrd DM für 1998.

Der Erblastentilgungsfonds
übernimmt von der GAW ca.
8 Milliarden Altschulden für gesellschaftliche Einrichtungen, die
bislang die Staatsbank Berlin
und die KfW refinanziert hatten.

1. Mai:
Überwältigender Wahlsieg der
Labour Party in Großbritannien.
Tony Blair wird Premierminister.

19. Mai:
In Zaire vertreibt Laurent Kabi-
la den langjährigen Präsidenten
Mobutu.

1. Juni:
In Frankreich gewinnen die So-
zialisten die Wahlen zur Natio-
nalversammlung. Lionel Jospin
wird Premierminister.

23. Juni:
„Rio plus 5": Sonderversamm-
lung der UNO zum Thema
Umwelt und Entwicklung.
Bundeskanzler Kohl wirbt für
internationale Vereinbarungen
zum Schutz der Wälder.

30. Juni:
Die britische Kolonie Hongkong
wird mit einem Sonderstatus
der Souveränität der VR China
unterstellt.

Deutsche Geschichte	KfW Stationen	Internationale Entwicklung
21. Juli: Die Bayerische Vereinsbank und die Bayerische Hypotheken- und Wechselbank geben ihre für das Frühjahr 1998 geplante Fusion bekannt.		
5. August: Nach dem Hochwasser an der Oder beschließt die Bundesregierung ein „Hilfsprogramm Oder".	**12. August:** KfW-Sonderprogramm über 200 Mio DM zur Behebung der Hochwasserschäden an der Oder. (Bis zum Jahresende werden davon nur 2 Mio DM in Anspruch genommen.)	
	4. September: KfW begibt 3 Mrd DM-Floater.	**Herbst:** Schwere Finanzkrisen in asiatischen Ländern.
12. Oktober: Abschluß der Lufthansa-Privatisierung.	**1./2. Oktober:** KfW-Weltbank Umweltkonferenz in Frankfurt.	
17. Oktober: Die SPD-Mehrheit im Bundesrat lehnt die große Reform der Einkommensteuer endgültig ab.	**Oktober:** Privatisierung der eigenen und der vom Bund 1996 übernommenen Lufthansa-Beteiligungen über die Börse.	
	KfW erhält von der EU ein Mandat zur Finanzierung eines Wohnungsbauprogramms in Bosnien-Herzegowina.	
	November: Beteiligung am Risikokapitalfonds Global Life Science.	**9. November:** In China beginnen die Bauarbeiten für den „Drei-Schluchten-Staudamm".
	Refinanzierungskredite an die Förderbanken in Sachsen und Mecklenburg-Vorpommern.	
	Rohstoffkredite an Unternehmen in Venezuela, Argentinien, Kasachstan und Indonesien.	
	Dezember: Erwerb einer Interimsbeteiligung an Saarstahl.	**11. Dezember:** Weltklimakonferenz in Kyoto beschließt, den Ausstoß von Treibhausgasen bis zum Jahr 2012 um durchschnittlich 5,2 % zu senken.

Deutsche Geschichte	**KfW Stationen**	**Internationale Entwicklung**

19. Dezember:
KfW übernimmt vom Bund
ca. 13 % des Grundkapitals der
Deutschen Telekom AG gegen
Zahlung von 10 Mrd DM in
zwei Raten am 30. 12. 1997 und
5. 1. 1998.

Rekordzusagen von 41,1 Mrd
DM in der inländischen
Wirtschaftsförderung und
14,3 Mrd DM in der Export-
und Projektfinanzierung.

1. Januar:
6. KWG-Novelle tritt in Kraft:
KfW auch gesetzlich dem Bund
adressenmäßig gleichgestellt.

Februar:
Eurobond der KfW International Finance über 1 Mrd US $.

17. Februar:
Im Rahmen der Beschäftigungs-
initiative der Bundesregierung
werden die KfW-Programme für
den Wohnungsbau und die kommunale Infrastruktur erweitert.

März:
4 Mrd DM-Globalanleihe,
größte Emission der KfW.

1. April:
Durch Änderung des KfW-Gesetzes übernimmt der Bund die
gesetzliche Haftung für die von
der KfW aufgenommenen Mittel
und damit zusammenhängende
Derivatgeschäfte.

Mai:
Formelle Entscheidung über
Beginn der Europäischen
Währungsunion.

12. Juni:
Die KfW feiert ihren
50. Geburtstag in der Festhalle
Frankfurt.

Verwaltungsrat

Vorsitzende des Verwaltungsrats der KfW

mit ihrer damaligen Amtsbezeichnung
und/oder Funktion

Schniewind, *Dr. Otto*
Teilhaber des Bankhauses
Neuvians, Reuchel & Co.
1948–1958

Abs, *Dr. h. c. Hermann Josef*
Vorstandssprecher, ab 1967 Aufsichtsratsvorsitzender der Deutsche Bank AG
1959–1973
Ehrenvorsitzender 1974–1994

Schmidt, *Helmut*
Bundesminister der Finanzen
Bundeskanzler
1974–1975

Apel, *Dr. Hans*
Bundesminister der Finanzen
1975–1978

Matthöfer, *Hans*
Bundesminister der Finanzen
1978–1982

Lahnstein, *Manfred*
Bundesminister der Finanzen
1982

Stoltenberg, *Dr. Gerhard*
Bundesminister der Finanzen
1982–1989

Waigel, *Dr. Theo*
Bundesminister der Finanzen
1989–

Stellvertretende Vorsitzende des Verwaltungsrats der KfW

mit ihrer damaligen Amtsbezeichnung
und/oder Funktion

Abs, *Dr. h. c. Hermann Josef*
ab 1952 Vorstandssprecher der Süddeutsche
Bank AG ab 1957 der Deutsche Bank AG
1948–1958

Neubaur, *Otto*
Sprecher des Vorstands der KfW i. R.
1959–1963

Rohdewald, *August*
Mitglied des Vorstands der KfW i. R.
1964–1.3.1965; verstorben

Gase, *Dr. Walther*
Staatssekretär a. D.
Mitglied des Vorstands der Deutschen
Centralbodenkredit AG
1965–1971

Martini, *Dr. Herbert*
Sprecher des Vorstands der KfW i.R.
1971–1973

Friderichs, *Dr. Hans*
Bundesminister für Wirtschaft
1974–1977

Lambsdorff, *Dr. Otto Graf*
Bundesminister für Wirtschaft
1977–1984

Bangemann, *Dr. Martin*
Bundesminister für Wirtschaft
1984–1988

Haussmann, *Dr. Helmut*
Bundesminister für Wirtschaft
1988–1991

Möllemann, *Jürgen W.*
Bundesminister für Wirtschaft
1991–1993

Rexrodt, *Dr. Günter*
Bundesminister für Wirtschaft
1993–

Mitglieder des Verwaltungsrats der KfW

mit ihrer damaligen Amtsbezeichnung
und/oder Funktion

Abs, *Dr. h.c. Hermann Josef*
ab 1952 Vorstandssprecher der Süddeutsche
Bank AG,
ab 1957 der Deutsche Bank AG,
ab 1967 Aufsichtsratsvorsitzender der
Deutsche Bank AG
Stellvertretender Vorsitzender des
Verwaltungsrats der KfW 1948–1958
Vorsitzender 1959–1973
Ehrenvorsitzender 1974–1994

Agartz, *Dr. Viktor*
Leiter des Wirtschaftswissenschaftlichen
Instituts der Gewerkschaften
Vertreter der Gewerkschaften
1948–1956

Albertz, *Heinrich*
Minister für Vertriebene, Soziales und
Gesundheitswesen des Landes Niedersachsen
Vom Bundesrat bestelltes Mitglied
1952–1956

Amelung, *Dr. Hans Jürgen*
Mitglied des Vorstands der
Industriekreditbank AG Deutsche
Industriebank
Vertreter des Industriekredits
1976–1988

Apel, *Dr. Hans*
Bundesminister der Finanzen
Vorsitzender
1975–1978

Bahr, *Egon*
Bundesminister für wirtschaftliche
Zusammenarbeit
1974–1976

Bangemann, *Dr. Martin*
Bundesminister für Wirtschaft
Stellvertretender Vorsitzender
1984–1988

Becker, *Willy*
Vorstandsmitglied der Industriekreditbank AG
Vertreter des Industriekredits
1973–1975

Becker-Birck, *Dr. Hans-Henning*
Geschäftsführendes Präsidialmitglied des
Deutschen Landkreistages
Vertreter der Gemeinden
1995–1997

Berg, *Fritz*
Präsident des Bundesverbandes der Deutschen
Industrie e. V.
Vertreter der Industrie
1958–1972

Biber, *Dr. Wilhelm*
Vorstandsmitglied der Bayerischen
Vereinsbank
Vertreter der Realkreditinstitute
1948–1959

Birkmann, *Dr. Andreas*
Staatssekretär
Thüringer Finanzministerium
Vom Bundesrat bestelltes Mitglied
1998–

Blessing, *Karl*
Vorstandsmitglied der Margarine-
Union AG
Vertreter der Industrie
1952–1956
Präsident der Deutschen Bundesbank
Vertreter der Deutschen Bundesbank
1957–1969

Blücher, *Dr. h.c. Franz*
Vizekanzler
Bundesminister für wirtschaftliche
Zusammenarbeit (Marshallplan)
1952–1957

Böckler, *Dr. h.c. Hans*
Vorsitzender des Deutschen
Gewerkschaftsbundes
Vertreter der Gewerkschaften
1948–1951

Boden, *Dr. Hans Constantin*
Vorsitzender des Aufsichtsrats der
Allgemeinen Elektricitäts-Gesellschaft
Vertreter der Industrie
1962–1970

Böhme, *Dr. Günter*
Rechtsanwalt
Vorsitzender des Bundesverbandes Privater
Wohnungsunternehmen e. V.
Vertreter der Wohnungswirtschaft
1972–1974

Bötzkes, *Dr. Wilhelm*
Vorsitzender des Vorstands der
Industriekreditbank AG
Vertreter des Industriekredits
1948–1957

Borchert, *Jochen*
Bundesminister für Ernährung, Landwirtschaft
und Forsten
1993–

Brandt, *Willy*
Bundesminister des Auswärtigen
1966–1969

Breit, *Ernst*
Vorsitzender des Deutschen
Gewerkschaftsbundes
Vertreter der Gewerkschaften
1985–1990

Brentano, *Dr. Heinrich von*
Bundesminister a. D.
Bundesminister des Auswärtigen
1961

Busch, *Werner*
Mitglied des Vorstands der
Metallgesellschaft AG
Vertreter der Industrie
1980–1985

Butschkau, *Dr. h.c. Fritz*
Vorstandsmitglied der Rheinischen
Girozentrale und Provinzialbank
Vertreter der Sparkassen
1948–1969

Christians, *Dr. F. Wilhelm*
Präsident des Bundesverbandes deutscher
Banken e.V.
Sprecher des Vorstands
der Deutsche Bank AG
Vertreter der Kreditbanken
1976–1979

Conrad, *Dr. Wilhelm*
Minister der Finanzen des Landes
Hessen
Vom Bundesrat bestelltes Mitglied
1957–1964

Dahlgrün, *Dr. Rolf*
Bundesminister der Finanzen
1962–1966

Daniels, *Dr. Hans*
Oberbürgermeister der Stadt Bonn
Vizepräsident des deutschen Städte-
tages
Vertreter der Gemeinden
1992–1994

Dau, *Herbert*
Präsident der Bürgerschaft der Freien und
Hansestadt Hamburg
Vorsitzender des Vorstands der Deutscher
Ring Lebensversicherungs-Aktiengesellschaft
Vertreter der Gewerkschaften
1952–1976

Diederichs, *Dr. Georg*
Sozialminister des Landes Niedersachsen
Vom Bundesrat bestelltes Mitglied
1958–1959

Dietz, *Fritz*
Konsul
Präsident des Gesamtverbandes des
Deutschen Groß- und Außenhandels e.V.
Vertreter des Handels
1961–1975

Dollinger, *Dr. Werner*
Bundesschatzminister
Bundesminister für Verkehr
1962–1966; 1982–1987

Draheim, *Professor Dr. Georg*
Präsident der Deutschen
Genossenschaftskasse
Vertreter der genossenschaftlichen
Kreditinstitute
1965–1972

Dudek, *Dr. Walter*
Senator
Kämmerer der Freie und Hansestadt
Hamburg
1949–1952
Senator der Finanzen a. D. ab 1953
Vertreter der Länder bzw. vom Bundesrat
bestelltes Mitglied
1948–1955
Vertreter der Gewerkschaften
1956–1963

Einert, *Günther*
Minister für Wirtschaft, Mittelstand und
Technologie des Landes Nordrhein-Westfalen
Vom Bundesrat bestelltes Mitglied
1990–1995

Elbrecht, *Dr. Lothar*
Vorstandsmitglied der Industriekreditbank AG
Vertreter des Industriekredits
1958–1972

Emminger, *Dr. Otmar*
Präsident der Deutschen Bundesbank
Vertreter der Deutschen Bundesbank
1977–1979

Eppler, *Dr. Erhard*
Bundesminister für wirtschaftliche
Zusammenarbeit
1969–1974

Erhard, *Professor Dr. Ludwig*
Direktor für Wirtschaft
Bundesminister für Wirtschaft
1948–1963

Ertl, *Josef*
Bundesminister für Ernährung, Landwirtschaft
und Forsten
1969–1983

Etzel, *Franz*
Bundesminister der Finanzen
1957–1961

Fahning, *Staatsrat a.D. Dr. Hans*
Vorsitzender des Vorstands des Verbandes
öffentlicher Banken e.V.
Geschäftsleitender Direktor der
Hamburgischen Landesbank Girozentrale
Vertreter der Realkreditinstitute
1981–1986

Falkenhausen, *Dr. Gotthard Freiherr von*
Mitinhaber des Bankhauses Burkhardt & Co.
Vertreter der Kreditbanken
1958–1969

Fette, *Christian*
Vorsitzender des Deutschen
Gewerkschaftsbundes
Vertreter der Gewerkschaften
1951–1953

Freitag, *Walter*
Vorsitzender des Deutschen
Gewerkschaftsbundes
Vertreter der Gewerkschaften
1953

Frenzel, *Dr. Michael*
Vorsitzender des Vorstands der Preussag AG
Vertreter der Industrie
1995–

Freyberg, *Dr. Rolf-Jürgen*
Sprecher des Vorstands der BGAG
Beteiligungsgesellschaft der Gewerkschaften
Vertreter der Gewerkschaften
1997–

Friderichs, *Dr. Hans*
Bundesminister für Wirtschaft
Stellvertretender Vorsitzender (ab 1974)
1972–1977

Fuchs, *Dr. Michael*
Präsident des Bundesverbandes des Deutschen
Groß- und Außenhandels e.V.
Vertreter des Handels
1995–

Funcke, *Liselotte*
Ministerin für Wirtschaft, Mittelstand und
Verkehr des Landes Nordrhein-Westfalen
Landesministerin a.D.
Vom Bundesrat bestelltes Mitglied
1980

Gase, *Dr. Walther*
Staatssekretär a. D.
Mitglied des Vorstands der Deutschen
Centralbodenkredit AG
Stellvertretender Vorsitzender
1965–1971

Geiger, *Dr. h.c. Helmut*
Präsident des Deutschen Sparkassen- und
Giroverbandes e.V.
Vertreter der Sparkassen
1978–1993

Genscher, *Hans-Dietrich*
Bundesminister des Auswärtigen
1974–1992

Geuenich, *Michael*
Mitglied des Geschäftsführenden
Bundesvorstands des Deutschen
Gewerkschaftsbundes
Vertreter der Gewerkschaften
1985–

Gleichauf, *Robert*
Landesminister a.D.
Finanzminister des Landes Baden-
Württemberg
Vom Bundesrat bestelltes Mitglied
1977–1980

Greulich, *Helmut*
Niedersächsischer Sozialminister
Vom Bundesrat bestelltes Mitglied
1974–1977

Gscheidle, *Kurt*
Bundesminister für Verkehr
1974–1980

Guthardt, *Helmut*
Vorsitzender des Vorstands der Deutschen
Genossenschaftsbank
Vertreter der genossenschaftlichen
Kreditinstitute
1981–1991

Hähnel, *Kurt*
Vorsitzender des Vorstands des Verbandes
öffenlich-rechtlicher Kreditanstalten e. V.,
Geschäftsführender Direktor der Deutschen
Girozentrale – Deutsche Kommunalbank –
Vertreter der Realkreditinsitute
1969–1974

Haferkamp, *Wilhelm*
Mitglied des Bundesvorstandes des Deutschen
Gewerkschaftsbundes
Vertreter der Gewerkschaften
1964–1967

Handschumacher, *Dr. Johannes*
Rechtsanwalt
Oberbürgermeister a. D.
Präsident des Zentralverbandes der Haus- und
Grundbesitzer
Vertreter der Wohnungswirtschaft
1950–1957

Hartmann, *Alfred*
Staatssekretär
Vertreter der Verwaltung für Finanzen
1948–1949

Hartmann, *Rudolf*
Vorsitzender des Vorstandes der Deutschen
Genossenschaftskasse
Vertreter der genossenschaftlichen
Kreditinstitute
1957–1964

Hartwig, *Hans*
Konsul
Präsident des Bundesverbandes des Deutschen
Groß- und Außenhandels e.V.
Vertreter des Handels
1977–1985

Hauff, *Dr. Volker*
Bundesminister für Verkehr
1980–1982

Haussmann, *Dr. Helmut*
Bundesminister für Wirtschaft
Stellvertretender Vorsitzender
1988–1991

Heckmann, *Heinz*
Staatssekretär im Finanzministerium Baden-
Württemberg
Vom Bundesrat bestelltes Mitglied
1980–1989

Heereman von Zuydtwyck, *Freiherr Constantin*
Präsident des Deutschen Bauernverbandes
e.V. a.D.
Vertreter der Landwirtschaft
1972–1997

Henkel, *Hans-Olaf*
Präsident des Bundesverbandes der Deutschen
Industrie e.V.
Vertreter der Industrie
1995–1996

Hermes, *Dr. h.c. Andreas*
Reichsminister a. D.
Präsident des Deutschen Bauernverbandes
und des Deutschen Raiffeisenverbandes
Vertreter der Genossenschaften und
genossenschaftlichen Kreditinstitute
1948–1953

Hermsdorf, *Hans*
Parlamentarischer Staatssekretär im
Bundesministerium der Finanzen
1971–1972

Hesse, *Gerda M.*
Stellvertretende Vorsitzende der Deutschen
Angestellten-Gewerkschaft
Vertreterin der Gewerkschaften
1977–1984

Hesselbach, *Walter*
Vorstandsmitglied der Bank für
Gemeinwirtschaft AG
Vertreter der Gewerkschaften
1961–1987

Höcherl, *Hermann*
Bundesminister für Ernährung, Landwirtschaft
und Forsten
1965–1969

Huber, *Erwin*
Staatsminister der Finanzen des Freistaates
Bayern
Vom Bundesrat bestelltes Mitglied
1996–

Huthmacher, *Eugen*
Minister für Wirtschaft, Verkehr und
Landwirtschaft des Saarlandes
Vom Bundesrat bestelltes Mitglied
1960–1967

Jacob, *Karl Theodor*
Präsident der Bayerischen Landesbank
Girozentrale
Vertreter der Sparkassen
1972–1978

Jahn, *Dr. Friedrich-Adolf*
Präsident des Zentralverbandes der Deutschen
Haus-, Wohnungs- und Grundeigentümer e.V.
Vertreter der Wohnungswirtschaft
1996–

Jochimsen, *Professor, Dr. Reimut*
Minister für Wirtschaft, Mittelstand und
Verkehr des Landes Nordrhein-Westfalen
Vom Bundesrat bestelltes Mitglied
1980–1990

Jürgens, *Heinrich*
Minister für Bundes- und
Europaangelegenheiten des Landes
Niedersachsen
Vom Bundesrat bestelltes Mitglied
1987–1992

Kärcher, *Dr. Friedrich Wilhelm*
Vorstand des Verbands privater
Hypothekenbanken e. V.
Vorstandsmitglied der Bayerischen
Hypotheken- und Wechsel-Bank
Vertreter der Realkreditinstitute
1966–1968

Kampffmeyer, Dr. Hans
Geschäftsführer der GEWOBAG
Gemeinnützige Wohnungs- und
Siedlungsbau-Gesellschaft m.b.H.
Vertreter der Gewerkschaften
1954

Kassmann, Dr. Fritz
Minister für Wirtschaft, Mittelstand und
Verkehr des Landes Nordrhein-Westfalen
Vom Bundesrat bestelltes Mitglied
1967–1970

Kiechle, Ignaz
Bundesminister für Ernährung, Landwirtschaft
und Forsten
1983–1993

Kienbaum, Dipl.-Ing. Gerhard
Minister für Wirtschaft, Mittelstand und
Verkehr des Landes Nordrhein-Westfalen
Vom Bundesrat bestelltes Mitglied
1962–1967

Kinkel, Dr. Klaus
Bundesminister des Auswärtigen
1992–

Kissler, Geheimrat Dr. Hermann
Vorsitzender des Vorstands der
Landwirtschaftlichen Rentenbank
Vertreter der Landwirtschaft
1948–1953

Klasen, Dr. Karl
Präsident der Deutschen Bundesbank
Vertreter der Deutschen Bundesbank
1970–1977

Klein, Hans
Bundesminister für wirtschaftliche
Zusammenarbeit
1987–1989

Klemm, Lothar
Staatsminister für Wirtschaft, Verkehr und
Landesentwicklung des Landes Hessen
Vom Bundesrat bestelltes Mitglied
1995–1997

Klumpp, Werner
Minister für Wirtschaft, Verkehr und
Landwirtschaft des Saarlandes
Vom Bundesrat bestelltes Mitglied
1977–1982

Koch, Dr. Reinhard
Minister für Wirtschaft, Verkehr und
Landwirtschaft des Saarlandes
Vom Bundesrat bestelltes Mitglied
1967–1970

Köhler, Dr. Horst
Präsident des Deutschen Sparkassen- und
Giroverbandes e.V.
Vertreter der Sparkassen
1994–

Köpfler, Dr. Thilo
Vorsitzender des Vorstands der Deutschen
Pfandbrief- und Hypothekenbank AG
Vertreter der Realkreditinstitute
1997–

Kohlhase, Dr. Hermann
Minister für Wirtschaft und Verkehr des
Landes Nordrhein-Westfalen
Vom Bundesrat bestelltes Mitglied
1956–1958

Kohlhaussen, Martin
Sprecher des Vorstands der Commerzbank AG
Vertreter der Kreditbanken
1997–

Konitzer, *Ursula*
Stellvertretende Vorsitzende der Deutschen
Angestellten-Gewerkschaft
Vertreterin der Gewerkschaften
1985–

Krajewski, *Christiane*
Ministerin für Wirtschaft und Finanzen des
Saarlandes
Vom Bundesrat bestelltes Mitglied
1995–1997

Krause, *Prof. Dr. Günther*
Bundesminister für Verkehr
1991–1993

Kübler, *Dr. Klaus-Joachim*
Generalsekretär des Zentralverbandes des
Deutschen Handwerks
Vertreter des Handwerks
1979–1990

Kühbacher, *Klaus-Dieter*
Minister der Finanzen des Landes
Brandenburg
Vom Bundesrat bestelltes Mitglied
1995

Kühnen, *Dr. h.c. Harald*
Präsident des Bundesverbandes deutscher
Banken e.V.
Mitinhaber des Bankhauses Sal. Oppenheim
jr. & Cie.
Vertreter der Kreditbanken
1980–1983

Küpker, *Erich*
Niedersächsischer Minister für Wirtschaft und
Verkehr
Vom Bundesrat bestelltes Mitglied
1978–1979

Kwaschik, *Johannes*
Oberbürgermeister der Landeshauptstadt
Schwerin
Vertreter der Gemeinden
1998–

Lahnstein, *Manfred*
Bundesminister der Finanzen
Vorsitzender
1982

Lambsdorff, *Dr. Otto Graf*
Bundesminister für Wirtschaft
Stellvertretender Vorsitzender
1977–1984

Lang, *Dr. Johann*
Anwalt des Deutschen
Genossenschaftsverbandes
(Schulze-Delitzsch) e.V.
Vertreter der genossenschaftlichen
Kreditinstitute
1954–1956

Langmann, *Dr. Hans-Joachim*
Präsident des Bundesverbandes der Deutschen
Industrie e.V.
Vorsitzender des Gesellschafterrats und der
Geschäftsleitung der E. Merck
Vertreter der Industrie
1985–1986

Lauritzen, *Dr. Lauritz*
Bundesminister für Verkehr
1972–1974

Lauscher, *Dr. Hans*
Minister für Wirtschaft und Verkehr des
Landes Nordrhein-Westfalen
Vom Bundesrat bestelltes Mitglied
1958–1962

Leber, *Georg*
Bundesminister für Verkehr
1966–1972

Lenz, *Hans*
Bundesschatzminister
1961–1962

Lindrath, *Dr. Hermann*
Bundesminister für wirtschaftlichen Besitz des
Bundes
1957–1960

Lübke, *Dr. h.c. Heinrich*
Bundesminister für Ernährung, Landwirtschaft
und Forsten
1953–1959

Mälzig, *Dr. Konrad*
Minister für Aufbau des Landes Niedersachsen
Vom Bundesrat bestelltes Mitglied
1957–1958

Mainert, *Alf*
Bundesbankdirektor
Vertreter der Deutschen Bundesbank
1993–1994

Martini, *Dr. Eberhard*
Sprecher des Vorstands der Bayerischen
Hypotheken- und Wechsel-Bank AG
Vertreter der Kreditbanken
1992–1994

Martini, *Dr. Herbert*
Sprecher des Vorstands der KfW i. R.
Stellvertretender Vorsitzender
1971–1973

Matthöfer, *Hans*
Bundesminister der Finanzen
Vorsitzender
1978–1982
Vorsitzender des Vorstands der
Beteiligungsgesellschaft für
Gemeinwirtschaft AG
Vertreter der Gewerkschaften
1988–1996

Mayer-Vorfelder, *Gerhard*
Finanzminister des Landes
Baden-Württemberg
Vom Bundesrat bestelltes Mitglied
1992

Merkel, *Dr. Angela*
Bundesministerin für Umwelt, Naturschutz
und Reaktorsicherheit
1994–

Meyer, *Heinz-Werner*
Vorsitzender des Deutschen
Gewerkschaftsbundes
Vertreter der Gewerkschaften
1991–1994

Milbradt, *Professor Dr. Georg*
Staatsminister der Finanzen des Freistaats
Sachsen
Vom Bundesrat bestelltes Mitglied
1993–1994

Mirow, *Dr. Thomas*
Senator der Wirtschaftsbehörde der Freien
und Hansestadt Hamburg
Vom Bundesrat bestelltes Mitglied
1998–

Mittler, *Gernot*
Staatsminister der Finanzen des Landes
Rheinland-Pfalz
Vom Bundesrat bestelltes Mitglied
1998–

Möllemann, *Jürgen W.*
Bundesminister für Wirtschaft
Stellvertretender Vorsitzender
1991–1993

Möller, *Dr. h.c. Dr.-Ing. E.h. Alex*
Bundesminister der Finanzen
1969–1971

Münchmeyer, *Dr. h.c. Alwin*
Präsident des Bundesverbandes deutscher
Banken e. V.
Mitinhaber des Bankhauses Schröder,
Münchmeyer, Hengst & Co.
Vertreter der Kreditbanken
1970–1975

Necker, *Dr. h.c. Tyll*
Präsident des Bundesverbandes der Deutschen
Industrie e.V. 1987–1989
Geschäftsführender Gesellschafter der
Hako-Werke GmbH & Co.
Vertreter der Industrie
1987–1990; 1994–1995

Neemann, *Georg*
Mitglied des Geschäftsführenden
Bundesvorstandes des Deutschen
Gewerkschaftsbundes
Vertreter der Gewerkschaften
1967–1975

Neubaur, *Otto*
Sprecher des Vorstands der KfW i. R.
Stellvertretender Vorsitzender
1959–1963

Neuber, *Friedel*
Vorsitzender des Vorstands der Westdeutschen
Landesbank, Girozentrale
Vertreter der Realkreditinstitute
1991–1997

Niklas, *Professor Dr. Wilhelm*
Direktor für Ernährung, Landwirtschaft und
Forsten
Bundesminister für Ernährung, Landwirtschaft
und Forsten
1948–1953

Noell, *Dr. Günter*
Vorsitzender des Vorstandes der
Landwirtschaftlichen Rentenbank
Vertreter der Landwirtschaft
1954–1971

Nölting, *Professor Dr. Erik*
Wirtschaftsminister des Landes
Nordrhein-Westfalen
Vertreter der Länder
1948–1951

Offergeld, *Rainer*
Bundesminister für wirtschaftliche
Zusammenarbeit
1978–1982

Osswald, *Albert*
Minister der Finanzen des Landes Hessen
Vom Bundesrat bestelltes Mitglied
1964–1976

Palm, *Dr. Guntram*
Finanzminister des Landes
Baden-Württemberg
Vom Bundesrat bestelltes Mitglied
1990–1991

Partzsch, *Kurt*
Niedersächsischer Sozialminister
Landesminister a. D.
Vom Bundesrat bestelltes Mitglied
1963–1974

Paul, *Dr. Theodor*
Präsident des Zentralverbandes der Deutschen
Haus-, Wohnungs- und
Grundeigentümer e. V.
Vertreter der Wohnungswirtschaft
1975–1977; 1981–1989

Peipers, *Dr. Harald*
Mitglied des Vorstands der Hochtief
Aktiengesellschaft vorm. Gebr. Helfmann
Vertreter der Industrie
1991–1994

Pfeiffer, *Alois*
Mitglied des Geschäftsführenden
Bundesvorstandes des Deutschen
Gewerkschaftsbundes
Vertreter der Gewerkschaften
1976–1984

Pöhl, *Karl Otto*
Präsident der Deutschen Bundesbank
Vertreter der Deutschen Bundesbank
1980–1991

Poullain, *Dr. h.c. Ludwig*
Vorsitzender des Vorstands der Westdeutschen
Landesbank Girozentrale
Präsident des Deutschen Sparkassen- und
Giroverbandes e. V.
Vertreter der Sparkassen
1970–1972

Preusker, *Dr. Victor-Emanuel*
Bundesminister a. D.,
Präsident des Zentralverbandes der Deutschen
Haus- und Grundbesitzer e.V.
Geschäftsführer des Bankhauses Hardy & Co.
GmbH
Vertreter der Wohnungswirtschaft
1958–1971

Raabe, *Dr. Cuno*
Oberbürgermeister der Stadt Fulda
Vertreter der Gemeinden
1952–1958

Reinheimer, *Karl-Heinz*
Vorsitzender des Bundesverbandes Freier
Wohnungsunternehmen e.V.
Vertreter der Wohnungswirtschaft
1990–1992

Reitz, *Heribert*
Minister der Finanzen des Landes Hessen
Vom Bundesrat bestelltes Mitglied
1977–1985

Rexrodt, *Dr. Günter*
Bundesminister für Wirtschaft
Stellvertretender Vorsitzender
1993–

Richter, *Klaus*
Konsul
Präsident des Bundesverbandes des Deutschen
Groß- und Außenhandels e.V.
Vertreter des Handels
1986–1994

Riemer, *Dr. Horst-Ludwig*
Minister für Wirtschaft, Mittelstand und
Verkehr des Landes Nordrhein-Westfalen
Vom Bundesrat bestelltes Mitglied
1970–1980

Ritscher, *Dr. Wolfgang*
Vorstandsmitglied der Bank für Wirtschaft und
Arbeit AG
und Geschäftsführer der
Vermögensverwaltungs- und
Treuhandgesellschaft der Gewerkschaften in
Bayern GmbH
Vertreter der Gewerkschaften
1948–1960

Rodenstock, *Professor Dr. Dr. h.c. Rolf*
Präsident des Bundesverbandes der Deutschen
Industrie e.V.
Vertreter der Industrie
1982–1984

Röller, *Dr. Wolfgang*
Präsident des Bundesverbandes deutscher
Banken e.V.
Sprecher des Vorstands der Dresdner Bank AG
Vertreter der Kreditbanken
1988–1992

Rohdewald, *August*
Mitglied des Vorstands der KfW i.R.
Stellvertretender Vorsitzender
1964–1965

Rommel, *Manfred*
Staatssekretär im Finanzministerium
Baden-Württemberg
Vom Bundesrat bestelltes Mitglied
1974–1976

Rosenberg, *Ludwig*
Vorstandsmitglied des Deutschen
Gewerkschaftsbundes
Vertreter der Gewerkschaften
1955–1969

Rupf, *Dr. h.c. Hugo*
Senator
Vorsitzender der Geschäftsführung der
J.M. Voith GmbH
Vertreter der Industrie
1971–1979

Saßmannshausen, *Dr.-Ing. E.h. Günther*
Vorsitzender des Vorstands der Preussag AG
Vertreter der Industrie
1986–1991

Sattler, *Dr. Herbert*
Oberstadtdirektor a. D., Erster Beigeordneter
des Deutschen Städtetages
Mitglied des Direktoriums der Deutschen
Girozentrale – Deutsche Kommunalbank –
Vertreter der Gemeinden
1959–1960

Schäfer, *Dr. Manfred*
Bankdirektor, Landesminister a.D. 1959–1960
Minister für Wirtschaft, Verkehr und
Landwirtschaft des Saarlandes 1970–1972
Landesminister a.D. 1973–1974
Vom Bundesrat bestelltes Mitglied
1959–1960; 1970–1974

Schäffer, *Fritz*
Staatsrat
Bundesminister der Finanzen
1950–1957

Scheel, *Walter*
Bundesminister des Auswärtigen
1969–1974

Schellhaus, *Erich*
Niedersächsischer Minister für Vertriebene,
Flüchtlinge und Kriegssachgeschädigte
Vom Bundesrat bestelltes Mitglied
1959–1963

Schiller, *Professor Dr. Karl*
Bundesminister für Wirtschaft
Bundesminister für Wirtschaft und Finanzen
1966–1972

Schirner, *Karl*
Generaldirektor
Vertreter der Industrie
1952–1961

Schlei, Marie
Bundesministerin für wirtschaftliche
Zusammenarbeit
1976–1978

Schlesinger, Professor Dr. Helmut
Präsident der Deutschen Bundesbank
Vertreter der Deutschen Bundesbank
1991–1993

Schleyer, Hanns-Eberhard
Generalsekretär des Zentralverbandes des
Deutschen Handwerks
Vertreter des Handwerks
1991–

Schmalstieg, Herbert
Präsident des Deutschen Städtetages
Oberbürgermeister der Landeshauptstadt
Hannover
Vertreter der Gemeinden
1987–1988

Schmidt, Dr. Hans Walter
Vorsitzender des Verbandes Deutscher
Hypothekenbanken e.V.
Sprecher des Vorstands der
Württembergischen Hypothekenbank
Vertreter der Realkreditinstitute
1987–1991

Schmidt, Helmut
Bundesminister der Finanzen
Bundeskanzler
Vorsitzender (ab 1974)
1972–1975

Schmölder, Professor Dr. Karl
Vorstand des Verbandes privater
Hypothekenbanken e. V.
Vorstandsmitglied der Rheinischen
Hypothekenbank
Vertreter der Realkreditinstitute
1960–1962

Schmücker, Kurt
Bundesminister für Wirtschaft
Bundesschatzminister
1963–1966; 1966–1969

Schniewind, Dr. Otto
Berater für den Marshallplan
Teilhaber des Bankhauses
Neuvians, Reuchel & Co.
Vorsitzender
1948–1958

Schnipkoweit, Hermann
Niedersächsischer Sozialminister
Vom Bundesrat bestelltes Mitglied
1979–1986

Schönmann, Dr. Hans Günther
Mitglied des Vorstands der Bayerische
Vereinsbank
Vertreter der Realkreditinstitute
1975–1980

Schöppler, Karl
Präsident der Handwerkskammer Wiesbaden
Vertreter des Handwerks
1948–1978

Schröder, Dr. Gerhard
Bundesminister des Auswärtigen
1961–1966

Schroeder-Hohenwarth, Dr. Hanns C.
Präsident des Bundesverbandes deutscher
Banken e.V.
Geschäftsinhaber der Berliner Handels- und
Frankfurter Bank
Vertreter der Kreditbanken
1984–1987

Schulte, *Dieter*
Vorsitzender des Deutschen
Gewerkschaftsbundes
Vertreter der Gewerkschaften
1994–

Schunck, *Dr. Ferdinand*
Vorstand der Gemeinnützigen
Aktiengesellschaft für Wohnungsbau
Vertreter der Wohnungswirtschaft
1948–1949

Schwarz, *Werner*
Bundesminister für Ernährung, Landwirtschaft
und Forsten
1959–1965

Seebohm, *Dr.-Ing. Hans-Christoph*
Bundesminister für Verkehr
1952–1966

Simon, *Dr. Wilma*
Ministerin der Finanzen des Landes
Brandenburg
Vom Bundesrat bestelltes Mitglied
1995–1997

Simonis, *Heide*
Finanzministerin des Landes
Schleswig-Holstein
Ministerpräsidentin
Vom Bundesrat bestelltes Mitglied
1993–1994

Singer, *Dr. Josef*
Präsident des Bayerischen Senats
Vertreter der Länder
1948–1958

Sinnwell, *Dr. Erwin*
Minister für Wirtschaft, Verkehr und
Landwirtschaft des Saarlandes
Vom Bundesrat bestelltes Mitglied
1974–1976

Sohl, *Dr.-Ing. E. h. Hans-Günther*
Bergassessor a. D.
Präsident des Bundesverbandes der Deutschen
Industrie e. V.
Vorsitzender des Aufsichtsrats der August
Thyssen-Hütte AG
Vertreter der Industrie
1973–1981

Sonnemann, *Dr. Dr. h. c. Theodor*
Staatssekretär i. R.
Präsident des Bundesverbandes der Deutschen
Volksbanken und Raiffeisenbanken e. V.
Vertreter der genossenschaftlichen
Kreditinstitute
1972–1974

Sonnleitner, *Gerhard*
Präsident des Deutschen Bauernverbandes
Vertreter der Landwirtschaft
1997–

Sperl, *Friedrich*
Geschäftsführender Gesellschafter der Firma
Telefonbau und Normalzeit Lehner & Co.,
KG, Frankfurt a. M.
Vertreter der Industrie
1948–1951

Spranger, *Carl-Dieter*
Bundesminister für wirtschaftliche
Zusammenarbeit und Entwicklung
1991–

Starke, *Dr. Heinz*
Bundesminister der Finanzen
1961–1962

Steger, *Professor Dr. Ulrich*
Minister für Wirtschaft und Technik des
Landes Hessen
Landesminister a.D.
Vom Bundesrat bestelltes Mitglied
1986–1988

Steinert, *Jürgen*
Präsident des Gesamtverbandes der
Wohnungswirtschaft e.V.
Vertreter der Wohnungswirtschaft
1993–1995

Stihl, *Hans Peter*
Präsident des Deutschen Industrie- und
Handelstages (DIHT)
Vertreter der Industrie
1997–

Stoltenberg, *Dr. Gerhard*
Bundesminister der Finanzen
Vorsitzender
1982–1989

Sträter, *Dr. Arthur*
Wirtschaftsminister des Landes
Nordrhein-Westfalen
Vertreter der Länder
1951–1956

Strauß, *Dr. h. c. Franz Josef*
Bundesminister der Finanzen
1966–1969
Ministerpräsident des Freistaates Bayern
Vom Bundesrat bestelltes Mitglied
1983–1988

Streibl, *Dr. h. c. Max*
Ministerpräsident des Freistaates Bayern
Vom Bundesrat bestelltes Mitglied
1988–1992

Tepper, *Helmut*
Rechtsanwalt
Verbandsdirektor und Vorsitzender des
Vorstands des Gesamtverbandes
gemeinnütziger Wohnungsunternehmen e.V.
Vertreter der Wohnungswirtschaft
1978–1980

Teufel, *Erwin*
Ministerpräsident des Landes
Baden-Württemberg
Vom Bundesrat bestelltes Mitglied
1993–

Thallmair, *Heribert*
Erster Vorsitzender des Bayerischen
Gemeindetages
Erster Bürgermeister der Stadt Starnberg
Vertreter der Gemeinden
1989–1991

Thiemann, *Dr. Bernd*
Vorsitzender des Vorstands der Deutschen
Genossenschaftsbank
Vertreter der genossenschaftlichen
Kreditinstitute
1991–

Tippelskirch, *Dr. Alexander von*
Sprecher des Vorstands der IKB, Deutsche
Industriebank Aktiengesellschaft
Vertreter des Industriekredits
1989–

Töpfer, *Professor Dr. Klaus*
Bundesminister für Umwelt, Naturschutz und
Reaktorsicherheit
1994

Trippen, *Dr. Wilhelm*
Vorsitzender des Vorstands des Verbandes
öffentlich-rechtlicher Kreditanstalten e. V.
Mitglied des Direktoriums der Rheinischen
Girozentrale und Provinzialbank
Vertreter der Realkreditinstitute
1963–1965

Trittin, *Jürgen*
Minister für Bundes- und
Europaangelegenheiten des Landes
Niedersachsen
Vom Bundesrat bestelltes Mitglied
1993–1994

Troeger, *Dr. Heinrich*
Minister der Finanzen des Landes Hessen
Vom Bundesrat bestelltes Mitglied
1956–1957

Tron, *Dr. Walter*
Mitglied des Vorstands der Süddeutsche
Creditbank AG,
Süddeutsche Bank AG,
Deutsche Bank AG
Vertreter der Kreditbanken
1952–1957

Vetter, *Heinz Oskar*
Vorsitzender des Bundesvorstandes des
Deutschen Gewerkschaftsbundes
Vertreter der Gewerkschaften
1970–1984

Viehoff, *Dr. Felix*
Vorsitzender des Vorstands der Deutsche
Genossenschaftskasse
Vertreter der genossenschaftlichen
Kreditinstitute
1975–1980

Vocke, *Dr. Wilhelm*
Geheimrat
Präsident des Direktoriums der Bank
deutscher Länder
Vertreter der Bank deutscher Länder
1948–1957

Vowinkel, *Paul*
Staatsrat
Finanzministerium des Landes
Württemberg-Hohenzollern
Vom Bundesrat bestelltes Mitglied
1952–1973

Waigel, *Dr. Theo*
Bundesminister der Finanzen
Vorsitzender
1989–

Wallmann, *Dr. Walter*
Ministerpräsident
Oberbürgermeister der Stadt Frankfurt am
Main
Vertreter der Gemeinden
1986

Warnke, *Dr. Jürgen*
Bundesminister für wirtschaftliche
Zusammenarbeit
1982–1987; 1989–1991
Bundesminister für Verkehr
1987–1989

Weimar, *Karlheinz*
Minister für Umwelt und Reaktorsicherheit
des Landes Hessen
Vom Bundesrat bestelltes Mitglied
1989–1991

Weinberger, *Dr. Bruno*
Erster Beigeordneter des Deutschen
Städtetages
Vertreter der Gemeinden
1960–1985

Weiss, *Heinrich*
Präsident des Bundesverbandes der Deutschen
Industrie e.V.
Vertreter der Industrie
1991–1993

279

Welteke, *Ernst*
Minister für Wirtschaft, Verkehr und
Technologie des Landes Hessen
Vom Bundesrat bestelltes Mitglied
1992

Wessel, *Dr. Karl-Heinz*
Mitinhaber i. R. des Bankhauses
Sal. Oppenheim jr. & Cie KGaA
Vertreter der Kreditbanken
1994–1997

Wilhelmi, *Dr. Hans*
Bundesminister für wirtschaftlichen Besitz
des Bundes
1960–1961

Wissmann, *Matthias*
Bundesminister für Verkehr
1993–

Zimmermann, *Dr. Friedrich*
Bundesminister für Verkehr
1989–1991

Vorstand

Sprecher des Vorstands der KfW

Sprecher des Vorstands der KfW:

1948–1952   Hermann Josef Abs
Vom Verwaltungsrat deligiert
1952–1958   Otto Neubaur
1958–1971   Dr. Herbert Martini
1971–1973   Dr. Otto Rieck
1973–1979   Dr. Hermann Müller
1980   Dr. Alfred Becker
1995–   Dr. Gert Vogt

Für allgemeine Belange der Bank und den Bereich Förderung der deutschen Wirtschaft verantwortlicher Sprecher:

1980–1992   Dr. Gerhard Götte
1992–1995   Dr. Gert Vogt

Für den Bereich Finanzielle Zusammenarbeit mit den Entwicklungsländern verantwortlicher Sprecher:

1980–1984   Dr. Ernst-Günther Bröder
1984–1995   Dr. Richard Brantner

Mitglieder des Vorstands der KfW

(geordnet nach dem Jahr des Eintritts in den Vorstand)

Abs, *Dr. h. c. Hermann Josef*
geb.: 15. 10. 1901; gest.: 6. 2. 1994
Vom Verwaltungsrat deligiert
Vorstandsmitglied: 1. 1. 1949–7. 3. 1952

Tron, *Dr. Walter*
geb.: 29. 4. 1899; gest.: 14. 12. 1962
Vorstandsmitglied: 1. 1. 1949–31. 3. 1951

Neubaur, *Otto*
geb.: 22. 7. 1891; gest.: 20. 7. 1983
Vorstandsmitglied: 1. 7. 1949–30. 6. 1958

Martini, *Dr. Herbert*
geb.: 4. 7. 1903; gest.: 1. 12. 1983
Vorstandsmitglied: 1. 1. 1950–21. 2. 1971

Gdynia, *Richard*
geb.: 27. 4. 1891; gest.: 8. 10. 1968
Vorstandsmitglied: 1. 2. 1951–30. 9. 1956;
KfW insgesamt: 1. 7. 1949–30. 9. 1956

Dohrn, *Dr. Klaus*
geb.: 23. 5. 1905; gest.: 25. 7. 1993
Vorstandsmitglied: 1. 8. 1954–31. 12. 1960

Ilberg, *Konrad von*
geb.: 13. 8. 1894; gest.: 5. 9. 1963
stellvertretendes Vorstandsmitglied:
1. 4. 1956–31. 12. 1961
KfW insgesamt: 1. 12. 1948–30. 9. 1956

Poprawe, *Dr. Erwin*
geb.: 29. 8. 1912; gest.: 30. 3. 1985
stellvertretendes Vorstandsmitglied:
1956–1961
KfW insgesamt: 15. 6. 1949–31. 12. 1961

Rieck, *Dr. Otto*
geb.: 31. 3. 1908; gest.: 18. 3. 1990
Vorstandsmitglied: 1. 4. 1956–30. 9. 1973
KfW insgesamt: 1. 1. 1951–30. 9. 1973

Rohdewald, *August*
geb.: 4. 9. 1897; gest.: 1. 3. 1965
Vorstandsmitglied: 1. 1. 1961–31. 12. 1962

Bachem, *Hans Erich*
geb.: 29. 12. 1920; gest.: 8. 7. 1993
Vorstandsmitglied: 1. 10. 1961–1974
KfW insgesamt:
1. 5. 1949–31. 7. 1953, 1. 10. 1961–1974

Guth, *Dr. Wilfried*
geb.: 8. 7. 1919
Vorstandsmitglied: 1. 1. 1962–31. 12. 1967

Thießen, *Dr. Rolf*
geb.: 20. 4. 1920; gest.: 13. 2. 1970
Vorstandsmitglied: 1. 1. 1965–31. 3. 1966
1. 1. 1967–13. 2. 1970

Baur, *Dr. Bruno*
geb.: 10. 5. 1915; gest.: 7. 7. 1985
Vorstandsmitglied: 1. 2. 1968–30. 9. 1980

Becker, *Dr. Alfred*
geb.: 26. 5. 1920; gest.: 30. 8. 1980
Vorstandsmitglied: 1. 4. 1969–30. 08. 1980
KfW insgesamt: 2. 5. 1950–30. 8. 1980

Götte, *Dr. Gerhard*
geb.: 23. 9. 1926
Vorstandsmitglied: 1. 4. 1969–31. 10. 1992
KfW insgesamt: 1. 4. 1952–31. 10. 1992

Müller, *Dr. Hermann*
geb.: 18. 6. 1913; gest.: 28. 12. 1991
Vorstandsmitglied: 1. 9. 1970–31. 12. 1979

Dreher, *Erich*
geb.: 12. 4. 1931
Vorstandsmitglied: 1. 1. 1975–30. 4. 1978

Bröder, *Dr. Ernst-Günther*
geb.: 6. 1. 1927
Vorstandsmitglied: 1. 1. 1975–31. 7. 1984
KfW insgesamt: 1. 7. 1964–31. 7. 1984

Lingnau, *Hermann*
geb.: 22. 10. 1936
Vorstandsmitglied: 1. 1. 1979–31. 12. 1987

Burk, *Klaus*
geb.: 2. 8. 1921
Vorstandsmitglied: 1. 1. 1980–31. 12. 1986
KfW insgesamt: 20. 10. 1952–31. 12. 1986

Brantner, *Dr. Richard*
geb.: 11. 11. 1929
Vorstandsmitglied: 1. 1. 1980–30. 9. 1995
KfW insgesamt: 1. 11. 1968–30. 9. 1995

Schüler, *Dr. Manfred*
geb.: 7. 3. 1932
Vorstandsmitglied: seit 1. 1. 1981

Vogt, *Dr. Gert*
geb.: 29. 2. 1932
Vorstandsmitglied: seit 1. 1. 1984
KfW insgesamt: seit 1. 10. 1965

Harries, Dr. Heinrich
geb.: 24. 8. 1931
Vorstandsmitglied: 1. 1. 1986–30. 9. 1996
KfW insgesamt: 1. 9. 1961–30. 9. 1996

Reich, Hans W.
geb.: 25. 2. 1941
Vorstandsmitglied: seit 15. 12. 1990
KfW insgesamt: seit 1. 7. 1966

Voss, Dr. Friedrich
geb.: 1. 2. 1931
Vorstandsmitglied: seit 15. 12. 1990

Klein, Rudolf
geb.: 8. 5. 1935
Vorstandsmitglied: seit 1. 12. 1995
KfW insgesamt: seit 16. 11. 1964

Literaturverzeichnis
Bibliographie

Abelshauser, Werner: Hilfe zur Selbsthilfe. Zur Funktion des Marshallplans beim westdeutschen Wiederaufbau, in: Vierteljahrshefte für Zeitgeschichte 37, 1989, S. 85–113.

Abs, Hermann J.: Entscheidungen 1949–1953. Die Entstehung des Londoner Schuldenabkommens, Mainz 1991.

Abs, Hermann J.: Festvortrag zur Feierstunde am 11. November 1988, in: KfW: 1948–1988. Vierzig Jahre Kreditanstalt für Wiederaufbau. Feierstunde am 11. November 1988, Frankfurt/Main 1988, S. 13–25.

Achterberg, Erich: Die „Erka". Beiträge zur Bankgeschichte, Beilage zur Zeitschrift für das gesamte Kreditwesen, 1. 1. 1970.

Adamsen, Heiner: Investitionshilfe für die Ruhr. Wiederaufbau, Verbände und soziale Marktwirtschaft 1949–1952, Wuppertal 1981.

Akten zur Auswärtigen Politik der Bundesrepublik Deutschland, 1965, Band 1+2, München 1996; dass., 1996, Band 1 + 2, München 1997.

Außenpolitik der Bundesrepublik Deutschland. Dokumente von 1949 bis 1994. Herausgegeben aus Anlaß des 125. Jubiläums des Auswärtigen Amts, Bonn 1995.

Baumgart, Egon u.a. (Hg.): Investition und ERP-Finanzierung, Berlin 1961.

Borchardt, Knut; Buchheim, Christoph: Die Wirkung der Marshallplan-Hilfe in Schlüsselbranchen der deutschen Wirtschaft, in: Vierteljahreshefte für Zeitgeschichte 35 (1987).

Born, Karl Erich u.a. (Hg.): Deutsche Bankgeschichte, Band 3: Vom ersten Weltkrieg bis zur Gegenwart, Frankfurt 1983.

Breuel, Birgit: Treuhand intern. Frankfurt am Main 1993.

Bubis, Ignatz: „Damit bin ich noch längst nicht fertig", Frankfurt am Main 1996.

Cassier, Siegfried: Unternehmerbank zwischen Staat und Markt 1924–1995. Der Weg der IKB Deutsche Industriebank, Frankfurt/Main 1996.

Deutsche Bundesbank (Hrsg.): Währung und Wirtschaft in Deutschland 1876–1975, Frankfurt/Main 1976.

Dohrn, Klaus: Entwicklungsfinanzierung als Aufgabe der Kreditanstalt für Wiederaufbau, in: Der Volkswirt, 1959, Heft 54, Beilage S. 44–46.

Dohrn, Klaus: Meine Zeit. Erinnerungen eines Bankiers, Pfullingen 1991.

Engelken, Hans-Gerhard; Franzke, Hans-Ulrich: Wirtschaftsförderung durch Bund, Länder und Europäische Gemeinschaften. Kredite, Bürgschaften, Zuschüsse, Freiburg 1967.

Gall, Lothar; Feldmann, Gerald D. u.a. (Hg.): Die Deutsche Bank 1870–1995, 125 Jahre Deutsche Wirtschafts- und Finanzgeschichte, München 1995, S. 468.

Glagow, Manfred u.a. (Hg.): Die deutschen Entwicklungsbanken. Zur Organisation und Tätigkeit der KfW und der DEG, Saarbrücken 1985.

Glagow, Manfred u.a. (Hg.): Die Organisation deutscher Entwicklungspolitik. Geschichte, Struktur, Arbeitsweise. Die Kreditanstalt für Wiederaufbau (KfW), Bielefeld 1984 (= Arbeitsschwerpunkt: Handlungsbedingungen und Handlungsspielräume für Entwicklungspolitik. Materialien Nr. 5/IV).

Götte, Gerhard: Aufbau von Förderbanken in den Staaten Mittel- und Osteuropas. Ansätze und Überlegungen der KfW bei ihrer Beratungstätigkeit, München 1993.

Götte, Gerhard: Finanzierungshilfen für die Umweltsanierung in den neuen Bundesländern, Wiesbaden 1992.

Götte, Gerhard: Mittel- und langfristige Hilfe für Entwicklungsländer durch Kreditinstitute der Bundesrepublik Deutschland. Eine betriebswirtschaftliche Untersuchung der Möglichkeiten und Probleme, Gelnhausen 1961.

Hammel, Werner: Die Bedeutung eines funktionsfähigen Bankensystems für die Entwicklungsländer, in: Der Welthandel morgen, Stuttgart 1984, S. 245–256.

Hammel, Werner: FZ mit den ärmsten Entwicklungsländern, Erfahrungen und Perspektiven, Frankfurt 1992.

Hardach, Gerd: Der Marshall-Plan. Auslandshilfe und Wiederaufbau in Westdeutschland 1948–1952, München 1994.

Harries, Heinrich: Erläuterungen zum Gesetz über die Kreditanstalt für Wiederaufbau, in: Das Deutsche Bundesrecht (557), September 1987, Baden-Baden 1987.

Harries, Heinrich: Finanzierung von Lieferungen und Leistungen aus Mitteln der bilateralen deutschen Entwicklungshilfe, in: Recht der internationalen Wirtschaft, Außenwirtschaftsdienst des Betriebs-Beraters, 25. Jhg., Heft 7, Juli 1979, S. 437–440.

Harries, Heinrich: Der Förderkredit zwischen privatem und öffentlichem Recht, in: Handelsrecht und Wirtschaftsrecht, Festschrift für Winfried Werner, Berlin 1984, S. 201–215.

Harries, Heinrich: Rechtsfragen der langfristigen Exportfinanzierung, in: Recht der internationalen Wirtschaft, Außenwirtschaftsdienst des Betriebs-Beraters, 19. Jhg., Heft 1, Januar 1973, S. 1–6.

Hesse, Kurt: Das System der Entwicklungshilfen, Berlin 1969.

Hofmann, Walter: Private Bank in öffentlichem Besitz. Kleine Geschichte der Reichs-Kredit-Gesellschaft, Mainz 1980.

Horstmann, Theo: Die Alliierten und die deutschen Großbanken. Bankenpolitik nach dem Zweiten Weltkrieg in Westdeutschland, Bonn 1991.

Horstmann, Theo: Die Angst vor dem finanziellen Kollaps. Banken- und Kreditpolitik in der britischen Zone, in: Dietmar Petzina u.a. (Hg.): Wirtschaftspolitik im britischen Besatzungsgebiet, 1945–1949, Düsseldorf 1984, S. 215–233.

Horstmann, Theo: Kontinuität und Wandel im deutschen Notenbanksystem. Die Bank deutscher Länder als Ergebnis alliierter Besatzungspolitik nach dem Zweiten Weltkrieg, in: Pirker, Theo (Hrsg.): Autonomie und Kontrolle. Beiträge zur Soziologie des Finanz- und Steuerstaates, Berlin 1989, S. 135–154.

Horstmann, Theo: Um „das schlechteste Bankensystem der Welt". Die interalliierten Auseinandersetzungen über amerikanische Pläne zur Reform des deutschen Bankwesens 1945/46, in: Bankhistorisches Archiv 11, 1985, S. 3–27.

Institut für Stadtgeschichte: Frankfurt am Main, Lindenstraße. Gestapozentrale und Widerstand, Frankfurt 1996.

Irsch, Norbert; Müller-Kästner, Burkhard: Regionale Unterschiede in der Struktur und Leistungsfähigkeit kleiner und mittlerer Unternehmen. Erste Ergebnisse eines Projektes der Kreditanstalt für Wiederaufbau zur Untersuchung des Einflusses regionaler Faktoren auf kleine und mittlere Unternehmen, in: Raum und Raumordnung, 1986, H. 2/3, S. 79–87.

Jelinek, Yeshayahu A. / Blasius, Rainer A.: Ben Gurion und Adenauer im Waldorf Astoria. – Vierteljahreshefte für Zeitgeschichte 45. Jahrg., Heft 2 (April 1997) S. 309ff.

Jesse H. Jones, Fifty Billion Dollars – My Thirteen Years with the RFC. (1932–1945), New York 1975.

KfW: Aufgaben und Perspektiven der Strukturpolitik im geeinten Deutschland. Symposium zur Strukturforschung am 24. und 25. Oktober in Frankfurt am Main, Frankfurt 1992.

KfW: Mit der DM zur Währungs-, Wirtschafts- und Sozialunion und zur deutschen Einheit. Eine Dokumentation, Frankfurt 1996.

KfW: Ergebnisse der Finanziellen Zusammenarbeit. Auswertungsberichte über geförderte Vorhaben in Entwicklungsländern, 2. Bericht: Frankfurt 1994; 3. Bericht: Frankfurt 1996; 4. Bericht: Frankfurt 1997.

KfW: Investitionen prägen den Strukturwandel. Regionale und sektorale Entwicklungen in Deutschland. Symposium zur Strukturforschung am 28. Oktober 1993 in Frankfurt am Main, Frankfurt 1993.

KfW: Die KfW – 1948 bis heute, Frankfurt 1997.

KfW: Dem Mittelstand verpflichtet. 25 Jahre KfW-Mittelstandsprogramm, Frankfurt 1996.

KfW: 1948–1988. Vierzig Jahre Kreditanstalt für Wiederaufbau. Feierstunde am 11. November 1988, Frankfurt 1988.

Köchling, Martina: Demontagepolitik und Wiederaufbau in Nordrhein-Westfalen, Essen 1995.

Kraske, Jochen: Bankers with a Mission – The Presidents of the World Bank. 1946–1991, New York 1996.

Martinek, Michael: Die Verwaltung der deutschen Entwicklungshilfe und ihre Integrationsdefizite. Eine verwaltungswissenschaftliche Struktur- und Funktionsanalyse, Bad Honnef 1981.

Müller-Kästner, Burkhard: Sinn und Zweck von Finanzierungshilfen aus der Sicht eines Förderinstituts, in: Investitions- und Finanzplanung im Wechsel der Konjunktur, Würzburg 1981, S. 324–342.

Müller-Kästner, Burkhard: Möglichkeiten und Grenzen der Wirtschaftsförderung – Erfahrungen eines Förderinstituts, in: Den Strukturwandel gestalten? Optionen für Wirtschaft und Politik, hrsg. von der KfW, Frankfurt 1986, S. 46–60.

Müller-Kästner, Burkhard: Wirtschaftsförderung durch die Kreditanstalt für Wiederaufbau – auch eine Aufgabe für die Marktforschung, in: Marktforschung, 1983, H. 2, S. 47–50.

Müller-Kästner, Burkhard: Zinsverbilligte Mittelstandskredite als Instrument der Strukturpolitik, in: Zeitschrift für das gesamte Kreditwesen, 1987, H. 3, S. 11–14.

Ott, Utta: Fördermittel für dynamische Unternehmen: Wenn die Neuinvestition das Anlagevermögen verdoppelt, in: Der langfristige Kredit, 1987, H. 14, S. 474–476.

Pohl, Manfred (Hg.): Hermann J. Abs. Eine Bildbiographie, Mainz 1992, 2. Auflage.

Pohl, Manfred: Wiederaufbau. Kunst und Technik der Finanzierung 1947–1953. Die ersten Jahre der Kreditanstalt für Wiederaufbau, Frankfurt am Main 1973.

Pröhl, Hans: Gesetz über die Kreditanstalt für Wiederaufbau, Mainz 1949.

Radzio, Heiner: Unternehmen mit Energie. Aus der Geschichte der Veba, Düsseldorf 1990.

Ritter, Jürgen: Technologie-Transfer. Internationale entwicklungspolitische Aktivitäten. Ein Überblick, erarbeitet für die KfW, Frankfurt 1973.

Schlesinger, Helmut: Geldpolitik in der Phase des Wiederaufbaus (1950–1958), in: Deutsche Bundesbank (Hg.): Währung und Wirtschaft in Deutschland 1876–1975, Frankfurt am Main 1976, S. 555–607.

Schmidt, Helmut: Weggefährten, Berlin 1996.

Schmidt, Günther: Die Kreditanstalt für Wiederaufbau. Zugleich ein Beitrag zur Organisationsform und Rechtsstellung der Kreditinstitute des Bundes, Frankfurt 1966.

Scholz, Rudolf: Deutsche Entwicklungspolitik. Eine Bilanz nach 25 Jahren, München 1979 (= Geschichte und Staat, Band 228/229).

Schüler, Manfred: Das Sonderprogramm der Kreditanstalt für Wiederaufbau 1981/82, in: Helmut Schmidt u.a. (Hg.): Kämpfer ohne Pathos. Festschrift für Hans Matthöfer zum 60. Geburtstag, Bonn 1985.

Siegel, Wolfgang: 1961–1978. 18 Jahre Kreditanstalt für Wiederaufbau im Rohstoffgeschäft: Ein Tätigkeits- und Erfahrungsbericht, in: Metall, 1979, H. 5, S. 506–509.

Siegel, Wolfgang: Finanzierung von Bergbauprojekten aus der Sicht der Kreditanstalt für Wiederaufbau im Rahmen der Rohstoffsicherung, in: Erzmetall, 1975, Bd. 28, H. 11, S. 527–530.

Vogt, Gert: Kreditanstalt für Wiederaufbau (KfW), in: Handwörterbuch des Bank- und Finanzwesens, Stuttgart 1995.

Wiegand, Gerd: Organisatorische Aspekte der internationalen Verwaltung von Entwicklungshilfe. Ein Beitrag zur Organisationsanalyse internationaler Organisationen am Beispiel der UNDP und der Weltbank, Berlin 1978.

Wolf, Herbert: Kapitalmarkt-Geschichte: Eine Doppel-Emission mit Zeitkolorit, in: Zeitschrift für das gesamte Kreditwesen, 1989, S. 452–453.

Wolf, Jürgen: Entwicklungspolitik – Entwicklungsländer. Fakten – Erfahrungen – Lehren, München 1995.

Anmerkungen

Kapitel 1

1 Martina Köchling, Demontagepolitik und Wiederaufbau in Nordrhein-Westfalen, Essen 1995, S. 27.

2 Lothar Gall, Gerald D. Feldmann u.a., Die Deutsche Bank 1870–1995. 125 Jahre Deutsche Wirtschafts- und Finanzgeschichte, München 1995, S. 468.

3 Theo Horstmann, Die Alliierten und die deutschen Großbanken. Bankenpolitik nach dem Zweiten Weltkrieg, Bonn 1991.

4 Die Deutsche Bank 1870 bis 1995, S. 456ff.

5 Jesse H. Jones, Fifty Billion Dollars – My Thirteen Years with the RFC (1932–1945), New York 1975.

6 Coates, Finance Division, an Deputy Military Governor, 5. 7. 1947, PRO FO 1046/510.

7 Manfred Pohl, Wiederaufbau, Kunst und Technik der Finanzierung 1947–1953. Die ersten Jahre der Kreditanstalt für Wiederaufbau, Frankfurt 1973, S. 21ff.

8 Whitehead schlägt in seinem Bericht vom 25. September 1947 an General Clay zwar die Errichtung einer Joint Rehabilitation Finance Corporation vor. Eigentümerschaften, Mittelbeschaffung und Aufgaben der vorgeschlagenen J.R.F.C. sind aber grundverschieden von dem alliierten Konzept der Corporation for Reconstruction Loan, wie es ab Juli 1947 entwickelt wurde.

9 So Abs in seiner Festrede zum 40. Geburtstag der KfW-Gründung: 1948–1988. Vierzig Jahre Kreditanstalt für Wiederaufbau. Feierstunde am 11. November 1988, Frankfurt 1988, S. 13–25, hier: S. 14.

10 Vermerk, Martini, 28. 6. 1948, S. 1, DBHA, Abs. 1210.

11 Abs, 1948–1988, S. 15.

12 Pünder an BICO, 4. 8. 1948, S. 1, BA Z 13/1173. Hier wird auch zum ersten Mal der mögliche Einsatz von Marshallplangegenwerten auf revolvierender Basis angesprochen.

13 Meeting at Bad Homburg, 17. 8. 1948, OMGUS, FINAD 2/154/4, und Short Summary of Meeting on the Draft of a Law for the Establishment of the Reconstruction Loan Corporation, 17. 8. 1948, OMGUS, FINAD 2/154/4.

14 Gesetz zur Änderung und Ergänzung des Gesetzes über die Kreditanstalt für Wiederaufbau vom 18. August 1949 (WiGBl. 1949, S. 290).

15 Zweites Gesetz zur Änderung des Gesetzes über die Kreditanstalt für Wiederaufbau vom 4. Dezember 1951 (BGBl. I, S. 931).

16 Siehe S. 11.

17 Hermann J. Abs, Entscheidungen 1949–1953. Die Entstehung des Londoner Schuldenabkommens, Mainz 1991.

18 Der Verwaltungsrat beauftragte nur Schniewind und nicht Abs. Siehe hierzu: Protokoll 1. Sitzung des Verwaltungsrates der KfW 21. 12. 1948, S. 1, KfW HA-Prot 10-1. Abweichende Darstellung von Abs in seiner Rede zum 40. Jahrestag der KfW-Gründung, 1948–1988, S. 16, und Pohl, Wiederaufbau, S. 47.

19 Schreiben der BICO vom 11. Februar 1949 mit ablehnender Antwort von Schniewind vom 4. 3. 1949 in KfW HA-VS 65.

20 Walter Hofmann, Private Bank in öffentlichem Besitz. Kleine Geschichte der Reichs-Kredit-Gesellschaft, Mainz 1980; Erich Achterberg, Die „Erka". Beiträge zur Bankgeschichte, Beilage zur Zeitschrift für das gesamte Kreditwesen, 1. 1. 1970.

21 Otto Neubaur, Gedanken zur Gründung der Kreditanstalt für Wiederaufbau vom 10. Sept./ 10. Nov. 1948, KfW HA-VS 67. Diese auch heute noch lesenswerte Ausarbeitung entwickelt erstmalig ein geschäftspolitisches Gesamtkonzept der KfW, wie es dann weitgehend auch realisiert wurde.

22 Als einziges Vorstandsmitglied der KfW hat Dohrn eigene Lebenserinnerungen veröffentlicht: Klaus Dohrn, Meine Zeit. Erinnerungen eines Bankiers, Pfullingen 1991.

23 Deutscher Bundestag 1. Wahlperiode: Drucksache Nr. 2233.

24 Institut für Stadtgeschichte, Frankfurt am Main, Lindenstraße – Gestapozentrale und Widerstand, Frankfurt 1996.

25 Vertraulicher Jahresbericht des Beraters für den Marshallplan vom 27. 1. 1949, S. 13, BA Z 14/8.

26 Im Streit um die Bedeutung dieser Abkürzung entscheide ich mich für „Government Appropriation and Relief in Occupied Areas". Wichtiger ist natürlich die Funktion: eine Hungerhilfe der Besatzer für die Besetzten.

27 Vertraulicher Jahresbericht des Beraters für den Marshallplan vom 27. 1. 1947, BA Z 14/8.

28 KfW. I. Jahresbericht, Geschäftsjahr 1949, S. 41. KfW. II. Jahresbericht, Geschäftsjahr 1950, S. 37. KfW. III. Jahresbericht, Geschäftsjahr 1951, S. 30.

29 KfW. V. Jahresbericht, Geschäftsjahr 1953, S. 32.

30 Abs in seiner Festansprache vom 11. November 1988, 1948–1988, S. 24.

31 Siegfried Cassier, Unternehmerbank zwischen Staat und Markt 1924–1995, Der Weg der IKB Deutsche Industriebank, Frankfurt am Main 1996.

32 Heiner Adamsen, Investitionshilfe für die Ruhr. Wiederaufbau, Verbände und soziale Marktwirtschaft 1949–1952, Wuppertal 1981, S. 246; Cassier, S. 237.

33 Egon Baumgart u.a., Investition und ERP-Finanzierung, Berlin 1961, S. 94.

34 KfW. III. Jahresbericht, Geschäftsjahr 1951, S. 63.

35 Zur gesamten Diskussion vor allem: Hans-Jürgen Schröder (Hg.), Marshallplan und Westdeutscher Wiederaufstieg, Stuttgart 1990; Gerd Hardach, Der Marshall-Plan. Auslandshilfe und Wiederaufbau in Westdeutschland 1948–1952, München 1994.

36 Knut Borchardt und Christoph Buchheim, Die Wirkung der Marshallplan-Hilfe in Schlüsselbranchen der deutschen Wirtschaft. In: Vierteljahreshefte für Zeitgeschichte 35 (1987).

37 So Rösler von der Deutschen Bank bei einer Besprechung am 3. November 1951 in der KfW, DBHA Abs. 1210.

38 KfW. III. Jahresbericht, Geschäftsjahr 1951, S. 70.

39 Art. III des Gesetzes vom 31. 1. 1950 betreffend das Abkommen über wirtschaftliche Zusammenarbeit zwischen den Vereinigten Staaten von Amerika und der Bundesrepublik Deutschland vom 15. Dezember 1949 (BGBl. 1950, S. 9).

40 Nachwort von Abs in Pohl, Wiederaufbau, S. 145.

41 Fernschreiben der KfW an Bundesminister Erhard vom 21. 1. 1953, KfW HA-VS-ZA 326.

42 EGKS-Finanzbericht 1960, S. 17.

43 Ebd. S. 20.

44 Abs in seiner Rede vom 18. 7. 1956 anläßlich der Verleihung der Ehrendoktorwürde der Universität Göttingen.

45 Dohrn, S. 218.

46 Heiner Radzio, Unternehmen mit Energie. Aus der Geschichte der Veba, Düsseldorf 1990, S. 138ff.

47 Dohrn, S. 214ff.

48 KfW. XII. Jahresbericht, Geschäftsjahr 1960, S. 46.

Kapitel 2

1 Gesetz zur Änderung des Gesetzes über die Kreditanstalt für Wiederaufbau vom 16. August 1961 (BGBl I, S. 1339).

2 Deutscher Bundestag, 2. Wahlperiode. – Drucksache 2210.

3 Helmut Schmidt, Weggefährten, Berlin 1996, S. 165.

4 Der sogenannte „Blücherplan" vom 30. Mai 1956 über die „Einschaltung der westlichen Welt in die Entwicklung der ‚unterentwickelten' Gebiete und Beteiligung der Bundesrepublik im Sinne einer langfristigen Förderung der Wirtschaftsbeziehungen"; KfW HA-VS 33.

5 Schlesinger, a.a.O., S. 504f.

6 Senator E.h. Hugo Rupf wurde zwar erst 1971 als Vertreter der Industrie zum Mitglied des KfW-Verwaltungsrates bestellt, er war aber bereits in den sechziger Jahren einer der einflußreichsten Wortführer der deutschen Industrie für die Exportförderung.

7 Vgl. dazu Yeshayahu A. Jelinek/Rainer A. Blasius, Ben Gurion und Adenauer im Waldorf Astoria. – Vierteljahreshefte für Zeitgeschichte 45. Jahrg., Heft 2 (April 1997), S. 309ff.

8 Aufzeichnung von Staatssekretär Lahr vom 3. 5. 1966, in PA/AA, B 150, Aktenkopien 1966.

9 Akten zur Auswärtigen Politik der Bundesrepublik Deutschland, 1965, Bd 1 + 2, München 1996; dass., 1996, Band 1 + 2, München 1997.

10 Auf Wunsch des Bundes hatte die KfW 1969 eine Beteiligung von etwa 16% an der VIAG erworben, die 1987 zusammen mit der Beteiligung des Bundes privatisiert wurde.

Kapitel 3

1 Helmut Schmidt, Weggefährten, Siedler Verlag, Berlin 1996, S. 489.

2 Ignatz Bubis: „Damit bin ich noch längst nicht fertig", Frankfurt a. M./New York 1996, S. 92ff.

3 Zitiert nach Jochen Kraske, Bankers with a Mission – The Presidents of the World Bank. 1946–1991, New York 1996, S. 168.

Kapitel 4

1 Birgit Breuel, Treuhand intern. S. 93; Frankfurt/Main–Berlin 1993.

2 S. dazu die von Wilfrid Stoll und Wolfgang Pitt erstellte, von der KfW herausgegebene Dokumentation: „Mit der DM zur Währungs-, Wirtschafts- und Sozialunion und zur Deutschen Einheit." Frankfurt 1996.

Abkürzungen

AA	Auswärtiges Amt	CDU	Christlich Demokratische Union Deutschlands
ABB	Asea Brown Boveri		
AEG	Allgemeine Elektricitäts-Gesellschaft	Coface	Compagnie Française d'Assurance pour le Commerce Extérieur
AKA	Ausfuhrkredit-Aktiengesellschaft	Comecon	Council for Mutual Economic Aid
AKP-Staaten	Afrika, Karibik und Pazifik-Staaten	COSCO	China Ocean Shipping Company
		CSU	Christlich Soziale Union in Bayern
APO	Außerparlamentarische Opposition	CVRD	Compania Vale do Rio Doce
ASEAN	Association of Southeast Asian Nations	DBHA	Deutsche Bank – Historisches Archiv
AWZ	Bundestagsausschuß für Wirtschaftliche Zusammenarbeit	DDR	Deutsche Demokratische Republik
BA	Bundesarchiv Koblenz	DED	Deutscher Entwicklungsdienst gGmbH
BAKred	Bundesaufsichtsamt für das Kreditwesen	DEG	Deutsche Investitions- und Entwicklungsgesellschaft
BASF	Badische Anilin- und Soda-Fabrik	DEMINEX	Deutsche Erdölversorgungsgesellschaft GmbH
BCL	Bamangwato Concessions Ltd.		
BDI	Bundesverband der Deutschen Industrie	DGB	Deutscher Gewerkschaftsbund
		DKB	Deutsche Kreditbank
BEWAG	Berliner Kraft- und Licht-Aktiengesellschaft	DSR	Deutsche Seereederei Rostock
		ECA	Economic Cooperation Administration
BfE	Bundesstelle für Entwicklungshilfe	EFTA	European Free Trade Association
BGBl	Bundesgesetzblatt	EGKS	Europäische Gemeinschaft für Kohle und Stahl
BHF-Bank	Berliner Handels- und Frankfurter Bank	EIB	Europäische Investitionsbank
BICO	Bipartite Control Office	EIF	Europäischer Investitionsfonds
BIZ	Bank für Internationalen Zahlungsausgleich	ERP	European Recovery Program
		ERP-SV	ERP-Sondervermögen
BMF	Bundesministerium der Finanzen	ESAF	Enhanced Structural Adjustment Facility
BMU	Bundesministerium für Umwelt, Naturschutz und Reaktorsicherheit	EU	Europäische Union
		EURATOM	Europäische Atomgemeinschaft
BMWi	Bundesministerium für Wirtschaft	Eximbank	Export-Import-Bank der USA
BMZ	Bundesministerium für Wirtschaftliche Zusammenarbeit und Entwicklung	EZU	Europäische Zahlungsunion
		F.D.P.	Freie Demokratische Partei
BvS	Bundesanstalt für vereinigungsbedingte Sonderaufgaben	Finsider	Società Finanziera Siderurgica per Azioni

FM	Finanzdisposition und Mittelbeschaffung	NRO	Nichtregierungsorganisation
Frelimo	Fronte de Libertação de Moçambique	NSW	Nicht sozialistisches Wirtschaftsgebiet
FZ	Finanzielle Zusammenarbeit	NUS	Neue Unabhängige Staaten
Gabeg	Gasanlagenbau-Engineering GmbH	OECD	Organization for Economic Cooperation and Development
GARIOA	Government Appropriation and Relief in Occupied Areas	OEEC	Organization of European Economic Co-operation (Europäischer Wirtschaftsrat)
GATT	General Agreement on Tariffs and Trade	OPEC	Organization of the Petroleum Exporting Countries
GAW	Gesellschaft für kommunale Altkredite und Sonderaufgaben der Währungsumstellung mbH	PA/AA	Politisches Archiv des Auswärtigen Amtes, Bonn
GAWI	Garantie-Abwicklungsgesellschaft mbH	Pemex	Mexikanische Petroleumgesellschaft
GTZ	Gesellschaft für Technische Zusammenarbeit mbH	PRO	Public Record Office, London
GUS	Gemeinschaft Unabhängiger Staaten	RWE	Rheinisch-Westfälisches Elektrizitätswerk Aktiengesellschaft
IDA	International Development Association	SAMA	Saudi Arabian Monetary Agency
IFC	International Finance Corporation	SBZ	Sowjetische Besatzungszone
IKB	Industriekreditbank Aktiengesellschaft	SEC	Securities Exchange Commission
IMA	Interministerieller Ausschuß für die Ausfuhrdeckungen des Bundes	SED	Sozialistische Einheitspartei Deutschlands
IRA-KH	Referentenausschuß für Kapitalhilfe	SOVCOMFLOT	Sowjet Commercial Fleet
IWF	Internationaler Währungsfonds	SPD	Sozialdemokratische Partei Deutschlands
KO	Kassenobligation	STEG	Staatliche Erfassungsgesellschaft für öffentliches Gut mbH
KPD	Kommunistische Partei Deutschlands	THA	Treuhandanstalt
KPdSU	Kommunistische Partei der Sowjetunion	Treuarbeit	Deutsche Revisions- und Treuhand AG
KSZE	Konferenz für Sicherheit und Zusammenarbeit	UN (O)	United Nations
Lamco	Liberian American-Swedish Minerals Company	Uninsa	Unión de Siderúrgicas Asturianas S.A.
LDC	least developed countries	US-AID	U.S. Agency for International Development
LKB	Ingenieurbüro Lackner-Kranz-Barth	VAR	Vereinigte Arabische Republiken
MIBRAG	Mitteldeutsche Braunkohle AG	VDMA	Verein Deutscher Maschinenbau-Anstalten e.V.
M-Programm	Eigenmittelprogramm der KfW	VEAG	Vereinigte Energiewerke AG
MSA	Mutual Security Agency	VEB	Volkseigener Betrieb
NA	Norddeutsche Affinerie AG	Veba	Vereinigte Elektrizitäts- und Bergwerks-Aktiengesellschaft
NATO	North Atlantic Treaty Organization	VIAG	Vereinigte Industrie-Unternehmungen Aktiengesellschaft
		WestLB	Westdeutsche Landesbank

Bildnachweis

Grafikverzeichnis

Namensregister

Sachregister